제국의 시대

제국의 시대

1판 1쇄 발행 2022. 2. 25.
1판 2쇄 발행 2022. 5. 26.

지은이 백승종

발행인 고세규
편집 이한경 디자인 조은아
발행처 김영사

등록 1979년 5월 17일 (제406-2003-036호)
주소 경기도 파주시 문발로 197(문발동) 우편번호 10881
전화 마케팅부 031)955-3100, 편집부 031)955-3200 | 팩스 031)955-3111

값은 뒤표지에 있습니다.
ISBN 978-89-349-4958-9 03900

홈페이지 www.gimmyoung.com   블로그 blog.naver.com/gybook
인스타그램 instagram.com/gimmyoung   이메일 bestbook@gimmyoung.com

좋은 독자가 좋은 책을 만듭니다.
김영사는 독자 여러분의 의견에 항상 귀 기울이고 있습니다.

MÖNGÖL EMPIRE OTTÖMAN EMPIRE

RÖMAN EMPIRE BRITISH EMPIRE

PEÖPLE'S REPUBLIC ÖF CHINA

EMPIRE ÖF JAPAN SÖVIET UNIÖN

로마제국부터 미중패권경쟁까지
흥망성쇠의 비밀

제국의 시대

what makes history?

백승종 지음

EMPIRE

김영사

"인생에는 역사가 필요하다.
그런데 이것은 훗날 증명되어야 할 문장이라는 사실을
똑똑히 알아야 한다.
역사의 과잉은 인간에게 해를 끼치는 법이다."

_프리드리히 니체

CONTENTS

3장　동서 교차로의 오스만제국

4장 대영제국, 지구 끝까지 팽창하다

5장 불가사의한 독일제국의 역사

6장 100년 전의 동아시아 삼국: 엇갈린 운명

왜, 제국의 역사를 말하는가

제국의 흥망은 우리의 삶에 지대한 영향을 끼치기 마련인데, 그런 사실을 지나칠 때가 많았다. 만일 우리가 세계를 지배한 제국의 역사를 깊이 성찰한다면, 우리 삶은 더욱 지혜롭고 풍요로울 수 있지 않을까.

출발점은 시민과의 대화

이 책의 출발점은 시민들과 나눈 대화였다. 나는 시민들 앞에서 강의하는 일이 종종 있는데, 강의가 끝나면 으레 질의응답이 오간다. 그때마다 어김없이 나오는 질문이 하나 있다. "왜, 제국은 흥망을 되풀이하나요?" 처음에는 그저 우연한 질문인가 했으나, 강의 장소가 달라져도 시간이 흘러도 같은 질문이 거듭되었다. 성공은 어디서 오며 실패는 또 어떻게 된 일이냐고 궁금해하는 시민이 정말 많았다.

이 세상에 좋은 역사책이 얼마나 많은가. 매달 쏟아져 나오는 책만 해도 몇십 권일 것이다. 그러니 굳이 나까지 제국의 흥망을 다룬 책을 쓸 이유는 없다고 여겼다. 그러나 시간이 흐르자 생각이 달라졌다. 한 번도 세계를 호령한 적이 없는 우리 한국인의 눈으로 제국의 역사를 바라보면 어떨까. 영국이나 미국, 독일과 일본 같은 강대국의 입장과는 처음부터 거리를 두고, 한국 시민의 눈으로 여러 제국의 과거를 응시하자고 다짐하였다. 역사란 매우 복잡한 입체여서 바라보는 각도와 방향이 달라지면 제국의 후예들이 그린 역사의 풍경화와는 다른 그림이 나타날 수도 있겠다는 기대가 일었다.

인류의 역사에 영원한 제국은 없다. 역사책을 읽어본 사람이라면 누구나 아는 것처럼 밀물이 있는가 하면 썰물이 있다. 흥망성쇠는 마치 자연현상이라도 되는 것처럼 시간과 공간을 두 개의 축으로 삼아 끊임없이 일어난다. 도대체 무엇이 그들의 운명을 바꿔놓았을까. 혹시 하나의 제국이 성장하고 붕괴하는 것은 생태계의 철칙일까. 우리는 지금 긴 역사의 흐름에서 어떠한 좌표에 위치하는 것일까. 교양시민으로서 우리가 할 수 있는 일은 과연 무엇일까. 제국의 역사 앞에 서면, 이런 의문이 뭉게뭉게 피어오른다. 바로 그런 물음에 대답하기 위해서 나는 이 책을 썼다.

이 책은 전문가를 위한 것이 아니다. 교양 있는 시민과 무릎을 맞대고 나눌 이야기다. 중학교, 고등학교 때는 외우기가 싫어 듣는 둥 마는 둥 졸면서 역사 시간을 흘려보냈을지 모를 시민을 염두에 둔 책이다. 제국에 관한 궁금증을 풀려면 복잡하게 얽힌 과거의 사건을 횡단하며 의미를 캐는 작업을 수행해야 한다. 나는 스스로 부족함을 알면서도 그 역할을 기꺼이 떠맡았다. 교양시민은 소설책뿐만 아니라 역사책도 읽는 것이 당연하다고 확신하기 때문이다.

우리가 역사를 알아야 할 이유는 도대체 무엇일까. 생각해보니 다음의 두 가지 점이 떠올랐다. 우선 현실을 정확히 진단하려면 역사를 두루 알아야 한다. 우리의 현재는 늘 과거와 다양한 방식으로 연결되어 있기 때문이다. 우리가 직면한 문제를 해결하려면, 현재 상황이 과거와 무슨 관계가 있는지 알아서 손해 볼 일은 조금도 없다.

또 하나는, 인간이 하는 일은 그때 다르고 지금 다르나 사물의 저변에 흐르는 유형이란 것이 존재한다는 것이다. 처음부터 끝까지 완벽하게 반복되는 일은 절대로 없지만, 시간과 공간의 제약을 넘어서 존재하는, 원리와 특색 같은 것이 있다는 말이다. 그것을 역사 속에서 콕 집어내기란 건초더미를 헤집고 잃어버린 작은 바늘을 찾는 것만큼이나 어려운 일이다. 하지만 역사적 사실을 빠짐없이 조사하다 보면 현실 문제를 풀어가는 데 필요한 작은 암시라도 발견하기 마련이다. 사람들은 이것을 역사적 통찰이라고 부른다.

딱히 그처럼 어렵고 거룩한 일에 관심을 두지 않는 시민이어도 무방하다. 이 책이 소환하는 인류의 역사적 기억은 우리의 정체성을 확인하는 데 도움을 줄 것으로 생각한다. 제각기 서로 다른 생업에 종사하는 교양시민이 굳이 허다한 역사적 사실을 일부러 외울 필요는 없다. 그저 한가로운 마음으로 한 권의 역사책을 읽기만 하여도, 광대한 시간의 흐름 속에서 지금 우리가 어디에 서 있는지를 저절로 깨달을 수 있다. 또 내가 속한 사회가 역사 속 제 국 또는 문명과 어떤 관계를 맺었는지를 어렴풋이나마 이해할 수 있다.

그런데 세계 역사의 본질을 꿰뚫는 능력이 과연 나에게 있을까. 나의 지식과 판단력에 한계가 있다는 점을 솔직히 인정하면서도, 결국 이 책을 쓰게 되었다. 독자 여러분은 아마도 나의 변명을 너 그렇게 이해해주리라 믿는다. 고등학교 1학년 때부터 나는 평생 역사를 공부하기로 마음먹었다. 이제 50년가량의 세월이 흐른 셈 인데, 하필 내 마음이 역사에 꽂힌 까닭은 무엇이었을까. 그것은 성찰의 힘을 얻기 위해서였다. 젊은 시절부터 나는 인간의 역사 를 폭넓게 바라보려고 노력하였다. 30대 초반에 나는 최신의 역 사 연구 방법을 배우고 싶어서 독일로 유학을 떠났다. 다행히도 막스플랑크 역사연구소에서 새로운 지적 경험을 쌓을 수 있었다. 베르너 뢰제너 교수와 위르겐 슐룸봄 교수로부터 유럽의 농업사 와 사회사를 널리 배운 것이 내게는 큰 행운이었다. 그 밖에 아르 투어 임호프 교수에게서 인구의 역사가 중요하다는 사실을 배웠 고, 레겐스부르크대학교 시절에는 '숲의 역사'를 알게 되어 기뻤 다. 튀빙겐대학교에서는 일본사와 중국사도 마음껏 탐구할 수 있 었다.

그래도 나의 가슴속에는 언제나 한국의 역사가 떠나지 않았다. 국내외 여러 대학에서 역사를 가르치며 다양한 주제를 다룰 기회 가 많았는데, 그 역시 역사가로서 내게 꼭 필요한 경험이었다. 그 덕분에 나는 동학과 《정감록》, 조선 양반사회와 족보, 《중용》과 같은 성리학 서적에 대해서도 궁금증을 풀 수 있었다.

오랫동안 역사를 공부하면서 나는 '크로스오버'를 자주 시도했다. 시공의 경계를 넘어서 상속의 역사를 서술하였고, 조선의 선비와 서양의 신사를 비교하기도 하였다. 또 크고 작은 유럽의 아름다운 도시를 거닐며 그들의 다양한 특징을 탐구했다. 비유컨대 이런 경험은 실개천을 산책하는 것이었다. 이 책에서 제국의 흥망을 다룬 것은 역사의 너른 호수에 일엽편주를 띄운 셈이다. 여러모로 부족한 부분이 있겠지만, 제국의 흥망에 관한 한국 역사가의 대답이라는 점에서 독자에게 새로운 영감을 줄 수 있기를 바란다.

역사 앞에서 겸손하기

역사란 무엇인가. 그것은 과연 믿을 만한가. 혹자는 일상의 권태를 잊으려고 역사책을 읽을지도 모른다. 역사에는 오락 기능도 적지 않아 사극이 종종 인기를 끌곤 한다. 그러나 다수 시민은 현실의 좌표를 점검하기 위해 역사를 읽는 경우가 많은 것 같다.

역사를 통해서 우리는 한 사회의 핵심 가치가 무엇이며, 그것이 어떻게 형성되었는지를 파악할 수 있다. 과거에 내린 중요한 결정이 현재와 어떤 관계인지를 살펴볼 수도 있다. 그보다 중요한 목적도 있다. 역사책을 읽음으로써 우리는 공동의 기억을 공유한다. 이렇게 공유된 지식이 많을수록 정치·사회적으로든, 군사·외교적으로든 더욱 현명하게 대처할 수 있다는 믿음이 있다.

18세기 미국의 정치가이자 사상가인 토머스 제퍼슨은 역사지식이 시민에게 얼마나 중요한지를 거듭 강조하였다. 인류의 업적과 실패의 기억을 기록한 역사를 안다면, 개인이든 사회든 당면한 과제를 입체적으로 이해할 수 있다는 것이 그의 주장이었다. 왜 하필 과거에 그러한 결정이 내려졌는지를 알면 우리가 현실 문제를 보다 균형 잡힌 눈으로 바라볼 수 있다는 뜻이다. 대단히 설득력이 있는 주장이다.

그런데 한 가지 어려움이 있다. 현재의 모든 문제가 항상 과거와 직접 연결되어 있지는 않다. 그러므로 역사를 안다고 해서 모든 문제가 풀리는 것은 아니다. 게다가 역사로부터 무엇인가를 학습하는 과정이 제퍼슨의 말처럼 간단하고 쉽지도 않다. 나는 그 점을 순순히 인정한다. 역사교육의 효용성을 선뜻 과장하며 나서기도 사실 망설여진다.

때로 우리의 역사의식은 과잉 현상을 보이기도 하고, 심지어 왜곡된 역사의식 때문에 국가 간에 심각한 갈등이 생기기도 한다. 연전에 미국의 어느 학자가 세계 35개국에서 미국으로 유학 온 6,000여 명의 학생을 대상으로 설문조사를 하였다. "여러분의 조국이 세계사에 얼마나 공헌했다고 생각하십니까?" 응답자에게 자신의 주관에 따라 0퍼센트부터 100퍼센트까지 자유롭게 점수를 매길 수 있도록 했다. 0퍼센트라면 자기 조국이 세계사에 조금도 도움을 주지 못했다는 뜻이다. 100퍼센트라면 말 그대로 세계 역사를 자기 조국이 홀로 결정하였다는 뜻이다.

이 조사에서 미국 학생들은 자국의 역할을 30퍼센트라고 평가하였다. 그런데 말레이시아 학생들은 근 40퍼센트라는 높은 점수를 주었다. 스위스 학생은 10퍼센트 정도라고 대답했다. 러시아 학생은 60퍼센트 이상이라며 자국의 역할을 대단히 호평했다. 학생들이 각기 매긴 점수를 모두 합치자, 합계는 거의 1,200퍼센트가 되었다. 이로써 한 가지 사실이 명확해졌다. 많은 학생이 자국 중심주의의 포로였다는 점이다.[*]

역사를 객관적으로 이해하기란 극히 어렵다. 위 설문의 결과에서 확인한 것처럼 누구나 자국 중심으로만 과거를 평한다면 왜곡은 피할 길이 없다. 그런 식으로 얻은 역사지식은 우리의 성찰에 도움이 되지 못할 것이다. 모두가 신뢰할 만한 역사지식을 얻으려면 자국 중심의 편향된 태도를 버려야 한다. 이 책을 쓰면서 나는 그 점을 잊지 않으려고 애썼다. 물론 겸허한 모습으로 역사의 거울 앞에 서기란 말처럼 쉬운 일이 아니다.

이 책에서 펼쳐지는 나의 주장에 대해서도 여러분은 비판적 입장을 견지하시기를 바란다. 우리의 질문과 대답이 끊임없이 전개될 때에야 한스 게오르그 가다머가 주장한 "해석학적hermeneutic" 지평이 새로 열릴 것이다.

우리가 만날 제국들

제국이란 무엇일까. 상식 수준에서 말하자면 보통 한 명의 군주가 여러 언어를 사용하거나 다양한 문화적 배경을 지닌 다민족을

---

[*] Zaromb, F. M., Liu, J. H., Páez, D., Hanke, K., Putnam, A. L., & Roediger, H. L. III. (2018). "We made history: Citizens of 35 countries overestimate their nation's role in world history." *Journal of Applied Research in Memory and Cognition*, 7(4), 521-528.

통치하는 국가 형태이다. 군주를 대신하여 하나의 지배 집단이 그러한 역할을 맡기도 하였다. 혹은 대영제국처럼 황제라는 칭호를 스스로 거부한 제국도 있었고, 현대의 미국이나 소련처럼 제국주의 자체를 스스로 부정하는 제국도 존재하였다. 역사를 보면 실로 다양한 형태의 제국이 군림하였다.

한 권의 책을 쓴다는 것은 언제나 손에 땀을 쥐게 하는 위험한 모험이다. 감히 나는 동서양의 역사를 뒤적이며 세계를 뒤흔든 제국의 흥망을 설명해줄 열쇠를 찾아 나섰다. 이러한 역사적 탐험은 한 가지 단순하고 절박한 문제의식에서 비롯되었다. "21세기 인류사회는 어디를 향해 나아가고 있는가?" 이 글의 서두에 적은 교양시민의 반복된 질문을 나는 이 같은 의미로 인식하였다.

우리는 고대의 로마제국부터 시작하여 인류 역사를 화려하게 수놓은 제국을 하나씩 불러낼 것이다. 마지막으로 우리의 시선이 멈춰 설 곳은 미래 사회가 나아갈 방향이 보일락 말락 아른거리는 지금 이 순간이다. 제국의 흥망성쇠는 과연 누가 어디에서 어떻게 결정하였을까. 질문하기는 쉬울지 모르겠으나 믿을 만한 대답을 발견하기는 어려운 일이라, 글쓴이의 애로를 헤아려줄 것으로 믿는다.

이 책에서 만날 제국을 순서대로 적어보면 다음과 같다. 로마제국과 몽골제국, 오스만제국, 대영제국, 독일제국, 일본, 현대의 패권 국가인 미국과 소련(러시아) 그리고 신흥 제국이라고 여겨지는 중국이다. 19세기 한국(조선)도 잠깐 다룰 것이다.

우리의 역사적 기행에는 두 가지 질문이 항상 공안公案, 즉 스님의 화두처럼 존재할 것이다. 그 하나는, 제국의 흥망성쇠에 막대한 영향을 끼친 중요한 사건은 무엇이고, 그와 결정적으로 관계가 깊은 인물은 누구인가 하는 질문이다. 성공과 실패는 어디서 어떻게 갈라졌는지, 제국의 역사에 뚜렷한 이정표가 있다면 그것은 무엇이었을지를 묻고 따지는 작업, 나는 그런 과제를 착실히 수행하고자 하였다.

다른 하나는 우리의 시야를 최대한 넓히려는 채찍질이었다. 나는 의도적으로 시간과 공간의 제약을 벗어나려고 하였다. 가능하면 이 책에 소환된 사건과 인물이 서로 어떠한 영향을 미쳤는지 따져보았고, 때로는 지난 역사가 현대 사회에 미치는 영향이 무엇인지도 저울질하였다. 요컨대 통시적으로 제국의 역사를 살피면서 그 안에 숨어 있는 질서를 찾고자 하였다.

우리는 제국의 역사에서 과연 무슨 교훈을 얻을 수 있을지를 궁리할 것이다. 그러나 역사를 읽는 것은 기껏해야 하나의 간접 경험일 뿐이다. 우리 자신을 보다 객관적으로 바라보는 새로운 관점을 얻기는 쉽지 않다. 그럼에도 불구하고, 이 책에 등장하는 갖가지 사실을 가슴에 되새기노라면 언젠가 지구상에 존재한 낯선 제국을 조금 더 깊이 이해할 수 있을 것이다. 그렇게 된다면, 우리는 관습과 전통이 다른 시민들과 손을 잡고 인류사회의 긴박한 당면과제를 함께 풀 수 있을 것이다.

화려하게 등장하였다가 쇠망의 길에 접어든 여러 제국의 역사를 바라보는 관점은 학자마다 다르기 마련이다. 그들의 다양한 주장을 일일이 언급하는 것은 번거롭고 자칫 현학의 굴레에 빠질 수도 있기에 이 책에서는 따로 자세히 다루지 않았다.

"역사란 결국 사람이 만든다." 이 평범한 진리에서부터 제국에 관한 우리의 이야기를 시작하자. 오늘날 모두가 염려하는 기후 위기, 생태계 재앙 같은 문제도 결국은 인간사회가 어떻게 대응하느냐에 따라서 결과가 완전히 달라질 수 있다. 그러므로 이 책에서 가장 주목할 점은 현란한 이론이 아니라, 역사를 이끌어간 인간의 활동과 사상이다. 사건과 인물을 중심으로 우리는 제국의 역사 속으로 들어갈 것이다.

이번에도 김영사 편집부에 진심으로 감사의 인사를 올린다. 편집부에서 뽑아낸 훌륭한 질문지가 이 책의 서술 방향을 정리하는 데 큰 도움이 되었다. 또, 이 책에서 다루는 역사적 사실이 워낙 많아서 까딱하면 자잘한 실수를 저지르기가 쉬운데, 편집부의 세심한 노력에 힘입어 사소한 착오를 상당 부분 해결할 수 있었다. 일일이 역사적 사실관계를 검토해준 노고에 거듭 감사의 말씀을 전한다. 볼품없는 원고뭉치가 깔끔하게 정리된 것을 보며 저절로 고개가 숙어진다.

평택 석양재石羊齋에서

백승종 삼가

What makes history?

1장

사상 최초의
초강대국 로마제국

언제 어디서든 알게 모르게 지배 권력에 전환이 일어난다. 천년 제국 로마에도 흥망의 역사가 있었다. 왜 언제는 일어났고, 언제는 쓰러져 갔을까. 옛 제국의 역사에서 오늘의 우리는 과연 무엇을 배울 수 있을까.

이탈리아반도는 기후가 온화해 살기가 좋다. 지도를 한 번만 보아도 알 수 있듯, 이탈리아반도는 교통도 최상이다. 특히 반도를 휘감고 있는 지중해는 내해나 다름없어, 바다를 따라 지중해 변에 늘어선 여러 나라와 무역에 종사하기에 자연적 입지가 대단히 좋다. 내륙의 농사 여건도 훌륭하다. 특히 화산이 분출한 기름진 토양 덕분에 농사가 잘되는데, 포도 재배에 유리한 조건이라서 고대부터 이탈리아산 포도주는 지중해 일대에서 늘 환영을 받았다.

　　고대 로마는 무려 700년 동안 지중해 일대를 호령하였다. 그야말로 역사상 최초의 초강대국이었다. 연대로 보면 중국의 두 번째 통일 왕조인 한나라와 비슷하였다. 그래서인지 양국을 비교한 연구도 적지 않다. 우선 경제력을 기준으로 보면, 로마가 한나라보다 월등한 강대국이었다. 군사력도 로마가 훨씬 강했고, 예술과 지적 유산도 다양하고 후세에 끼친 영향도 컸다. "모든 길은 로마로 통한다"라는 속담이 생길 정도로 로마의 교통도 발달했다. 그때는 아치형 다리를 비롯해 화산재를 이용한 콘크리트 시공법도 유행하는 등 실용적 기술이 탁월하였다.

　　로마 사회는 약점도 많았다. 권력을 향한 인간의 탐욕과 도덕적 타락 현상이 로마만큼 현저하게 드러난 시기는 없었을 것이다. 로마의 통치자들은 기독교도를 무자비하게 탄압하였고, 계층 간 빈부 차이도 극심해 양극화 현상이 로마만큼 큰 제국은 찾아보기 힘들다.

여기서는 다음의 세 가지에 초점을 맞출 것이다. 첫째로 제국의 흥망성쇠에 지대한 영향을 끼친 사건을 알아보기로 하였다. 포에니전쟁과 율리우스 카이사르의 집권 과정 등이 중요할 것으로 본다.

둘째로 고대 로마의 황금기가 어떻게 왔는지를 알아보겠다. 그들의 막강한 군사력과 경제생활의 특징을 구체적으로 서술해 로마사에 관한 우리의 이해를 높일 것이다.

셋째로 그토록 강성했던 로마는 왜 몰락하였고, 그 과정은 어떠하였는지도 설명할 필요가 있다. 상식적으로 누구나 말하는 이민족의 침략도 소홀히 여길 수 없으나, 우리가 미처 잘 몰랐던 이유도 있었다. 전염병과 기후 위기, 그에 따른 생태재앙의 영향이 그것인데, 이런 문제도 점검할 것이다.

천년의 역사를 자랑하는 로마의 흥망을 검토하면서 나는 두 가지 점에서 깊은 인상을 받았다. 하나는 시민의 권리를 유난히 존중한 사회였다는 점이다. 다른 하나는 실용정신이 광대한 로마를 지배하였다는 사실이다. 그러나 천년의 영화에도 마지막은 있었다. 누구든지 날마다 스스로 닦지 않으면 언젠가 몰락은 반드시 오고야 만다.

영욕의 전환점은 무엇이었을까?

 많은 사람이 로마의 역사와 문화에 호기심을 느낀다. 대중 매체에도 그때의 이야기가 자주 등장한다. 고대 로마공화국과 로마제국은 수많은 문화유산을 남겼고, 우리를 열광하게 만드는 주제이기 때문이다. 까마득한 옛날 그들이 만든 여러 제도는 현대에도 여전히 살아 숨 쉬고 있다. 오늘날은 세계 어디서나 국가의 주요 관직을 선거로 뽑는데, 그 전통이 로마 때로 소급된다는 사실을 아는 사람은 별로 없다. 관직의 임기를 제한하는 것도 로마공화국 시절에 시작되었다. 시민의 권리와 국가 권력의 한계를 법으로 처음 정한 것도 로마인이었다. 놀랍게도 그들은 정부 각 기관의 권한을 법으로 명시해 주요 기관끼리 서로 견제하게 하였다. 로마의 다양한 법과 제도가 지금에도 유효하다는 것은 무슨 뜻일까. 로마는 국가를 매우 합리적으로 운영했고, 그런 점에서 번영을 누릴 이유가 충분하였다.

그러므로 로마를 훌륭하게 통치한 인물은 시공을 초월해 우리에게도 매력적인 존재다. 로마의 군사적 업적이라든가 정치적 음모와 투쟁, 그들의 성공과 실패담을 읽노라면, 우리는 인생의 본질이 무엇인지, 그리고 역사를 움직이는 진정한 힘은 어디서 나오는지를 어렴풋이나마 짐작할 수 있을 것이다.

로마사의 흐름

누구나 학창시절에 한 번쯤 들어본 그들의 전설부터 이야기해보자. 기원전 753년, 쌍둥이 형제 로물루스와 레무스가 힘을 합쳐 '로마'라는 도시국가를 세웠다. 그들 가운데 로물루스가 최종 승자였다. 그가 첫 번째 왕이되었는데, 역사의 운명은 얄궂기도 해서 제국의 마지막 황제도 로물루스란 이름이었다.

건국한 지 200년쯤 지나서 로마는 공화국으로 바뀌었다. 기원전 509년경이었는데, 그때 로마인은 자신들을 오랫동안 억압한 에트루리아인들을 내쫓고 귀족 중심의 공화정을 시작하였다. 그들은 투표로 관리를 선출하였다. 최고 권력자는 두 명의 집정관consul으로 임기는 1년이었다. 그들은 행정관이자 군대의 지휘관이기도 하였다. 귀족으로만 구성된 원로원도 있어, 그들이 국정을 상의하였다. 그들은 지주였으므로 휘하에 농민을 거느렸다. 그 밖에도 도시에는 상인과 수공업자가 섞여 살았는데, 그들이 바로 로마 시민이었다.

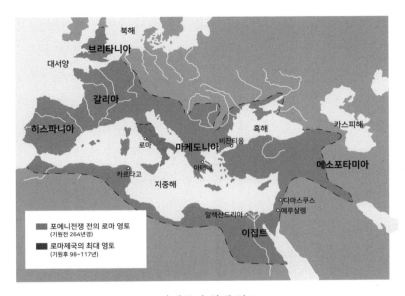

로마제국의 최대 영토

    기원전 44년에서 기원전 27년 사이에 로마는 공화정을 폐지하고 제국으로 변모하였다. 로마공화국이 무너지는 데 중요한 계기가 된 것은 대토지 소유제였다. 라티푼디움이라고 불리는 대농장이 유행하면서 일반 농민층이 몰락하였다. 그리하여 개혁의 목소리가 빗발쳤는데, 그때 이른바 '민중파'가 성장하였다. 그들 중에서도 특히 카이사르와 옥타비아누스는 민중파로서 집권에 성공하였다. 이로써 로마는 공화국 체제를 청산하고 제국의 시대로 넘어갔다.

    황제가 다스리는 로마는 기원후 3세기 후반까지 300년가량 드넓은 영토를 지배하였다. 그들의 무역로는 사방으로 뻗었고, 웅장하고 아름다운 건축물이 연이어 들어섰다. 군사력도 크게 강화되어 역사상 가장 강력한 나라가 되었다. 황제 중에는 명성과 인기를 자랑하는 이도 많아서 하드리아누스, 마르쿠스 아우렐리우스, 디오클레티아누스 등은 후세까지도 이름을 알렸다. 그러나 한 사람의 황제가 광대한 영토를 효과적으로 다스리기는 어려워서, 디오클레티아누스 황제는 제국을 4개로 나누어 통치하기 시작했다.

이른바 오현제의 마지막 황제인 마르쿠스 아우렐리우스가 사망한 180년부터 로마제국의 찬란한 광휘도 서서히 사라져갔다. 이민족의 침략이 차츰 잦아졌기 때문이다. 395년이 되자 제국은 서로마와 동로마로 분할되었고, 410년에는 서로마 지역이 이민족의 침략을 받아서 크게 파괴되었다. 그러다 4~5세기 로마제국은 정치는 물론이고 사회 각 방면이 모두 깊은 혼란에 빠지고 말았다. 결국에는 476년에 게르만의 용병대장 오도아케르가 로마를 점령하는 사태가 일어났다(동로마만이 중세가 끝날 때까지 1,000년 동안 로마제국의 명맥을 이었고, 훗날 비잔틴제국으로 불리게 되었다.).

이후 서로마제국의 영토였던 곳에는 봉건 영주들이 할거하여 중세 봉건시대가 열렸다. 로마사라고 하면 보통은 서로마의 역사를 가리킨다.

요컨대 로마는 고대에 가장 강력한 제국이었고 후세까지도 다방면에서 모범이 되었다. 처음에는 티베르강 가의 조그만 도시국가에 불과하였으나, 나중에는 지중해 일대를 석권하였고 남부와 서부 유럽까지 세력을 확장하였다. 하지만 어느 시점부터는 로마의 영광도 사그라들어 마침내는 멸망에 이르렀다. 제국을 쇠망으로 안내한 내리막길에는 숱한 사연이 숨어 있었다.

로마의 성공을 이끈 견인차

고대 로마가 찬란한 꽃을 피우게 된 데는 세 가지 동력이 있었다. 전쟁과 인물 그리고 로마 특유의 사회제도였다. 먼저 전쟁 이야기부터 꺼내야겠다. 짐작하다시피 로마는 전쟁에 연전연승하여 대제국으로 성장하였다.

잇따른 승리의 역사

로마 역사의 서막을 장식한 것은 삼니움 전쟁(기원전 343~기원전 290)이었다. 50년 이상 이어진 장기전이었는데, 로마는 삼니움족Samnites을 물리치고 이탈리아반도 중부의 패권을 차지했다. 그런 다음에는 자연스럽게 중부 이탈리아의 강자로 성장하였다. 물론 그보다도 몇 배 더 중요한 전쟁도 있었다. 그들의 국운을 개척한 포에니전쟁이었다.

포에니전쟁

기원전 264년에서 기원전 146년까지 3차에 걸쳐 간헐적으로 이어진 포에니전쟁의 최종 승자는 로마였다. 카르타고와 이 전쟁을 치르면서 로마는 지중해의 강대국으로 발돋움하였다. 카르타고는 페니키아(현 레바논 지역)의 후예로 일찍이 지중해 일대에서 활약한 해상 세력이었다. 지중해의 패자 카르타고가 로마를 침략하면서 전쟁이 시작되었다. 카르타고인은 지중해 곳곳에 식민지를 건설하고 막대한 부를 향유하였는데 로마까지 아우를 야망을 품었던 것이다. 그들과의 전쟁은 로마가 죽느냐 사느냐를 판가름하는 중대한 사건이었다. 이 전쟁은 로마의 성장 가능성을 확인한 역사적 전환점이었다.

제1차 포에니전쟁(기원전 264~기원전 241)은 이탈리아반도 남부의 시칠리아섬을 둘러싸고 벌어져 로마의 승리로 마감되었다. 그러나 카르타고는 다시 제2차 포에니전쟁을 일으켰다(기원전 218). 카르타고의 명장 한니발은 대군을 이끌고 히스파니아(이베리아반도)의 식민지를 출발해 알프스를 넘었다. 그의 군대는 이탈리아반도를 물밀듯 휩쓸었다. 하지만 기원전 204년에 로마의 명장 스키피오 아프리카누스Scipio Africanus가 카르타고로 쳐들어가 승부를 매듭지었다. 그때 로마는 카르타고에게서 히스파니아와 사르데냐섬 일부를 빼앗았다. 카르타고는 자마 전투에서 패배하여 독립국의 지위를 잃고 로마공화국의 가신으로 강등되었다.

그로부터 수년이 지나자 로마의 보수파 지도자들(가령 마르쿠스 포르키우스 카토)은 행여 카르타고가 힘을 회복할까 봐 조바심을 냈다. 그들은 북아프리카 연안에 있는 카르타고의 경쟁국들을 우대하며 견제를 늦추지 않았다. 다시 60년 넘게 세월이 흘렀다. 카르타고의 부를 몽땅 차지하고자 로마는 제3차 포에니전쟁(기원전 149~기원전 146)을 벌였다. 로마는 카르타고로 쳐들어가 그들이 다시는 회생할 수 없을 정도로 철저히 파괴하였다. 역사적 사실과는 거리가 멀지만, 전설에 따르면 승리한 로마 병사들은 카르타고에 소금을 잔뜩 뿌려서 아무런 식물도 자라지 못하게 만들었다. 이후 공화국 말기의 지도자 율리우스 카이사르가 카르타고를 재건해, 이 도시는 다시 크게 번영할 수 있었다.

본래 카르타고가 차지했던 지중해 연안의 영토는 모두 로마에 편입되었다. 대표적인 것이 아프리카 속주였다. 로마는 해마다 그곳에서 곡물과 각종 식료품을 가져왔다. 카르타고라는 장벽을 넘었기에 로마는 일약 지중해의 패자로 떠올랐다. 로마의 앞길을 가로막는 최강자가 사라졌으니, 넓고 시원한 길이 뚫린 셈이었다.

이어서 로마는 히스파니아에 대한 지배권도 점진적으로 확장하였고, 마침내 지중해의 서쪽을 모두 정복하였다. 그 뒤에도 로마의 원정 사업은 오래 계속되었다.

로마의 후속 정복 전쟁

로마공화국은 네 차례에 걸쳐 마케도니아전쟁(기원전 214~기원전 148)을 일으켰다. 전쟁의 결과, 알렉산드로스(알렉산더) 대제의 영광을 자랑하던 마케도니아와 고대 그리스도 로마의 식민지로 전락하였다. 그 후 로마는 그리스의 동쪽으로 진출해 페르시아의 후예들과 겨뤘다. 폼페이우스와 크라수스는 로마의 이익을 관철하고자 전쟁을 계속했고, 아나톨리아와 현재의 시리아까지 로마의 영토로 편입할 수 있었다.

서북쪽으로도 전선을 확대했는데, 율리우스 카이사르가 주도한 갈리아 정복 전쟁이 유명하다(기원전 58~기원전 51). 그 전쟁에 승리해 현재의 프랑스와 독일 일부를 지배하였다. 그러고는 로마공화국의 마지막 전쟁이 일어났다(기원전 32~기원전 30). 카이사르의 양자 옥타비아누스가 정적 안토니우스를 제압하고 이집트를 합병한 것이다. 특히 악티움해전이 결정적이었다. 옥타비아누스는 안토니우스와 클레오파트라가 구축한 연합함대를 꺾었다. 원로원은 옥타비아누스에게 '아우구스투스'(존엄한 분)라는 호칭을 헌정하였다. 아우구스투스는 이집트 합병을 기념하여 거대한 석조 기념물인 오벨리스크를 로마로 가져왔다. 그는 사실상 로마제국의 첫 번째 황제가 되었고, 현재 독일의 영토까지도 로마의 영토에 편입하였다. 이것으로 로마의 정복 활동은 일단락되었다.

팍스 로마나

로마의 영토가 팽창한 과정을 조금 자세히 알아보자. 기원전 67년에 로마의 폼페이우스 장군은 지중해의 해적을 소탕하여 로마에 안정을 가져왔다. 폼페이우스가 오리엔트 지역으로 진출한 기원전 63년 이후 지중해의 동편도 로마의 차지가 되었다. 한편 카이사르는 기원전 58년에 로마의 서북으로 나아가 갈리아전쟁을 시작했다. 몇 해 후에는 지하자원을 얻기 위해 제1차 브리타니아 원정을 감행했다(기원전 55). 갈리아를 비롯한 유럽 본토에서 로마가 계속 승리하자 점령지에서 본격적으로 동화 정책을 펴기도 하였다(기원전 51). 카이사르는 정적인 폼페이우스를 뒤쫓아 이집트까지 진출해 큰 성과를 거두었다(기원전 48).

로마는 그 넓은 땅을 과연 제대로 다스릴 수 있었을까. 1세기의 교통, 통신 그리고 행정력을 감안할 때 거대한 제국을 효율적으로 방어하고 통치하는 것은 불가능한 일이었다. 로마의 통치 계급은 그 점을 누구보다 잘 알고 있었다. 그들은 이제 더 이상 영토를 확대하려고 하지 않았다.

그러나 시간이 좀 더 흐르자 또 다른 야심가인 트라야누스 황제가 등장하여 원정 사업을 재개했다(기원후 98~117). 다치아 왕국(현 루마니아)을 정복한 데 이어서, 카스피해 동쪽 이란 북부에 있던 파르티아 왕국도 대부분 점령하였다. 아우구스투스의 시대부터 로마는 약 200년간 평화를 누렸으니, 팍스 로마나였다.

로마라는 정복 왕조

로마를 위대한 대제국으로 만든 첫 번째 요인은 거듭된 전쟁에서 거둔 승리였다. 그들은 광대한 영토를 차지해, 거기서 풍부한 인적·물적 자원을 동원했다. 그 덕분에 로마는 상당 기간 평화를 누리며 문화와 예술을 한껏 즐길 수 있었다.

돌이켜 보면 강적 카르타고를 물리친 뒤 로마에 전성기가 찾아왔다. 프랑스-스페인 연합함대를 꺾은 영국이 세계 정복의 기틀을 마련한 것과 마찬가지였다. 역사를 보면 정복 전쟁을 통해 성장한 나라가 한둘은 아니었다. 그런데 영토가 너무 커지면 통제하기가 어려운 데다 내부의 분열에 시달리기 마련이다. 급속한 성장에는 언제나 한계가 따르는데, 로마제국과 몽골제국 역시 영토가 지나치게 넓어 통치에 큰 어려움을 겪었다. 오늘날의 미국도 세계 경찰의 임무를 수행하느라 국력이 고갈되었다는 진단이 나온다.

로마를 빛낸 위인

당연히 로마 역사에는 많은 영웅이 등장하였다. 그중에서도 가장 중요한 인물은 누구였을까. 나는 율리우스 카이사르와 그의 양자 옥타비아누스를 으뜸으로 여긴다. 그들 부자는 로마공화국의 역사를 마감하고 로마제국의 역사에 시동을 걸었다.

로마 최고의 영웅 카이사르

제국으로 가는 길목에는 우선 제1차 삼두정치Triumvirate가 있었다. 문자 그대로 세 명의 정치가가 원로원을 쥐락펴락하였다. 기원전 60년, 공훈이 뛰어난 폼페이우스 장군과 로마 제일의 갑부 크라수스 그리고 떠오르는 별 율리우스 카이사르가 역사의 주인공이었다. 그들은 비밀 협정을 맺고 권력을 나눠 가졌다. 폼페이우스는 군인답게 퇴역 병사들에게 줄 경작지를 확보하는 데 관심이 많았다. 크라수스는 세법을 개정해서라도 재산가들에게 혜택을 줄 생각이었다. 그런가 하면 카이사르는 갈리아 지역의 통치권을 장악하려고 했다.

카이사르는 딸 율리아를 폼페이우스와 결혼하게 했다. 이 정략 결혼을 통해 양측에 한동안 평화가 유지되었다. 그런데 기원전 54년에 율리아가 사망하자 두 장군 사이를 이어주던 우정과 평화에 금이 갔다. 폼페이우스와 원로원은 카이사르 군대가 로마로 쳐들어올까 봐 조바심을 냈다. 그러던 차에 카이사르가 잠시 로마로 귀환하였다. 폼페이우스 등은 카이사르에게 휘하의 군단을 해산하고 사령관직을 사임하라고 명령했다.

카이사르는 위기를 돌파하고자 자신의 군단을 이끌고 로마로 쳐들어왔다(기원전 49). 갈리아와 이탈리아의 경계선인 루비콘강을 건너서 로마로 들어오기가 무섭게, 카이사르는 반대파를 모두 제거했다. 그러고는 종신직 집정관consul이 되었는데, 폼페이우스 또한 가만두지 않았다. 수세에 몰린 폼페이우스는 이집트로 도망쳤으나 카이사르가 끝까지 추격했다. 기원전 48년에 폼페이우스는 결국 암살되었고, 카이사르는 이집트의 파라오였던 클레오파

율리우스 카이사르

트라와 결혼해 아들까지 낳았다.

　그때 로마 원로원의 의견은 갈라졌다. 한편에서는 카이사르를 위대한 통치자로 여겼으나, 다른 편에서는 공화정 체제를 수호하기 위해서라도 카이사르를 없애려고 했다. 카이사르는 '원수imperator'(훗날 로마 황제의 공식 명칭)로 선출되었는데(기원전 46), 원로원 의원 다수는 이를 용납하지 못했다. 기원전 44년 3월 15일에 결국 반대파는 카이사르를 살해하고 말았다.

　하지만 카이사르를 향한 로마인의 사랑과 존경심은 엄청났다. 7월July을 그의 달로 선포할 정도였다. 이후에도 카이사르의 인기는 식을 줄 몰라, 16세기 영국의 문호 셰익스피어는 카이사르 암살 사건을 떠올리며《줄리어스 시저Julius Caesar》라는 희곡을 썼다.

황제 아닌 황제 옥타비아누스

카이사르 암살을 계기로 로마 지배층 사이에서 권력투쟁이 극심해졌다. 그 혼란 속에서 제2차 삼두정치가 출범하였다. 카이사르의 후계자 옥타비아누스와 안토니우스, 레피두스가 국정을 공동으로 운영하였다. 옥타비아누스는 로마의 서쪽 지역을 맡았고, 안토니우스는 이집트를 가졌으며, 레피두스는 북아프리카를 차지하였다. 그들은 원로원의 재가를 얻어 합법적으로 주권을 행사하였다. 옥타비아누스와 안토니우스는 힘을 합쳐 카이사르의 암살자를 제거하기도 했다.

그러면서도 3인의 영웅은 격렬하게 대립했다. 최후의 승자는 옥타비아누스였다. 그는 100년간 이어진 로마의 내전을 끝내고 향후 40년 이상 이어질 평화와 번영의 시대를 가져왔다. 옥타비아누스는 로마의 영토를 확장한 공로도 있었다. 이집트에서 승리를 거두었고, 독일을 포함한 중부 유럽의 넓은 영토를 점령했으며, 히스파니아 북부까지 차지해 제국의 영토가 크게 확대되었다.

아우구스투스의 통치 아래 사람들은 안전과 자유를 얻었다. 이탈리아반도를 비롯해 유럽, 북아프리카, 중동에 거주하는 많은 시민이 마음껏 무역에 종사하고 여행의 자유도 누렸다. 이에 로마는 사상 최대의 거대한 시장이 되었다.

그런데 아우구스투스 황제에게도 걱정거리가 하나 있었다. 황제는 도덕성을 중시하는 보수주의자였으나, 딸 율리아는 매우 방탕하였다. 딸의 행실에 성난 아버지는 급기야 딸을 추방하고 말았다. 황제를 괴롭히는 또 다른 문제도 있었다. 권력을 노리는 귀족들의 음모가 계속되어 정치적 안정을 유지하기가 어려웠다. 그

아우구스투스 황제

렇지만 아우구스투스는 정치력이 탁월해 큰 문제가 일어나지 않았다. 그가 숨을 거두자 원로원은 그를 신으로 대접했다(기원후 14).

아우구스투스 자신은 마지막까지 "로마는 공화국"이라고 주장하였다. 하지만 실제로는 원로원을 억누르고 하나의 왕조를 세웠다는 평가가 일반적이다. 75세의 고령으로 사망할 때까지, 아우구스투스는 로마를 통치한 실질적인 황제였다. 그가 작고했을 때 후계자가 될 자손이 한 사람도 없었으나, 권좌는 결국에 그의 의붓아들 티베리우스에게 넘어갔다.

기억해야 할 황제들

로마를 통치한 황제 중에는 영웅도 있었고 형편없는 악당도 있었다. 좋든 싫든 우리가 꼭 기억해야 할 황제는 누구일까. 우선 다섯 명의 이름이 떠오른다. 첫째는 클라우디우스 황제로, 로마에서 서북쪽으로 멀리 떨어진 브리타니아(현 영국)를 정복했다. 둘째는 악명 높은 네로 황제다. 그는 미치광이처럼 굴다가 어머니와 아내까지 살해하였고 수천 명의 기독교 신자를 사자의 먹이로 만들었다. 셋째는 트라야누스 황제로, 그는 탁월한 정복 군주였다. 그의 재위 기간에 로마는 사상 최대의 영토를 가졌다. 넷째는 디오클레티아누스 황제로, 앞서 말하였듯 통치의 편의를 위해 로마를 네 제국으로 나누었다. 다섯째는 콘스탄티누스 황제로, 그는 최초로 기독교를 공인한 황제였다. 분할된 제국을 재통합하였고, 동쪽의 유서 깊은 소도시 비잔티움을 또 하나의 수도로 선택해 콘스탄티노플을 건설했다. 이들 황제야말로 로마의 역사에 중요한 이정표를 세웠다고 볼 수 있다.

훌륭한 제도가 로마를 빛내다

황제가 로마의 역사를 홀로 쓴 것은 아니었다. 귀족과 평민도 로마의 역사를 함께 써 내려간 것은 두말할 필요가 없다. 처음부터 로마에는 시민과 귀족이라는 두 가지 신분이 존재하였다. 귀족은 소수의 부유한 상류층으로 지주 노릇을 하면서 정치권력을 사실상 독점하였다. 나머지 대다수 평민이 바로 로마 시민이었다. 그들은 농업과 상업, 수공업에 종사했고, 그 외 군인과 노동자도 있었다.

귀족은 관료가 되거나 사제로서 법도 제정하고 군대도 지휘하였다. 애초 시민은 공직에 나갈 길이 차단되어 있었고, 귀족과 결혼하는 것도 금지되었다. 시민들의 불만은 당연했다. 기원전 494년부터 그들은 반란을 일으켜 참정권을 달라고 요구하였다. 이후 200년 동안 시민은 점점 많은 권리를 쟁취하였다. 고대 역사에서 보기 드문 쾌거였다.

시민을 존중하는 로마

시민들은 더 많은 권리를 행사하고자 파업 투쟁을 벌이기도 했다. 무단으로 도시를 떠나 파업을 벌이든가, 군인이지만 전투에 나가기를 거부하였다. 이러한 투쟁이 되풀이되자 로마 시민은 드디어 공직에 출마할 권리를 얻었다. 귀족과 결혼할 권리도 인정받았다. 로마는 보기 드물게 시민의 권리를 존중하는 사회가 되었다.

기원전 451년에서 기원전 450년 사이에는 '12표법Twelve Tables'이 제정되었다. 차근차근 향상된 시민의 권리를 모두 명시한 것이었다. 로마인의 재산과 종교 및 이혼에 관한 법 조항도 망라하였는데, 절도죄에서 마법사에 대한 처벌에 이르기까지 다양한 범법행위를 규정하였다. 열두 장으로 정리하여 모든 시민이 볼 수 있도록 공시하였다는 점에 큰 의의가 있다. 모든 로마 시민에게 기본권을 보장했다는 점에서 볼수록 신기하다.

12표법은 시민이 관리를 선출한다는 점을 명시하는 동시에 시민의 권익을 보호하기 위해서 호민관tribunes을 선출한다는 점도 기록하였다. 호민관은 시민의 대표로서 원로원이 정한 법률을 거부할 수 있었고, 민회Plebeian Council를 이끌었다. 민회 역시 법률을 제정할 권리를 가졌는데, 그 절차는 원로원보다 간단했다. 따라서 시민은 자신들의 민회를 통해 법을 제정했다.

세월이 흐를수록 시민의 법적 지위는 더욱 개선되었다. 나중에는 시민도 원로원 의원으로 선출되었고, 로마공화정 최고 관직인 집정관에 뽑힐 수도 있었다. 부유한 시민은 귀족으로 신분이 상승했다. 집정관으로 유명한 키케로는 시민계급 출신이었다. 그의 집안에는 공직에서 출세한 이가 없었으나, 키케로는 탁월한 능력을 인정받아 귀족 단체인 원로원에 진출하였다. 그 때문에 사람들은 그를 '신인新人, novus homo'이라고 불렀다.

일반적으로 귀족과 시민은 사회적으로 격리되었으나 공화정 말기가 되자 사회 분위기가 달라졌다. 율리우스 카이사르는 유명한 귀족의 후예였으나 시민 대표로 행세하였다. 그를 비롯하여 상당수 귀족은 이른바 민중파였다. 그들은 보수적인 귀족이 주도하는 원로원과 대립하며 권력투쟁을 벌였다.

로마의 시민은 중세 유럽, 중국 등 다른 국가의 평민과는 비할 수 없이 큰 권리를 누렸다. 물론 로마에서도 귀족이 부와 권력을 거의 독점했다. 신분제 사회의 한계는 로마에서도 뚜렷하였다.

또 하나 빠뜨릴 수 없는 사실은 로마 사회의 최하층에 노예가 존재하였다는 점이다. 당시 주민의 30퍼센트쯤이 노예였다. 요컨대 시민의 수는 막연히 짐작하는 것보다는 훨씬 적었다. 노예가 아니라도 식민지에서 출생한 이들은 온전한 시민권을 행사하지 못하였는데, 그들도 군인 또는 소방대원으로 일정한 기간 로마를 위해 봉사하면 시민권을 취득해 좀 더 나은 삶을 기대할 수 있었다. 여성 또한 시민권을 누리지 못했다.

나는 로마공화국이 시민의 권리를 존중했다는 점에서 훌륭하다고 평가한다. 그럴 수밖에 없는 이유도 있었다. 시민이야말로 로마가 벌인 원정 사업의 역군, 즉 싸움에 나갈 병사들이었기 때문이다. 원정에 동참한 동맹국의 시민도 약간의 권리를 인정받았다. 로마 시민은 가장으로서 아내와 가족을 지배할 권한도 행사하였다. 그런데 공화정 말기 및 제국 초기에는 여성의 지위도 크게 향상되어, 그들 가운데서 사업가로 성공한 사람도 나왔다.

로마법의 의미

식민지 시민을 국가가 어떻게 대우할 것인지의 문제도 꽤 중요했다. 제국을 안정적으로 지배하려면 그들의 도움도 필요하였다. 그리하여 모든 로마 시민의 권리를 명기한 '로마법'이 발달하였다. 시민은 범죄 혐의가 있더라도 함부로 고문당하거나 처벌받지 않았다. 그들은 재판 절차를 거쳐서 유죄 여부를 확정하였다. 소환장 등 현대인이 사용하는 법률 용어 상당수는 로마법에서 비롯했다. 현대 법률의 토대가 로마법이라니 이 또한 신기한 일이다.

로마법에 명시된 시민권을 가지고 있다면 그 사람의 인생은 달라질 수 있었다. 부유한 시민은 귀족 가문의 후예가 아니더라도 정치적 권한이 컸다. 로마인의 지위는 그의 의상, 정확히 말해서 토가toga만 보아도 알 수 있었다. 시민의 상류층은 정치와 군사에 관한 직업을 가졌다. 하층의 가난한 시민은 소작인이 되거나 작은 가게의 주인 또는 점원, 수공업에 종사하는 노동자로 살았다.

황금기의 견인차는 무엇이었을까?

2세기 중반에 로마제국은 전성기를 맞았다. 현재의 영국 땅에서 사하라사막까지, 또 대서양 연안에서 메소포타미아 지방에 이르기까지 광대한 영토가 로마에 속하였다. 그 인구는 7,500만 명 정도로 그 당시 세계 인구의 4분의 1 이상이었다. 어느 구역에 거주하든 로마 시민이라면 누구나 법의 보호 아래 평화를 누렸다. 18세기 영국의 역사가 에드워드 기번은 그때를 가리켜, 인류 역사상 "가장 행복한 시대"라고 단언했다. 과장된 표현이지만 일리는 있다.

로마가 그렇게 큰 성공을 거둔 데는 여러 가지 요인이 작용하였다. 군사, 정치, 경제, 문화적인 면에 걸쳐서 로마는 독특한 특성을 가졌다. 그중 어느 한 가지가 핵심이고, 나머지는 부차적이었다고 딱 잘라서 말하기는 어려우나, 로마의 성공을 이끈 가장 큰 힘은 군사력이었던 것 같다. 물론 그들의 탁월한 공학적 능력도 과소평가해서는 안 된다. 그에 더하여 로마인은 자원 개발에 뛰어났고, 생활양식도 특별하였다. 이 네 가지 점을 설명해야 로마의 번영을 이해할 수 있을 것이다.

강철 같은 로마 군단

로마는 유럽과 북아프리카 및 근동의 대부분을 점령했다. 당시 로마 군단은 전력이 최적화되어 있었고, 규모도 가장 컸으며 조직도 가장 훌륭하였다.

역사적으로 보면, 공화국 초기 로마에서는 군대 생활이 일종의 자원봉사였다. 그런데 시간이 지나자 변화가 일어나 병사들이 두둑한 연봉을 받았다. 퇴직 후에는 농경지를 연금으로 받아서 평안한 여생을 보냈다. 그러했기에 시민권을 갖지 못한 많은 청년은 군인이 되어 의무 기간을 채웠고, 그 보상으로 시민권을 얻었다. 후기에는 경작지를 지급한다는 입대 당시의 약속이 지켜지지 못한 적도 많았다. 하지만 군대 생활은 높은 보상을 전제로 한 것이어서 로마 병사는 사기가 높았으며, 전투력도 막강하였다.

전쟁에 연전연승해 영토가 넓어지자, 로마는 원거리 교역 활동을 활발하게 전개하였다. 로마 상인은 사하라사막을 건너서 아프리카 대륙으로 깊숙이 파고들었다. 심지어는 실크로드를 따라 미지의 동쪽 나라로 멀리 이동하였다. 중동을 지나 인도양을 가로질러 동남아시아까지 오가는 상인도 적지 않았다.

역사는 동전의 양면 같은 것이다. 지중해 세계를 제패하고 최강대국으로 성장하자, 로마 귀족들은 엄청난 부를 누리게 되었다. 그때 큰 위기가 찾아왔다. 로마를 위협하는 외부 세력이 존재했을 때는 내부의 결속이 공고하였지만, 외부의 적이 없어지자 로마 원로원은 큰 내홍을 겪었다. 시간이 갈수록 귀족의 암투는 더욱 노골화되었다. 외부에 경쟁자가 사라지면 내부에서 분쟁이 시작되는 것, 이는 모든 사회에 공통된 법칙이 아닌가 한다.

시민권이라는 카드

기원전 3세기(기원전 270), 로마는 이탈리아반도를 모두 정복했지만, 여전히 그 실질적인 영토는 로마라는 작은 도시에 국한되었다. 로마군은 점령한 도시를 바로 병합하지 않았다. 그들은 평화조약을 통해서 점령한 도시를 동맹국으로 삼았다. 이런 방식으로 이탈리아 각지에 로마의 동맹국이 갈수록 늘어났다. 로마는 그들과 적절한 거리를 유지한 것이다. 점령지의 시민에게 로마 시민권도 부여하지 않았다. 대신 동맹국 시민은 로마에 많은 세금을 바칠 의무도 없이 자치권을 인정받아 자국을 스스로 통치하였다.

그런데 로마가 지중해 연안을 널리 차지하고 나서 큰 변화가 찾아왔다. 동맹국 시민이 로마의 시민이 되길 원하였다. 시민권만 있으면 투표권도 행사하고, 로마의 공직에도 출마할 수 있기 때문이었다. 게다가 정치적 발언권까지 얻을 수 있으니 시민권을 가지면 유리한 점이 아주 많았다. 시민권을 요구하며 동맹국들이 소란을 일으켰으나, 로마는 완강히 거부하였다. 로마 원로원과 시민들은 서로 불화할 때도 많았으나, 동맹국들의 요구를 거절하는 데는 이견이 없었다.

기원전 90년대 후반, 동맹국들이 시민권을 요구하며 다시 대대적인 반란을 일으켰다. 로마는 더 이상 그들의 요구를 무시할 수 없다고 판단해, 그들에게도 시민권을 인정해주었다. 그때는 로마 시민이 된다는 것이 곧 특권이었다.

실용적 공학 기술의 발달

로마인은 건축에 비상한 능력을 보였다. 그들은 판테온과 개선문, 콜로세움 등 현대인의 눈으로 보아도 경이로운 건축물을 많이 남겼다. 또 멀리서 바라만 보아도 저절로 감탄사가 튀어나오는 거대한 수로교도 곳곳에 건설하였다. 수천 킬로미터나 되는 훌륭한 도로도 건설했다. 로마인이 약 450만 제곱킬로미터의 광대한 영토를 효과적으로 다스린 데는 사회간접자본의 역할이 컸다. 로마의 공학과 기술을 말할 때면 그들이 만든 도로와 그물망처럼 연결된 도로망을 제일 먼저 칭찬하고 싶다.

도로망, 제국의 동맥

200년경까지 로마는 8만 킬로미터도 넘는 대규모 도로망을 건설하였다. 그들은 제국의 구석구석까지 도로망이 잘 뻗어 있어야

로마의 도로망

정부의 명령과 중요한 소식이 신속하게 전파될 수 있다는 점을 잘 알고 있었다. 로마 황제는 원활한 통치를 위해서 도로를 닦아야 한다고 확신하였다. 그들이 건설한 도로가 현재 유럽 각국을 연결하는 간선도로의 원형이라고 한다.

로마의 도로는 산과 강 등의 자연적 장애물을 우회하였다. 그때는 나침반도 없었고 정확한 지도도 아직 등장하지 않은 시기였기 때문에, 로마의 도로 건설 기술자는 '그로마groma'라고 하는 간이 측량 도구를 가지고 작업하였다. 측량사가 나무 기둥을 세워 직선을 표시하면 그 선을 기준으로 도로를 부설하였다.

로마의 도로에는 몇 가지 등급이 있었고, 등급마다 시공법이 달랐다. 가장 중요한 1등급 도로는 견고하게 시공한 것으로 정평이 있다. 그 길은 화강암이나 화산 용암에 흙과 자갈 또는 벽돌을 추가하여 튼튼하게 건설했다. 배수 기능을 높이기 위해 도로 양쪽에는 도랑을 팠고, 도로의 중심 부분을 가장자리보다 높게 만들었다. 도로 시공에는 로마의 군인이 주로 동원되었다.

도로는 제국 어디서나 유용하게 사용되었다. 평범한 상인과 시민은 도보로 길을 오갔다. 마차와 말은 값이 비싸서 관리와 부유한 상인만 이용하였다. 로마의 대로는 두 대의 마차가 서로 비켜서 갈 수 있도록 상행과 하행으로 부설되었다.

도로를 건설한 가장 중요한 동기는 무엇이었을까. 군사적 목적이 최우선이었다. 로마 군단은 그들이 설치한 도로를 이용해서 하루에 40킬로미터 정도를 이동하였다. 이러한 도로의 관리는 국가적으로 중요한 일이라, 도로를 순찰하는 군인도 배치하였다. 물론 도로는 행정과 교역 등의 목적으로도 이용되었다. 로마인이 유럽 각지를 오가며 적극적으로 무역활동을 벌였다는 사실은 우리가 익히 아는 바다. 그들은 해상을 통해서도 무역에 종사하였으나, 잘 닦인 도로를 선호하였다. 로마가 서유럽을 정복한 뒤에는 도로의 중요성이 더욱 높아졌다.

로마제국은 도로망을 활용해 장거리 우편 제도도 만들었다. 소식과 정보가 빠른 속도로 제국의 동서남북으로 퍼져나갔다. 당시 주요 도로 곳곳에는 이정표가 있어서, 목적지까지 남은 거리를 알 수 있었다.

브리타니아를 정복한 후 로마인들은 그곳에도 도로망을 깔았다. 본래 브리타니아에는 쓸 만한 도로가 없었다. 그래서 한동안은 그곳 원주민이 사용하던 '트랙'을 이용했는데, 트랙은 고지대를 지나가는 데다가 노면이 울퉁불퉁하였다. 큰 불편을 느낀 로마인들은 브리타니아에도 도로망을 대거 개설하였다. 오늘날의 런던에서 링컨을 거쳐 요크로 가는 길을 비롯해 런던을 출발점으로 삼은 노선이 많았다. 로마가 멸망한 뒤에도 도로가 오랫동안 이용되었다고 하나, 이런 주장에 대한 반론도 만만치 않아서 정확한 사실은 알기 어렵다.

시민의 젖줄, 수로

로마는 시민에게 훌륭한 편의 시설을 제공하였다. 어느 도시에든 누구나 무료로 사용할 수 있는 공중화장실이 있었고, 식수도 대가 없이 제공되었다. 대도시의 지하에는 하수관이 거미줄처럼 뻗어 있었다. 도심 광장에는 시원한 분수가 설치되었고, 곳곳에 시민이 마음껏 출입할 수 있는 공중목욕탕도 건설하였다.

각종 시설에 다량의 물을 원활하게 공급하기 위해서는 반드시 수로를 건설해야만 했다. 때로 도심지에서 수십 킬로미터 떨어진 산중에서 물을 끌어왔다. 기원전 312년경 로마인은 수로 건설에 필요한 기술을 터득해 최초의 수도교를 건설하였다. 수로 건설은 실로 어려운 일이었는데, 그들은 중력을 이용하여 물을 흘려보냈다. 납과 돌 그리고 콘크리트를 적절히 사용해서 수로 또는 수도관을 만들었고, 머나먼 수원지에서부터 도심으로 물이 저절로 흐르도록 수로를 설계하였다. 10미터 이상의 높은 수도교가 필요한 곳도 많았다. 까마득한 옛날임에도 멀리서 끌어온 신선한 물을 시민에게 공급하여 도시의 공중 보건을 높은 수준으로 유지하였다.

수로를 처음 만든 이는 누구였을까. 고대 이집트인과 고대 오리엔트인, 특히 아시리아와 바빌론에서 수로가 발달하였다. 이를

로마의 수도교 퐁 뒤 가르(프랑스)

로마가 계승하여 한층 더 높은 수준으로 끌어올렸다. 로마제국이 만든 수로 중에서 가장 긴 것은 총연장 90킬로미터가 넘었다. 그들이 시공한 수로는 기술적으로 완벽해, 지금도 그대로 사용하는 곳이 있다. 가령 로마 시내에는 유명한 트레비 분수가 있는데, 이것은 고대 로마의 11개 수로 중 하나였던 '처녀의 샘Aqua Virgo'에 연결되어 있다. 아직도 그 수로를 통해 물이 콸콸 쏟아진다.

로마 시대는 건축 자재에도 특별한 점이 있었다. 판테온과 콜로세움, 수도교 등은 물론이고 포로 로마노Foro Romano(로마인의 공적 생활 중심지)의 웅장한 건축물을 살펴보면 저절로 알 수 있다. 그것은 모두 화산재와 석회석을 이용한, 일종의 콘크리트 건물이었다. 2,100년 전 로마인이 건축 사업에 콘크리트 기법을 썼다는 사실이 흥미롭다. 수로와 대규모 건물, 다리와 각종 기념물을 지을 때 그들은 화산재와 석회석을 사용해서 취약한 연결 부위를 보강하였다. 현대의 콘크리트에 비하면 재질이 무른 편이기는 하였다. 그래도 내구성이 꽤 높은 것으로 증명되었는데, 특히 물에 견디는 힘이 좋았다. 그 덕분에 정교한 모양을 띤 욕조도 만들었고, 부두와 항만 시설도 보란 듯이 멋지게 지었다. 영토만 넓다고 제국이 아니요, 이처럼 사회간접자본이 발달해야 진정한 제국이다.

로마의 광산 개발

로마 때는 광업도 크게 융성했다. 상인과 관리들이 온 힘을 기울여 철과 구리, 주석과 납 같은 광물 자원을 개발하였다. 금은보석은 화폐로 사용할 수 있어서 인기가 높았다. 그들은 금과 은 등 귀금속을 채굴하는 데 필수적인 기술을 개발하여, 제국의 구석구석에 숨어 있는 부의 원천을 하나도 놓치지 않으려 하였다. 로마인은 광물 자원을 확보하려고 원정까지 단행하였다. 브리타니아에 주석이 풍부하게 매장되어 있다는 정보를 입수하자, 카이사르는 브리타니아 침략을 행동으로 옮겼다.

그들이 곳곳에서 획득한 철은 생활 도구와 무기를 만드는 데 가장 많이 사용되었다. 또 로마인은 청동을 많이 얻기 위해 주석과 구리 광산을 개발하였고 직접 제련 사업도 벌였다.

로마 시대에는 다양한 채굴법이 등장하였다. 그중 가장 일반적인 방법은 지표 채굴법이었다. 세찬 물줄기를 쏟아부어, 지표면에 노출된 광물 정맥을 찾아냈다. 때로는 멀리 떨어진 강물을 끌어와 대형 수조에 모아두었다가 한꺼번에 사용했다. 이러한 방법을 수세 탐광水洗探鑛, hushing이라고 한다. 물은 광석을 잘게 분쇄하는 데도 필요하였다. 금은 등 귀금속을 걸러낼 때도 물이 많이 들었다. 분쇄기 등의 작업 도구를 운용하는 데 역시 많은 양의 물이 소모되었다. 즉 광산 개발을 하려면 수로부터 만들어 풍부한 수자원을 확보해야 하였다.

귀금속을 캘 때는 심부 채굴법deep-vein mining도 이용하였다. 이 방법은 필요한 기술의 수준도 높고 비용이 많이 드는 데다가 위험했다. 우선 갱도 안에 불을 놓아서 바위를 연약하게 만든 다음에 광물을 추출했다. 그런데 불을 피운 후 갱도가 갑자기 무너질 수도 있었고, 연기 때문에 광부가 질식할 수도 있었다. 이처럼 위험한 방법도 마다하지 않고 귀금속을 얻으려고 애를 썼다.

광부의 작업 조건은 열악하였다. 그들은 4킬로그램 이상의 무거운 돌 망치와 쐐기를 항상 휴대하였다. 뾰족한 철봉을 대고 망치로 바위를 깨부숴야 했기 때문이다. 갱도는 어두워서 기름 등잔을 켜고 작업해야 하였다. 땅속 깊이 내려가면 갈수록 온도가 높아져 광부 대부분이 알몸으로 노동했다.

로마 시대의 대표적인 금광이라면 영국 웨일스의 돌라우코티Dolaucothi 광산이 유명하다. 이 광산 역시 멀리 떨어진 강과 개울물을 끌어다 채굴 작업에 사용하였다. 한편 그 시절 구리 광산으로는 히스파니아의 리오틴토Rio Tinto 광산이 손꼽힌다. 그런데 최근의 연구를 보면, 로마인의 채굴 사업이 너무 열성적이었던지 그때 이미 환경 오염이 심하였다. 광산 주변은 사람이 살기에 위험할 정도였다.

로마인의 진정한 실용 정신

나는 로마인의 실용성에 깊은 감명을 받았다. 어떤 문제든지 실용적으로 해결하는 로마인의 정신은 문자와 달력에도 나타난다. 알다시피 오늘날 서양 여러 나라에서는 로마 문자를 모체로 한 자국의 문자를 사용한다. 그 시원은 페니키아 문자지만, 현재의 문자는 모두 로마 문자나 다름없다. 자음으로만 이뤄진 페니키아 문자와 달리 로마 문자는 자음과 모음을 표기하는 가장 단순하고 합리적인 방법을 채택했기 때문이다.

현대의 달력도 로마의 전통을 이어받은 것이다. 로마 초기만 하여도 그리스 전통을 따라서 음력을 사용했다. 그러다가 율리우스 카이사르가 천문학자 소시게네스의 조언을 받아들여 태양력으로 전환했다(기원전 46). 카이사르는 한 해의 길이를 기존의 355일에서 365일로 열흘이나 늘렸다. 그런데 당시 로마인들은 짝수를 꺼려서, 모든 달을 홀수로 끝나게 정했다. 율리우스의 달력은 훌륭하였으나, 해마다 11분의 오차가 발생하는 단점이 있었다. 이 문제를 해결한 것이 1582년에 제정된 그레고리력이다. 교황은 윤년을 설정하는 방식을 바꾸어 새 달력의 정확성을 높였다.

공짜 빵으로 정권을 유지하다

전성기 로마 인구는 100만 명을 넘어섰다. 교통수단도 시원찮았고, 음식물의 냉동 또는 냉장 보관이 불가능하였던 점을 고려하면, 대도시에 식량을 충분히 공급하는 것이 여간 난제가 아니었다. 그래서인지 〈아우구스투스 황제의 업적을 기록한 비문〉에 다음과 같은 말이 나온다.

열한 번째 로마 집정관으로서 나(아우구스투스)는 사적으로 매입한 곡식을 사람들에게 통지하는 문서를 열두 통이나 작성하였다(기원전 23). 이 글을 회람한 사람은 적어도 25만 명쯤 될 것으로 믿는다.
······ 나는 32만 명의 시민들에게 각기 60데나리온씩을 지급하였다
(기원전 5).

인용문에 보이는 25만 명의 시민은 각 가정의 가장이었을 것이
다. 그렇게 계산하면 당시 로마의 총인구는 100만 명 이상이라는
추정이 가능하다. 그때 황제는 무려 32만 명에게 생계 유지비를
지급하였다고 기록했다. 생계가 어려운 모든 시민이 한때나마 혜
택을 보았다.

아우구스투스 황제의 비문에는 다음과 같은 구절도 보인다.

곡물이 부족할 때가 있었다. 그러면 나는 곡물을 공급할 책임이 나
자신에게 있음을 알았으므로, 며칠 내에 사적인 재산을 풀어서 전
체 인구를 (굶주림의) 두려움과 위험에서 구출하였다.

아우구스투스만이 이렇게 했을까. 로마의 통치자라면 누구나
마찬가지로 행동하였을 것이다. 황제가 굶주림을 해결하지 못하
면 폭동이 일어나고 정치가 불안해져, 권력을 유지하기 어렵게
되었다. 4대 황제 클라우디우스는 한때 식량 공급을 하지 못해서
곤경에 빠진 적이 있었다. 가뭄이 길게 이어지고 식량 공급이 어
려워지자 시민들이 폭도로 변해 로마 포럼 한가운데 모여서 황
제에게 빵부스러기를 던지며 모욕하고 조롱하였다. 이 일을 겪은
뒤, 황제는 항상 원활히 식량을 공급하기 위해 깊이 고민했다고
전한다.

로마의 식량 문제는 공화정 시절부터 통치자의 가장 큰 관심사였다. 시민의 주식은 빵이었는데, 올리브 기름과 포도주 또한 생활필수품이었다. 이것은 모두 수입에 의존하였다. 학자들의 추산에 따르면, 로마 시민은 해마다 40만 톤(혹은 20만 톤으로 추정하기도 한다)의 곡물을 소비하였다. 대부분 배를 이용해 지중해 남쪽에서 운송되었다. 로마로 들어가는 항구에는 올리브 항아리 파편이 층층으로 쌓인 작은 동산인 몬테 테스타치오Monte Testaccio가 있다. 도대체 얼마나 많은 올리브 기름이 수입되었으면 이렇게 많은 기름단지 조각이 산더미를 이루었을까. 로마의 근교에서 재배한 신선한 채소와 과일도 시민들에게 대단히 중요한 식품이었다.

시장에 맡겨두어서는 로마의 식량 문제를 도저히 해결할 수 없었다. 기원전 2세기 후반부터 늘 같은 문제가 발생해, 통치자가 로마의 곡물 공급에 직접 개입했다. 특히 아우구스투스 황제는 법을 정하여 곡물 거래에 황제가 개입한다는 조항을 명시하였다. 보조금으로 사들인 곡물을 어떠한 조건으로 판매해야 하는지도 법률에 기록하였다.

식량 공급에 관한 법이 최초로 제정된 것은 기원전 123년이었다. 가이우스 그라쿠스가 주역이었는데, 그는 민중파를 대표하는 인물이었다. 그라쿠스는 빈민에게 곡물을 무상으로 분배하는 법을 제정했는데, 그 법은 그라쿠스의 암살과 함께 휴지 조각이 되었다. 그러나 기원전 58년 이전에 이 법이 부활하였다. 또 다른 민중파 클라우디우스는 무상으로 곡물을 수령할 수 있는 자격 조건을 대폭 완화해, 더 많은 시민이 혜택을 입었다. 또 아우구스투스 이후에는 황제가 으레 큰돈을 쾌척하여 식량 공급 제도를 유지했다. 3세기 초, 셉티미우스 세베루스 황제는 올리브 기름의 제공도 보장했다. '오현제' 가운데 하나인 아우렐리아누스 황제는 거기에 덧붙여 돼지고기와 포도주의 공급도 약속하였다.

좋게 말하면, 황제들이 복지 정책을 점점 확대했다고 말할 수도 있다. 이는 황제의 능력을 과시하는 것이었다. 하층 시민에게는 최소한의 사회 안전망이었으나, 임시방편적인 비상조치였을 뿐으로 도시의 빈곤 문제를 해결하기에는 충분하지 않았다. 원로원은 황제의 식량 제공을 선심성 정책이라고 비난하였다. 하지만 누구라도 권력을 쥐기만 하면 자신의 권좌를 유지하기 위해서라도 가난한 시민에게 때로 빵을 나눠주었다. 로마의 황제들은 빵을 가지고 자신의 권력을 연장한 셈이다. 만약 그것이 불가능한 상황이 오면 어떠하였을까. 그때는 로마제국의 토대가 무너지고 말았을 것이다.

지중해라는 조건

말 그대로 지중해Mediterranean Sea는 로마의 내해內海와 마찬가지였다. 바다의 북쪽은 유럽, 남쪽은 아프리카, 동쪽은 아시아(레반트)가 에워싸고 있다. 대서양과 연결되는 지점, 즉 지브롤터 해협은 폭이 최단 거리로 14킬로미터에 불과하고, 동북쪽은 비잔티움(콘스탄티노플) 앞바다를 통해서 흑해로 연결된다.

지중해는 고대부터 중요한 전쟁터이자 교역로였다. 메소포타미아문명과 이집트문명이 바로 지중해와 그 해안을 통해서 사방으로 퍼져나갔다. 페니키아와 그 후예인 카르타고, 그리스와 그 뒤를 이은 로마, 그리고 북아프리카의 무어인 등이 서로 물자를 사고팔았으며 다양한 문화를 주고받았다. 대서양을 중심으로 스페인, 포르투갈, 네덜란드와 영국 및 프랑스가 세계를 제패하기 전에는 지중해가 서양 역사의 중심이었다. 지중해가 가진 지정학적 가치는 이루 헤아릴 수 없을 정도였다.

지중해가 아니었더라면 척박한 그리스 땅에서 어떻게 찬란한 고대 문화가 꽃을 피웠을까. 무역에 의존해 지중해 일대를 누빈 페니키아 역시 마찬가지였다. 그리스와 페니키아는 처음부터 끝까지 도시국가들로만 구성되었다. 지중해 서남부에서도 카르타고(현 튀니지)가 성장해, 기원전 3세기경에는 지중해 서부를 완전히 석권하였다.

그러나 제2차 포에니전쟁에서 로마가 카르타고를 꺾고 지중해의 패권을 움켜쥐었다. 지중해는 말 그대로 육지 가운데의 바다여서, 제해권을 가지면 손쉽게 지중해 연안을 차지할 수 있었다. 로마인은 지중해를 '우리 바다mare nostrum'라고 부를 정도였다. 로마가 기원전 30년에 이집트까지 점령할 수 있었던 것도 지중해를 통해 이집트와 연결되어 있었기 때문에 가능한 일이었다. 로마제국은 300년 이상 지중해 일대를 통치하였다.

서로마제국이 몰락한 다음에는 동로마제국(비잔틴제국)이 지중해 동부를 호령하였다. 그러다가 7세기부터는 이슬람 제국이 등장해 새로운 패자가 되었다(움마야드 왕조). 그렇게 수 세기가 흐른 뒤에는 오스만의 영향력이 점차 커졌다. 그들은 1453년에 콘스탄티노플을 정복하였고, 그때부터 19세기까지 지중해의 최강자로 군림하였다.

15세기와 16세기에는 이탈리아에 속한 베네치아 공화국이 오스만과 패권을 다투었으나, 결국에는 실패하였다. 이런 가운데 유럽 여러 나라의 관심은 지중해를 떠나, 강력한 적대 세력이 존재하지 않는 대서양과 인도양을 향했다. 그러나 19세기가 되자 세계 각 대륙을 정복한 프랑스와 영국이 지중해로 되돌아왔다. 그들의 진출로 오스만의 몰락이 가속화되었다.

제1차 세계대전(1914~1918)과 제2차 세계대전(1939~1945) 때도 지중해는 열강의 전쟁터였다. 오늘날에는 유럽으로 향하는 불법 이민으로 지중해가 몸살을 앓는다. 지난 수십 년 동안 아프리카와 중동의 정치적 위기가 이어진 결과다. 각지에서 쏟아지는 난민들이 경제적으로 번영한 서유럽 국가, 특히 독일과 프랑스를 향하고 있다. 2015년에 시리아를 비롯한 중동 난민의 수는 수백만을 헤아렸다. 유럽연합은 터키와 그리스에 난민 수용소를 설치하여 난민의 행렬을 가까스로 막아내고 있다.

지중해 연안의 여러 나라 중에서도 지정학적 위치가 가장 돋보이는 곳은 이탈리아반도다. 지금도 지중해를 넘어 유럽으로 향하는 난민들은 일차적으로 이탈리아를 겨냥한다.

로마는 이탈리아 중심부에 위치한다. 이탈리아반도는 산이 비교적 낮아서 자연 장벽이 별로 없는 데다 날씨가 온화하고 평야가 비옥하여 인구가 증가하기 쉬웠다. 이탈리아반도는 동서남북 어디에서든지 지중해에 접근하기가 쉬워, 지중해의 패자가 되기에 적합하였다. 약간의 차이는 있으나, 아테네와 콘스탄티노플, 알렉산드리아(이집트), 카르타고도 역시 비슷한 조건이었다. 그리하여 이들 지역도 앞서거니 뒤서거니 지중해를 무대로 크게 성장하였다.

프랑스 역사가 페르낭 브로델은 제2차 세계대전 때 독일군의 포로가 되어 5년 동안 수용소에 갇혀 지냈다. 그때 그는 《지중해: 펠리페 2세 시대의 지중해 세계》라는 대작을 구상하여, 전쟁이 끝나고 수년 후에 출간하였다(1949). 16세기 후반 지중해를 중심으로 여러 지역의 문화와 문물이 교류하는 모습을 담은 웅장한 대서사시였다. 엄밀히 말해서 그때는 지중해의 전성기가 이미 저문 뒤였는데도, 지중해가 워낙 지정학적으로 중요한 곳이라 여전히 서양 역사를 풍부하게 살찌우는 귀중한 무대가 된 것이다.

로마는 기후 위기, 생태 재난 그리고 전염병으로 몰락했다고!

5세기 후반 서로마제국이 멸망하였다. 그러자 서유럽의 대부분 지역에서는 무역량이 줄었고 도시도 크게 위축되었다. 기술의 진보도 멈추었다. 현대 미국의 역사가 이언 모리스는 로마의 몰락을 가리켜 인류 문명이 겪은 역사상 최악의 좌절이라고 주장했다.

'세계 최강의 제국 로마가 왜 멸망했을까' 하는 질문은 쉽게 대답하기 어렵다. 어떤 학자는 로마의 영토가 너무 광대해서 통치가 불가능하였다는 점을 이유로 든다. 고대의 행정력과 기술로는 도저히 효율적으로 통치할 수 없어서 문제가 누적되었다는 말이다. 틀린 말은 아닌 것 같다. 제국을 유지하려면 통치자는 고액의 세금을 부과할 수밖에 없고, 그로 인해 불만이 쌓이면 시민들은 국가의 명령을 따르지 않기 마련이다. 이것이 내부 혼란으로 이어졌다는 해석인 셈이다. 이처럼 내부 결속이 약해졌을 때 이

민족이 로마 영토를 침략했고, 제국은 갈수록 약해졌다는 설명이 그럴듯하다. 로마 내부에서도 구질서를 회복하려는 시도는 있었다. 하지만 크게 효과가 없었고, 게르만족 출신 용병대장 오도아케르가 서로마의 황제를 제거(476)했다고 한다.

로마의 멸망에는 역사 기록에 보이지 않는 여러 가지 숨은 요인도 작용하였다. 가령 기후 및 생태계의 위기가 있었다. 또 전염병이 유행하여 로마제국의 토대를 흔들었다. 그런가 하면 고질적인 양극화 문제를 해결하지 못해 결국 멸망하고 말았다는 주장도 설득력이 있어 보인다. 이 밖에도 다양한 주장이 있으나 일일이 다 소개하지 못한다. 아래에서는 로마가 멸망한 원인을 몇 가지로 나누어 간단히 설명해보겠다.

기후 및 생태계 위기 그리고 전염병의 충격

기후변화와 전염병이 로마의 멸망에 한몫을 담당했다는 주장이 내 호기심을 불러일으킨다. 여러 학자가 거듭 확인한 사실이지만, 로마인의 사망 원인 가운데 제1위가 전염병이었다. 이질과 파라티푸스 그리고 열대성 전염병인 말라리아가 창궐하였다. 결핵과 나병 역시 도시에서 도시로 전파되었다. 가장 무서운 전염병은 천연두였다. 1세기 후반, 지구 북반구의 기온이 조금 낮아지자 천연두가 더욱 극성을 부렸다. 대략 165년부터 천연두로 죽는 사람이 많아졌다.

전염병이 유행한 데는 여러 가지 요인이 복합적으로 작용하였다. 먼저 로마제국은 전염병균이 널리 번식하기에 좋은 조건이었다. 로마는 고도로 도시화되어 인구 밀집 지역이 많았다. 특히 비위생적인 음식물과 오염된 식수가 큰 문제였다. 게다가 지진이나 화산 폭발 같은 자연재해가 일어나 도시 생활이 혼란에 빠지면 전염병이 더욱 쉽게 발생하였다.

로마의 경우 전염병이 더욱 치명적이었던 이유는 거미줄처럼 사방으로 연결된 도로망 때문이었다. 교역로를 오가는 상인과 함께 전염병균도 제국의 구석구석으로 퍼져나갔다. 누군가가 움직일 때면 병원균도 함께 움직였다. 기생충과 만성 질환도 각지로 퍼져서 많은 사람을 괴롭혔다. 게다가 그 당시 식수와 음식물은 걸핏하면 위생에 문제가 생겼기 때문에 효과적인 방역이 어려웠다.

로마제국 말기가 되자 전염병은 빈번하게 유행하였다. 병으로 사람들이 쓰러지자 인구도 급감하였다. 병사를 제대로 충원하지 못할 정도로 로마는 큰 타격을 입었다. 로마 군단이 후기로 갈수록 용병에 의존하게 된 이유가 여기에 있었다. 마침내 로마는 이민족 출신의 용병에게 동족의 침입을 막아달라고 애걸하는 처지가 되고 말았다. 로마는 침략의 성공을 이민족에게 보장해준 셈이었다.

기후변화도 로마의 운명에 직접적인 영향을 주었다. 잘 알다시피 태양의 흑점 활동은 기후에 영향을 주며, 화산 폭발도 결과적으로 지구 기온을 변화시키는 중요한 원인이다. 로마가 한창 번영할 때는 기후도 순조로웠다. 고온다습하고 큰 변화가 없는 날씨가 지속되어 해마다 농사가 잘되었다. 그때는 농업 생산성이 쑥쑥 올라갔고, 그 덕분에 장기간 원정 사업을 추진하는 데도 재정적으로 무리가 없었다. 그러나 기후가 점점 나빠지자 로마는 해결하기 어려운 문제에 직면하였다. 생계를 잇기 어려워진 외적들의 침략이 끊임없이 이어졌다.

로마의 멸망을 앞두고 3세기 후반부터 기온이 낮아졌다. 화산 활동이 활발해져 햇볕이 제대로 들지 않았던 탓이 컸다. 기온이 가장 낮았던 때는 서로마가 멸망한 후인 530~540년이었다. 전문가들은 이 시기를 '후기 고대 빙하기'라고 부른다. 로마에서 동쪽으로 멀리 떨어진 아시아 대륙에도 기후 위기가 찾아와서 여러 유목민족이 북중국 일대로 밀고 들어갔다. 이른바 5호 16국의 시대가 열린 것이었다. 그때 고구려도 남하 정책을 추진해 백제와 충돌이 잦아졌다는 점을 기억하자.

고대의 생태 환경에 관해서도 우리는 정확한 정보를 얻을 수 있을까. 역사 기록에는 정확한 통계도 없고, 믿을 만한 기술이 별로 없다. 하지만 남아 있는 빙하의 핵이나 호수와 해양의 퇴적물을 분석하면 그 시절의 기후도 알 수 있다. 화학적 수치의 변화를 통해서 기후가 어떻게 달라졌는지를 정확히 측정할 수 있다. 또 그 시절의 인골과 치아를 분석해보면 일상적인 삶의 조건이 어떻게 달라졌는지도 추정할 수 있다. 근년에는 이러한 과학적 연구가 활발해져 전에 몰랐던 새로운 사실이 속속 밝혀지고 있다.

요컨대 기후 위기로 인해서 로마 말기에는 농업 생산량이 줄었고 굶주림도 만연하였다. 당연히 로마의 출산율도 낮아졌다. 생태계의 변화가 로마를 멸망으로 이끌었다고 주장하는 학자가 점점 늘어나고 있다. 인구 감소는 기후 위기 및 자연재해와 불가분의 관련이 있었다.

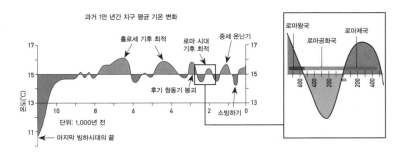

로마 시기 지구 평균 기온의 변화

그런데 정작 당대 로마인은 그들의 제국이 몰락하는 이유를 명확하게 설명하지 못하였다. 인간의 지나친 탐욕이 자연의 분노를 가져왔다는 해석이 주를 이루었다. 겉으로 보면, 황제와 원로원, 장군과 병사들, 이민족 출신 용병과 침략자 및 노예가 로마의 역사를 좌우한 것처럼 여겨진다. 그러나 박테리아와 바이러스, 화산 폭발과 태양운동이 결정적이었다고 해도 과언이 아니었다.

결국 인간이란 자연의 일부다. 인간의 의도와는 무관하게 움직이는 생태계를 인간이 정한 규칙으로 완전히 통제할 수 없다. 그런 점에서 기후변화와 전염병의 유행은 역사를 움직이는 원동력이 자연이라는 점을 증명하는 것이다.[*]

코로나19 팬데믹을 겪고 있는 요즘이라서 이 문제가 더욱 피부에 와닿는다. 참고로, 최근의 과학적 연구 결과를 읽어보면 로마

---

[*]   Kyle Harper, *The Fate of Rome: Climate, Disease, and the End of an Empire*, 2017.

시절에는 환경 오염도 심하였다. 철을 비롯한 여러 종류의 금속을 제련하는 과정에서 숲이 크게 파괴되었고 미세 먼지도 다량으로 발생하였다. 그 탓에 광범위한 지역에서 수질도 심각하게 오염되었다. 물론 후대의 또 다른 이야기지만 아메리카 대륙의 마야문명도 개간 사업으로 숲을 파괴한 결과, 환경 재앙을 만나 몰락한 사실이 있다. 환경 문제가 현대에 국한된 현상이 아니란 점이 흥미롭다.

이민족의 침략

서로마제국은 사산조 페르시아와의 전쟁을 계기로 몰락하기 시작했다. 특히 235년 알렉산드로스 세베루스 황제의 암살 이후 황위 다툼이 본격적으로 펼쳐졌다. 이른바 군인황제 시대가 열려 각지에서 반란과 폭동이 일어나 제국이 무정부 상태에 빠졌다. 그때부터 북쪽 변경에 있던 게르만족과 그 일파인 색슨족이 쳐들어왔다. 동게르만족에 속하는 고트족도 도나우강을 건너 로마를 향했다. 게르만족은 용맹하였으므로, 허약해진 로마군이 대적하기에는 버거운 상대였다.

로마제국의 분열은 가속화하였다. 3세기 후반, 디오클레티아누스 황제는 제국을 넷으로 쪼갰다. 서쪽과 동쪽을 각기 두 개의 영역으로 분할하여 통치의 효율성을 높이고자 했다. 군인황제 시대의 혼란을 청산하고 군단의 방어력을 강화해서 내란을 끝내자는 좋은 의도였다. 이것을 '사두정치'(293)라고 부른다. 그러나 제위 계승에 실패한 왕자들이 들고일어나 이 제도는 곧 위기를 맞았다.

　이후 즉위한 콘스탄티누스 1세는 다시 제국을 하나로 통합하였다. 그는 황권을 공고히 하기 위해 기독교인에 대한 제국의 박해를 중단하고, 밀라노 칙령(313년 2월)을 내려 종교의 자유를 선언하였다. 본래 콘스탄티누스 1세는 기독교회의 분쟁에 말려들고 싶지 않았으나, 신앙의 핵심이 무엇인지를 둘러싸고 교회가 분열되었다. 그러자 니케아 공의회(325)를 열어, 예수의 신성神性을 부정하는 아리우스파를 이단으로 단죄하고 기독교회를 하나로 통합하여 제국의 안정을 꾀하였다. 콘스탄티누스 1세는 군대도 개혁했다. 그러나 이미 로마 후기에는 이민족 전사를 집단적으로 수용해 로마 군단에 편성한 상태였다. 상비군이 40만 명이나 되었기 때문에 이는 재정적으로도 큰 부담이었다. 결국에는 군대의 규모를 축소하였는데, 이민족 출신이 군대 안에 많아서 큰 두통거리였다.

　고트족이 제국을 침략하자 걷잡을 수 없는 혼란이 일어났다. 이는 훈족이 유럽에 진출하는 바람에 생긴 문제였다. 훈족은 중앙아시아 출신의 유목민족으로, 악명 높은 흉노족의 후예였다. 그들은 뛰어난 기병 전술로 남유럽을 차지하였다. 이에 고트족과 반달족이 본거지에서 밀려나 이동하였고 얼마 후에는 로마 국경 안으로 밀고 들어왔는데, 그들 일부가 이미 로마의 용병이었으니 제대로 방어할 수 없었다.

　439년 반달족은 로마의 식량 기지인 북아프리카를 정복하였다. 마요리아누스 황제(재위 457~461)는 그 땅을 되찾기 위해 애썼다. 그는 갈리아에서 서고트족과 싸워 승리한 적이 있었는데, 유능한 정치가로서의 면모를 발휘해 히스파니아 지역에서 그들과의 화해를 서둘렀다(459). 북아프리카를 차지한 반달족을 무찌르기 위해서였다. 그러나 그 계획은 물거품이 되었다. 마요리아누스는 권좌에서 축출되어 목이 잘리고 말았다.

반달족은 100년 동안이나 북아프리카를 지배했다. 그들의 침략으로 서로마제국이 멸망했다고 해도 틀린 말이 아니었다. 영토 안으로 깊이 파고든 이민족을 내치지 못한 채 로마는 멸망하고 말았는데, 그런 점에서는 중국의 송나라와 비슷한 처지였다.

양극화의 심화

이 문제는 특히 로마가 공화정을 청산하고 제정으로 바뀌던 시절에 해당한다. 그 배경에는 양극화의 짙은 그늘이 있었다. 공화국 말기에는 소득 불평등이 극심했고, 외국인 혐오증도 심하였다. 그에 앞서 로마는 카르타고를 정복하였고 그리스 지역도 합병하였다. 현재의 스페인을 정복한 뒤에는 품질 좋은 은광을 차지했다. 로마의 귀족들은 이전 세대가 상상조차 할 수 없을 만큼 막대한 재물을 획득하였다.

그것이 화근이었다. 기원전 2세기, 로마 군단은 히스파니아 지역에서 무려 30만 개의 황금 덩어리를 가지고 돌아왔다. 그 재물은 원로원을 지배하는 귀족의 수중으로 들어갔다. 로마의 집정관과 장군 들은 모두 부자가 되었다. 그러나 가난한 하층 시민은 더욱 가난해졌다. 그들은 군인이 되어 히스파니아와 그리스 등지로 끌려가 그곳에서 3년 또는 5년씩 붙들려 있었다. 그사이에 고향의 농경지는 당연히 황폐해졌다. 그러자 부자들이 그 땅을 마구 사들였다. 기원전 130년대와 140년대의 흔한 풍경이다.

소농은 귀족에게 토지를 빼앗긴 채 도시로 이주해 빈민이 되었다. 이로써 전통적인 로마의 경제체제가 망가지고 정치 구조에도 균열이 생겼다. 이후 경제적 불평등은 더욱 심해졌으나 누구도 이 문제를 해결하지 못하였다. 소농이 망하고 상업적인 대농장이 성장했다는 점에서는 현대 사회와도 비슷하다.

양극화가 한창 진행될 때 원로원은 무슨 조치를 하였을까? 그들은 손을 놓고 있었다. 가난한 시민을 돕기 위해 누구도 일어서지 않았다. 시민들은 국가가 자신들을 포기했다고 느꼈다. 민회와 원로원은 소수의 귀족을 위해서 존재한다고 보았다. 시민의 분노가 커지자 로마공화정의 운명이 위태로웠다. 누군가는 임시방편적인 개혁을 시도하기도 하였다. 빈민에게 무상으로 식량을 나눠주고, 도로 건설 현장에 채용하여 값싼 일자리를 제공하는 식이었다. 그러나 그 정도 개혁으로 시민들이 마음 놓고 가족을 부양할 수 있었을까. 오늘날 우리 사회도 로마공화정 말기와 사정이 비슷하지는 않은가.

사태의 심각성을 절감한 이는 귀족 출신의 티베리우스 그라쿠스와 가이우스 그라쿠스 형제였다. 그들은 사회 개혁을 시도했는데, 이는 하층 시민이 원하는 바였다. 형제는 집권을 위해서 경제 불평등이란 의제를 선택했고, 곡물의 무상 지급 등 인기를 끌 만한 정책을 골랐다. 그들과 권력을 다투던 원로원은 그라쿠스 형제를 좌시하지 않았다. 예전에는 누구나 평화로운 토론과 논쟁으로 정책을 결정하였으나, 원로원은 암살이라는 비상수단을 선택했다.

먼저 나선 이는 티베리우스 그라쿠스였는데, 그는 농지 분배법Lex Agraria을 제안하였다. 도시의 빈곤층과 퇴역 군인에게 토지를 재분배하자는 것이었다. 원로원은 호민관을 움직여서라도 거부권을 행사할 계획이었다. 티베리우스의 법안은 가난한 시민을 위한 것이어서 민회에서는 쉽게 통과되었다. 그러나 흥분한 원로원 측이 티베리우스를 살해하여 문제를 근원적으로 제거했다(기원전 121). 잔인한 일이었다. 단순히 정적이라는 이유로 티베리우스를 살해한 것은 로마의 정치적 전통에 어긋난 중대한 범법 행위였다. 그러나 그것이 귀족의 이익에 부합했으므로 문제가 되지 않았다.

하지만 이 사건의 부정적인 영향력은 후세에 긴 그림자를 드리웠다. 공화정을 구하기 위해서든, 권력투쟁에서 이기기 위해서든 어떤 음모를 꾸며도 무방하다는 통념이 형성되었다. 정치·사회적 혼란이 도래했다.

티베리우스의 동생 가이우스 그라쿠스도 형의 뒤를 따랐다. 그는 가난한 시민들이 식량을 구매할 수 있도록 보조금을 지급하자는 주장을 폈다. 결국에는 원로원의 공격을 받아 동생마저 목숨을 잃었다. 이처럼 기득권층의 저항은 막강하였다.

기원전 87년에는 원로원의 후원 아래 술라 장군이 민중파를 제거하기 위해 내전을 시작했다. 그때 가이우스 마리우스 장군(카이사르의 고모부)을 비롯한 민중파는 가난한 시민의 지지를 등에 업고 권좌를 노렸다. 민중파 정치가가 앞다투어 등장하자 로마의 정치 구도는 복잡해졌다.

포퓰리즘과 폭군

21세기의 가장 심각한 정치 사회적 현안은 무엇일까. '포퓰리즘(대중주의)의 부상'이라고 대답하는 사람이 많다. 포퓰리스트(민중파), 곧 인기에 영합하는 정치가라면, 나는 고대 로마의 푸블리우스 클라우디우스 풀케르가 제일 먼저 생각난다. 그는 사생활이 난잡하기로 악명이 자자했다. 기원전 62년에 여성들만 참가하는 종교 축제를 방해한 죄로 여론의 비난을 받기도 했다. 클라우디우스는 부유한 귀족 가문에서 태어났으나 권력을 쥐려고 놀라운 연극을 벌였다. 그는 이미 성인이었는데도 시민 가문에 입양되기를 바라더니, 자신보다 나이가 젊은 양아버지를 직접 선택하여 양자가 되었다. 민중파 정치가 중에서도 그는 가장 폭력적이고 위험한 인물이었다. 군대를 동원해 세상을 공포에 떨게 하면서도 시민에게 곡물을 무료로 공급하는 법안을 통과시키기도 하였다.

그때도 원로원은 보수적인 의원이 대다수였다. 그들은 현상 유지에만 급급하였으므로, 하층 시민이 바란 혁신은 이뤄지지 않았다. 시민은 호민관을 통해서 자신들의 이익을 지키려고 하였으나, 그것도 수월하지가 않았다. 그러자 시민은 유혈 사태를 일으켜서라도 급진적 개혁을 달성하려는 경향을 보였다.

앞에서 언급한 그라쿠스 형제도 따지고 보면 유서 깊은 귀족인 셈프로니아의 후예였다. 그라쿠스의 아버지 티베리우스 셈프로니우스 그라쿠스는 로마의 주요 관직을 두루 역임하였고, 어머니 코넬리아 아프리카나도 카르타고와의 전쟁에서 큰 공을 세운 스키피오 아프리카누스의 딸이었다. 그러나 그라쿠스 형제는 귀족

신분을 도외시한 채 시민처럼 살았다.

클라우디우스와 그라쿠스 형제가 우리에게 주는 교훈은 무엇일까? 포퓰리즘은 소외된 시민 대중의 목소리가 아니다. 그것은 시민 대중의 가슴에서 나온 급진적이고 민주적인 표현이 아니라, 영리한 지배층의 차가운 머리에서 나온 것이다. 로마제국 때만이 아니라 현대 사회에도 마찬가지다.

권력을 쥐기 위해 기득권층 가운데 누군가는 포퓰리스트가 된다. 그는 냉정한 계산 끝에 자신을 민중파로 위장한다. 클라우디우스와 그라쿠스 형제는 바로 실패한 포퓰리스트의 전형이었다. 그러나 율리우스 카이사르는 포퓰리스트로서 집권에 성공했다. 그 또한 귀족 가문 출신이었지만 민중파로 적절히 처신하여 권력을 장악했다. 카이사르는 '종신 독재자'로 임명되어 포퓰리즘의 정치적 효과가 대단하다는 점을 몸소 증명했다.

현대 사회에도 포퓰리스트가 적지 않다. 도널드 트럼프 전 미국 대통령은 대단한 갑부의 아들이지만, 마치 소외된 백인 하층 시민 출신의 구세주처럼 행세하였다. 그는 미국의 평범한 시민처럼 언행을 바꾸었으나 시민과는 거리가 아주 먼 사람이었다.

영국의 포퓰리스트 나이절 패라지도 비슷한 예라고 하겠다. 그는 영국 독립당의 창설자로, 노동자를 선동하여 '브렉시트'의 계기를 만들었다. 물론 패라지의 개인적 삶과는 거리가 멀었다. 그는 전형적인 상류층으로, 아버지는 런던의 금융전문가였다. 로마의 카이사르와 클라우디우스처럼 패라지와 트럼프도 마치 시민 대중의 이익을 옹호하는 것처럼 위장하며 자신들의 정치적 목표를 달성하였다.

로마제국 말기에는 모든 황제가 포퓰리스트였다. 그들은 로마 사회의 구조적 모순을 외면하고 '빵과 서커스', 즉 곡물과 위안거리를 제공하는 것으로 인기를 관리하였다. 하지만 임시방편으로는 사회 문제를 풀 수 없다. 마침내 로마는 멸망에 이르렀다.

기독교의 문제

로마에서 동쪽으로 멀리 떨어진 유대 땅에서 기독교가 일어났다. 시간이 흐르자 점점 서쪽으로 퍼졌다. 로마제국의 동쪽 절반은 기독교를 믿게 되었다. 3세기경에는 제국 어디에나 신자가 가득했다. 황제들의 끈질긴 박해에도 불구하고 기독교의 인기가 더욱 높아진 것이었다. 4세기에는 수도 한복판에서도 인구의 10퍼센트쯤이 기독교 신자였다. 사정이 이쯤 되자 국가의 방침에도 변화가 일어났다.

306년에 콘스탄티누스 1세는 내전을 마무리하고 로마 황제가 되었다. 전하는 말에 따르면 그가 정적 막센티우스와 결전을 눈앞에 두고 있을 때 하늘에 십자가의 환영이 나타났다. 천사가 콘스탄티누스에게 "내 지시대로 하면 꼭 이길 것이다"라고 예언하였다. 콘스탄티누스는 "이 전투에서 이기면 나는 기독교인이 되겠다"라고 응답하였는데, 실제로 그는 전투에서 이겼고, 죽기 전에 자신의 맹세대로 세례를 받았다. 곧 황제의 개종 소식이 무역로를 따라 동서남북으로 널리 퍼졌다.

380년, 테오도시우스 황제는 기독교를 국교로 선포하였다. 이

제 모두가 개종해야 하는 세상이 왔다. 개종을 거부한 사람은 관직에 나아갈 수 없었다. 기독교가 인기를 얻게 되자 많은 시민은 지상의 국가보다 천국에 관심을 가졌다. 이러한 변화가 로마의 몰락에 상당한 영향을 미쳤다는 주장도 있다. 그러나 기독교가 과연 로마의 멸망을 가져왔는지는 알 수 없는 일이다.

어떤 이는 동로마제국의 출현이 서로마의 멸망을 앞당겼다고 해석하기도 한다. 동로마가 인적·물적 자원을 가져갔기 때문에 서로마가 차츰 약해졌다는 주장이다. 물론 멸망의 결정적 원인은 아니었겠지만, 세력을 약화하였으리라고 충분히 짐작할 수 있다. 또 다른 이들은, 로마 시대에 수도관을 납으로 만드는 바람에 시민들이 차츰 납중독에 걸려 건강이 나빠졌다고 말한다. 믿기 어려운 주장이다. 혹자는 로마 때 동성애가 무척 유행하였고 성적 일탈도 심해서 마침내 멸망에 이르렀다고 한다. 이 역시 전후 관계가 증명된 견해는 아니다.

장기간 전쟁의 여파

마지막으로, 로마의 몰락에 관한 또 한 가지 설득력이 있는 이론을 소개한다. 영국 역사가 폴 케네디는 여러 제국의 흥망성쇠를 연구한 학자로, 제국의 역사에서 공통점 한 가지를 발견했다. 국운이 상승할 때 영토를 무리하게 확장하다 보니 경제적 부담이 과중해져 끝내는 국운이 하강 곡선을 그렸다는 것이다. 요컨대 케네디는 제국의 쇠망을 결정하는 요인이 재정의 고갈이라고 설파한 셈이다. 어떤 제국이라도 지나치게 광대한 영토를 통치하노라면 재정 능력이 한계에 이른다는 점을 지적한 탁견이다.

로마제국도 그와 마찬가지가 아니었을까. 로마는 처음부터 마지막까지 전쟁에 몰두하였다. 전쟁이 지나치게 길어져 저절로 국력이 쇠진하였다. 로마의 통치자들은 권력을 차지하는 데는 열심이었으나, 정치 현안은 제대로 처리하지 못하고 세월을 허비하였다. 그사이에 북부 지방의 게르만족이 더욱 강성해져 도저히 막아낼 수 없을 정도로 성장하였다. 역사가들의 추정에 따르면, 4세기 로마의 군사비는 총예산의 80퍼센트나 되었다. 어떤 국가라도 이러한 부담을 장기적으로 감당할 수 없을 것이다. 게다가 로마 내부의 정치적 암투와 부패가 심각하였다.

큰 틀에서 보면 로마는 기술적으로나 사회·문화적으로 굵직한 업적이 많았다. 그들은 고도로 발달한 은행을 만들었고, 관료제 역시 효율적으로 운영하였다. 중앙난방 시설을 갖춘 다층 주택을 건설하는 한편 수준 높은 무기를 생산했다. 식민지의 이교도를 감싸주는 넉넉한 아량도 있었다. 로마에는 탁월한 전략가도, 용감한 군인도 많았다. 하지만 쇠퇴기에 접어든 제국의 운명을 구할 사람은 어디에도 없었다.

로마 이야기를 계속하다 보니, 현대 미국 사회의 모습과 겹치는 부분이 있다. 오늘날 미국은 세계 각국에 군사기지를 운영하느라 과중한 국방비에 시달리고 있다는 지적이 많다. 앞으로 미국의 운명이 어떻게 될지는 모르겠으나, 재정 부담이 과중하면 어느 나라든지 장래가 밝기 어렵다.

로마 역사의 교훈

로마의 역사는 참으로 길어 무려 1,000년간 계속되었다. 처음 여러 세기 동안 로마는 성장을 지속하였다. 시민을 통합하는 데 성공한 덕분이었다고 본다. 로마공화국은 목숨을 걸고 싸운 병사들의 노고를 잊지 않았다. 그리하여 퇴직하는 병사에게 경작지와 시민권을 주어 로마의 든든한 구성원으로 활동할 기회를 제공했다. 이처럼 사회적 보상 제도가 온전히 작동한 덕분에 로마는 유례없는 융성기를 맞이하였다.

그럼 쇠락은 언제, 어디서 시작되었을까. 요인은 다양하겠지만 무엇보다 양극화가 심해져 시민들이 경제적 파탄을 맞은 것이 가장 심각한 문제였을 것이다. 정복 사업이 순탄하게 진행되자 귀족들이 도적처럼 굴었다는 사실이 뼈아프게 다가온다. 냉대와 차별은 시민을 폭발 지경으로 몰아갔다. 진정한 개혁가가 등장해서 사회 갈등을 순리로 풀었더라면 하는 아쉬움이 있다. 그런데 그런 방향으로 나아가지 못해 포퓰리스트가 판을 쳤다. 그들은 성난 시민을 교묘하게 이용하여 자신의 정치적 야욕을 추구하였다. 시민 대중의 두려움과 슬픔, 그들의 분노를 악용하는 정치가가 로마에 넘쳐났다. 이른바 폭군뿐만 아니라 제국 말기의 황제들은 모두 선동적 정치가였다.

현대의 민주주의 국가도 로마 말기와 비슷한 위기에 진입한 것이 아닐까. 물론 이것이 나의 노파심이기를 바란다. 그러나 미국과 영국을 비롯한 세계의 주요국들이 진즉부터 정치적 위기에 빠진 것 같다. 만약 조금만 더 소홀히 하면 로마공화국 말기와 비슷한 상황이 되풀이될는지도 모른다.

경고음이 처음 울릴 때 우리는 정신을 가다듬고 주의해야 한다. 내부 분열이 점점 심해지면 나중에는 독재자가 등장해 국가를 더 큰 위험에 빠뜨릴 수 있다. 로마공화정 말기에도 현명한 정치가가 있어서 꼭 필요한 개혁을 과감히 시행했더라면 어떠했을까. 똑같은 이야기를 로마제국 말기에 대해서도 해야겠다. 황제가 값싼 선심을 베푸는 것으로는 아무 문제도 풀지 못하였다. 뼈를 깎는 개혁이 있었더라면 몰락의 비운을 벗어날 수 있지 않았을까 싶다.

What makes history?

2장

몽골제국,
너무도 짧았던 영광

칭기즈칸은 말 위에서 천하를 얻었다. 그러나
세계 정복의 힘이 말발굽에서 나온 것은 아니
다. '비단길'에서 터득한 열린 마음과 융합의 지
혜, 이것이야말로 칭기즈칸에게는 성공의 열쇠
였다.

EMPIRE

칭기즈칸은 전설적 영웅이었다. 그가 거느린 몽골 병사들은 폭풍처럼 주변 지역을 휩쓸었다. 불과 몇 해 만에 그들은 중앙아시아의 대초원을 정복해, 뿔뿔이 흩어진 유목민족을 하나로 묶었다. 칭기즈칸은 풍운의 제왕이었다.

이후 몽골 병사들은 말머리를 동유럽과 중부 유럽으로 돌렸다. 그들은 지상 최고의 기마 전사요, 놀라운 명궁이었다. 유라시아 대륙을 거침없이 내달려 페르시아, 아랍, 러시아, 폴란드 그리고 튀르크까지도 몽골 병사 앞에 무릎을 꿇렸다.

우리는 몽골제국의 역사를 개관하고, 제국의 흥성에 전환점이 된 몇 가지 사건을 들여다볼 것이다. 아울러 세계를 지배한 이 대제국을 멸망으로 이끈 원인이 무엇이었는지도 살펴본다.

몽골제국의 역사적 전환점

몽골제국이라고 하면 무엇보다도 초원을 달리는 말을 탄 기병이 가장 먼저 눈앞에 떠오른다. 말을 가축으로 길들인 것은 지금으로부터 5,500년 전이었다. 역사적으로 중앙아시아는 야생동물인 말의 가축화에 가장 먼저 성공한 지역이었다. 사람이 말을 타면서부터 인류의 역사도 달라졌다. 먼 거리를 빨리 그리고 수월하게 이동할 수 있게 되었기 때문이다. 몽골을 비롯한 중앙아시아에서 시작된 말타기는 점차 세계 각지로 퍼져갔다. 그 덕분에 다양한 문화권에 속한 사람들이 서로 거래할 수 있게 되었다.

말은 힘도 세고 민첩하다. 그래서 상품을 운반하는 데 적합할 뿐만 아니라, 농업과 임업에서도 사람을 도와 힘든 일을 척척 해냈다. 그런데 말이 가장 큰 효과를 낸 분야는 전쟁이었다. 말이 투입되자 전쟁의 규모와 전개 방식이 완전히 달라졌다. 고대에는 말이 이끄는 전차나 기마 전사보다 위력적인 병기가 없었다. 기병대를 효율적으로 운용하는 나라는 크고 작은 전투에서 모두 이겼다. 전쟁에 말이 투입되자 광활한 영토를 지배하는 정복 국가도 출현하였다.

가장 대표적인 것이 몽골제국이었다. 몽골은 기병 전법을 무기삼아 세계 정복에 성공했고, 동서양을 잇는 비단길에 많은 역참을 건설하여 교역에 질적 변화를 가져왔다. 로마제국 역시 마차를 이용하여 거대한 영토를 효율적으로 지배하였다고 하지만 몽골제국의 규모에 비할 바는 아니었다.

말과 소 등의 가축이 전혀 알려지지 않은 문명도 있었다. 아메리카 대륙에서는 말이 사냥감이 되어 멸종했다고 한다. 그들은 사실상 가축을 기르지 않았고, 모든 일을 인간의 노동력으로 해결하였다. 가축을 모르고 살았던 아메리카 원주민은 각종 전염병에 대한 면역력이 낮아, 16세기 이후 유럽에서 유입된 천연두와 홍역 등으로 많은 이들이 희생당했다.

말의 나라 몽골은 언제, 어떤 계기로 세계사의 무대에 등장하였을까. 그들의 성공과 실패를 좌우한 역사적 흐름을 간단히 정리해보자.

몽골 역사의 큰 흐름

1200년경 몽골 인구는 20만 명 정도였다. 그 당시 고려의 수도 개경에는 50만 명이 살았다고 추산되므로, 인구 규모로만 보면 몽골은 정말 볼품이 없었다. 12세기 중앙아시아 초원에 카불 칸이란 지도자가 나타나 몽골 부족을 잠시 통일하였으나, 겨우 한세대 만에 무너졌다(1160년경). 테무친, 즉 칭기즈칸(1162~1227)은바로 그 카불 칸의 증손자였다.

초년의 역경을 극복하고, 1206년에 테무친은 '세계의 지배자(칭기즈칸)'라는 칭호를 얻었다. 그의 지휘 아래 몽골 기병은 2,300만제곱킬로미터의 영토에 1억 명의 인구를 거느린 대제국을 일으켰다. 이것은 한반도의 100배도 넘는 영토였으니 놀라운 일이었다.

칭기즈칸은 처음부터 대제국을 건설할 야망을 품었을까? 사실그가 야망을 품고 대제국을 이룬 것이 아니라 변화하는 정치적 상황에 따라 움직이다 보니, 뜻밖의 결과가 나왔다고 한다. 1215년에 칭기즈칸은 금나라의 수도 연경燕京(현 베이징)을 점령하였는데,만약 그때 그가 마음만 먹었다면 중국의 북부 지방을 손아귀에 넣는 일은 그리 어렵지 않았을 것이다. 하지만 칭기즈칸은 말 머리를 돌려 몽골 초원으로 되돌아갔다. 이어서 서아시아의 호라즘제국과 몽골 사이에 전쟁이 일어났는데(1219~1221), 그 역시 무역 분쟁에서 야기된 우연한 사건이었다. 처음부터 몽골이 호라즘을 정복하기 위해서 침략 전쟁을 일으킨 것은 아니었다는 말이다.

호라즘과의 전쟁 중에 칭기즈칸은 카라코룸, 곧 '검은 바위'라불리는 지역을 몽골의 수도로 정하였다(1220). 이곳은 나중에 한족의 침략을 받아 처참하게 파괴되었다(1388). 근년에 독일과 몽골의학자들이 공동으로 그 도시를 발굴하였다. 그 결과 많은 비밀이풀리고 있는데, 이미 카라코룸 시절부터 몽골에 다양한 종교가 공존하였다는 사실이 확인되었다. 그곳에는 거대한 불교 사찰 또한 존재했다. 몽골 초기부터 통치자들이 불교를 대대적으로 후원한 점도 확인되었다. 이것은 물론 칭기즈칸 이후의 상황이었다.

칭기즈칸은 거창한 건축물이나 예술 작품 또는 국가의 보물이라고 부를 만한 것을 단 하나도 남기지 않았다. 심지어 그의 무덤이 어디에 있는지조차 정확히 알 수가 없다. 현재 남아 있는 칭기즈칸의 초상화도 그가 생존할 당시에 그린 작품이 아니다. 그가 사망한 지 100년쯤 지나서 14세기에 원나라 궁정 화가들이 창작한 그림이다. 검은담비 털모자를 쓰고 흰색 가죽옷을 걸친 칭기즈칸은 그의 실제 모습을 표현한 것이 아니다. 그 초상화에 등장하는 값비싼 모피는 몽골 귀족의 애호품으로, 그들은 모피를 중요한 교역 상품으로 여겼다.

1227년에 몽골군은 중국 북서쪽에 있던 탕구트족의 서하도 점령하였다. 이어서 칭기즈칸의 손자 바투 칸은 기병대를 이끌고 러시아로 쳐들어가 대승을 거두었다(1236~1242). 유럽의 군사력이 의외로 약하였기 때문에 그들은 고무되어 일거에 헝가리까지 진격하였다(1241). 그 이듬해에는 아드리아해까지 이르렀다. 러시아든 중부 유럽이든 감히 몽골 병사를 대적할 군사는 존재하지 않았다. 유럽 기사들은 몽골의 적수가 되지 못하였다. 몽골 기병대의 공격력과 탁월한 병참 능력은 그 당시 세계 최강이었다.

그런데 1241년에 본국에서 칭기즈칸의 후계자였던 오고타이 칸이 갑작스레 사망하였다. 그 바람에 몽골 병사들은 후계자를 뽑는 부족회의에 참석하기 위해 유럽 전선에서 부랴부랴 철수하였다. 1245년에 교황 인노센트 4세는 몽골에 사절단을 보내어 기독교 국가에 대한 공격을 제발 중지해달라고 간청하였다. 그 때

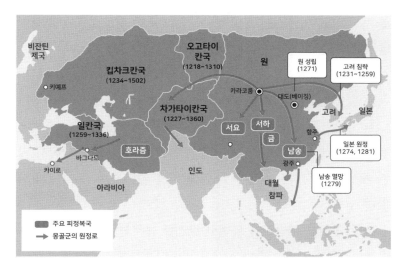

비잔틴
제국

킵차크칸국
(1234~1502)

오고타이
칸국
(1218~1310)

원

원 성립
(1271)

고려 침략
(1231~1259)

키예프

카라코룸

대도(베이징)

차가타이칸국
(1227~1360)

고려

일본

일칸국
(1259~1336)

서요

서하

호라즘

바그다드

금

남송

일본 원정
(1274, 1281)

카이로

항주

광주

인도

대월

남송 멸망
(1279)

아라비아

참파

■ 주요 피정복국
→ 몽골군의 원정로

몽골제국의 최대 판도

문이었는지 알 수는 없으나, 몽골은 유럽 공략을 재개하지는 않
았다. 그들은 1480년까지 러시아를 통치하는 것으로 만족하였다.
전성기 몽골제국의 지배 영역은 중국과 고려를 비롯하여 코라산
(현 아프가니스탄과 이란 일부), 조지아, 아르메니아, 러시아, 헝가리, 페
르시아 등지에 걸쳤다.

원정 당시 몽골 군대는 많은 인명을 살상하였다고 한다. 그러나
이런 주장도 실은 절반의 사실인 것 같다. 몽골인은 항복한 사람
을 해치지 않았다. 거짓으로 항복하였거나 일단 항복했다가 반역
을 일으킬 때만 무자비한 살육극으로 보복했다.

몽골의 역사에서 우리가 반드시 기억해야 할 점은 무엇이 있
을까. 다섯 가지만 간추려본다. 첫째, 몽골 원정군이 휩쓸고 지나
간 다음에 평화가 찾아왔고, 그러자 상당수 유럽인이 몽골제국

을 방문하였다는 점이 중요하다. 그중 교황 인노센트 4세의 명을 받아 몽골에 다녀온 사신 요하네스 플라노 드 카르피니가 유명하다. 그는 최초로 몽골 여행기를 남겼다(1245~1246). 몇 해 뒤에는 빌헬름 폰 루브룩도 몽골을 방문한 뒤 여행기를 작성하였다(1253~1255). 이런 전통이 후대로 계속 이어져 마르코 폴로의《동방견문록》이 탄생하였다. 이처럼 다양한 여행 기록이 있어서 많은 서양인이 중국을 비롯한 동양에 더욱 깊은 관심을 가지게 되었다.

둘째, 몽골은 이슬람과 특별한 관계를 유지하였다. 몽골 병사들은 이슬람 제국의 아름다운 수도 바그다드를 초토화하였고 아바스 왕조도 끝장을 냈다. 그들은 그곳에 일칸국을 세웠는데(1258), 페르시아와 이슬람 문화를 바탕으로 한 국가였다. 이런 인연으로 많은 이슬람교도가 몽골에 대거 진출해 교역과 행정을 비롯한 여러 분야에 적극적으로 참여했다. 동서 간의 인적·물적 교류가 확대되어 동아시아의 문화적 토양이 한층 풍부해졌다.

셋째, 천하 최강의 몽골제국도 원정 사업에서 여러 차례 실패하였다. 1274년에 몽골은 고려군과 함께 최신 무기로 무장하고 일본으로 쳐들어갔다. 그러나 태풍을 만나 막대한 손해를 입고 철수하였다. 1281년에도 15만 대군을 동원하여 재차 원정 사업을 벌였다. 그때는 일본도 방어 준비에 철저하였던 데다가 또다시 태풍이 불었다. 몽골의 원정 사업은 또 실패하였다.

베트남 원정도 실패로 돌아갔다. 1283년에 몽골은 해로를 이용해 베트남을 공격하였으나 역시 날씨가 나빠서 뜻을 이루지 못하였다. 그 이듬해부터 4년간 몽골은 다시 대군을 파견해 베트남의 수도 하노이를 침공했다. 그러나 정글에서 무더위와 싸우며 전투를 계속하기는 너무 힘겨웠다. 몽골 측은 베트남의 끈질긴 저항에 밀려서 퇴각하고 말았다. 베트남 왕족 진흥도는 그 시절에 몽골을 퇴치한 공적으로 역사에 이름을 남겼다.

넷째, 몽골은 중국을 점령했던 다른 이민족과 마찬가지로 중국 문화의 어엿한 계승자가 되었다. 1279년에 그들이 남송을 무너뜨리고 중국의 남부를 차지한 것은 그리 어려운 일이 아니었다. 그에 앞서 이미 쿠빌라이 칸(1215~1294)은 수도를 대도大都(현 베이징)로 옮기고 북중국을 직접 통치하였다(1271). 그러면서 쿠빌라이 칸은 나라 이름도 중국식으로 고쳐 원나라라고 불렀다. 그러나 몽골 내부에는 쿠빌라이 칸의 중국 지배 방식에 불만을 품고 그의 지배를 벗어난 이들이 많아졌다. 몽골제국에 내부 균열이 심해진 것이다.

다섯째, 몽골제국에서 흑사병이 일어나 사방으로 퍼져나갔다. 그 바람에 세금도 제대로 걷히지 않았고, 몽골의 지배에 저항하는 한족도 사방에서 난리를 일으켰다. 이로 인해 결국에는 원나라가 멸망하였다(1368). 칭기즈칸이 권좌에 오른 지 162년 만이었다.

몽골제국은 세계사에 혜성처럼 등장하였으나, 갑작스레 자취도 없이 사라져버렸다. 한때 세계 최강의 초월적인 대국이었던 몽골제국. 제국의 흥망성쇠를 좌우한 것은 도대체 무엇이었을까.

제국의 운명을 좌우한 지도자

몽골의 흥망에도 이정표가 여럿 있었다. 그중에서도 가장 두드러지는 이정표로 세 가지를 꼽을 수 있다. 하나는 칭기즈칸의 특별한 지도력이다. 또 하나는 대를 이어 전개된 정복 사업이다. 그들은 싸우면 대개는 이겼고, 전쟁을 끝낸 다음에는 이질적인 집단을 성공적으로 통합하였다. 끝으로, 쿠빌라이 칸 시대에 전성기를 맞은 몽골제국은 바로 그 시점부터 내부 균열이 심해져 쇠락의 조짐을 드러낸 것이다. 그렇다면 지도자의 능력이 몽골제국의 역사를 좌우하였다고 말할 수도 있을 것이다.

칭기즈칸 리더십

알다시피 칭기즈칸은 단기간에 몽골족을 통일하였고, 역사상 어느 왕조와도 비할 수 없이 거대한 제국을 개창했다. 칭기즈칸이 없는 몽골 역사란 상상조차 불가능할 지경이다. 몽골의 일개 부족장에서 시작하여 '세계의 지배자'로 부상한 인물, 그로 말미암아 중앙아시아 초원의 초라한 유목민 집단이 온 세상을 지배할 수 있었다. 과장이 아니라 칭기즈칸과 몽골은 동의어라고 보아도 좋을 정도다.

전설에 따르면, 몽골족은 청회색 늑대와 황갈색 사슴의 자손이다. 아마도 사냥을 주업으로 삼은 유목민족이기 때문에 이런 전설이 생겼을 것이다. 사냥꾼의 후예인 칭기즈칸은 짐승이 아니라 세상을 사냥하였다. 그는 자신의 시대를 통치한 것은 물론이고 사후에도 엄청난 영향을 미쳤다. 칭기즈칸은 현대 몽골의 국가

울란바토르의 거대한 칭기즈칸 동상

정체성을 강화하는 요소이기도 하다. 오늘날 몽골 대통령은 국가의 귀빈을 맞을 때면 반드시 칭기즈칸의 동상 앞에서 맞아들인다. 현대에도 몽골인은 내몽골에 설치한 거대한 신전에서 해마다 칭기즈칸을 기념하는 행사를 개최한다.

칭기즈칸의 고조부 툼비나이와 증조부 카불 칸은 역사 기록에 등장한다. 1084년 툼비나이는 요나라에 사신을 보냈으며, 1100년경에는 그 아들 카불 칸이 몽골 부족을 통일하였다고 전해진다. 그런데 카불 칸이 몽골을 어떻게 다스렸는지는 알 수가 없다. 한 가지 명백한 사실은 칭기즈칸이 태어나기 오래전에 몽골이 다시 여러 부족이 나뉘어 서로 대립하는 상태로 되돌아갔다는 점이다. 칭기즈칸의 아버지 예수게이는 몽골의 칸(왕)이 아니라 소규모 부족의 우두머리일 뿐이었다.

칭기즈칸의 일생은 여러모로 특이하였는데, 언제나 자신이 처한 시간과 공간에서 가장 멋지게 활약한 '훌륭한 인물'이었다고 한다. 이것이 몽골인들의 믿음이다. 칭기즈칸에게는 가장 훌륭한 아내가 있었고, 세상에서 가장 뛰어난 말이 있었으며, 가장 믿음직한 동료가 있었다는 것이다. 칭기즈칸은 몽골인들이 '신성한 장소'라고 말하는 부르칸 칼둔에서 태어났고, 사후에는 바로 그곳에 영원한 안식처를 마련했다고 하는데, 문헌으로 입증된 사실은 아니다.

위인전에도 나오듯이 칭기즈칸은 어렸을 적에 아버지를 여의고 이후 극심한 빈곤에 시달렸다. 아버지의 부하들은 그에게서 등을 돌렸고, 친척들조차 과부가 된 칭기즈칸의 어머니가 소유한 말을 훔쳐갔다. 집 안에 남은 재산이라고는 오직 말 한 마리뿐이었다. 칭기즈칸은 그 말을 타고 도둑을 추격하여 아버지가 남긴 말을 모두 되찾았다. 그때 그는 길에서 유목민 보르추를 만났는데, 보르추는 칭기즈칸을 도와 제국을 건설하였다. 칭기즈칸은 형제 및 동료와 단결해, 모두의 생존을 보장할 수 있는 자원을 충분히 확보하였다. 한마디로, 그는 자수성가한 인물로 그려진다.

그는 잔인하지만 관대하고, 단호하지만 사려 깊은 인물이었다고 전한다. 항상 지위가 낮은 일반 병사들과 힘든 일을 함께 헤쳐나갔으며, 동지를 구할 때는 혈연과 종교에 구애받지 않았단다. 또, 기술의 힘을 확신해 언제 어디서든 신무기를 도입하는 데 주저하지 않았다고 한다. 이러한 사고방식이 칭기즈칸을 가장 위대한 정복자로 만들었다.

그가 거느린 몽골 기병대를 두고 여러 가지 전설이 전한다. 그들은 말 위에서 먹고 자면서 쉬지 않고 이동할 수 있었고, 또 자유자재로 마상에서 재주를 피웠다고 한다. 이런 전하는 말들은 어디까지가 사실인지 알 수 없지만, 한 가지 틀림없는 사실은 당시 몽골 기병이 세계 최상의 기동력을 가졌다는 점이다. 게다가 몽골군은 한족에게서 대포 사용법을 배웠고, 나중에는 더욱더 개량된 이슬람의 대포도 수입하였다. 그들은 지상에 존재하는 다양한 신무기를 최대한 확보하여 적을 효율적으로 공격하였다. 몽골 군대의 승리는 기마 전술의 결과라고만 볼 수 없다. 마치 알렉산드로스 대왕의 군대처럼 그리고 훗날 나폴레옹의 부대처럼, 몽골 군대는 늘 신기술의 힘을 빌렸다. 그 덕분에 그들은 많은 승리를 거두었다.

공학자를 특별히 우대하는 정신, 이것이 칭기즈칸의 특징이었다. 누군가가 몽골에 저항하거나 반란을 일으키더라도 칭기즈칸은 공학 기술자만은 반드시 살려두어서 제국의 귀중한 인적 자원으로 삼았다. 그 당시에 그런 생각을 했다는 것만으로도 놀라운 일이다.

또 칭기즈칸에게는 요샛말로 '외부 하청outsourcing'이 낯선 개념이 아니었다. 그가 거느린 군대는 원정 사업에 따르기 마련인 부수적 문제를 하청으로 해결하였다. 병참과 길 안내, 통역과 정보 수집 등을 이슬람 상인에게 맡긴 것이다. 따라서 몽골군은 전적으로 전투에만 온전히 집중할 수 있었다. 이처럼 부대를 효율적으로 운영하였기 때문에 승리할 가능성이 더욱 컸다.

게다가 칭기즈칸의 군대는 종교와 혈통 등 모든 전통적 굴레에서 벗어나 있었다. 그들은 오직 능력 중심으로 인재를 발탁하였으므로, 이슬람의 상인과 지식인이 몽골의 전문 관료로 중용되었다. 예컨대 재정과 회계 분야는 이슬람계 인사들이 사실상 독점하는 영역이었다. 그 밖에도 칭기즈칸의 최측근 중에는 이른바 '색목인色目人', 즉 눈동자 색이 몽골인과 다른 외국인들이 다수였다.

한마디로, 칭기즈칸은 용기와 개방적인 성격, 비범한 능력을 바탕으로 '세계의 지배자'가 되었다. 훗날 중앙아시아에서 출현한 모든 영웅은 그의 태도를 모범으로 삼았다.

정복과 통합의 길

13세기 몽골의 이웃에는 고도로 발달한 도시가 많았는데, 그들은 농업 지역을 거느려 번영을 구가하였다. 그런데 그들의 중앙정부는 취약했다. 지방을 강력히 통제하지 못하는 약점이 눈에 띄었다. 중앙아시아 지역도 그러했고, 중동과 러시아에서도 여러 왕국과 도시국가의 사정이 대부분 비슷하였다.

중앙집권과는 거리가 멀었던 이웃 나라의 약점을, 몽골은 놓치지 않고 십분 이용하였다. 권력의 공백을 파고들어 강력한 군대로 거칠게 공격하였다. 그러자 몽골의 주변 지역은 곧 아수라장이 되었다. 몽골군은 그들의 항복을 받은 후 정치적 수완을 마음껏 발휘하였다. 느슨하였던 여러 나라를 하나로 묶어, 정치·경제적 이익을 공유하는 국가 연합으로 재편성하였다. 강력한 중앙권력이 지배하는 몽골식 통치는 모두에게 이익을 주었다.

오늘날까지도 많은 한국인은 몽골제국을 야만시하는 경향이 있는데, 그것은 아마 역사를 잘못 배웠기 때문일 것이다. 몽골은 형편없는 오랑캐요, 고려가 그들에게 무릎 꿇은 것은 민족적 수치라고 배운 것은 사실과 다르다. 그렇게 믿고 싶어 하는 애국심과 충정은 이해하지만, 냉정히 생각해보면 몽골은 결코 쉬운 상대가 아니었다. 13~14세기를 돌이켜 보라. 세상에 존재한 그 어떤 나라가 몽골을 상대해서 이길 수 있었겠는가. 고려가 몽골의 침략을 견디고 30년 넘게 항전한 것, 이것이야말로 후세가 높이 평가해야 할 점이다. 그 나름의 원인은 어렵지 않게 발견할 수 있다. 알다시피 몽골은 기병 중심의 전투를 선호하였으며, 원정 사업을 벌일 때마다 이슬람 상인이 병참 등을 제공하였다. 그런데 고려는 산악이 많은 지형인 데다 이슬람 상인이든 누구든 외부인이 몽골군을 따라와 지원하기에 너무도 먼 곳이었다. 덕분에 우리는 몽골의 침략에 비교적 유리하게 맞설 수 있었을 것이다.

결국에 고려는 내부 사정으로 말미암아 쿠빌라이 칸에게 항복하였다. 그러나 항복의 조건은 꽤 좋은 편이었다. 우선 고려 왕실이 보존되었고, 우리의 고유한 제도와 풍습도 변함없이 유지할 수 있었다. 고려가 원의 부마국, 즉 왕이 몽골 황실의 사위가 된다는 조건도 지레짐작처럼 불리하지만은 않았을 것이다. 왕실 결혼을 통하여 고려 왕실의 지위는 오히려 높아졌다고 볼 수 있다.

고려의 예에서도 알 수 있듯, 몽골은 점령지의 내정에 간섭하는 것 같으면서도 큰 틀에서 보면 자율적인 통치를 보장하였다. 문화·종교적으로 보아도 그들은 매우 관대한 정책을 펼쳤다. 몽골의 세계 지배 체제는 몽골을 중심으로 한 일종의 국가 연합체와도 같았다.

칭기즈칸의 시대부터 몽골은 정복 사업을 벌일 때 그 나름대로 합리적인 원칙이 있었다. 자신들에게 저항하면 해당 도시와 국가를 철저히 파괴하였으나, 그들은 경제 교류의 중요성을 알았기 때문에 곧 교역 관계를 복구하였다. 피점령지의 주민들이 사회문화적으로 안정을 누리면 식량 생산이 넉넉해지고 잉여 상품도 충분히 확보할 수 있었다. 그러면 몽골의 통치자는 교역상의 이익을 얻을 뿐만 아니라 점령지에서 세금도 넉넉히 거둘 수 있었다.

칭기즈칸의 후계자였던 오고타이 칸(칭기즈칸의 셋째 아들)은 본래 점령지에 해마다 요구하던 조공을 항구적인 세금으로 전환했다(1234년경). 결과적으로, 피점령 지역의 주민들은 생존을 보장받았고 고유문화도 온전히 지킬 수 있었다. 세금을 거둘 수 있었으니 몽골 조정으로서도 손해가 아니었다.

쿠빌라이 칸의 활약

칭기즈칸의 손자 쿠빌라이 칸(원 세조)은 국호를 중국식으로 바꿔 원나라라고 하였다. 그는 몽골제국을 중국사의 정통을 물려받은 후계 국가로 인식하였다. 그의 궁정에 여러 해 머물렀던 베네치아(이탈리아) 상인 마르코 폴로는 대칸이 유능하고 정직한 통치자라고 평가했다. 적절한 평가일 것이다. 쿠빌라이 칸의 지배 아래서 동양과 서양의 무역이 더욱 활발했다.

그 시절의 몽골은 각국의 다양한 문화와 종교가 공존할 수 있도록 노력하였다. 현대인의 눈으로 보아도 몽골제국의 교통로는 놀라운 수준이었다. 그들은 장거리 통신을 보장하는 체계적인 우편 제도 또한 구축하였다.

쿠빌라이 칸은 중국 문화에 심취해 중국 고대의 제도와 문물을

쿠빌라이 칸의 초상

적극적으로 수용하였다. 그러자 통치 제도가 중국식으로 일변해 중국식 문화가 찬란하게 꽃피었다. 대칸은 유교적 전통을 중시하였다. 그 덕분에 금나라 이후 북중국에서 맥이 끊긴 유교가 되살아났다. 쿠빌라이 칸은 한족을 효율적으로 통치하려면 유교의 힘을 빌려야 한다고 여겼고, 드넓은 몽골 영토를 다스리려면 이슬람 세계의 지도 제작술과 그들의 수학, 천문학 지식 등도 수용하는 것이 옳다고 믿었다.

그러나 몽골 귀족 중에서 쿠빌라이 칸의 정책에 반대하는 목소리가 거셌다. 결국에는 지배층 내부에 균열이 생겨 광대한 영토가 여럿으로 나뉠 정도로 그 여파가 컸다.

그러자 쿠빌라이 칸은 위성국가인 다른 칸국들과 관계를 끊다시피 하였다. 그러고는 현재의 중국과 몽골 지역만 직접 통치하였다. 긴 흐름으로 보면, 그때부터 몽골제국은 균열이 생기기 시작한 것이었다. 전성기에 쇠망이 시작된 것은 몽골만의 일은 아니었을 것이다. 여러 제국의 운명이 크게 다르지 않았다. 큰 성공 안에 쇠망의 씨앗이 들어 있으니, 경계하지 않을 수 없다.

비단길로 황금기를 누리다

지칠 줄 모르는 정복 사업으로 사상 유례없이 넓은 영토를 정복한 몽골 대제국, 그들은 잔혹한 정복자요 억압적인 통치자였다. 그러나 그에만 국한되지는 않았다. 그들은 여러 민족이 자신의 고국에서 평화롭게 살도록 허용했다. 조건은 단 하나로, 몽골제국에 대가를 충분히 바치는 것이었다. 이는 고대 로마제국과도 비슷한 점이었다.

몽골제국의 역사에는 한 가지 특이한 점이 있었다. 동양과 서양을 연결하는 국제교역에 관심이 컸다는 사실이다. 그 길을 따라 상품만 오간 것은 아니었다. 지식과 기술 그리고 종교가 퍼져나가는 것도 몽골은 마다하지 않았다. 이러한 몽골제국의 모습은 도리어 현대에 가까웠다.

몽골의 황금기를 가져온 것은 과연 무엇일까를 헤아리다 보면,

동서양을 하나로 연결한 망망한 교역로, 이른바 '실크로드'가 가장 먼저 뇌리에 떠오른다. 이 길이 아니었더라면 과연 몽골을 우리가 위대한 제국이라고 평가할 수 있을까. 그 길을 밟은 군인과 상인, 야심가와 선교사가 어디 한둘이었을까마는 베네치아의 상인 마르코 폴로야말로 가장 중요한 인물이었다. 그는 지금도 몽골제국의 융성함을 보여주는 상징적인 존재로 평가받는다.

물론 몽골이 대제국을 건설하는 데 결정적으로 공헌한 색목인, 즉 이슬람교도 역시 기억해야겠다. 그들을 포용하였기에 몽골은 성공에 성큼 다가설 수 있었다. 끝으로, 몽골이 경제적으로 대단한 나라였다는 사실을 입증하는 또 하나의 지표를 나는 지폐의 사용에서 찾고 싶다. 이 네 가지 항목을 아래에서 조금 더 자세히 다루겠다.

비단길의 역동성

몽골은 본래 교역을 중시하였다. 그들은 유목민이었기에 고도의 기술을 바탕으로 한 수공예품을 직접 생산하지는 못했다. 생활 여건상 귀중품을 장기간 일정한 장소에 보관할 시설도 없었다. 생존에 반드시 필요한 식량마저 자급자족하기가 불가능하였다. 이런 이유로 몽골은 중앙아시아 초원에 살던 다른 유목민족과 마찬가지로 교역을 하며 생계를 꾸렸다. 고대부터 '비단길'은 온갖 상품의 중계자인 유목민에 의해 유지되었다.

알다시피 '실크로드'라는 표현은 동서 교역로를 따라서 중국제

비단이 서역으로 수출되었기 때문에 붙은 이름이다. 비단은 당연히 누에가 만드는데, 고대 서양인은 비단의 재료가 무엇인지를 제대로 모르고 있었다. 중국인들이 그 사실을 극비에 붙였기 때문이다. 그런 정보의 공백 상태가 수백 년 동안 유지되었다. 그러나 나중에는 누에치기가 이슬람을 거쳐 서양에도 전해졌다.

비단길을 따라 이동한 상품은 다양하였다. 그중에는 '한혈마汗血馬' 또는 천리마라고 부르는 말도 있었다. 역대 중국인들이 가장 애호한 전쟁용 말이었는데, 피처럼 보이는 붉은 땀을 흘린다고 해서 한혈마라는 이름이 붙었다. 기생충 감염으로 인해 그런 것이라고 추측하는 학자도 있지만 정확한 이유는 밝혀지지 않았다. 중국의 황제들은 한혈마를 사랑하였는데, 본토에서는 별로 생산되지 않았다. 서북쪽에 거주하는 흉노족이 한혈마를 많이 길러 중국인들의 부러움을 샀다. 이것은 물론 몽골이 등장하기 훨씬 전의 일이었다.

중국 고대의 한나라 때부터 상인들은 비단길을 이용하여 자신들이 원하는 향료와 보석 등 다양한 상품을 서로 교환하였다. 알고 보면 유라시아 대륙의 모든 국가가 이 교역망에 직간접적으로 연결되어 있었다. 베트남, 인도, 한국과 일본까지 비단길 교역에 참여하였다. 신라 경주의 왕릉에서 출토된 로마산(또는 페르시아산) 유리잔이 그 증거다. 서역 상인의 모습을 묘사한 토우(흙 인형)도 출토되었다. 괘릉(원성왕릉)의 무인 석상이 소그드나 터키 계열의 인물이라는 사실은 잘 알려져 있다.

비단길이 있었기에 동서양의 사상과 철학, 종교가 쌍방향으로 전파되었다는 점도 알 것이다. 특히 몽골 시대에는 진정한 의미

실크로드

에서 국제적인 문화 교류가 일어났다. 이슬람교도는 고국의 천문학과 의약학 등을 몽골제국으로 가져왔다. 그들은 당근과 같은 채소도 전하였고, 서양 악기도 전파했다. 그때 이미 중국 북서부 주민의 상당수가 이슬람으로 개종하였다. 비단길에 늘어선 거점 도시들은 교역의 중심지였을 뿐만 아니라 문화 교류의 중심지였다. 웅장하고 화려한 이슬람 사원이 남아 있는 사마르칸트를 가본 이는 그 점을 피부로 느꼈을 것이다. 로마에서는 이단으로 몰린 네스토리우스파(경교)도 비단길을 따라 동아시아로 전파되어 상당한 교세를 형성했다고 한다. 나중에는 로마 가톨릭교회도 중국 대륙에 들어왔다.

　동서양의 원거리 교역이 몽골제국 때 더욱 발달한 것은 도로 덕분이었다. 요즘으로 말하면 고속도로가 제국을 종횡으로 가로질렀던 셈이다. 관리와 여행객이 안심하고 숙박할 수 있고, 물건을 편리하게 운송할 수 있는 역참이 잘 정비되어 있었다.

몽골제국은 간선도로를 효율적으로 관리하였다. 대략 30~40킬로미터마다 역참을 설치해, 여행객이 역마와 숙소를 이용하기가 편리하였다. 대규모 역참에는 항상 400마리의 말이 대기하고 있었다고 전한다. 몽골의 대칸이 발행한 통행증(패자)만 보여주면 어떤 여행자라도 이용에 불편함이 없었다. 이런 역참이 제국의 영토 안에 모두 1,500개나 설치되었다. 당시로서는 세계 어느 나라와도 비교할 수가 없는 최상의 교통 제도였다.

후세가 해상 실크로드라고 부르는 교역로도 존재하였다. 몽골제국은 해상 교통에도 많은 투자를 하였다. 당나라 때 처음 설치된 시박사市舶司(해상무역 관련 업무를 담당한 관청)가 송나라에 이어 원나라 때도 해상 교역에서 결정적 역할을 담당하였다. 흔히 몽골인은 해상에서 취약하였다고 생각하는데, 이것은 절반만 사실이다. 남송을 정복한 이후 몽골은 중국 남부의 해안 지방에 광주廣州, 천주泉州, 항주杭州 등을 항구로 개발하여 동아시아 여러 나라와 활발한 교역 활동을 벌였다. 이러한 항구 도시에는 이슬람 상인들도 집단적으로 거주하였다. 그들의 해상 교역은 활동 범위가 매우 넓어 동남아시아와 인도는 물론이고 서남아시아와 북아프리카에까지 이르렀다. 몽골제국 당시 남쪽의 대표적인 관문은 천주였다. 육로와 마찬가지로 선박을 이용할 때도 통행증을 제시하면 여행자에게 각종 편의를 제공하였다. 파스파 문자로 기록한 몽골 때의 통행증이 아직도 남아 있어 그 옛날의 해상 교역을 웅변한다.

장거리 도로 건설이란 점에서 로마도 크게 이름을 떨쳤으나, 그 규모와 편의 시설의 수월성이란 점에서 몽골의 상대가 되지 못하였다. 로마와 몽골의 역사를 읽으면서 떠오른 생각이지만, 교통과 통신 분야의 혁신이 국가 발전의 계기가 될 것이다. 21세기 한국은 바로 그 점에서 이미 세계 최상급의 나라라는 생각이 든다.

이탈리아 상인 마르코 폴로의 유산

마르코 폴로Marco Polo(1254~1324)는 용감한 베네치아 상인으로, 산맥을 넘고 사막과 대초원을 가로질러 머나먼 여행을 떠났다. 그는 17년 동안 몽골의 쿠빌라이 칸을 섬겼다. 그는 중국에서 유럽보다 우수한 문화를 목격하고 돌아왔다고 확신하였다.

마르코 폴로의 여정

그 당시 베네치아는 지중해 교역의 중심지였다. 호기심 많은 그곳 상인 중에는 동양에 가서 진귀한 보석, 향료, 비단과 같은 상품을 구매하고 싶어 하는 사람들이 있었다. 니콜로 폴로와 마테오 폴로 형제(마르코 폴로의 아버지와 숙부)가 몽골로 여행을 떠난 것도 그 때문이었다. 1260년경 그들은 콘스탄티노플과 크림반도를 지나서 몽골 영토인 킵차크칸국으로 들어갔다. 그들은 현 우즈베키스탄의 부하라에서 일칸국의 외교사절, 정확히 말해 고대 페르시아의 후예들을 만나 함께 여행했고, 1266년에 드디어 쿠빌라이 칸의 궁정에 무사히 도착했다.

얼마 뒤 폴로 형제는 귀로에 올랐고, 쿠빌라이 칸은 그들에게 교황 앞으로 보내는 서한을 주었다. 100명의 선교사를 요청하는 서한이었다. 예루살렘에 있는 예수의 무덤가를 밝히는 등잔에 사용한다는 기름도 나눠주기를 바랐다. 폴로 형제는 칸이 준 많은 선물을 가지고 무사히 고향으로 돌아왔다(1269).

그로부터 2년 후 폴로 형제는 칸의 심부름을 완수하기 위해 다시 길을 떠났다. 이번에는 니콜로의 아들 마르코(당시 17세)도 동행하였다. 그런데 마침 교황이 작고해 차기 교황을 뽑는 선거가 언제 끝날지 알 수 없는 상황이었다. 폴로 일행은 아코(현 이스라엘의 아크레)에서 성스러운 기름聖油을 구했으나, 선교사를 데려오라는 요청을 미처 해결하지 못했다. 그래서 그들은 교황청의 고위 성직자인 테오발디 비스콘티의 편지를 대신 가져가기로 하였다. 칸이 부탁한 100명의 선교사는 새 교황이 선출된 다음에야 제대로 검토할 수 있다는 내용을 공손하게 적은 서한이었다.

일이 공교롭게 되어, 그 서한을 작성한 비스콘티가 차기 교황(그레고리오 10세)으로 선출되었다. 교황은 두 명의 도미니코 선교사를 쿠빌라이 칸에게 보내기로 하였다. 하지만 선교사들은 몸이 약했던지 곧 여행을 포기하였다. 할 수 없이 폴로 일행만 길을 재촉하였다. 그들은 메소포타미아와 페르시아 지역을 거쳐서 동쪽으로 길을 잡았다. 배편으로 가고 싶었으나 호르무즈에서 마땅한 배를 얻어 타지 못하였다. 할 수 없이 그들은 험하고 고된 육로 여행을 시작하였다.

우선 사막을 건너 아프가니스탄에 도착했다(1272). 청년 마르코 폴로는 신장의 카슈가르에 있는 교역 사무소로 가는 길에 병에 걸려 무려 1년 동안 요양하게 되었다. 훗날 마르코 폴로가《동방견문록》에서 밝힌 바로는, 아프가니스탄 무역소에서는 최상급 청금석과 루비 등 진귀한 보석이 거래되었다.

폴로 일행은 파미르 고원을 넘어서 동쪽으로 갔다. 그들은 불교와 이슬람이 중국으로 전파된 길을 따라갔다. 타클라마칸 사막을 지나는 길은 "끝도 없는 산과 모래, 계곡의 연속. 어디에도 먹을 것이 전혀 없었다"라고 탄식할 정도로 험난한 여행길이었다. 늘 식수를 제때 구하지 못해 고생이 막심하였다.

쿠빌라이 칸의 궁전에 도착하기 40일 전, 드디어 황제가 보낸 관리가 일행 앞에 나타났다. 그들은 대도 북쪽에 위치한 상도上都, 즉 108개의 화려한 사찰이 있다는 원나라의 여름 수도로 향했다. 마침내 거기에서 쿠빌라이 칸을 알현하였다(1275). 마르코 폴로는 상도의 대궐을 대리석과 석재로 만든 웅장한 건물이라고 설명했다. 그 대청과 방은 황금으로 도금했다고 하였다. 동물원에는 대나무로 만든 별궁이 있었고, "금칠도 하고 옻칠도 한 기둥에 용이 새겨져 있는데, 꼬리로 기둥을 감싼 채 치켜든 발로 지붕을 받치는 형상이었다"라고 묘사했다.

쿠빌라이 칸은 청년 마르코 폴로에게 큰 호기심을 보였다. 칸의 호의로 마르코는 몽골어를 배웠고, 원나라의 관리로 임용되었다. 이후 17년 동안 그는 양자강(양쯔강)과 황하 및 티베트 등지를 두루 여행하였다. 현재의 미얀마와 태국, 베트남 그리고 시베리아까지 다녀왔다고 한다. 그러나 학자들의 견해에 따르면, 폴로의 여행기에는 자신이 직접 체험하지 않은 이야기도 뒤섞여 있다.

마르코 폴로는 그 당시 원나라의 대도시 항주를 유난히 좋아하였다. 남송의 수도(임안)였다가 1276년에 몽골이 정복한 곳이었다. 1282년부터 1285년까지 3년간 마르코는 자신이 이곳을 통치

쿠빌라이 칸을 만나는 마르코 폴로

했다고 하는데, 믿기 어려운 이야기다. 마르코 폴로는 항주를 세상에서 가장 매혹적인 도시라고 극찬하며, 그곳에서는 160만 마리의 가축을 기른다고 전했다. 또 남성과 여성이 각기 100명씩 한꺼번에 목욕을 즐기는 대중탕이 있으며, 놀랍게도 이 도시에 2만 명의 매춘부가 있다고도 했다. 마르코 폴로는 그곳에서는 석탄을 난방에 이용한다는 사실도 기록하였다.

얼마 후 쿠빌라이 칸의 건강이 나빠지자 한족이 저항운동을 일으켰다. 불안을 느낀 폴로 일행은 귀국하기를 바랐다. 마침 17세의 원나라 공주 코케진이 페르시아로 가서 결혼식을 올리게 되었다. 신랑은 쿠빌라이 칸의 조카 아르군이었다. 그런데 전쟁이 일어나는 바람에 육로가 막혔다. 그리하여 폴로는 결혼식에 참석할 600명의 일행과 14척의 선박에 나눠 타고, 남쪽에 있는 천주라는 항구에서 출발하였다(1292). 여행은 순조로운 편이었으나, 도중에

몇 달은 항해에 유리한 계절풍을 기다리느라 수마트라섬에 머물렀다.

폴로 일행이 호르무즈에 도착할 때까지 많은 승객이 숨졌고 그중 18명만 겨우 살아남았다. 페르시아에 도착하였을 때 신랑은 이미 사망한 뒤였다. 할 수 없이 그 아들 카산에게 원나라 공주를 인계하였는데, 3년 후 공주는 병으로 사망했다고 한다.

폴로는 다시 길을 떠나서 콘스탄티노플을 거쳐 고향으로 돌아갔다. 1295년에 드디어 베네치아에 도착하였으나 아무도 그를 알아보지 못했다. 얼마 후 베네치아가 제노아와 전쟁을 벌이자 마르코 폴로는 갤리선 선장으로 조국 베네치아를 위해서 싸웠다. 그러나 불행히도 포로가 되어 감옥에 갇히는 신세가 되었다. 옥중에서 그는 작가 루스티첼로와 우연히 알게 되었는데, 그가 마르코 폴로의 구술에 큰 흥미를 느낀 덕에 여행기가 탄생하였다. 이 여행기는 수십 년 세월이 지나는 동안 150종의 다양한 이본으로 탄생하였다. 한편 1299년에 마르코 폴로는 다시 자유의 몸이 되었다.

《동방견문록》의 영향

《동방견문록》의 내용을 곧이곧대로 믿는 사람은 어디에도 없었다. 역사적 사실이라 믿기 어려운, 허황한 대목이 많기도 하다. 그러나 몽골제국의 사실을 그대로 기록했더라도 13세기 이탈리아인들의 상식으로는 그 내용을 믿기 어려웠을 것이다. 세상 어디에도 몽골제국처럼 번영한 나라, 화려하고 규모가 큰 대도시는 존재하지 않았다. 폴로는 자신의 말에 수긍하지 못하는 이탈리아인들이 안타깝다고 말하며 자신이 목격한 사실의 절반도 기록하지 못했다며 화를 냈다고 한다. 때로 그는 자신의 여행기를 믿어달라고 호소하기도 하였다는데 효과는 거의 없었다.

결국에 마르코 폴로는 허풍쟁이로 역사에 기록되었다. 하지만 모험적인 사람들은 《동방견문록》을 손에 들고 동방무역의 꿈을 키웠다. 크리스토프 콜럼버스가 대표적인 인물이었다. 그는 이 책의 애독자로서 동양으로 가는 직항로를 개척하는 데 사실상 목숨을 걸었다. 만약에 폴로의 책이 없었더라면 콜럼버스가 대서양 횡단을 실천에 옮길 생각을 할 수 있었을까. 스페인 세비야에는 콜럼버스가 애독한 《동방견문록》이 아직 남아 있다. 그는 책장을 넘기며 곳곳에 줄도 긋고 메모도 남겼다. 마르코 폴로의 여행기야말로 15세기 말에 시작된 서양의 '대항해시대'를 가져왔다고 말해도 좋을 만큼 영향력이 컸다.

이슬람 세력을 이용해 제국을 다스리다

몽골은 대제국을 효율적으로 지배하고자 외부에서 많은 인재를 데려왔다. 주로 색목인이 원나라의 통치 요원이 되어, 군인과 예술가, 의사를 비롯한 전문 지식인으로 활동하였다. 원나라야말로 미국보다 수 세기 전에 세계적인 '두뇌 유출brain drain'을 과감하게 실천하였다. 몽골의 통치자들은 종교와 혈통, 신분도 뛰어넘어서 오직 능력 위주로 인재를 선발하였다. 그런 점에서는 매우 관용적인 국가였다.

하지만 예외는 있었다. 몽골인은 송나라의 후예, 즉 양자강 남쪽의 한족만은 철저히 불신하였다. 그들은 몽골의 안정을 해칠 가능성이 높은, 잠재적인 적으로 여겨 심하게 차별하였다. 중국 땅을 다스리면서도 한족을 배제하려니, 색목인이 대거 유입된 것이었다. 이것은 일종의 이이제이以夷制夷, 즉 오랑캐(한족)를 다른 오랑캐(이슬람)를 이용해서 다스리는 방법이었다. 그러나 장기적으로 보면 그다지 성공적인 통치 방법이 아니었다. 나중에 한족이 조직적으로 반발해 제국이 무너지는 결과가 나타났으니까 말이다.

달러 이전의 달러, 교초

고대부터 인간은 어디서나 화폐를 사용하였다. 대개는 귀금속과 동전, 비버 가죽, 가축 또는 면포와 쌀 같은 상품을 필요한 물건과 맞바꾸었다. 종이돈, 곧 지폐는 현물로서는 아무런 가치가 없어서 국가가 그 가치를 보증해야 했다. 산업혁명기 이전에는 그만한 권위를 가진 중앙 권력이 거의 없어서 지폐가 성공적으로 통용된 예가 드물었다.

그러나 중국에서는 송나라(북송) 때인 1075년에 산서山西(산시) 지방에서 지폐인 회자會子를 처음으로 사용하였다. 본래는 상인들이 약속 어음으로 사용했는데, 국가의 공식 화폐가 되었다. 원나라 시절에는 지폐가 더욱 널리 유통되어, 국내 거래는 지폐로 지불하는 일이 절반 이상이었다. 도시와 시장이 발달해 사람들이 거래하는 물건의 종류와 수량이 매우 많았다. 화폐가 등장한 배경이었다. 몽골제국은 지폐를 '교초交鈔'라고 불렀다. 남송의 지폐였던 '교자交子'를 계승한 것이었다. 금나라 때도 교초라는 이름으로 지폐를 발행한 적이 있었다고 한다. 그 당시에는 지폐를 찍으면서 장차 금과 은으로 교환해주겠다고 국가가 보증을 섰다. 따라서 국가가 지급 준비금을 초과해서 지폐를 발행하면 그 부담이 백성에게 돌아갔다.

백성은 교초보다는 현물화폐인 은을 더 선호했으나, 국가는 교초를 기본 화폐로 사용하는 정책을 밀고 나갔다. 쿠빌라이 칸 때는 금과 은의 준비금을 충분히 마련하여 '중통원보초'라는 지폐를 무려 10종이나 발행하였다. 이 지폐를 언제든지 은과 맞바꿀 수 있게 되자, 원나라 국내뿐만 아니라 외국에서도 활발하게 유통되었다.

국제 교역에서는 값비싼 물건이나 금은 등 귀금속으로 결제하는 경우가 더욱 일반적이었다. 몽골을 찾아온 서양인 모두 지폐를 보고 깜짝 놀랐다. 마르코 폴로가《동방견문록》에서 지폐 이야기를 소개한 것도 우연이 아니었다.

16세기 말부터는 유럽 여러 나라도 지폐를 발행하였다. 동전이 많이 부족했기 때문에 훗날 귀금속으로 그 대가를 되돌려주겠다는 약속이었다. 본격적인 화폐라기보다는 어음 또는 보증서였다고 볼 수 있다. 지폐가 근대적인 화폐로 널리 통용된 것은 19세기 후반이었다. 나중에는 금이나 은으로 굳이 교환할 필요가 없는 신용화폐가 정착되었다.

중국에서 시작된 지폐가 직간접적으로 후세에 광범위한 영향을 주었다는 이야기이다. 현대적인 통화 제도의 토대가 송나라와 원나라로 소급된다는 뜻이기도 하다. 고려도 원나라의 영향을 깊이 받아 조선 초기에는 저화라는 지폐를 발행하였다. 그러나 화폐 제도 전반에 관한 이해가 부족해 결국은 실패하였다. 이처럼 아무리 좋은 제도라도 저절로 굴러가지는 못한다. 화폐 제도를 운용하는 관리들이 전문적인 능력을 갖춰야 하고, 화폐 사용을 요구하는 민간경제도 존재해야 한다. 몽골이 지배하던 시절, 중국에서는 시장이 크게 발달해 도시와 농촌을 막론하고 상품 거래가 활발하였다. 그리고 원거리 교역량도 많아서 지폐의 사용은 누구에게나 편리하였다. 반면에 조선 초기에는 그러한 여건이 갖춰지지 않아 화폐가 통용되지 못하였다. 화폐 제도란 한 사회의 시장 규모, 유통 구조와 직결된 것이다. 그런 점에서 몽골제국의 경제력을 높이 평가해야 한다.

몽골은 흑사병으로 몰락했을까?

　14세기 유라시아의 최강대국 몽골이 그처럼 급속하게 무너진 이유는 무엇일까? 그 이유는 크게 네 가지를 꼽을 수 있다. 첫째, 지배층이 분열되었다. 쿠릴타이(족장회의)에서 후계자를 뽑는 몽골의 전통적인 지도자 선출 방식에 맹점이 있었다. 게다가 쿠빌라이 칸 이후에는 통치 방식이 중국식으로 바뀌어 몽골 전통주의자들의 반발이 심했다. 마침내 내부 갈등이 격화되어 제국의 수명을 단축하였다.

　둘째, 흑사병으로 인구가 대폭 감소하였고 교역 활동도 위축되었다. 인구가 줄자 농민에게서 거둘 수 있는 조세도 크게 감소하였다. 이로 인해 재정 위기가 왔다.

　셋째, 한족을 심하게 차별한 결과, 그들의 반발심이 커져 화근이 되었다. 몽골의 지배력이 약해지자 각지에서 농민(한족)의 반란이 일어났는데, 중국사를 살펴보면 왕조 말기에 으레 되풀이되는 관행이었다. 결국에는 홍건적과 관계가 깊었던 주원장이 한족의 지지를 얻어 명나라를 건국하였다. 그의 공격을 받아 마침내 원나라가 멸망하였다.

넷째, 주원장이 신무기였던 총포를 이용하여 대승을 거두었다. 몽골이 일어설 때도 그러했고, 역사상의 다른 강대국이 등장할 때도 신무기의 힘을 빌리는 경우가 많았다. 상식적으로 헤아리더라도 군사력은 국가의 흥망에 결정적인 요소다.

후계 문제로 시작된 내리막길

1259년에 칭기즈칸의 손자이자 몽골의 제4대 대칸인 몽케 칸이 사망하였다. 그는 남송을 정벌하다가 전염병으로 최후를 맞이하였다. 이후 권좌를 둘러싸고 심한 내분이 일어났다. 몽골은 대칸이 살아 있을 때는 후계 문제를 결정하지 않는 관습이 있었다. 그로 인하여 후계를 둘러싼 분쟁이 거의 언제나 반복되었다.

쿠빌라이는 몽케 칸의 동생으로, 칭기즈칸의 4남 톨루이의 둘째 아들이었다. 그는 자신의 동생 아리크부카와 4년이 넘게 권좌를 둘러싸고 다투었다. 아리크부카는 몽케 칸의 지지 세력을 끌어들이는 데 성공하였다. 그는 몽골 귀족의 압도적인 지지를 얻었으나, 결국에는 소수파인 쿠빌라이에게 권좌를 잃었다.

쿠빌라이는 형제들과는 달리 일찍부터 중국 문화를 적극적으로 수용했다. 그는 자신이 다스리던 중국 화북 지방의 막대한 경제적 자원을 이용해 동생을 꺾고 명실상부한 대칸의 자리에 올랐다. 1266년 아리크부카는 사망하고 말았는데 쿠빌라이가 독살한 것이었다.

전통 귀족들이 도사리고 있는 카라코룸을 쿠빌라이 칸은 불편하게 여겼다. 그는 제국의 수도를 대도로 옮기고, 1271년에는 나라 이름도 원元으로 바꾸었다. 그런 다음에 남송 정벌을 단행했다 (1279). 남송이 멸망하자 중국 전체가 쿠빌라이 칸의 수중에 들어 갔다.

하지만 황위가 결정된 다음에도 몽골 지배층의 대립은 이어졌다. 쿠빌라이 칸이 중국의 제도와 문물을 대폭 수용하였기 때문에 다수의 몽골 귀족이 분노하였다. 그들을 이끌고 카이두가 쿠빌라이 칸에게 도전장을 내밀었다. 그 역시 칭기즈칸의 후손이었다. 정확히 말해서 오고타이 칸(칭기즈칸의 삼남)의 손자였다. 카이두와 쿠빌라이의 대립은 20년 넘게 계속되었다. 그때 몽골제국에는 4개의 위성국가(킵차크칸국, 오고타이칸국, 일칸국, 차가타이칸국)가 있었는데, 그중 세 나라가 카이두를 지지하였다. 쿠빌라이를 지지하는 것은 오직 일칸국뿐이었다. 이 나라는 훌라구(쿠빌라이 칸의 동생)가 건국하였는데, 그는 서방 원정을 주도한 명장 중의 명장이었다.

정치적 분쟁이 이어지는 가운데, 몽골 지배층은 종교에 더욱 심취하였다. 그들은 라마교, 즉 티베트 불교를 신봉하였다. 쿠빌라이 칸도 티베트 원정 때 파스파의 설법을 듣고 크게 감동하여 라마교의 신봉자가 되었다. 파스파는 쿠빌라이 칸을 불교적 이상군주인 전륜성왕轉輪聖王으로 떠받들었다. 쿠빌라이 칸은 그를 초빙하여 곁에 두었다. 파스파는 티베트 문자를 변형하여 파스파 문자를 만들었는데, 이것이 몽골의 공문서에 사용되었다.

파스파 시절부터 라마교는 몽골 왕실과 밀착되었다. 시간이 갈수록 왕실은 라마교의 각종 행사를 적극적으로 지원하였다. 재정이 고갈될 정도로 막대한 비용이 들었다. 여기에 또 지배층의 사치와 낭비가 겹쳐서 제국의 재정은 갈수록 말이 아니었다. 재원이 부족해지자 통치자들은 지폐를 마구 발행하였고, 곧 물가가 폭발적으로 올랐다. 백성의 불만은 거의 터질 지경이었다.

지배층이 제아무리 라마교 신앙으로 무장하여도 세상 문제는 해결될 조짐을 보이지 않았다. 황권을 둘러싼 권력 다툼은 갈수록 더욱 고질적인 문제가 되었다. 어느덧 위성국가는 중앙정부의 통제를 벗어나 독립적인 국가로 행세하였다.

14세기가 되자 상황은 더욱 심각해졌다. 1307년에 쿠빌라이 칸의 후계자인 테무르 칸이 죽자 서로 권좌를 차지하려고 쟁탈전이 일어났다. 모후와 외척 그리고 권세가 등 몽골 귀족사회 전체가 황위 계승 경쟁에 끼어들었다. 대칸의 외척으로서 그동안 권세를 누린 옹기라트 부족을 중심으로 궁정 귀족의 발호가 특히 심했다. 한바탕 쿠데타와 암살의 물결이 지나간 다음, 죽은 테무르의 조카인 카이산이 대칸에 올랐다.

얼마 뒤 카이산의 보위를 물려받은 것은 동생 아유르바르와다였다. 그의 치세에는 모후 다기 카톤의 권력이 강성했다. 대칸이 죽고 2년이 지나자 모후도 사망하였다(1322). 이에 권력 쟁탈전이 다시 불붙었다. 우여곡절 끝에 토곤 테무르가 즉위할 때까지(1333) 10여 년간 다섯 명의 대칸이 교체되었다.

토곤 테무르 대칸 때는 정치가 조금 안정된 것처럼 보였다. 그러나 궁정의 내부 사정은 더욱 복잡하였다. 엘 테무르와 바얀 등 권신이 횡포를 부렸는데, 1347년부터 토구다가 대칸의 명령으로 권신이 추방되는 등 정국이 다시 불안해졌다.

14세기 몽골 지배층은 사치와 안일에 빠졌으므로, 제국의 운명은 더더욱 위태해졌다. 초기에 강점으로 작용한 유목민족 특유의 강건한 기풍도 점차 사라져갔다. 몽골의 군사력도 점차 약해져 농민 반란마저 효과적으로 방어하지 못할 정도가 되고 말았다.

흑사병에 기근까지

박테리아의 유전적 변이를 분석한 연구자들이 있다. 그들은 흑사병이 1330년 이후 몽골(중국)에서 시작되었든가 아니면 그 근처에서 진화한 것으로 본다. 몽골에서부터 이 병이 세계 각지로 퍼져나갔다는 것이다. 다른 학자들은 현재의 아프가니스탄, 투르크메니스탄, 우즈베키스탄 등이 있는 중앙아시아의 고원지대에서 흑사병이 시작되었다고 말한다.

키르기스스탄의 이시쿨에는 기독교도(네스토리우스파)의 무덤이 있는데, 1338년경에 급격히 묘비가 늘어난 것이 눈에 띈다. 그 비석 가운데 흑사병에 관한 기술이 보인다. 그 때문에 일부 역사가와 전염병학자는 이시쿨에서 흑사병이 처음 나타났다고 추정한다. 그러나 상당수 학자는 몽골의 지배를 받던 중국 땅에서 흑사병이 시작되었다고 확신한다. 그들은 흑사병이 몽골 군대 및 상인과 함께 비단길을 따라 사방으로 전파되었다고 말한다.

13세기 몽골은 세계 각지를 침략하였고, 그 후 평화가 찾아와 유럽과 아시아 간 직접 교역 활동이 활발해졌다. 이로써 전염병을 일으키는 박테리아가 비단길을 따라서 동서남북 어디로든 쉽게 퍼져나갈 조건이 갖춰졌다.

1347년에 흑사병은 서쪽으로 퍼져 콘스탄티노플에 도달하였다. 그 이전에도 약 15년 동안 흑사병이 아시아에 널리 유행하여 2,500만 명쯤이 사망했을 것이라고 한다. 그러나 인도 및 몽골제국의 역사 기록에는 14세기에 흑사병으로 많은 사람이 죽었다는 이야기가 나오지 않는다. 14세기 인도의 역사 기록에는 오히려 인구가 증가한 것으로 되어 있다. 인구 밀도가 인도보다 훨씬 높았던 중국은 어떠하였을까. 많은 사람이 기근으로 죽거나 몽골인과 싸우다가 전사한 것으로 나타나 있다. 그렇다면 인도와 중국에는 흑사병의 영향이 없었다고 단정할 수 있을까.

흑사병에 관한 서양 쪽 기록을 찾아보면, 카스피해 연안의 무역 도시 카파에서 최초로 문제가 나타났다. 그 때문에 흑사병이 카스피해 북서쪽 해안에서 시작되었다고 믿는 학자도 있다. 그러나 상식적으로 유추해보면, 몽골의 지배 아래 있던 중국에서도 흑사병이 유행하였을 것은 의심할 여지가 없다. 비단길의 최종 도착지이자 제국의 중심인 그곳이 어찌 무사하였겠는가.

실제로 현재의 후베이 지역에서 흑사병이 창궐했다는 1334년의 기록이 발견되었다. 후베이 지역은 이 전염병으로 폐허가 되었고, 이후 흑사병은 유라시아 대륙으로 퍼져나갔다. 흑사병 유행과 동시에 천재지변이 따라와 농촌의 삶은 와르르 무너졌다.

그런데도 권력자들은 권력투쟁에만 급급했다. 그들은 농촌을 구제할 대책을 전혀 내놓지 못했다. 수년 뒤에는 농경지가 황폐해졌고, 몽골족의 지배에 불만을 가졌던 한족의 저항감이 날로 커졌다. 설상가상으로 기근이 계속되자 몽골의 지배를 근본적으로 부정하는 저항운동이 일어났다. 이처럼 심각한 상황이었으나 몽골 조정은 조세 부담을 줄여주지 않았다. 수많은 농민이 생계를 잃고 유리걸식하였다. 명 태조 주원장의 개인적인 인생담을 보아도 알 수 있듯, 궁지로 내몰린 농민이 결국에는 몽골 조정에 반기를 들었다.

한인 차별이 농민 반란으로!

네 개의 신분

몽골은 제국의 거주자를 네 개 신분으로 나누었다. 최상위 신분은 몽골인이었다. 물론 몽골인이라고 해서 누구나 똑같이 최고의 특권을 누린 것은 아니었다. 그들 중에도 극소수 귀족을 제외하면 가난하고 소외된 사람이 대부분이었다.

두 번째 신분은 색목인이었다. 이들은 서역의 여러 종족 출신으로, 몽골제국이 팽창하는 과정에 공헌하였다. 그들은 중국을 다스리는 데도 필수적인 협력자였다. 색목인은 중국 문화와는 근본적으로 다른 이슬람 문화권에 속했으므로, 몽골인들은 그들이 한족과 뒤섞여 반란을 일으키는 일은 없을 것이라고 보았다. 몽골 지배자들이 안심하고 색목인을 등용한 배경이었다. 또 색목인 가운데는 상업에 종사하는 이가 대부분이었다. 그들은 재무와 회계 능력이 뛰어나서 몽골이 세계를 통치하는 데 직접적인 도움을 주었다. 색목인의 관점에서도 몽골제국은 하나의 거대한 시장이었다. 특히 교역로가 사통팔달하여 여간 매력적인 것이 아니었다. 몽골인과 색목인의 만남은 서로 이득이 되는 좋은 궁합이었다.

세 번째 신분은 중국인, 즉 한족(한인)이었다. 그들은 금나라의 통치 아래 있다가 몽골의 백성이 된 사람들로, 화북 지방에 거주했다. 그들은 말단 관직이나마 정치에 직접 참여할 권리를 가졌다.

최하위 신분은 양자강 남쪽의 중국인들, 즉 지난날 남송의 백성들이었다. 몽골은 그들을 한족 중에서도 '남인'이라고 부르며 중앙정부에서 완전히 배제하였다. 물론 남인에도 다양한 계층이 존재하였고, 그들 또한 지역 단위의 행정에는 참여할 수 있었다. 최소한의 자치권은 누린 셈이었다. 그러나 기껏해야 하찮은 지방 관리가 되거나 관청에서 일하는 말단 실무자로 임용되는 정도였다. 그마저 스스로 거절하고 초야에 묻혀 세태를 관망하는 선비도 적지 않았다.

홍건적의 난

14세기 후반, 여기저기에서 한족(남인)이 주도하는 조직적인 저항운동이 일어났다. 그때 가장 큰 파장을 불러일으킨 것은 1351년에 발생한 '홍건적의 난'이었다. 그들은 백련교라고 하는 종교 비밀결사를 모태로 난을 일으켰다. 곧 미륵불이 출현하여 세상을 낙원으로 바꿀 것이라는 선동적 구호가 농민들에게 깊은 인상을 주었다. 조선 시대의 미륵 신앙과 일맥상통하는 구호였다. 홍건적은 빈곤의 수렁에 빠진 농민들의 지지를 얻어 세력을 키웠다.

홍건적의 지도자로는 한산동과 유복통이 이름을 떨쳤다. 특히 한산동은 자신이 송나라 휘종의 8대손이라고 주장하며, 몽골이 멸망시킨 송나라를 되살리겠다고 하였다. 음양오행으로 보면 송나라는 불火에 해당하므로, 반란군은 불을 상징하는 빨강 머리띠를 둘렀다. '홍건적紅巾賊'이라는 이름이 나온 배경이었다.

그러나 반역 음모가 몽골 측에 알려져, 한산동은 거사도 일으키지 못한 채 잡혀 죽었다. 그런데도 홍건적의 무리는 곧 10만 명을 훌쩍 넘었고, 한산동의 아들 한림아가 새 우두머리로 위세를 떨쳤다. 그들은 본격적으로 항쟁에 나섰는데, 몽골군과 홍건적이 밀고 밀리며 여러 해 동안 싸움을 계속하였다. 그러나 반란군이 몽골의 공격을 이기지 못하였다.

몽골에 쫓겨 만주까지 달아난 홍건적 일파는 1359년에 고려로 쳐들어갔다. 그로부터 2년 뒤에는 무려 20만 명이나 되는 홍건적이 고려를 다시 침략해 수도 개경을 점령하였다. 그때 공민왕이 안동까지 피신하는 등 온 나라가 큰 혼란에 빠졌다. 고려 군대는 곧 반격에 성공해 홍건적을 물리쳤다. 그러나 이 난리를 겪은 후 고려의 국력은 크게 쇠약해졌다.

몽골과의 전투에서 거듭 패배하자 홍건적은 위기를 느꼈다. 그들은 자신과는 별도로 반원 운동을 벌이던 주원장에게 도움을 청했다. 탁발승 출신인 주원장은 그야말로 기구한 운명의 소유자였다. 그는 양자강 이남인 강남에서 소작농의 아들로 태어났으나 기근으로 부모 형제를 잃고 황각사라는 절에 의탁하였다. 그러다가 25세에 홍건적인 곽자흥의 부하가 되었다. 곽자흥은 주원장의 빼어난 능력을 알아보고 양녀 마馬 씨를 아내로 삼게 하였다. 마씨 부인은 지혜가 출중해 후일 남편 주원장을 도와 마침내 명나라를 일으켰다.

얼마 뒤 곽자흥의 휘하에 내분이 일어나자 주원장은 자신의 부하들을 거느리고 남경으로 내려가 스스로 오왕吳王이 되었다 (1364). 양자강 이북은 아직 몽골의 지배 아래 놓여 있었는데, 강남은 농업 생산력이 높아서 주원장은 우선 그곳에 머물며 조용히 세력을 기를 생각이었다.

그때 중국 경제의 중심은 강남이었다. 원나라 재정 수입의 80퍼센트가 강남에서 나왔다. 그러나 그쪽 사람들을 남인이라고 부르며 심하게 차별하였다. 강남의 불만이 컸음은 당연했는데, 특히 양자강에 거점을 둔 해적이 골칫거리였다. 그들은 주로 강북으로 이동하는 세금 운반선을 약탈하였다. 그 때문에 나라의 재정이 날로 위태로워졌다. 정부는 토벌대를 보내 이 문제를 해결하려 했으나 군대의 기강이 이미 무너진 데다, 그들은 해상 전투에 별로 익숙하지 못해 성과가 미약하였다.

그 틈을 타고 주원장과 장사성 및 진우량 등이 강남의 유력한 군벌로 자라났다. 주원장에게는 한 가지 장점이 있었는데, 포용력이 남달랐다. 송렴과 유기, 장일, 섭침 등 이른바 '4대 선생'이 모두 주원장을 따른 이유가 그 때문이었다. 주원장은 강남 선비들의 조언을 받아들여 송나라의 부흥을 추구하는 한림아(소명왕)를 존중하고, 백성을 보호하는 정책을 폈다. 그와 경쟁 관계에 있었던 장사성과 진우량은 그의 상대가 되지 못했다. 주원장은 어느덧 강남의 일인자로 성장하였다.

주원장이 강남에서 실력을 닦은 10년 동안 몽골군은 홍건적을 꺾는 데 여념이 없었다. 전쟁이 장기화하자 몽골 군대는 기진맥진하였다. 주원장은 약체가 된 몽골군을 공격해 대세를 결정지었다. 몽골군에게 충성을 바친 한족도 있었으나, 주원장의 앞길을 막을 무력은 누구에게도 없었다.

총포라는 신무기의 위력

1368년에 주원장은 남경을 수도로 삼아 명明나라를 세웠다(홍무제). 이어서 20만 대군을 이끌고 원나라를 치러 대도로 올라갔다. 명나라의 거듭된 공격에도 불구하고, 몽골 지도층은 여전히 자중지란에 빠져 있었다. 원나라의 수도인 대도와 상도 및 카라코룸에서 몽골 황족들은 친족끼리 살상극을 멈추지 않았다. 주원장의 군대는 이렇다 할 저항도 받지 않고 쉽게 대도를 차지하였다. 북벌을 시작한 지 겨우 8개월 만에 원나라는 완전히 손을 들었다. 칭기즈칸이 금나라에게 북경을 빼앗은 지 150여 년 만의 일이었다.

원나라의 마지막 황제 순제는 대도를 버리고 몽골 땅으로 되돌아갔다. 순제의 황후는 고려 출신의 공녀 기황후였다. 몽골로 돌아가는 중에 순제가 세상을 뜨자 기황후가 낳은 아들 아이유시리다라가 순제의 황위를 계승하였다. 이후 원나라는 카라코룸에 진을 치고 명나라 군대와 싸웠으나 끝내 멸망하고 말았다(1388).

명나라가 몽골군을 물리친 데는 신무기의 역할도 컸다. 주원장의 부하 초옥焦玉이 처음으로 총을 제작하였다. 몽골군의 활이 워낙 위력적인 무기라서 명나라 군대는 애로를 겪었는데, 화약을 장전한 신무기 총이 등장하여 문제를 풀었다.

초옥이 만든 총은 화약을 총구에 넣고 작은 돌을 탄환으로 이용하였다. 심지가 타들어 가서 화약에 불을 붙여 그 힘으로 돌을 쏘는 방식이었다. 명중률은 만족스럽지 못했으나 화약이 폭발하는 큰 소리에 몽골 기병대의 말이 놀라 당황하였다. 갑자기 하늘에서 쏟아지는 총탄에 적군은 혼란에 빠졌다. 초옥은《화룡경火龍經》(1403)을 지었는데, 여러 종류의 화약 무기를 자세히 소개한 책자였다.

몽골군은 명나라의 총이 두려워 교전을 피하였다고 전한다. 조선의 세종도 명나라의 화약 무기를 적극적으로 수용하여 여진족을 물리치는 데 큰 효과를 보았다. 총의 위력은 서양에도 알려져 큰 인기를 끌었다. 그들은 기술력을 총동원하여 총의 성능을 개량하였다. 총을 사용한 덕분에, 그들은 세계를 주름잡고 다니며 곳곳에 식민지를 개척하였다. 총과 대포를 비롯한 신무기가 역사를 바꾸는 원동력이었다는 점은 여기서 굳이 길게 설명할 필요가 없다고 본다.

홍무제 주원장은 몽골을 격퇴한 후 한족의 전통문화를 부흥시키려고 노력하였다. 당나라와 송나라 때 시행되던 과거시험을 되살렸고, 유교적 가치를 거듭 강조하였다. 그러나 몽골처럼 외부세계에 개방적이지는 못했다. 자연히 바깥세상과의 교역은 별로 활발하지 않았다. 청화백자를 서양에 수출해서 많은 은을 획득하였으나, 명나라가 외부와의 교역을 주도한 것은 결코 아니었다.

내분이 자초한 몽골의 멸망

비단길을 통해 동서양을 하나로 연결한 몽골. 마르코 폴로의 여행을 계기로 서양 세계에 동아시아에 대한 호기심을 불러일으킨 몽골제국이었다. 이슬람으로부터 각종 과학기술을 들여오기도 했던 제국이 너무나도 쉽게 무너졌다는 생각이 든다. 칭기즈칸의 영도력과 관용의 정신으로 우뚝 섰던 대제국이었으나, 지배층은 너무 오랫동안 내분에 휩싸였다. 거기에 흑사병이라는 악재까지 겹치면서 민심이 떠나자 다시는 재기의 기회를 잡지 못하였다.

몽골 속담에 이런 말이 있다. "탐욕은 항상 사람을 가난하게 만들고, 온 세상의 풍요로움도 그를 부자로 만들 수 없다." 서로 대칸의 자리를 차지하려고 마지막까지 혈투를 벌이던 칭기즈칸의 후예들은 주원장의 명나라 군대가 대궐에 쳐들어올 때까지도 정신을 차리지 못하였다. 그러고도 망하지 않고 살아날 방법이 과연 있었을까.

What makes history?

(3장)

동서 교차로의
오스만제국

이슬람이라면 낙후된 지역 또는 분쟁 지역의 대
명사쯤으로만 여기는 사람이 많다. 그런데 역사
의 명장면을 되돌아보면 이슬람 세계가 시대의
주역이었을 때도 있었다. 세계 문명의 교차로에
서 이슬람의 제국이 담당한 특별한 역할을 생각
하면 지구는 역시 둥글고 기회는 누구에게나 있
다는 확신을 갖지 않을 수 없다.

어느 순간일지는 몰라도 이슬람 세계가 다시 하나로 통일되어 거대한 정치 세력을 형성하고, 국제 무대에서 위력을 떨칠 가능성이 없지 않다. 연전에 터키는 형제애를 발휘해 자국에서 멀리 떨어진 이스라엘 가자 지구의 이슬람교도를 구호하였다. 터키라면 역사에 큰 발자취를 남긴 이슬람의 제국 중 하나였던 오스만제국의 후예다. 2021년 현재 터키 대통령 레제프 타이이프 에르도안은 틈만 나면 오스만제국이 현대 터키공화국의 역할 모델이라는 주장을 꺼낸다. 그는 자신의 정책을 역사적으로 정당화할 필요가 생길 때마다 오스만제국을 언급하는 것으로 유명하다.

한국인에게는 다소 생소한 이야기겠으나 오스만튀르크 또는 오스만이라고도 불리는 이 제국은 유럽 역사에 한 획을 그었다. 이 장에서는 오스만제국의 역사를 간단히 살펴볼까 한다. 그들의 융성을 이끈 사건도 알아보고, 그들이 언제, 어떻게 역사의 무대에서 사라졌는지도 따져볼 것이다.

우리가 몰랐던 오스만제국의 역사

　놀랍게도 그들은 튀르크, 즉 돌궐의 후예다. 정확히 말하면 오구스Oghuz Turks라는 부족이었다. 역사를 거슬러 8~9세기로 올라가면 중국 북방에 동돌궐(위구르와 키르기스족)과 서돌궐Onoq Khaganate(10개의 화살이라는 뜻)이 버티고 있었다. 서돌궐은 이미 6세기 중반에 비단길의 요지 사마르칸트를 점령해 대내외에 위세를 과시하였다. 10세기경부터 오구스족은 비단길을 오가는 이슬람 상인의 영향을 받아 이슬람교로 개종하면서 신앙의 동지들이 사는 서쪽으로 조금씩 이동하였다. 동서 문화의 교류가 활발하였기에 마침내는 중동 지방으로 집단 이주한 것이다.

　얼마 후 그들은 셀주크튀르크를 건국하였는데(1037), 곧이어 이란 동북부에 중심을 둔 호라산Khorasan(현 아프가니스탄, 투르크메니스탄)을 침략하고 옛 페르시아의 본거지까지 차지했다. 1055년에는 바그다드를 점령할 만큼 그 세력이 팽창하였다. 셀주크튀르크는 그 뒤에도 계속 영토를 확장하여 비잔틴제국의 동쪽 경계선을 넘어섰다. 그러나 13세기에는 몽골의 침략을 받아 무너진 뒤 몽골의 압박을 피해서 아나톨리아 지방으로 다시 옮겨갔다. 그때의 지도자가 에르투으룰Ertuğrul인데, 바로 오스만 1세의 아버지였다.

오스만제국의 역사적 흐름

오스만이라는 명칭은 이 제국을 창건한 오스만 1세(1258~1326)에서 나왔다. 그때부터 오스만은 제국의 이름인 동시에 그 지배계급을 가리켰다. 1288년에 오스만은 스스로를 '술탄' 또는 '칼리프'라고 일컬었는데, 아랍어로 '이슬람 세계의 통치자'를 뜻하였다. 이후 오스만은 룸셀주크에서 독립하였고, 무려 600년 이상 제국의 위상을 유지하였다. 유난히 수명이 긴 왕조였다.

1402년에는 몽골의 후예인 티무르의 침략으로 말미암아 오스만의 세력 확장이 주춤하였다. 그러나 그것은 잠깐이었다. 곧 번영의 시기가 다시 찾아와 술레이만 1세 때부터 전성기를 구가하였다. 1529년에 그는 발칸반도를 정복하고는 합스부르크 왕조의 수도 빈까지 공략하였다. 그러나 당시 오스만제국의 신무기는 유럽 여러 나라보다 기술적으로 뒤처져 있었다. 또 인도와의 교역도 정체 상태에 빠져 경제력이 축소되었다. 여기에 관리들의 부정부패와 내부에서 일어난 반란과 소요가 겹쳤다.

결정적으로 쇠락의 조짐이 나타난 것은 1683년이었다. 그때 오스만제국은 빈에 대한 두 번째 포위 공격을 시작하였는데, 실로 무모한 전쟁이었다. 유럽 열강은 이슬람의 침략 위협에 공동으로 대처하는 지혜를 보여주었다. 오스트리아의 합스부르크 왕조를 중심으로 베네치아 공화국, 폴란드-리투아니아가 연대하여 오스만제국을 압박하였다. 여기에 러시아가 가세하자 오스만제국은 수세에 몰렸다.

공격과 수비의 양상이 달라졌는데, 오스만제국을 가장 괴롭힌 것은 러시아였다. 1768년에서 1774년 사이에 벌어진 러시아-터키전쟁을 겪은 다음, 오스만제국의 위상이 추락하였다. 이후 오스만제국은 '보스포루스의 환자'로 전락하고 말았다. 20세기 초반, 오스만제국은 동서남북 어디서나 영토를 대거 잃었다.

그간의 실패와 불운을 일시에 만회하고자 20세기 초에 오스만제국은 독일제국과 손을 잡았다. 그러나 제1차 세계대전에서 완패하고 말았다. 이 전쟁을 끝으로 오스만제국은 역사의 뒤안길로 사라졌다. 패전으로 유럽 역사에도 큰 변화가 찾아왔다. 독일제국이 망하고 바이마르공화국이 들어섰다. 오스만제국의 군주정이 붕괴한 다음에는 터키공화국이 역사의 무대에 등장하였다.

오스만제국의 '황금시대'

16세기 전반, 정확히는 술레이만 1세(위대한 대왕)의 치세 때 제국은 전성기를 구가했다. 그들은 지중해 동부를 석권하였고 이라크까지도 병합했다. 또 지중해 서부를 거쳐서 유럽으로 쳐들어갔다. 1521년에 오스만제국은 베오그라드를 정복하였고, 5년 뒤에는 헝가리를 침략해 대승을 거두었다. 여세를 몰아 1529년에는 오스트리아의 수도 빈을 포위하고 거세게 공격했다. 그 결과는 실패로 끝났으나, 1534년에는 중동 쪽으로 다시 방향을 틀어서 메소포타미아, 바그다드, 아제르바이잔을 아울렀다. 여세를 몰아서 1540년에는 달마티아를 차지했고, 1547년에는 예멘까지 흡수하였다.

최전성기에는 그 영토가 무려 520만 제곱킬로나 되었는데, 이는 한반도의 스무 배도 넘는 규모다. 술레이만 1세는 국가의 재정과 행정에 관한 법제를 완비했다. 또 예술을 적극적으로 후원해 역사에 이름을 남겼다. 프랑스와는 자유무역에 합의하기도 했다(1536). 오스만제국이 유럽 열강과도 밀접한 관계를 맺기 시작하였다니 놀라운 일이었다. 그런데 술레이만은 헝가리를 공격하다가 진중에서 사망했다(1566).

제국의 중흥기는 17세기 후반에 찾아왔다. 그때 그들은 젤랄리Jelali 반란을 진압하고 개혁을 실행하였다. 국가가 재통합되자 정치도 안정되었다. 이 반란은 1519년 아나톨리아 지방에서 시작되었는데, 젤랄리라는 종교 지도자가 부하들을 규합하여 중앙정부에 반기를 든 것이었다. 장기간에 걸친 반란이 진압되자 메흐메드 쾨프륄뤼(재임 1656~1661)와 아흐메드 쾨프륄뤼(재임 1661~1676)라는 명재상이 조정을 이끌면서 문물이 융성하였다. 1669년에는 크레타섬에 있던 베네치아의 식민지 칸디아Candia를 점령했고, 1672년에는 포돌리아를 합병해 오스만제국의 영토가 최대 규모에 이르렀다.

오스만제국에는 볼만한 명소도 많았다. 수 세기 동안 통치자의 주거 공간이자 정치 활동의 중심이었던 톱카프 궁전도 그중 하나다. 이 궁전은 1924년에 박물관으로 전환되었다. 그곳에는 이스탄불을 개척하여 유명해진 메흐메드 2세의 예복도 보관되어 있다. 보는 이의 탄성을 자아내는 아름다운 의상이다. 톱카프 궁전 가까이에는 17세기 초에 술탄 아흐메드가 완공한 블루 모스크도 있어 그곳을 방문한 이라면 누구근 발길을 멈추게 된다.

오스만제국은 정복 국가의 또 다른 전형

오스만제국은 전쟁을 통해서 성장하였다. 우리가 앞에서 살핀 로마 그리고 몽골제국과도 일맥상통하는 점이었다. 뛰어난 전략가 메흐메드 2세뿐 아니라 문예 부흥을 가져온 술레이만 1세도 정복 군주였다.

그러나 종교를 너무 중시한 것이 뼈아픈 실책이었다. 이슬람화가 깊숙이 진행되자 학문과 예술이 도리어 낙후하였다. 여기에 군주들의 정복욕이 지나쳐 군사 비용을 과도하게 지출하였다. 결과적으로 나라가 혼란에 빠지자 지배층의 내분이 겹쳤다.

같은 시기 이웃한 유럽 대륙에서는 각종 혁명이 일어나 사회가 날로 혁신되었으나 오스만제국은 도리어 침체에 빠졌다. 유럽 열강과 제국 사이의 격차는 더욱 벌어졌고, 19세기에 이르자 근본적인 혁신 없이는 도저히 따라잡을 수 없을 지경이 되었다. 오스만제국은 역사적 소명을 이해하지 못한 채 결국에는 자멸하고 말았다.

영토 확장

전성기의 오스만제국은 동쪽으로 이란에서 지중해 서쪽 끝에 있는 지브롤터 해협까지 영토가 길게 뻗쳐 있었다. 앞에서 말했듯, 그들은 본래 중동 사람이 아니었다. 조상이 중앙아시아를 떠나 아나톨리아에 자리 잡은 것은 11세기였다. 1071년에 그들은 비잔틴제국의 땅을 일부 빼앗아서 정주권을 확보하였다. 그 후 셀주크 왕조가 몽골의 침략으로 무너지자 오스만 1세는 새 국가를 건설하는 기민함을 보였다.

11세기 말부터 아나톨리아에는 여러 제후국이 출현하였다. 오스만 1세의 부왕 에르투으룰도 그중 하나였다. 그는 부유한 비잔틴제국을 습격해 많은 재물을 빼앗았다. 1280년에 오스만 1세는 이웃한 여러 제후국과 힘을 합쳐 비잔틴제국을 침략하였다. 다른 한편으로는, 셀주크튀르크가 타타르족(몽골)의 침략을 받으면 공동 방어에 나서겠다고 서약하기도 하였다. 그 대가로 셀주크튀르크는 오스만제국에 독자적으로 동전을 주조해도 좋다는 허락을 해주었다.

이후 오스만제국은 독립국가로 착실히 성장하였다. 오스만 1세에 이어서 그의 후계자(아들) 오르한도 정복 사업을 계속했다. 1326년에는 부르사를 점령하고 오스만제국의 새 수도로 삼았다.

오스만제국은 기독교 국가인 비잔틴제국을 무력으로 침략해 영토를 빼앗았으나, 튀르크(돌궐)가 소유한 영토는 평화로운 방법으로 획득하였다. 가령 아나톨리아 서부의 넓은 땅을 사들이기도 하였고, 혼인 관계 또는 상대국의 내분을 교묘하게 이용하여 영토를 확장하였다.

몽골이 쳐들어와 일칸국을 건설하자 일시 위기에 처했으나 1336년 그들이 망한 뒤에는 다시 독립국이 되었다. 오스만제국은 다르다넬스 서쪽에 있는 갈리폴리Gelibolu을 빼앗았다(1354). 그들은 세력이 커지자 아나톨리아의 중심지인 앙카라까지 정복하였다(1356). 갈리폴리반도를 교두보 삼아 장차 남동부 유럽으로 나아갈 생각이었다. 오르한은 나라의 영토를 부왕 시절보다 세 배나 더 확장하였다(1360년경 사망).

그 뒤로도 오스만제국의 통치자들은 정복 전쟁을 계속하였다. 1361년에는 아드리아노플을 점령해 제국의 수도로 삼았다. 1389년에는 블랙버드전투(코소보전투)에서 세르비아를 물리쳤는데, 그 기회에 세르비아, 트라키아, 마케도니아, 불가리아까지 대부분 점령했다.

위기가 없지는 않았다. 1402년에 오스만제국은 몽골의 후예인 티무르(별칭 절름발이 티무르)에게 패배했다. 그 충격은 컸으나 메흐메드 왕자가 나라를 재건하고 곧 술탄이 되었다. 15세기가 되자 오스만제국은 현재의 터키, 발칸반도 및 그리스 북부를 통치하는 대국이 되었다.

오스만제국의 앞길을 가로막은 것은 헝가리였다. 메흐메드의 후계자 무라드는 헝가리와 10년간의 평화조약을 체결했으나 헝가리가 일방적으로 파기한 것이다(1444). 양국 간에 적대적 관계가 계속되었는데, 1448년에 오스만제국이 코소보전투에서 헝가리를 크게 무찔렀다.

이어서 등장한 메흐메드 2세는 오스만제국의 역사에 중대 전환점을 마련하였다. 1453년 5월 29일, 그가 이끄는 오스만제국 군

아야 소피아

대는 콘스탄티노플을 정복하여 비잔틴제국을 완전히 멸망시켰
다. 이로써 오스만제국은 비잔틴제국이 과거에 통치한 영토를 모
두 차지했다. 메흐메드 2세는 콘스탄티노플을 이스탄불로 개칭하
고 제국의 수도로 삼았다. 그는 또 하기야 소피아 대성당을 아야
소피아라는 이름의 이슬람 사원(모스크)으로 개조하였다. 메흐메드
2세는 바그다드에서 이슬람 세계를 호령한 아바시드 칼리프 이
후 이슬람 최고의 지도자가 되었다.

전략가 메흐메드 2세

그는 군사적으로 보면 천재였다. 그가 이끈 오스만제국의 병
사들은 난공불락의 성으로 알려진 콘스탄티노플을 함락시켰다
(1453).

그때 메흐메드 2세가 사용한 전략이 무척 기발했다. 외교적으

메흐메드 2세의 초상

로 주변 국가들이 이 전쟁에 끼어들 여지를 말끔히 없앤 점도 주목할 만하지만, 거대한 대포를 제작해 힘겨운 공성전을 승리로 이끈 점이 특히 눈에 띈다. 헝가리 기술자 우르반이 만든 청동 대포가 그것인데, 이 대포는 직경이 60센티미터 또는 그 이상으로 사석 포탄을 5만 발이나 쏘았다고 한다. 53일 동안 날마다 거의 100발씩을 쏜 셈이니, 이를 두고, 터무니없는 과장이라고 비판하는 학자도 있다. 하여튼 철옹성으로 알려진 콘스탄티노플의 성벽이 무너진 것은 사실이었다.

또 비상한 방법으로 함대를 이동한 것이 유명하였다. 비잔틴제국은 골든혼(보스포루스해협과 마르마라해를 잇는 만. 금각만이라고도 한다)에 쇠사슬을 쳐서 오스만제국의 배가 해협을 통과하지 못하게 차단

콘스탄티노플 함락의 견인차, 청동 대포

하였다. 그러나 메흐메드 2세는 육지로 선단을 이동하여 수륙 양
면 작전을 펼쳤다.

고대부터 서양에는 한 가지 특이한 전통이 있었다. 전쟁에 승리
한 군사에게 사흘 동안 약탈할 권리를 인정하는 것이었다. 이슬
람 세계도 똑같은 전통을 가지고 있었는데 대개는 하루 안에 약
탈을 끝냈다고 한다. 그러나 메흐메드 2세는 병사들에게 콘스탄
티노플을 사흘 동안이나 약탈하게 하였다. 그 결과는 정말 끔찍
하였다. 그리스 역사가 크리토불로스는, 메흐메드 2세조차 형편
없이 황폐해진 이 도시의 참상을 목격하고는 울음을 터뜨렸다고
기록하였다.

콘스탄티노플 함락은 유럽 역사에 한 획을 그었다. 역사가들은
이 사건에 충격을 받은 유럽 각국이 앞다투어 대포를 만들었고,
이로 말미암아 기사가 지배하던 중세가 종말을 맞이하였다고 평
가한다. 또한 이 사건은 오스만제국에도 하나의 전환점이었다. 이

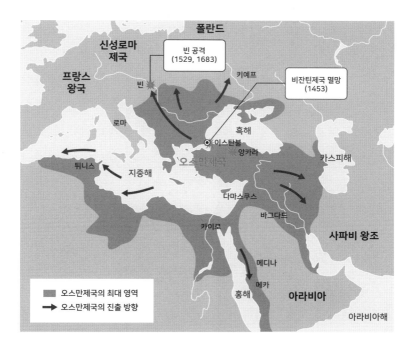

오스만제국의 영토 확장

후 그들은 18세기까지 유럽 남동부의 최강대국으로 군림하게 되었다. 그들은 오스트리아의 합스부르크 왕가와 패권 다툼을 벌이며 유럽을 공포의 도가니로 몰아넣었다. 지금도 오스트리아 역사학계에서는 그 시절을 '터키의 시대'라고 명명한다.

이 전쟁을 계기로 오스만제국은 더욱 빠르게 성장할 수 있었다. 오스만제국의 군대는 타국보다 병력이 많은 데다가 성능이 뛰어난 대포를 가졌다. 그들은 신무기와 새로운 병법 덕분에 당대 제일의 공격적인 군대를 보유한 것이다.

1459~1460년에는 펠로폰네소스를 정복했고, 1470년에는 알

바니아도 점령하였다. 이어서 1475년에는 크림반도까지 차지했다. 그들은 서쪽으로 더욱 멀리 밀고 나가서 헝가리와 보스니아도 점령했다. 셀림 1세('엄격한 술탄')는 아나톨리아 동부도 제국의 영토에 추가하였고, 시리아와 이집트까지 병합했다. 그때부터 오스만제국은 이슬람의 중심 세력으로서 성지 메카와 메디나를 보호하는 데 앞장섰다. 이슬람 세계의 모든 순례자에게 성지순례의 안전을 보장하였고, 성지에서 소요되는 물자도 공급했다. 오스만제국의 지배자는 이슬람 문화를 대표하는 사령탑 노릇을 하였다.

전성기를 연 술레이만 1세

1526년 8월 29일, 오스만제국의 술레이만 1세(1494~1566)는 헝가리를 집중적으로 공격하였다. 그는 헝가리 모하치 근처에서 헝가리 왕 야기엘로 루트비히 2세(러요시 2세)의 군대와 교전했다. 헝가리의 병력은 2만 5,000명으로 술레이만 1세가 거느린 병력의 절반도 되지 않았다. 그때 헝가리는 대포 80여 문으로 무장했는데, 그 역시 오스만제국의 절반에도 못 미쳤다. 술레이만 1세는 헝가리를 가볍게 제압하였다. 이 전쟁에서 헝가리 국왕이 전사했고, 헝가리인 수만 명이 오스만제국의 노예가 되었다. 헝가리의 왕위는 전왕의 처남 페르디난트 1세에게 넘어갔는데, 왕실은 내부 갈등에 휩싸여 혼란이 가중되었다. 이후 오스만제국은 헝가리 내정에 깊숙이 간섭했다.

오스만제국의 다음 목표는 유럽의 강자 합스부르크 왕조(현 오스트리아)였다. 이제 오스만제국 군대는 해마다 오스트리아 동남쪽의 케른텐과 슈타이어마르크 지방을 침략하였다. 합스부르크의 막시밀리안 1세는 오스만제국의 공세를 차단하기 위하여 백방으로 노력하였으나 힘에 부쳤다. 1529년에 오스만제국의 군대가 합스부르크의 수도 빈을 포위하고 날마다 포격을 퍼부었다. 그러나 병참에 한계가 드러났다. 수개월 동안 이어진 포위 작전을 뒷받침하기에는 보급품이 부족하였다. 어쩔 수 없이 오스만제국은 포위를 풀고 철수하였다(제1차 빈 공격).

합스부르크를 점령하는 데는 실패하였으나, 오스만제국이 동쪽과 남쪽으로 팽창하는 데는 걸림돌이 거의 없었다. 그들은 중동과 아라비아반도를 점령했다. 16세기 말에는 북아프리카도 모두 합병하였다. 그러나 예외는 있는 법, 1565년의 몰타섬 침공은 실패로 끝났다.

술레이만 1세의 업적은 눈부실 정도였다. 그는 1520년부터 1566년까지 46년간이나 제국을 호령하며, 알제리, 튀니지, 예멘을 점령하였다. 헝가리 영토의 대부분과 이집트 또한 접수하였다. 메카와 메디나의 성지를 관리하며 이슬람 세계의 명실상부한 일인자임을 입증하기도 했다. 이란과의 전쟁에서도 승리하여 유럽과 아시아 어디서도 최강의 지배자로 공인되었다.

적들조차 그를 '훌륭한 왕'이라고 칭하였다. 술레이만과 그의 왕후는 유럽 화가들이 화폭에 즐겨 담은 작품 소재였다. 그는 골든혼에 유명한 톱카프 궁전을 짓기 시작했는데 공사 규모가 방대해 생전에 완성하지 못했다. 또 각종 법률을 제정해 제국의 통치 기반을 탄탄하게 만들었다. 헝가리 남부 시게트바르를 공격하다가 전사했는데(1566) 과연 정복왕다운 최후였다.

오스만제국의 관용과 그 한계

큰 틀에서 보면 술레이만 1세의 재위 초기, 정확히 말해 1530년까지도 오스만제국은 세속적인 사회였다. 이슬람으로 개종하지 않은 귀족도 군대에서 얼마든지 승진할 수 있었다. 신앙심이 없는 평민이라도 이교도라는 이유로 세금을 더 많이 낼 필요가 없었다. 그러나 1530년부터는 이슬람화가 급속히 진행되어 신자라야 책임 있는 지위에 오를 수 있었고, 이교도는 각종 차별과 제한을 받았다.

15세기 전반까지만 해도 오스만제국 군대의 중추는 유목민이었다. 제국이 급성장하자 전문적으로 훈련된 군인들이 많아졌는데, 정예 기병이 군대의 핵심인 점은 예전과 같았으나 이 중 기독교도 출신이 늘어났다. 오스만제국의 영토가 계속 확장되자 제국 내에 기독교도가 많아진 것이다. 그들은 기독교 집안의 소년들을 별도로 모집하여 코란을 교육하였다. 소년들을 이슬람으로 개종하게 한 다음에는 전문 군사 지식을 갖춘 보병으로 채용하였다. 그 가운데서도 재능이 뛰어난 사람은 엔더룬 학교Enderûn Mektebi를 거쳐서 술탄의 궁정에서 관리로 일하게 했다. 그들은 고위직에도 오를 수 있었는데, 그리스, 보스니아, 세르비아 또는 알바니아 출신이 많았다.

그러나 16세기를 지나면서 사회 분위기가 달라졌다. 이방인의 경우 개종과 전문 교육을 통해서 출셋길이 조금은 열려 있었으나, 모든 분야에서 종교의 역할을 크게 강조하자 예전의 관용적인 분위기가 사라졌다. 이슬람화의 폐단이 나타나기 시작한 것이다. 사회 분위기도 점차 경색되어 자연과학을 깊이 연구하는 것조차 불가능해졌다. 사실 이미 15세기 초부터 이슬람은 내부의 이단 종파에 대해 가혹한 탄압을 시작하였다. 이단 종파는 이교도인 유대인이나 기독교인보다도 사회적 지위가 낮았다. 1514년에 셀림 1세는 무려 4만 명의 이단자를 학살하였다.

술레이만 1세도 제국의 이슬람화에 박차를 가하였다. 그때부터 시아파가 사회적으로 차별을 받았다. 그들은 재정적으로도 큰 압박을 받게 되어 정치적 영향력 또한 크게 위축되었다. 시아파는 '당파'라는 뜻인데, 예언자 무함마드의 사촌인 알리를 예언자의 정통 후계자로 인정하는 사람들이다. 반면에 그들과 대립한 수니파는 오스만제국 내에서 갈수록 정치적 위상이 높아졌다. 그들은 세금과 종교기금도 마음껏 사용할 수 있게 되었다. 알다시피 수니파란 '수나'(관행)를 지키는 사람들이란 뜻으로, 이슬람 초기의 칼리프 4인의 정통성을 지지하는 종파이다.

오스만제국에서는 수니파가 정치적으로 독립적인 지위를 얻었고, 나중에는 조정에 대해서도 반기를 들 수 있을 만큼 목소리가 커졌다. 그들의 영향력이 커진 결과, 학문과 예술의 자유가 갈수록 위축되었다. 이것이 오스만제국의 발전을 결정적으로 가로막았다.

1648년에 유럽 각국은 베스트팔렌에서 평화조약을 맺고 30년간 계속된 종교전쟁을 끝냈다. 유럽의 신교와 구교 측이 이 조약을 체결한 배경에는 오스만제국에 대한 두려움이 도사리고 있었다. 유럽 안에서 내전을 끝내지 않고서는 도저히 오스만제국의 침략을 막아낼 수 없다는 공동의 인식이 있었다. 그와 같은 위기감 속에서 유럽 각국은 평화조약에 동의하였다.

그 뒤 300년의 세월이 흘렀다. 이미 노쇠해진 오스만제국은 서서히 종말을 맞았다. 그 사이 유럽에서는 과학혁명과 산업혁명 그리고 시민혁명이 차례로 전개되었으나, 오스만제국에는 이렇다 할 긍정적 변화가 일어나지 못했다. 그리하여 한때 서구 사회를 벌벌 떨게 만든 대제국이 서구의 위력 앞에 꼼짝하지 못하게 되었다.

비운의 시작은 제2차 빈 공격

오스만제국은 합스부르크 왕조를 끊임없이 위협하였다. 수 세기에 걸쳐 전쟁이 자주 발생했는데, 처음에는 오스만제국이 확실히 우위를 점했다. 1683년 오스만제국이 제2차 빈 공격을 시작할 때까지도 합스부르크 왕조는 줄곧 수세에 놓였다.

1683년에 오스만제국의 카라 무스타파(1634/35~1683)는 반드시 빈을 점령하겠다고 결심하였다. 그는 10만 명의 군사와 200문의 대포를 이끌고 빈으로 진격하였다(병력의 수는 기록마다 상당한 차이가 있다). 무스타파는 수만 명의 예비 병력을 남겨둔 채 빈의 성벽을 에워쌌다고 하는데, 오스만 군대의 가혹한 약탈과 살인 행위로 빈의 주민들은 큰 고통을 받았다. 그해 7월부터 9월까지 두 달 동안 거센 포격전이 계속되었다. 그러나 도시의 성벽이 견고해 포격을 무사히 견뎌냈다. 오히려 공격에 나선 오스만제국 병사들의 손실이 컸다. 성을 포위한 지 10일째가 되자 양편에서 전사자

오스만제국의 빈 공격

가 너무 많이 나와서 시체가 부패하는 악취가 심하였다. 이에 오스만제국은 잠시 휴전을 제안하였다.

그러나 빈의 방어 사령관 에른스트 뤼디거 슈타르헴베르크 백작은 오스만제국의 제의를 거절하였다. 빈의 수비 병력은 1만 5,000명에 불과하였으나, 자신들은 마지막 한 방울의 피를 흘려서라도 도시를 방어하겠다고 대답했다.

그때 외부에서 구원병이 도착하였다. 1683년 9월 12일, 폴란드 왕 얀 3세가 7만 5,000명의 대군을 거느리고 빈에 도착했다. 오스만제국은 2만 명의 사상자를 내고 크게 졌다. 그들은 59일간 빈을 포위하고 공격하였으나 그 끝은 참담하였다. 합스부르크 왕가의 동맹군은 오스만제국 군대와 빈 외곽의 칼렌베르크에서 격돌하여 대승을 거두었다. 오스만제국은 후퇴하기 시작하였고, 동맹군은 복수를 다짐하며 헝가리까지 뒤쫓아왔다. 크고 작은 전투에서 오스만제국은 연전연패하였다. 그 후 1697년 세르비아의 젠타에서 합스부르크 동맹군에 크게 패배하자 오스만제국은 유럽 진출을 완전히 포기하였다.

오스만제국의 쇠퇴는 당연한 결과였다. 근대 유럽에서는 영국과 같은 해양 세력이 쑥쑥 자라났다. 그들은 대서양과 인도양을 누비며 각지에서 세력을 키웠다. 18세기 이후에는 산업혁명과 시민혁명이 일어나 사회, 경제 및 문화적으로 비약적인 발전이 계속되었다. 그러나 오스만제국은 이와 같은 역사적 변화의 흐름에서 소외되어 있었다. 그들은 남유럽과 중동 지역에서 여전히 패권을 유지하였으나, 사회 발전은 유럽에 비해 크게 뒤처졌다. 그리하여 19세기에는 그 격차를 도저히 만회할 수 없게 되었다. 이것은 오스만제국뿐만 아니라 서유럽을 제외한 지구상의 모든 제국에 공통된 문제였다.

콘스탄티노플 함락으로 황금기를 열다

오스만제국의 황금기는 1453년에 이루어진 콘스탄티노플 정복과 함께 왔다. 그에 앞서 동로마제국 또는 비잔틴제국은 근 200년 동안 내리막길을 걸었다. 오스만제국의 성장으로 비잔틴은 세력 판도가 계속 위축되었다. 오스만제국은 난공불락의 요새로 알려진 콘스탄티노플 성벽을 대포로 뚫었는데, 거기서도 볼 수 있듯 그들은 새로운 군사 기술을 습득하는 데 노력을 아끼지 않았다. 신무기, 신기술에 관심이 있었기에 오스만제국은 남유럽과 중동을 아우르는 막대한 영토를 차지하고 강력한 대제국을 건설할 수 있었다.

과학기술뿐만 아니라 예술과 문학도 융성하여 술레이만 1세 때 오스만제국은 황금기를 맞았다. 오스만제국의 중동 지배로 말미암아 유럽의 아시아 무역로가 차단된 것은 아니지만, 강대국 오스만제국이라는 부담스러운 존재를 유럽 상인들은 피하고 싶었다. 그래서 그들은 아시아로 가는 직항로를 개발하였다. 역사상 새로운 바닷길이 열리자 새로운 무역 대국이 연달아 나타났다. 스페인, 포르투갈, 영국, 네덜란드 등이 앞서거니 뒤서거니 등장하면서 세계사의 흐름이 바뀌었다.

그러한 변화가 일어나기 전 이스탄불은 전성기를 누렸다. 그 당시 이스탄불의 모습은 어떠했을까. 아울러 오스만제국의 발전에 큰 역할을 한 이교도에 대한 관용, 과학기술에 대한 수용 의지를 잠시 알아보자.

황금기의 이스탄불

오스만제국의 심장부인 이스탄불은 근대 이전 유럽에서 가장 번화한 도시였다. 이스탄불은 국제 교역의 중심지로서 막대한 재물을 소유하였다. 그들은 자유무역을 추구하였고, 학문과 예술도 크게 발달하였다.

이 도시는 가히 국제적이었다. 1492년 스페인이 유대인을 추방하자 오스만제국은 수천 명의 유대인 난민을 콘스탄티노플로 데려왔다. 그 무렵 이스탄불 인구는 10만 명 이상이었다. 1517년 셀림 1세(1470~1520)가 이집트를 정복한 후에는 이 도시는 칼리프의 왕궁이 있는 이슬람 전체의 수도가 되었다. 그때까지 카이로에서 활동하던 이슬람 최고의 예술가들도 이스탄불로 옮겨왔다. 그리고 16세기 중반에는 많은 그리스인이 이 도시로 거처를 옮겼다.

셀림 1세의 아들인 술레이만 1세 때는 문물이 더욱 융성하였다. 그는 술탄이 되기 전에 금 세공업을 익혔다. 특이하게도 오스만제국에서는 지위 고하를 막론하고 누구나 최소 한 가지 수공업을 배우게 되어 있었다. 전통적으로 상업과 수공업을 천시한 조선 왕조와는 달라도 너무 달랐다.

술레이만 1세는 재주가 많았고 특히 어학에 소질이 있었다. 오스만제국 터키어와 차가타이 터키어를 비롯해 아랍어와 페르시아어 등 몇 개의 언어를 자유롭게 구사한 것으로 전해진다. 그가 깊이 신뢰한 신하는 이브라함 파샤였는데, 그는 외교관으로서 문학과 미술 방면에도 조예가 깊었다. 파샤의 영향으로, 술레이만 1세는 예술을 사랑했다. 그는 궁정 시인 하얄리를 무척 아꼈고, 후궁 가운데서도 글재주가 있는 록셀라나(휘렘)를 유독 총애하였다.

그 시절이 오스만제국의 전성기였다. 술탄은 시난이란 탁월한 건축가의 조언을 받아들여서 여러 궁전과 이슬람 사원을 건립하였다. 또, 시민들을 고리대금과 부정부패로부터 보호하는 한편 식량도 충분히 공급했다.

오스만제국의 유럽 침공이 빈번해지자 신성로마제국(오스트리아)의 외교관이 이스탄불을 찾아오기도 하였다. 그런데 16세기 초까지도 양측은 상대방의 언어를 이해하지 못하였다. 그래서 1530년 이스탄불에서 양자 간에 외교협상이 시작되자 그들은 크로아티아어로 소통하였다. 그 당시 크로아티아는 오스만제국이 점령한 지역이었는데, 그보다 전에는 신성로마제국의 영향력 아래 있었기 때문이다.

황금기 이스탄불의 경제력은 자타가 공인하는 것이었다. 상공업이 크게 발달해, 16세기 말에는 적어도 100개의 수공업자 길드가 이 도시에 존재하였다. 그보다 1세기 뒤에는 약 140개의 길드가 있었고, 이 거대한 도시에는 3만 2,000개쯤의 상점이 운영되었다(이 숫자를 열 배나 부풀린 책도 있으나 신뢰도가 떨어진다). 역사가들은 그 당시 이스탄불 인구의 20퍼센트 이상이 수공업에 종사한 것으로 판단한다.

17세기 이 도시의 인구는 25만~30만 명으로 추산되며, 날마다 적어도 300톤의 곡물을 소비한 것으로 짐작된다(이스탄불의 인구를 그보다 서너 배 높게 평가한 책도 있고, 10만 명 이하로 보는 학자도 있다). 그 당시 이 정도의 활기찬 대도시를 가진 나라는 지구상에 거의 없었다. 17세기 초반 런던의 인구는 10만 명, 스웨덴의 스톡홀름은 1만 명 정도였다.

찬란한 이슬람 문화

오스만제국은 유럽에서 저술된 여러 가지 책을 원본이든 사본이든 모두 수집하였다. 또는 그 번역본까지도 구해서 도서관에 비치하였다. 그리하여 15세기에는 '대집현전'을 중심으로 오스만제국의 학문이 크게 발전하였다. 가령 술탄 메흐메드 2세는 그리스 출신인 게오르기오스 아미로체스에게 지시하여 프톨레마이오스의 지리책을 번역하게 하였다. 사마르칸트 출신 천문학자이자 수학자요, 물리학자인 알리 쿠시지의 활약도 눈부셨다. 그는 제국의 교수로 채용되어 후학들에게 많은 영향을 끼쳤다.

타끼 앗딘은 1577년에 콘스탄티노플에 천문대를 완공하고 1580년까지 거기서 천체를 관측했다. 그는 태양 궤도에 관한 연구를 많이 하였는데, 점성술의 발전을 위한 것이었다. 그런데 점성술을 반대하는 이슬람 성직자들의 입김이 커지자, 그의 천문대는 파괴되었다(1580). 그에 앞서 1551년에 타끼 앗딘은 이집트에 머물면서 초보적 수준이기는 하였으나 증기 터빈을 실험하기도 하였다.

그 밖에도 몇 가지 기술적 혁신이 일어났다. 1702년 '유명하고 인기 높은 데데'라는 기술자는 사상 최초로 분 단위로 시간을 재는 시계를 만들었다. 또 이름난 의사 세라페딘 사분쿠오글루는 외과 의사를 위한 지침서를 저술하였고, 의학 백과사전도 편찬하였다. 오스만제국에서는 의학이 발달하여 여성 외과 의사도 여럿 있었는데, 그들도 주목할 만한 연구 성과를 남겼다. 오스만제국의 의사들은 집게와 메스 등 다수의 수술 도구를 발명해 인류 보건에 이바지하였다. 만약 종교적 세계관을 이유로 학문과 기술의 발전을 제약하지 않았더라면, 그들은 훨씬 더 많은 업적을 이루었을 것이다.

오스만제국 초창기의 종교적 관용

영토를 확장하는 과정에서 오스만제국은 많은 이교도를 포용하기에 힘썼다. 그들은 기독교도를 함부로 억압하지 않았다. 그들에게 개종을 강요하지도 않았다. 이슬람이 인정하는 관용의 한계는 우리가 막연히 짐작하는 것보다 한층 넓었다.

이스탄불(콘스탄티노플)은 본래 기독교 도시였다. 1453년에 오스만제국의 차지가 되었으나, 옛 시대의 주민인 기독교인들은 계속해서 이스탄불에 눌러살게 하였다. 본래의 종교를 유지하는 데도 아무 지장이 없게 하였다. 오스만제국은 그리스인과 유대인에게 계속하여 머물러 살라고 설득을 하기도 하였다. 그리스 정교회든 아르메니아 기독교회든 어디서나 자신들의 종교적 정체성을 지킬 수 있게 보장했다.

그 점에서 스페인과는 대조적이었다. 스페인왕국은 강제로 개종한 다음에도 이슬람 신도와 유대인 등 이교도를 불신했다. 그들은 이교도 출신을 함부로 살해하고 추방하는 일을 되풀이하였다. 1492년에 스페인은 알람브라 칙령을 내려 이슬람교도와 유대인을 대거 추방했다. 1496년부터는 포르투갈도 이교도를 조직적으로 쫓아냈다. 그때 유대인의 일부는 이탈리아로 떠나갔으나 대다수는 오스만제국을 피난처로 선택하였다.

오스만제국의 술탄 바예지드 2세는 그들을 대대적으로 환영하였다. 1492년에 술탄은 오스만제국 함대를 스페인으로 보냈다. 개종을 거부해 곤경에 처한 이슬람교도과 유대인을 구출하기 위해서였다. 술탄은 그들이 안심하고 지낼 피난처도 제공했다. 그 시절에 오스만제국으로 피난한 유대인 수가 5만 명에 달하였다. 그들은 부유하고 다재다능했기 때문에 제국의 발전에 도움이 되었다. 종교는 달랐어도 오스만제국이 유대인을 환영한 데는 그러한 배경이 있었다.

오스만제국의 관용적인 정책을 지나치게 과대평가할 필요는 없다. 오스만제국이 모든 이민자를 환영한 것은 아니었다. 16세기와 17세기에는 사회적 불안이 가중되어 대규모 인구 이동이 발생하였다. 양치기를 비롯한 유목민들이었는데, 그들은 투르크메니스탄 출신이거나, 쿠르드족 또는 아랍인이었다. 조건이 더 나은 방목지를 찾아서 오스만제국으로 온 사람도 있었고, 다른 민족에쫓겨 제국의 영토로 밀려 들어온 사람도 있었다. 18세기 초, 그들은 투르크메니스탄인들과 쿠르드족 유목민들을 시리아 국경으로 쫓아냈다. 환대를 받았던 유대인과 달리 가난하고 평범한 유목민들은 박대를 당하였다.

한 가지 중요한 사실은 지금도 터키에는 적지 않은 유대인이 종교적 자유를 누리며 산다는 점이다. 종교적 관용 덕분에 많은 인적·물적 자원이 오스만제국으로 유입되었다. 이것은 그들의 정치, 사회, 문화에 긍정적 역할을 하였다.

전성기의 오스만제국은 유럽 여러 왕조와도 평화적인 외교 관계를 맺었다. 베네치아 공화국, 프랑스 및 영국 등과 친선을 도모했다. 그러나 그들 사이에는 종교적 갈등이 없지 않았고, 언어와 문화 면에서도 유사성보다는 차이점이 훨씬 많았다. 오스만제국은 유럽 열강 속에서 외톨이에 지나지 않았다. 게다가 시일이 흘러가면서 군사력마저 유럽 열강에 미치지 못하였다. 자연히 양측의 외교 관계에서도 저울추가 유럽으로 기울었다. 오스만제국이 유리한 고지를 다 빼앗기고 말았으니 호혜적인 외교 관계는 불가능한 일이었다.

오스만제국은 장기간의
전쟁으로 몰락했을까?

1853년에 크림전쟁이 일어나기 얼마 전, 러시아의 황제 니콜라이 1세가 오스만제국의 상황을 제대로 표현하였다. 황제는 영국 대사 조지 해밀턴 세이모어와 밀담을 나누면서, 오스만제국을 가리켜 '보스포루스의 환자'라고 하였다. 이미 회생 불가능할 정도로 노쇠한 대국이란 뜻이었다. 그 표현이 나온 지 69년 뒤 오스만제국은 역사의 저편으로 사라졌다(1922).

오스만제국의 몰락은 어디에서 비롯되었을까. 역사가들은 하나의 결정적 원인이 있었다기보다는 여러 가지 원인이 복합적으로 작용하였다고 평한다. 그래도 몰락의 출발점에 관해서는 이론의 여지가 없다. 끝도 없이 거듭된 전쟁이었다. 특히 1683년부터 1699년까지 벌어진 일련의 전쟁에서 연패의 늪에 빠지면서 오스만제국은 몰락의 길에 접어들었다.

군사적 위기는 과도한 군사비 지출을 초래해 결국에는 제국을 재정 위기로 내몰았다. 여기에 내부의 분열이 겹쳤다. 설상가상으로 18세기부터는 서서히 서구 열강의 침탈이 가시화하였다. 서구적 근대화를 경험한 적이 없었던 오스만제국은 좌절의 늪에 빠졌다. 안간힘을 쓰며 혁신을 추구하는 젊은이들이 있었으나, 제국을 멸망에서 구원하기에는 힘이 달렸다.

군사적 위기

1683년은 오스만제국의 역사에 하나의 중대한 전환점이었다. 이때부터 오스만제국은 완전히 수세에 몰렸다. 제2차 빈 공격이 실패로 돌아가자 오스트리아의 합스부르크 왕조를 중심으로 폴란드-리투아니아 그리고 베네치아가 동맹을 맺어 오스만제국을 압박했다. 1686년에는 여기에 러시아까지 합류해 '신성동맹'이라는 이름으로 오스만제국을 공격했다.

터키전쟁(1683~1699)에서 동맹군은 오스만제국을 패전의 늪에 빠뜨렸다. 베네치아 해군은 오스만제국 해군을 무찔러 모레아(펠로폰네소스)와 아테네를 점령했다. 이후에도 양측 간에 밀고 당기는 전투가 이어졌는데, 1697년 젠타 전투에서 오스만제국이 대패하였다. 그 결과 헝가리와 트란실바니아, 크로아티아, 포돌리아 등을 모두 잃었다.

물론 오스만제국이 내리 지기만 한 것은 아니었다. 18세기 초에는 1696년 러시아에 빼앗긴 아조프(현 러시아 로스토프주) 요새를 되찾았고, 1715년에는 펠로폰네소스도 회복하였다. 그러나 그 이듬해 일어난 오스트리아와의 페트로바라딘 전투에서는 또 다시 패배하였다(1716). 이 전쟁으로 세르비아, 바나트, 보스니아 등을 상실하였다. 20년 후 러시아-오스트리아 동맹과의 전쟁(1736~1739)에서는 동맹군을 물리쳐 과거에 잃은 영토를 일부나마 되찾았다. 또 그 중간에는 시아파가 지배하는 페르시아와도 전쟁이 일어났는데(1724~1736), 오스만제국이 연달아 졌다. 큰 틀에서 보면, 17세기 후반부터 오스만제국은 대부분의 전쟁에서 패배한 셈이었다. 영토는 그때마다 조금씩 줄어들었고, 거듭된 전쟁으로 재정은 갈수록 열악해졌다.

최정예 부대인 예니체리가 정치에 깊숙이 개입한 것도 심각한 문제였다. 그들이 정치적 음모에 가담한 끝에 쿠데타를 일으키자 술탄이 조정을 통제하기 어려운 상태가 되었다. 19세기 초, 마무드 2세는 극단적 조치를 취했다. 군대의 정치 개입을 두려워한 끝에, 그는 정예 부대를 전격적으로 해산해버렸다(1826). 그리하여 술탄이 권력을 장악할 수는 있게 되었으나, 제국을 외적으로부터 지켜줄 군사력을 잃었다. 얼마 뒤 벌어진 그리스독립전쟁에서 오스만제국이 패배한 것은 당연한 일이었다.

특히 러시아와의 전쟁(1768~1774)은 오스만제국에 치명적이었다. 전쟁에 패배한 그들은 우크라이나 남부와 돈강 일대를 넘겨주어야 했다. 드니프르, 코카서스 등지에서도 오스만제국은 퇴각했다. 부코비나(루마니아와 우크라이나 일부)는 오스트리아의 영토가 되었고, 크림반도에 있던 오스만제국의 번국인 칸국도 잠시 독립하는 듯하였으나 1783년에는 러시아제국에 편입되었다.

전쟁에 연거푸 지자 중앙정부의 통치력은 마비되었고 술탄도 권위를 잃었다. 그러자 지방의 실력자 중에 반기를 드는 이들이 생겼다. '계곡의 왕자'라고 불리는 각지의 유력자가 중앙정부로부터 독립을 꾀하였다. 이제 북아프리카에 대한 오스만제국의 지배도 명목에 불과한 것이 되었다.

내부에서 촉발된 위기

오스만제국의 연전연패는 과연 우연이었을까. 그것은 제국의 내적 혼란과 깊은 관계가 있었다. 16세기 말부터 무기력하고 지도력이 부족한 술탄이 잇따라 권좌를 차지했는데, 그것은 왕위 계승 과정에서 발생한 문제였다. 술탄은 보통 자신의 정권이 안정될 때까지 몇 번이고 형제 살해를 되풀이하며 왕자들을 숙청하였다. 그 폐단의 심각성이 알려지자 제국의 후반에는 무고한 형제를 죽이는 폐습이 사라졌다. 그럼에도 왕자들은 목숨을 부지하기 위해 술탄이 되기에 적합한 교육을 받지 못하고 숨을 죽인 채 살았다. 그러다 보니 자연히 무능한 군주만 양산되었다.

무능하고 의지가 박약한 술탄이 나타나자 하렘의 입김이 커졌다. 모후 또는 왕비의 조종을 받는 술탄도 적지 않았다. 그 전형적 인물이 아흐메드 3세(1673~1736)였다. 그는 국정을 아예 외면하고 호화로운 궁정 생활만 탐닉한 것으로 악명이 높았다. 오스만제국의 퇴폐적인 궁정 문화는 왕조가 망할 때까지도 끝내 청산되지 않았다. 문제의 소굴은 곧 '하렘'이었다.

하렘의 풍경

하렘은 궁중 여성의 거주지이자 교육 기관으로서 사회적 공간이었다. 민간에도 하렘이 있었으나, 이슬람 연대기에조차 그에 관한 정보가 별로 없다. 지금 여기서 우리가 관심을 두는 것은 궁궐에 설치된 하렘으로, 술탄의 하렘에는 방이 300개도 넘었다. 800명의 여성이 그곳에 거주한 적도 있었다(1633). 하렘은 다목적 시설이었다. 일차적으로는 술탄이 성적 쾌락을 누릴 수 있는 곳이었으나, 그 밖에 왕족이 휴식을 취하거나 때로는 제국의 운명을 결정하는 중요한 정치적 결정이 내려지는 공간이기도 하였다.

궁궐의 하렘에는 공주와 왕가 여성들이 살았다. 거기서는 장차 술탄의 왕비 또는 후궁이 되거나 귀족의 배우자로 장성할 여성을 훈육하였다. 여성들은 그곳에서 격조 높은 교육을 받았다. 다양한 교과가 제공되었는데, 읽기와 쓰기를 비롯하여 바느질과 자수도 가르쳤다. 춤과 노래 및 작곡도 익혔다. 하렘에는 물론 환관과 하녀들이 충분히 배치되어 있어서, 거주자들은 생활에 불편이 없었다. 제국의 후반기가 되면 왕자들도 열두 살이 될 때까지는 하렘에 거주하며 교육을 받았다.

술탄의 하렘은 계층 구조가 엄격하였다. 최상층에는 술탄의 모후가 있었고, 그다음은 공주, 그 아래는 술탄의 왕후들이 있었다. 그 밖에도 후궁과 시종, 궁녀와 노예에 이르기까지 다양한 계층이 각자의 처지에 맞게 생활하였다.

술탄의 모후는 하렘의 최고 권력자였다. 모후는 매일 밤 술탄이 잠자리를 같이할 여성을 고를 권리가 있었다. 모후는 술탄이 어느 한 여성에게 빠지지 않도록 신경을 썼다. 하렘에서 모후 다음으로 큰 권력을 쥔 이는 내시의 우두머리였다. 그는 하렘 여성의 교육을 지휘하였고 모든 거주자의 위생을 살폈다. 그리고 하렘의 재정을 관리하면서 휘하의 내시들을 지휘했다.

술탄의 모후와 왕비 중에는 국정의 실권을 장악한 이가 여럿이었다. 특히 16세기와 17세기에 그러한 인물이 많았다. 그 시절에는 술탄의 자매 중에도 정치에 개입한 이가 있었다. 여성으로서 정치 일선에서 가장 활약한 이는 누구였을까. 술레이만 1세의 왕비이자 셀림 2세의 모후인 휘렘 술탄이 가장 유명하였다. 그녀의 권력은 타의 추종을 불허하였는데, 후세는 그를 '하세키 술탄'이라고 칭하였다. 그녀의 후계자도 같은 이름으로 불렸다. 쾨셈 술탄이란 여성도 강력한 통치자였다. 그는 아흐메드 1세(1590~1617)의 왕후였는데, 훗날 세 명의 손자가 연달아 술탄에 즉위하자 최고의 권력자로 부상하였다(무라드 4세, 이브라힘 1세, 메흐메드 4세).

이따금 하렘에서는 끔찍한 사건도 일어났다. 쾨셈 술탄의 아들이었던 술탄 이브라힘 1세는, 1640년부터 1648년까지 280명의 후궁을 보스포루스의 바닷물에 빠뜨려 죽음으로 내몰았다.

1909년 4월 24일, 하렘의 역사도 종지부를 찍었다. 술탄 압둘하미드 2세의 치세였는데, 군사 반란이 일어나 하렘이 폐쇄되었다. 그 후 터키공화국을 설립한 무스타파 케말 아타튀르크는 법으로 일부다처제를 금지해 민간에서도 하렘이 사라졌다. 현재 터키와 튀니지는 이슬람 국가이면서도 일부일처제를 법으로 정한 상태다.

국운이 기울자 오스만제국의 부흥을 가져온 '대집현전'도 의미를 상실하였다. 이슬람 보수주의자들이 갈수록 큰 목소리를 내자 찬란하였던 오스만제국의 과학기술 역시 퇴보하였다. 과학혁명과 산업혁명을 이룩한 유럽의 주요국과 도저히 상대도 할 수 없을 만큼 오스만제국은 뒤처졌다.

설상가상으로 무능한 관리들이 높은 자리를 차지하고 앉아서 국가를 방만하고 부실하게 경영하여 국가 부채가 날로 증가했다. 그러자 화폐 정책도 무너졌는데, 1604년부터 1656년까지는 무려 44종의 주화鑄貨가 출현하여 갈피를 잡지 못하였다. 재정 적자를 메우기 위해서는 세금을 올릴 수밖에 없었는데, 그것은 백성의 거센 저항을 불러일으켰다.

어느 모로 보아도 오스만제국은 쇠망의 조짐이 완연하였다. 18세기 이후 그들은 영국이나 합스부르크 왕조 또는 러시아제국, 프랑스 등과 어깨를 나란히 겨룰 수 없는 처지가 되고 말았다.

서구 열강의 침탈

오스트리아 정복에는 실패했으나, 16세기의 오스만제국은 여전히 지중해 동부의 최강 세력이었다. 그러나 그 시절도 오래가지는 못하였다. 처음에는 포르투갈 해군이 인도양과 페르시아만에 있는 오스만제국의 무역 사무소를 점령하였다. 이어서 북아프리카의 이집트와 알제리가 오스만제국의 지배를 벗어나 독립을 얻고자 했다. 바로 그때 러시아제국까지 남하 정책을 펼치자 제국의 위기가 한층 짙어졌다. 기독교도인 발칸반도의 여러 민족이 독립 전쟁을 일으키고 이집트마저 자치권을 얻자 오스만제국의 몰락은 더욱 속도를 냈다. 그들이 서구 열강의 장난감으로 전락하는 것은 시간문제였다.

개혁의 실패와 이민족의 독립 요구

러시아 및 오스트리아 동맹군과의 전쟁(1787~1792)에서 오스만제국은 패배하였다. 결과적으로 북쪽의 일부 국경 지역을 빼앗겼다. 그때부터 러시아의 카타리나 2세를 비롯하여 유럽의 통치자들은 장차 오스만제국을 어떻게 다룰지 논의하기 시작하였다. 19세기에도 오스만제국의 분할에 관한 서구 열강의 의견은 분분하였다. 서구 열강은 공동 목표를 추구하기보다는 저마다 국익을 도모하였다. 당연히 합리적 해결책을 발견하기 어려웠다. 어쩌면 각국의 견해차가 컸기 때문에 오스만제국은 그나마 연명할 기회를 얻었는지도 모르겠다.

다행히 오스만제국에도 개혁 군주는 있었다. 18세기 말부터 셀림 3세는 의미 있는 개혁을 시작하였다. 그는 유럽의 군사 제도와 기술에 주목했고, 행정 조직도 유럽식으로 바꾸었다(1761~1808). 그러나 내부의 분란 때문에 개혁이 제대로 진척되지 못하였다.

내부 문제란 이집트 총독 무하마드 알리(1769~1849)의 도전이었다. 그는 이집트에 쳐들어온 영국군을 물리쳤고(1807), 수년에 걸친 아라비아의 소요(1812~1818)를 진압한 후 오스만제국의 권위에 도전하였다. 1832년에 그는 오스만제국 군대를 물리치고 시리아와 실리시아, 크레타를 점령했다. 1839년 알리에게 또다시 패배한 오스만제국은 개혁의 동력을 잃고 말았다.

게다가 1839년 이후 서구 열강의 개입과 침략이 본격화하였다. 우선 영국과 프로이센, 오스트리아, 러시아가 공동으로 나서 이집트의 알리를 점령지에서 철수하도록 종용했다(런던 조약). 그때부터 오스만제국은 유럽의 국제정치 무대의 능동적인 참여자가 아니라 강대국의 장난감으로 전락하였다.

그러자 오스만제국의 지배 아래 있던 이민족들이 제국의 해체를 촉구하였다. 그 결말은 슬라브주의의 등장이라고 할 수 있다. 먼저 세르비아에서 민중 봉기가 일어났다(1804~1817). 그들은 1830년에 자치권을 획득하였다. 셀림 3세가 사망한 뒤에는 이민족의 독립 요구가 더욱 거세게 불타올랐다. 그리스 민중도 독립을 요구했으나, 무력으로 일단 진압하였다(1821).

그뿐만이 아니었다. 1828년 러시아가 이스탄불로 쳐들어왔고, 러시아, 프랑스, 영국이 합세하여 오스만제국의 함대를 파괴하였다. 오스만제국은 사실상 패망한 것이나 다름없었다. 기회를 놓칠세라 펠로폰네소스, 아티카, 보이오티아를 중심으로 그리스가 오스만제국의 지배를 벗어나 독립하였다. 또 러시아제국은 아드리아노플 평화조약을 강요하고 도나우 삼각주와 북코카서스 지방을 가져갔다.

제국 안에는 개혁을 원하는 사람도 많았다. 그러나 개혁의 향방을 둘러싼 노선 분열이 심각하였다. 지배층 일각에서는 이슬람 신앙이 약해지고 전통적 미덕에 충실하지 못한 탓에 국가가 멸망의 위기에 빠졌다고 판단하였다. 서구식 개혁과 근대화가 절실하다고 주장하는 사람들도 있었다. 지도층은 엇갈린 의견을 수렴하지 못하고 세월만 허송하였다.

큰 틀에서 보면 한동안 개혁파가 우세하였다. 1826년에 그들은 보수파를 몰아내기도 하였고, 1839년과 1856년에는 재정, 사법 및 군사 제도를 개혁했다. 인간의 평등한 권리를 인정하는 민법을 제정하고 이후 1876년에는 우여곡절을 거쳐서 헌법도 만들었다. 그러나 그 이태 뒤인 1878년에 헌정이 중단되었다. 개혁을 반대하는 보수파의 저항이 거셌기 때문이다.

크림전쟁의 패배와 제국의 해체

설상가상으로 크림전쟁(1853~1856)에서 지는 바람에 제국의 국운이 위태로웠다. 러시아는 오스만제국 지배하에 있던 왈라키아 공국과 몰다비아 공국을 점령했다. 그때 만약 프랑스와 영국이 간섭하지 않았더라면 러시아 군대가 오스만제국 영토까지 깊숙이 침투했을 것이다. 1856년 파리에서 열린 평화회의에서 오스만제국의 안전이 보장되기는 하였다. 그러나 이것은 유럽의 강대국들이 자국의 이익을 위해서 아량을 베푼 것이었다.

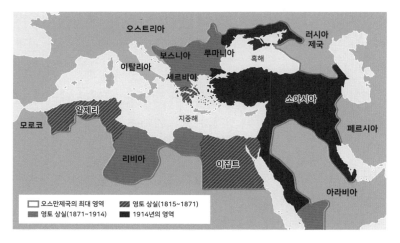

오스만제국의 쇠락

　1870년대가 되자 오스만제국은 존립의 위기에 놓였다. 기근이 되풀이되어 민생이 궁핍하였고, 산업혁명의 기회를 살리지 못한 탓에 제국은 점점 더 열강의 자본에 의존하게 되었다. 1875년 제국은 파산 상태에 빠졌는데, 서구 열강은 제국의 부채를 관리하겠다는 구실로 오스만제국의 자치권을 제한했다.

　수년 뒤에는 러시아와의 전쟁에서 패배하는 바람에 제국이 사실상 해체되었다(1878). 그 이듬해 오스만제국은 이스탄불 근처의 성 스테파노에서 항복문서에 서명하였다. 다시 한 해가 지나자 독일 베를린 의회는 지난 수 세기 동안에 해결하지 못한 동남부 유럽의 문제들을 일방적으로 결정해버렸다. 그에 따라 세르비아, 루마니아, 몬테네그로가 독립했고, 불가리아도 재건되었다. 흑해 연안의 카르스, 바툼, 아르다한 지방은 러시아의 영토가 되었다. 그런가 하면 오스트리아-헝가리 이중제국은 보스니아 헤르체고비나와 산 자크 노비 파사르를 차지했다. 그리스는 북부의 테살리아를 합병했다. 이어서 프랑스는 1881년에 튀니지를 병합했는데, 그들은 이미 1830년부터 알제리를 빼앗아 식민지로 삼았다. 이에 뒤질세라 영국은 1878년 키프로스를 점령한 데 이어서 1882년에는 이집트를 강탈했고, 1899년에는 쿠웨이트까지 가져갔다.

오스만제국의 비극은 그 뒤로도 계속 이어졌다. 1920년에 오스만제국은 제1차 세계대전에서 독일과 나란히 패전국이 되었다. 행여 그간의 손실을 한꺼번에 해결할 수 있을지도 모른다는 기대를 품고 독일 및 오스트리아-헝가리 편에 섰다가 전쟁에 지고 만 것이다. 마침내 제국은 완전히 붕괴했고, 터키공화국이 그 뒤를 이었다. 공화국은 그리스와 전쟁을 벌여 승리를 거두었고, 그 덕분에 1923년 로잔 조약에서 확정된 터키의 국경선은 조금 유리하게 결정되었다.

근대화의 좌절

터키공화국은 갑자기 불쑥 나타난 것이 아니었다. 그 시초는 압둘 하미드 2세(1842~1918)의 권위주의적 지배에 대한 저항에서 찾을 수 있다. 일군의 자유주의자와 민족주의자가 '청년 터키당'을 만들어 오스만제국의 근본적 변화를 도모했다. 1908년에 통일과 발전위원회ITC는 청년 터키 운동을 대변하며 군부와 협력하였다. 그들은 1876년에 제정된 헌법의 복구를 주장하면서 의회 선거를 시행하였다. 선거 결과는 청년 터키당의 승리였다.

1909년에 술탄의 지시로 반동 쿠데타가 일어났으나 곧 진압되었다. 압둘 하미드 2세는 살로니키로 추방되고, 민족주의자들인 İTC가 권력을 쥐었다. 메흐메드 5세가 즉위하였으나 형식상의 국가 원수였다.

1912년부터는 청년 터키당 내의 자유주의자들이 우세하였는데 그들도 제국의 해체를 막기에는 힘이 부족하였다. 1911~1912년에 이탈리아는 오스만제국으로부터 에게해의 키레나이카, 트리폴리타니아, 도데카를 빼앗아갔다. 그 시기에 일어난 제1차 발칸전쟁에서 오스만제국은 패배하였고, 세르비아, 그리스, 불가리아가 오스만제국이 유럽에 가지고 있던 영토를 나누어 가졌다. 오스만제국은 수도 이스탄불만 겨우 지킬 수 있었다. 그 기회에 알바니아도 독립을 선언했다.

이처럼 국운이 기울자 1913년에는 국수주의자들이 쿠데타를 일으켰다. 그들은 테러리즘으로 정권을 유지했다. 국수주의자들은 제2차 발칸전쟁에서 아드리아노플을 탈환하는 데 성공하였다.

1914년에 오스만제국은 제1차 세계대전에 참전하였다. 오스만제국 군대는 발칸반도를 비롯해 다르다넬스, 이라크, 수에즈 운하 및 코카서스에서 연합군과 싸웠다. 1917년 러시아에서 혁명이 일어나 차르 체제가 무너졌다. 이른바 10월 혁명이었는데, 그 때문에 러시아는 서둘러 전쟁을 마무리하였다. 그나마 이것이 오스만제국에는 다행이었으나, 영국 및 프랑스군에게 잇따라 패전의 쓴맛을 보았다. 아랍에서도 반란이 일어나 오스만제국은 연합군에 항복했다(1918년 10월 30일).

무스타파 케말(1918)

오스만제국은 파탄 상태에 빠졌다. 자유주의 정부가 제국의 붕괴를 막고자 하였으나 국가 파산은 피할 수 없었다. 1920년에 평화조약이 체결되었고, 그 결과 오스만제국은 영국에 이라크, 트란스요르단, 팔레스타인을 할양하게 되었다. 또 시리아, 실리시아, 레바논, 서아르메니아를 프랑스에 인도하지 않을 수 없었다.

1919년에는 올 것이 오고야 말았다. 무스타파 케말(1881~1938, 케말 파샤)이 대표위원회 의장으로서 제국에 반기를 들었다. 케말은 국가 해방군의 지도자로서 저항운동을 이끌었는데 시민들의 지지를 받았다. 해방군은 동부 아나톨리아에서는 아르메니아인을 몰아냈고, 이오니아에서는 그리스인을 축출했다. 일종의 인종청소였다. 1922년 10월 19일, 케말은 해방군을 이끌고 이스탄불

로 진군하여 오스만제국의 마지막 술탄 메흐메드 6세를 추방했
다. 그리하여 청년 터키당이 오스만제국의 유일무이한 정당으로
서 민의를 대변했다.

케말과 그의 지지 세력은 국제법에 따라서 1923년 10월 29일
에 터키공화국의 성립을 공포했다. 공화국은 현대적 국가로서 오
스만제국과 영영 결별하였다. 그 이듬해에는 칼리프 제도도 영구
히 폐지하였다. 이로써 623년의 역사를 가진 오스만제국은 지구
상에서 자취를 감추었다.

그때부터 터키공화국은 주변의 이슬람 국가보다는 훨씬 세속
화된 국가로 운영되었다. 이웃 국가는 여전히 이슬람의 원칙에
따라 정교일치를 추구하였으며, 그러한 경향은 아직도 유지되고
있다.

케말 파샤는 터키의 근대화에 초석을 마련하였다. 그러나 그가
기대했던 만큼 근대화가 제대로 추진되지는 못했다. 재정도 부족
했고, 근대적인 직업 교육도 미비하였으며, 근대적 인권 개념도
신속하게 수용되지 못하였다. 오늘날 터키는 중동과 남부 유럽의
강대국이지만 서구의 강대국에 비하면 여전히 열세를 면하지 못
하는 실정이다.

제국의 과거를 뒤돌아보며

19세기에 서구 열강은 세계 각지에서 많은 식민지를 획득해 지
구 전체를 지배하기 시작하였다. 그때 오스만제국과 인도 및 중

국은 서구의 침략 앞에서 속수무책이었다. 그 당시 사정을 자세히 살펴보면, 그들은 서구 열강의 공격이 시작되기도 전에 저마다 내부 모순으로 말미암아 빈사 상태에 빠졌다. 특히 오스만제국은 거듭된 전쟁과 내부 갈등으로 말미암아 이미 '보스포루스의 환자'로 불렸다. 인도와 중국도 사정이 비슷했는데, 인도의 무굴 제국은 지방 곳곳에서 일어난 민중 봉기와 지배층의 갈등으로 무너지기 직전이었다. 중국은 아편전쟁으로 엄청난 피해를 보았는데, 그들을 최악으로 몰고 간 것은 태평천국운동(1851~1864)이었다. 10여 년 동안 내전이 계속되어 무고한 중국인이 2,000만 명 이상 목숨을 잃었다.

19세기에 서구 열강이 세계를 지배하게 된 사실만 들어 서구의 우월성이 증명되었다고 단정하는 것은 속단일지도 모른다. 20세기 초부터 미국의 시대가 열렸는데, 그 역시 유럽 여러 나라가 오랫동안 서로 격렬하게 싸운 끝에 자멸을 초래한 다음의 일이었다. '미국의 세기'가 열린 데는 외적 요인도 있었고 우연적 요인도 적지 않게 작용했다. 오스만제국이 멸망할 때도 마찬가지였다. 외적 요인뿐만 아니라 내부의 여러 가지 요인이 복잡하게 뒤섞였고, 특히 고질적 내분과 종교적 편협함이 제국의 몰락을 재촉하였다고 볼 수 있다. 누구든 안팎의 문을 모두 걸어 잠그면 스스로 질식하고 만다. 전성기에 오스만제국이 보여준 개방성과 종교적 관용에서 터키공화국이 새 희망을 발견하였으면 한다.

What makes history?

4장

대영제국,
지구 끝까지 팽창하다

영국은 영토로 보나 인구로 보나 규모가 한반도
와 비슷하다. 그런데도 19세기에는 군사적으로
만이 아니라 정치·경제·문화적으로도 온 세상
을 지배하였다. 그렇게 놀라운 힘이 과연 어디
서 나왔을까. 대영제국의 역사를 읽노라면 우리
가슴속에 천둥번개가 수없이 일어난다. 역사란
용기 있고 지혜로운 사람이 만드는 것이다.

14세기 영국 시인 제프리 초서 Geoffrey Chaucer(1343~1400)
의 시를 잠시 소개한다. 〈돈주머니에게 하는 한탄〉의 한
대목이다.

너는 내 진정한 애인
네 무게가 어찌 이리 가벼우냐.
네 체중이 무겁지 않으면 나는 차라리 영구차에 드러눕
는 편이 낫겠다.
애원하고 애원하노니
제발 다시 무거워져다오. 아니면 내가 죽으리.

우리나라로 치면 고려 시대에 해당하는 시절이었다. 그
때 우리나라에도 초서처럼 금전의 중요성을 노골적으로
강조한 시인이 있었던가. 상상조차 하기 힘든 일이었다.
초서의 시에서 보듯 영국인은 까마득한 옛날부터 돈에 관
한 욕망을 자유롭게 말하였다. 상업과 수공업이 무척 발
달한 나라였다는 말이다.
16세기부터 그들은 식민지를 개척하기 시작해, 경쟁 관
계에 놓인 여러 나라와 격렬하게 부딪쳤다. 그러고는 조
금씩 자국의 식민지를 늘렸다. 물론 식민 지배라는 것이
그들이 소망하는 것처럼 순탄하지는 않아, 대중 봉기에

직면한 적도 많았다. 험난한 역사적 과정을 거쳐서 '대영 제국'이 형성되었다.

대영제국이라고 말하였는데, 제국이라면 보통 한 명의 군주 또는 지배 집단이 여러 언어를 사용하거나 문화적 배경이 다양한 다민족을 다스리는 국가다. 제국의 맨 꼭대기에는 흔히 '황제'가 있었는데, 특이하게도 대영제국은 황제 국가를 자칭한 적이 없었다. 대영제국은 '모국'인 영국과 그 통치를 받는 여러 식민지로 구성되었고, 이들이 하나의 거대한, 지구적 차원의 제국으로 부상한 것은 1783년부터였다. 그때부터 영국은 서인도 제도를 포함해 광대한 영토를 다스렸다.

영국 역사의 큰 흐름

　대영제국은 어떠한 국가였을까? 역사적 해석은 다양한데, 20세기 초까지는 탁월한 기술과 우월한 도덕성이야말로 대영제국을 만든 원동력이라고 주장하는 학자가 많았다. 영국은 식민지에도 철도를 비롯한 각종 사회간접자본을 조성하였고, 근대적 정부 조직과 법률 및 교육 제도까지 확립했다는 식의 자화자찬이 넘쳐났다. 그러나 이제는 영국의 식민지 통치를 그처럼 노골적으로 합리화하려는 사람은 없다. 대영제국의 식민 지배를 미화하는 역사가가 설 자리는 사라졌다.

　영국의 과거 역사에는 수치스러운 점이 많았다. 그 점을 인정해야만 대영제국의 성격을 제대로 이해할 수 있다. 17세기부터 19세기까지 무려 3세기에 걸쳐 영국은 아프리카 흑인을 노예로 사고파는 수치스러운 무역에 매달렸다. 또한 그들은 식민지 어디에서

나 원주민을 박해하고 그들의 고유문화를 여지없이 파괴하였다. 호주에 살던 원주민과 미국 원주민의 처지가 어떠하였는지를 떠올리면 쉽게 수긍할 것이다. 영국이 식민지를 통치할 때 원주민을 기근과 질병에서 구제한 적은 거의 없었다. 그러기는커녕 제국의 폭력으로 말미암아 원주민이 대거 목숨을 잃었다. 프랑스와 스페인 등 서구 열강이나 뒤늦게 제국이 된 일본도 그 점에서 영국과 아무런 차이가 없었다. 그들은 역사의 법정에서 호된 비판을 받아 마땅하다. 이처럼 명백한 사실을 염두에 두고 대영제국에 관한 이야기를 시작하고자 한다.

대영제국의 탄생

잉글랜드의 역사

로마 시대는 말할 나위도 없고, 중세 초기까지도 영국은 다른 제국의 식민지가 아니었던가. 1066년에 노르망디(프랑스)의 윌리엄 공이 잉글랜드를 정복했다. 그때 윌리엄 공이 속한 노르만족은 이탈리아 남부와 북아프리카 일부까지 점령한 엄청난 세력이었으니 그 자체가 하나의 제국이었다.

서양 중세에는 정략결혼으로 부와 권력을 추구하는 경우도 많았으나, 타국을 침략하는 일은 더욱 흔하였다. 1169년 노르만족은 아일랜드를 침략했고, 1171년에는 잉글랜드 왕 헨리 2세가 아일랜드를 차지해 제국의 질서를 다졌다. 그 후 수년 동안 아일랜드의 절반을 노르만족과 잉글랜드 그리고 웨일스가 통치하였다.

잉글랜드의 성장세는 갈수록 두드러져, 1277년에 에드워드 1세는 웨일스 북부까지 정복했다.

다음 세기에는 백년전쟁(1337~1453)이 일어나 잉글랜드는 프랑스와 장기간 대치했다. 에드워드 3세와 헨리 5세는 프랑스로 건너가 상당히 넓은 영토를 점령하였으나, 지루한 그 전쟁이 끝났을 때는 겨우 칼레 하나만 잉글랜드령으로 유지되었다. 1558년에는 그마저도 프랑스 소유가 되었다. 1500년경의 영국은 그리 대단한 나라가 아니어서, 나라 밖 영토라고는 아일랜드의 해안과 더블린 교외뿐이었다.

최초의 대영제국

그런데 자세히 들여다보면 15세기 말부터 영국의 운명이 달라졌다. 그들은 대서양 건너편에 새 영토를 개척하기 시작하였다. 북미 대륙에 식민지를 건설하고 세계 무역에 뛰어들었는데, 식민지를 점령하기 위해서 영국은 무력을 사용했다. 그리고 많은 노예를 혹사하는 등 무리한 일을 많이 저질렀다.

크리스토퍼 콜럼버스가 카리브해를 탐험한 지 5년이 지났을 때, 이탈리아 출신의 탐험가 존 캐벗이 영국 왕 헨리 7세의 허가를 얻어 캐나다로 진출했다(1497). 이를 신호탄으로 영국인은 북미에 식민지를 개척했다. 대영제국의 역사가 막을 연 것이었다. 1585년, 월터 롤리 경은 버지니아의 로어노크에 작은 정착촌을 만들었으나 실패하였다. 다시 20여 년이 지난 다음(1607), '버지니아 회사'가 제임스타운(버지니아주)에 식민지를 개척하는 데 성공했다.

1612년부터 영국은 인도양으로도 세력을 넓혀, 인도에 동인도 회사의 무역소를 열었다. 이어서 1620년대에는 카리브 해안에도 식민지를 확보했다. 세인트키츠섬에서도 식민화가 본격적으로 시작되었고(1623), 바베이도스와 안티구아 바부다(카리브해 동부) 등도 영국의 차지가 되었다.

　　영국인은 네덜란드인에게서 사탕수수 재배법과 설탕 제조법을 배웠다. 그런데 설탕 생산에는 많은 노동력이 필요해 영국인은 수백만 명의 서아프리카 출신 노예를 부렸다. 그뿐만 아니라 노예 무역에 직접 뛰어들어 큰 이익을 챙겼다.

　　영국은 점차 해외 진출에 자신감을 얻어, 1655년에는 스페인의 식민지 자메이카를 침공해 자국의 식민지로 만들었다(1670). 승리의 행진은 계속되어, 영국은 뉴암스테르담을 비롯한 네덜란드의 식민지(뉴네덜란드)를 인수해 뉴욕이라고 이름을 바꾸었다(1664). 이어서 뉴스웨덴(현 델라웨어)을 인수했고, 스페인의 식민지였던 플로리다도 가져갔다(1763).

　　해외에서 패권을 쥐는 과정이 그리 순조롭지는 않았다. 영국은 해상 강국 스페인과 여러 차례 충돌했는데, 1588년에 스페인 왕 펠리페 2세는 100척의 전함을 보내 영국 여왕 엘리자베스 1세의 기를 꺾으려고 했다. 그러나 스페인의 '무적함대'는 민첩한 영국 함대에 패배하고 말았다. 그때 영국이 승리를 거둔 데는 때마침 불어준 폭풍도 한몫 거들었다.

　　세계적 강대국이 되기에 앞서 영국은 몇 가지 큰 변화를 겪었다. 1649년에 그들은 '잉글랜드 연방Commonwealth of England'이라는 국호를 대내외에 선포하였다. 1660년까지는 이것이 영국의 공식 명칭이었다. 그들은 항해법을 제정해 국가 차원에서 전폭적으로 해운업을 장려하고 보호하였다(1651). 이 법은 식민지를 개척하는 데 밑거름이 되었고, 식민지를 오가며 무역에 종사하는 상인과 선주의 이익을 보호하는 데 이바지하였다. 그 시절 영국 함대는 세계 곳곳에서 네덜란드 및 스페인 함대와 싸워 그들의 식민지를 빼앗았다. 해전에서 승승장구하는 사이에 영국은 최강의 해상 세력으로 떠올랐다.

프랑스를 누르고 인도를 차지하다

17세기부터 유럽 여러 나라는 서로 갈등을 벌일 때가 많았는데, 그때마다 영국은 자국의 이익을 위해서 이를 적절히 이용하였다. 시간이 흐를수록 프랑스와 스페인이 가졌던 식민지가 영국의 수중으로 넘어갔다. 그것이 곧 식민지 미국의 확장으로 이어졌다. 그 밖에도, 1757년에는 동인도회사를 앞세워 인도의 벵골 지역도 정복하였다. 인도에서 영국의 독점적 지위는 더욱 공고해져 결국에는 영국을 세계 최강국으로 만들었다. 인도는 영국의 가장 소중한 자원이었다.

18세기에 대영제국은 급속히 팽창하였다. 그때 결정적으로 중요한 사건은 프랑스를 상대로 한 전쟁이었다. 양국은 여러 차례 전쟁을 치렀고 그때마다 프랑스가 영국에 고배를 마셨다. 프랑스는 식민지를 하나씩 잃었는데 몇 가지 사건을 연대순으로 간단히 적어본다.

1713년에 영국은 프랑스의 식민지였던 아카디아(북미 북동부의 뉴프랑스)를 점령했다. 1757년에는 로버트 클라이브 남작의 활약에 힘입어 영국이 프랑스와 뱅골군을 상대로 캘커타 인근 플라시 지방에서 승리를 거두었다. 이를 계기로 프랑스는 인도에 대한 지배권을 영국에 빼앗겼다. 북미 대륙에서도 사정은 마찬가지였다. 이른바 칠년전쟁(1756~1763)이 벌어졌고, 1759년에 영국의 제임스울프 장군이 퀘벡을 점령하였다. 이 전쟁의 추이를 지켜본 유럽 각국은 영국이 식민지를 차지하기 위해 얼마나 결사적인지를 분명히 인식하였다.

1756년에 프랑스가 오하이오강 줄기를 따라서 자국의 영토를 확장하려 하자 영국은 즉각 전쟁을 벌였다. 윌리엄 피트 총리는 대규모 병력 충원이 승리의 필수 조건이라고 판단해, 식민지 미국에 거액의 전쟁 자금을 풀었다. 이 전쟁에서 영국은 승리를 거두었고, 1763년 파리조약을 통해 캐나다, 도미니카, 그레나다, 세인트빈센트그레나딘, 토바고 등 새로운 식민지를 얻었다. 영국의 승리에 앙심을 품었기 때문에, 프랑스는 곧이어 발생한 미국독립전쟁에서 미국 편을 들었다. 결과적으로 미국은 독립에 성공하였고, 그로 말미암아 영국은 큰 타격을 입었다. 그러나 미국의 독립전쟁에 깊이 개입하느라 프랑스의 재정도 크게 악화되었다. 이에 세금을 인상하려고 옥신각신하다가 프랑스에서 대혁명이 일어나 (1789) 왕정이 종식되고 공화정의 시대가 열렸다. 이처럼 역사는 꼬리에 꼬리를 물고 반전을 거듭하며 흥미로운 결과를 보여준다.

대영제국의 본격적 성장기

1763년부터 영국은 국내 산업과 국제 무역 그리고 식민지를 토대로 유럽에서 자타가 공인하는 최강대국으로 성장했다. 그들은 지구상의 모든 해로를 장악하였다. 영국을 이처럼 발전하게 만든 원동력은 어디서 나왔을까. 두 가지 점에 주목하게 된다. 하나는 이 나라가 근대적 통일 국가였다는 사실이다. 그 시절 독일과 이탈리아는 국토가 사분오열되어 강대국 대열에 끼지 못하였다는 점을 생각해보면 된다.

또 하나는 경제력이었는데, 유독 국내 산업이 급속히 성장하였고 해외 교역도 활발한 나라가 영국이었다. 그들은 북미 대륙 동부에 13개의 식민지를 건설하였다. 그런데 세월이 흐르자 여러 가지 복잡한 문제가 일어났고, 식민지 주민들은 독립을 소망하였다. 1776년에 마침내 13개 식민지 대표들이 한데 모여서 영국으로부터의 독립을 선언했다. 미국인들은 영국 정부의 조세정책을 반대했고, 영국의 이익이 자신들의 이익과 일치하지 않는다고 선을 그었다. 그러자 영국은 무력을 동원해서라도 식민지의 저항을 진압하려고 했다. 상황을 지켜보던 프랑스, 스페인, 네덜란드는 영국에 타격을 주려고 미국의 독립을 지지하였다. 마침내 미국독립전쟁이 일어나서 여러 해 동안 계속되었다. 1781년에 영국은 요크타운전투에서 항복을 인정하였다. 이에 미국은 영국 왕 조지 3세의 지배를 벗어나 조지 워싱턴을 초대 대통령으로 선출했다.

미국독립전쟁은 영국 역사에서 큰 획을 그었다. 미국은 영국으로부터 독립한 최초의 식민지로 그들의 독립은 근대적 공화국의 탄생이라는 점에서 매우 중요한 사건이었다. 그러나 한계 또한 명백하였으니, 흑인 노예와 원주민은 아무런 자유를 얻지 못하였고 백인 시민과 평등한 권리를 누리지도 못했다. 2020년에 백인 경찰이 무고한 흑인 시민 조지 플로이드를 살해한 사건과 같은 일이 여전히 계속해서 벌어지는 것을 보면 오늘날까지도 이 문제의 해결은 요원한 것 같다.

그런데 미국이 독립하였다고 해서 대영제국의 성장이 멎은 것은 아니었다. 그들은 멀리 동쪽으로 뱃머리를 돌려 호주와 뉴질랜드 등 새로운 지역을 적극적으로 공략했다. 영국은 미국이라는 식민지를 잃은 대신 새로운 식민지 건설에 국력을 쏟았고, 그 성과도 컸다.

지구적 차원의 대영제국

국내의 정치적 혼란을 극복하고 영국은 경제적으로 크게 발전하였다. 이미 말하였듯, 그들은 해상에서 누구도 두려워할 필요가 없었기 때문에 더욱더 활발하게 먼바다로 나아갔다. 1783년 당시 대영제국은 지구 곳곳에 세력 근거지를 마련하는 데 성공하였다. 서인도제도를 포함한 북아메리카 지역을 필두로, 뉴질랜드 등 태평양 지역에까지 영국 국기가 펄럭였다. 인도와의 교역이 한층 활발해졌고 지중해에는 해군 기지를 가동하였다(지브롤터와 메노르카).

그 이후로도 새로운 식민지가 속속 추가되어, 19세기 이후 1세기 동안(1815~1914) 2,600만 제곱킬로미터를 헤아리는 광대한 영

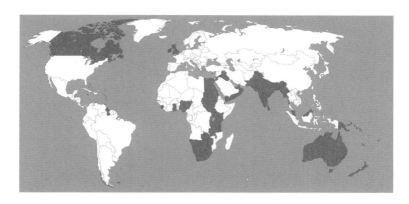

1920년대 대영제국의 판도

토를 가지게 되었다. 대영제국의 인구는 총 4억 명에 달하였다. 1924년에 열린 대영제국 전람회British Empire Exhibition 때는 지구 총면적의 5분의 1에 해당하는 지역에서 특산품을 보내왔다. 지구 상의 어떤 제국도 이보다 넓은 영토를 지배한 적은 없었다. 대영 제국이란 존재를 자랑스럽게 여기는 사람들이 무척 많았으나 식 민지 주민들이 그런 감정을 공유하였다고 볼 수는 없다.

식민지에서는 주민 대부분이 정치·경제적 불평등에 시달렸고 문화적으로도 차별을 받았다. 16세기부터 인도를 지배한 무굴 왕 조도 영국의 압력을 이겨내지 못하고 끝내 무릎을 꿇었다(1857). 호주에서는 영국인들이 행사한 무분별한 폭력과 그들이 옮긴 질 병으로 원주민의 90퍼센트가량이 사망하고 말았다(1920년대).

식민지의 희생을 바탕으로, 19세기의 대영제국은 사상 유례없 는 경제 발전을 이루었다. 영국 상인들은 캐나다, 인도, 호주 등지 에서 막대한 부를 획득하였다. 그때 영국에서는 증기기관이 개량되었고, 운하가 개설되었다. 얼마 뒤에는 철도 혁명이 일어나 산업혁명이 가속되었다. 이에 영국의 국부는 획기적으로 개선되었다. 대도시는 산업혁명으로 번영을 구가하였으며, 도심지마다 우아한 고층 건물이 속속 등장했다. 세련된 옷차림의 중산층이 활보하는 도심 풍경이 일상이 되었다. 그러나 도시의 하층민은 최저 생활선도 보장받지 못한 채 불행을 숙명처럼 받아들였다. 도시 빈민에게는 삶이 곧 지옥이었다.

거시적 관점에서 보면, 1815년 대영제국은 세계 최강이었다. 그들은 선진 산업과 최신의 생산 방식, 그리고 세계 최고의 무역량과 효율적인 식민지 경영 덕분에 장기 호황을 누렸다. 세계 지배에 맛 들인 영국은 독특한 외교 정책을 구사했다. 그들은 특정 국가가 어느 한 대륙을 독점적으로 지배하지 못하게 방해하는 전략을 추구하였다. 자국을 제외한 유럽 열강끼리는 지구상 어디에서든 힘의 균형을 유지하도록 판을 짰다. 그래야만 영국이 마음껏 식민지를 확장할 수 있기 때문이었다. 이 전략이 통하여 1819년에 영국은 싱가포르를 접수했고, 1839년에는 예멘의 항구도시 아덴까지 점령했다. 또 구세계의 최강대국인 중국을 상대로 제1~2차 아편전쟁을 일으켜 홍콩을 조차지로 삼았고 자국이 원하는 대로 중국의 여러 항구를 한꺼번에 개방하였다. 이로써 아시아의 유서 깊은 노대국 중국은 영국의 반半식민지로 전락하였다.

전 세계를 효율적으로 지배하기 위해 영국은 지구상의 모든 전략적 요충지에 해군 기지를 건설했다. 지브롤터와 포클랜드 제도, 지중해의 몰타와 키프로스가 가장 대표적이었다. 중요한 항로 또한 모두 통제하였다. 가령 수에즈 운하를 완전히 거머쥐기 위하여 이집트를 원격 조종했고, 마침내는 수에즈 운하를 통과하는 모든 선박을 영국이 통제하였다. 그 시절 영국 함대는 전 세계 주요 항로를 왕래하는 모든 국가의 선박을 감시했다. 필요에 따라서는 어느 나라의 항구든지 자국의 작전 기지로 사용했다. 해군력이 막강하였으므로 언제 어디서든지 영국은 타국의 선박을 제지할 수 있었다.

1815년 이후 영국의 외교 정책은 기대했던 대로 큰 효과를 발휘했다. 영국은 미국, 아시아, 중동 지역에서 평화를 유지하는 한편, 경제정책으로 그들을 간접 지배하였다. 그러나 아프리카에서는 무력을 이용해 식민지를 최대한 확장했다. 세계 최강의 국가로서 대영제국은 다각적인 외교 및 군사전략을 썼던 셈이다.

18세의 빅토리아 공주가 왕위에 오른 1837년, 영국은 농업 국가에서 지구 최초의 산업국가로 변모하였다. 빅토리아 여왕은 60년 넘게 옥좌를 지켰는데(1901년까지), 그 시절 영국의 미들랜드와 북부 지역에서는 공장의 시끄러운 기계 소음이 밤낮으로 울려 퍼졌다. 담배 연기처럼 뿌연 매연을 품어대는 공장 굴뚝도 즐비하였는데, 도시 뒷골목의 빈민가는 비참하기 그지없었다. 하지만 바로 그때 노동자의 권리를 보호하는 노동조합도 새로 나타났다.

1924년에 열린 대영제국 전람회는 대영제국의 영광을 상징하는 행사였다. 18세기 말부터 일어난 몇몇 굵직한 사건 이후 영국의 영향력이 더욱 강화된 덕분이었다. 우선 오세아니아에서 일어난 역사적 사건을 적어본다. 1787년에 호주를 향하여 한 무리의 죄수를 실은 배가 영국에서 출발하였다. 이후 영국은 뉴질랜드도 같은 방법으로 식민화하였다. 그로부터 120년 뒤인 1907년에는 호주와 뉴질랜드가 자치권을 획득해 독립하였다. 그에 앞서 1867년에는 캐나다가 먼저 자치권을 얻었다. 20세기 초반에는 백인이 다수를 점하는 식민지 모두가 자치권을 얻었다.

중국과 인도에서도 큰 변화가 일어났다. 제1차 아편전쟁에서 영국이 승리하자, 중국은 영국 상인이 아편을 판매하도록 승인하였는데, 이제 중국은 사실상 열강의 먹잇감이 되어버렸다. 그 무렵 인도에서도 중요한 사건이 일어났다. 1857년에 인도에서 대규모 반란이 일어나자 영국 정부는 동인도회사로부터 통치권을 회수했고, 그 후 20년이 지나자 빅토리아 여왕이 '인도의 여왕'까지 겸하였다(1876).

아프리카에서도 영국의 영향력은 한층 강화되었다. 19세기 후반, 영국은 아프리카의 식민지 쟁탈 전쟁에 뛰어들어, 카이로에서 케이프타운까지 연결되는 아프리카 식민지를 건설했다(1881~1919). 그들은 제2차 보어전쟁을 벌여 남아프리카도 점령했다(1899~1902). 그런 다음에 제1차 세계대전에서 승리하자 베르사유 조약(1919)을 빌미로, 아프리카와 중국에 있던 독일의 식민지까지 프랑스와 함께 나누어 가졌다.

대영제국의 자신감이 한층 높아진 가운데, 1924년 웸블리 스타디움에서 성대한 국제 행사로 대영제국 전람회가 개최되었다. 이 전람회를 통해서 영국은 자국의 위세를 온 세상에 마음껏 과시했다. 그러나 영국 내에서도 자국의 제국주의를 비판하는 사람들이 갈수록 늘어났다. 그나마 희망적인 변화였다.

대영제국의 황혼

제국주의에 대한 평가

"대영제국의 깃발 아래 영국은 근대적 제도를 세계 각지에 전파하였다. 또 기독교를 전파해 각지에서 야만적인 풍습을 없애고 문명화를 추진하였다." 이런 식으로 자국의 제국주의적 통치를 호도하는 사람들이 20세기 초에는 많았다. 그들은 '팍스 브리태니커' 또는 '영국의 평화'를 칭송하며 영국을 통해서 인류 역사가 발전기에 접어들었다고 주장하였다. 그들의 의견에 따르면 영국식 생활 방식은 옳은 것이요, 영국의 식민지 통치는 야만인에게 근대국가를 배울 기회를 제공한 셈이었다.

그러나 영국의 양심적 지식인들은 그때도 다른 생각을 가졌다. "영국이 다른 나라를 마음대로 통치하는 것은 잘못이다. 식민지가 되기 전에 원주민은 저마다 고유한 문화와 전통을 가지고 있었다. 그들에게 서구의 이질적인 종교와 문화를 강요하는 것은 잘못이다." 이러한 비판의 목소리가 영국 사회에도 존재하였다는 점은 주목할 만한 일이다.

제국의 역할에 관한 격론이 전개되는 가운데, 영국 자유당은 분열을 거듭하였다. 최대 쟁점은 대영제국의 이익을 방어하기 위해서 함부로 무력을 사용하는 것이 옳으냐 하는 문제였다. 영국은 남아프리카에서 보어(네덜란드 정착민의 후손)를 탄압할 목적으로, 제2차 보어전쟁을 일으켰다. 그때 영국의 지식인 사회는 이 전쟁이 과연 도덕적으로 정당화될 수 있는지를 둘러싸고 격론을 벌였다. 그 당시 영국인의 양심 또는 민주주의에 관한 인식은 그 정도 수준이었다. 알다시피, 보어전쟁은 영국이 현지의 천연자원을 독점하고 항만을 마음대로 통제하기 위해 일으킨 경제 전쟁이었다. 이 전쟁에서 영국은 우세한 군사력을 앞세워 남아프리카를 통치해온 네덜란드 정착민을 굴복시켰다.

스러지는 대영제국

시작이 있으면 끝도 있는 법이다. 1914년 여름, 에드워드 그레이 외무장관이 토로하였듯이 유럽은 어둠 속으로 빠져들었다. 제1차 세계대전이 일어났고, 영국군과 독일군은 '소모전'이라 불리는 참호 전쟁의 늪에 빠진 채 4년간 이어진 혈전으로 피폐해갔다. 플랑드르의 깊게 파인 참호와 베르됭 전선에서 양국 군대는 상대를 물고 늘어졌다. 제1차 세계대전에서 약 2,000만 명이 목숨을 잃었다. 이것은 인류 전쟁사를 통틀어 처음 보는 끔찍한 일이었다.

제1차 세계대전의 승자는 영국을 비롯한 연합군이었다. 그들은 미국의 도움으로 승리를 움켜쥐었다. 그런데 전승국이 된 영국의 처지는 말이 아니었다. 국력이 극도로 쇠약해져, 세계 각지에 퍼져 있는 광대한 식민지를 더 이상 효율적으로 지배할 수 없었다. 그때부터 영국은 거대한 제국을 유지할 힘을 상실했던 것으로 후세는 평한다. 그 무렵부터는 영국의 식민 통치에서 벗어나려는 저항도 거세졌다.

아울러 영국 내부에도 자국이 타국을 식민지로 지배할 권리 같은 것은 없다고 생각하는 시민이 많아졌다. 이것은 현실적인 문제이기도 했는데, 영국 해군은 각 대륙에 산재하는 제국의 식민지를 보호할 만큼 강력하지 못했다. 식자들이 보기에 대영제국의 해체는 시간문제였다. 제1차 세계대전 후에 체결된 베르사유 조약에서도 각 민족의 자결권 또는 스스로 통치할 권리를 인정하였다. 이제는 영국의 보수층조차 세상이 바뀌고 있다는 사실을 끝끝내 부정하기 어려워졌다.

이보다 앞서 영국 하원은 아일랜드인에게 독립적인 의회를 만들도록 허락(1912)했다(그러나 상원의 거부로 1914년에 성사되었다). 아일랜드섬 북부에서는 이 조치를 반대하는 흐름이 일어났는데, 그때 마침 제1차 세계대전이 발발하는 바람에 의회 구성을 허락한다는 약속은 제대로 시행되지 못하였다. 그러자 이후 '부활절 봉기'가 일어났고(1916년 4월), 독립을 소망하는 아일랜드인은 영국군 및 경찰에 맞서 독립 전쟁을 일으켰다.

영국에 경제적으로 큰 이익을 안겨준 인도에서도 분위기가 심상치 않게 변하였다. 그들도 제국의 지배에서 벗어나려는 움직임을 보였다. 1919년에 영국 정부는 암리차르에서 일어난 평화 시위를 무력으로 진압하고 잔인한 학살극을 벌였다. 그러자 모한다스 간디가 대중의 영웅으로 떠올라, 영국의 식민 통치를 비판하고 비폭력 저항운동을 시작하였다. 1930년에 간디가 이끈 소금 행진은 세계인의 이목을 집중시킨 일대 사건으로 발전하였다. 시간이 갈수록 영국 정부의 입지는 약해져, 결국에는 '인도 정부법'을 제정하였다. 외교권을 제외한 모든 권한을 인도인에게 돌려주기로 한 것이었다(1935).

아프리카 독립운동과 탈식민화 투쟁
제1차 세계대전이 끝나고 얼마 안 가서 세계는 경제공황의 늪에 빠졌다. 인류가 미처 경험한 적 없는 대규모 실업과 인플레이션이 일어난 것이었다. 그 틈에 독일에서는 히틀러의 나치 정권이 탄생하였다. 나치는 전쟁 준비에 착수해, 결국 제2차 세계대전을 일으켰다. 1939년, 영국은 나르비크(노르웨이)부터 북아프리카까지 길게 확장된 전선에서 독일군과 사투를 벌였다. 윈스턴 처칠이 짐작했듯이, '피와 수고, 눈물과 땀'의 시간이 지루하게 이어졌다.

전쟁 중에 독일군은 런던을 비롯한 영국의 주요 도시를 야간에도 폭격해서 시민들에게 큰 고통을 주었다. 아프리카와 인도 등 영국의 식민지 주민들은 영국 편에 서서 전쟁을 뒷바라지하였다. 그들은 800만 명도 넘는 대병력을 충원했고, 전쟁 수행에 드는 각종 자재와 상품도 제공했다. 전쟁이 끝나자 식민지 주민들은 영국 측에 그들의 지원에 대한 대가를 요구했다. 모두 이제 독립할 시점이 되었다는 뜻을 표하였다.

막대한 전쟁 비용을 감당하느라 영국은 경제적으로 곤경에 처하였다. 제국을 통치하기가 전에 없이 버거웠다. 위기에 빠진 영국에 미국은 막대한 경제 지원을 제공하면서, 동시에 아프리카 식민지의 독립을 허락하라고 압박했다. 영국은 식민지를 완전히 포기하고 싶지는 않았으므로 식민지에 즉각적인 완전 자유를 허락하는 대신에 표면상 민주적으로 보이는 정치제도를 도입하는 데 그쳤다.

이에 실망한 것은 아프리카의 민족주의 세력이었다. 그들은 영국의 식민 지배를 거부하며 항의와 폭동을 벌였다. 케냐의 조모 케냐타도 그랬고, 골드 코스트(현 가나)의 콰메 은크루마도 독립운동을 이끈 대표적인 인물이었다. 재정 적자에 시달리던 영국은, 아프리카 식민지의 독립을 인정할 수밖에 없었다. 1950년대부터 1980년대까지 아프리카에 있던 영국 식민지는 모두 독립했다. 20세기 후반, 영국은 전성기의 대영제국과는 거리가 아주 먼 모습을 보였다.

선택의 기로

제국의 해체는 피할 수 없는 운명이 되었다. 그래도 자국의 이익을 순순히 포기할 수는 없었던 영국은 '영연방Commonwealth of Nations'이라는 새 조직에 생명을 불어넣었다. 이 작업은 1926년부터 시작되었는데, 캐나다, 호주, 뉴질랜드 및 남아프리카가 독립 국가이면서도 영연방의 구성원 자격을 얻었다. 〈밸푸어 선언〉에 명기된 사실이다. 1947년에는 인도와 파키스탄이 영국으로부터 완전히 독립했다. 1960년에 영국 총리 해럴드 맥밀런은 아프리카에도 '변화의 바람'이 일어났다는 사실을 솔직히 인정했다. 독립을 획득한 아프리카 및 카리브 연안의 식민지도 영연방에 포함될 예정이었다.

시간이 갈수록 과거 식민지로부터 많은 이민자가 영국으로 밀려왔다. 20세기 후반 그들의 경제적 역할은 영국에 매우 긍정적이었다. 이주민을 저임금 노동자로 고용하자 영국 사회에는 활기가 넘쳤다. 1973년에 영국은 유럽의 정세를 고려한 끝에 '유럽 경제 공동체'에 가입하여, 자유무역을 추구하는 유럽과 일단 보조를 맞추었다. 그때까지도 영국은 아직 세계적인 강대국의 하나였다. 아르헨티나가 군대를 파견해 남대서양의 외딴 섬 포클랜드를 점령하자, 영국은 곧바로 전쟁을 선포하고 무력으로 아르헨티나를 일순간에 제압하였다(1982).

하지만 지구상에는 영국보다 훨씬 강력한 국가가 계속해서 나타났다. 1970년대부터 아시아에서는 중국의 성장이 눈부셨다. 1997년에 영국은 그동안 미뤄온 절차를 더는 미룰 수 없게 되어 중국 정부에 홍콩을 반환하였다. 20세기 후반, 영국은 유럽연합과도 불편한 관계를 계속 이어갔다. 1994년에 프랑스로 통하는 해저터널이 완공되어 영국은 유럽 대륙과 연결되었으나, 유럽과의 심리적 거리는 갈수록 멀어졌다. 영국은 유럽연합이 공동 화폐인 유로화를 만들었을 때도 자국 화폐인 파운드화를 고집하였다. 그들은 유럽연합이 제정한 각종 법령을 모조리 반대하다 마침내는 유럽연합을 탈퇴하기로, 즉 '브렉시트'를 결정하였다. 2016년 당시 영국 총리였던 데이비드 캐머런의 제안으로 시민들은 브렉시트에 대한 찬반 투표를 실시하였다. 선거 결과는 많은 이의 예상과는 달리 찬성표가 쏟아져, 영국은 유럽연합을 떠나게 되었다.

2021년 현재 영국은 유럽연합과 조약을 맺어 브렉시트를 공식화하였는데, 장차 영국이 나아갈 길은 어떠할지 불투명하다. 영국의 앞길이 더욱 험난해질 것으로 예상하는 전문가가 많다. 대영제국의 시대는 완전히 저물었고, 유럽연합을 주도하는 독일 및 프랑스와 영국 간의 불화는 간단히 해소될 수 없는 문제임이 명백하다. 21세기의 시련을 영국이 앞으로 얼마나 슬기롭게 극복할지 궁금하다.

영국의 번영을 이끈 유무형의 자산

대영제국의 전성기는 어떻게 왔을까. 이에 대한 답변은 두 가지로 나누어 설명할 수 있다. 하나는 영국의 물리적인 힘이다. 이것은 정치 및 군사 제도와 직결된 것으로, 그 중심에 의회와 해군이 있었다. 특히 군사력이 약하면 제국의 위력은 아예 성립조차 불가능하다는 점에서, 우리는 영국의 강력한 해군력에 주목할 필요가 있다. 영국을 세계 대제국으로 이끈 또 다른 힘은 무형의 자산에서 비롯되었다. 과학과 기술의 혁신 및 산업혁명이 결정적으로 중요한 역할을 하였다고 볼 수 있다.

의회의 힘

대영제국의 역사를 살펴보면, 특이하게도 왕의 역할이 별로 대단하지 않았다. 중산층이 지배하는 의회가 이 나라의 운명을 결정하였다는 점이 신기하다. 13세기부터 영국은 의회가 정치의 중심으로 떠올랐다. 절대왕권의 시대도 있었으나 장기적 관점에서 보면 왕권은 차츰 축소되었다. 유럽의 다른 나라와는 달리, 영국인들은 실용적이고 타협적인 의회민주주의를 확립하는 데 성공했다. 영국의 왕실은 현실 정치에 깊이 간여하기보다는 국가적 통합을 촉진하였고, 영국에 사회문화적 정체성을 부여하는 역할을 맡았다. 결과적으로 국내 정치가 안정되어 이 나라는 수 세기 동안 흔들림이 없이 융성할 수 있었다. 만약 독일과 프랑스도 영국처럼 정치적 안정을 누렸더라면 세계 역사의 판도가 완전히 달라졌을 것이다.

의회민주주의의 성립

16세기부터 영국은 절대주의 시대를 맞았다. 왕은 오직 자기 자신과 신에게만 책임이 있다는 식의 왕권신수설이 유행하였다. 그러나 의회 지도자인 올리버 크롬웰은 그 주장에 수긍하지 않았다. 그가 의회주의자들을 이끌고 혁명을 일으켜(청교도 혁명), 국왕은 〈마그나카르타〉(1215) 정신으로 되돌아갔다. 이것은 왕이 절대 권력을 포기하고 시민의 자유와 권리를 존중하기를 약속한다는 뜻이었다. 이로써 영국은 의회 중심의 입헌주의를 재확인하였다.

크롬웰은 영국의 전형적인 청교도이자 지배층인 젠트리였다.

젠트리는 시골에 대규모 농지를 소유한 지주층으로 겨울철에는 런던의 타운하우스에서 거주하였다. 그들 대부분은 작위가 없어 사실상 평민이었다. 이들이 국가 여론을 주도하면서 근대적인 시민 세력이 크게 성장하였다. 1688년에 그들이 일으킨 '명예혁명'은 영국 의회민주주의의 역사에 전환점을 마련했다. 그 시절 의회는 왕정이 영국 사회에 미치는 폐단을 절감한 나머지 국왕 제임스 2세를 폐위했다(1688). 그러고는 그의 딸 메리와 그녀의 남편 윌리엄 3세를 공동으로 왕위에 추대했다. 윌리엄 3세 부부는 영국 의회가 제정한 권리장전에 동의하였다(1689). 이로써 왕의 정치 참여가 근원적으로 차단되었다.

그리하여 영국의 봉건적 사회질서는 서서히 해체되었다. 영국 시민은 자신들의 정치적 도구인 의회를 이용해 왕권의 독주를 막고 시민의 권리를 확장하였다. 영국인은 프랑스혁명(1789)과 같이 과격한 정치적 조치를 피하면서 실용적이고 타협적인 개혁을 서서히 추진하였다. 그 덕분에 19세기에는 프랑스와의 식민지 경쟁에서 승자가 될 수 있었다.

의회 중심의 민주주의 국가란 무엇일까. 국가를 운영하는 법과 제도를 만드는 것도 의회이고, 행정부를 구성하는 권력도 의회에서 나왔다. 실용을 중시하는 의회가 영국 사회의 중심축으로 자리 잡자 이점이 많았다. 그들은 국익을 위해 끊임없이 팽창 정책을 펼쳤고, 중산층의 경제적 이익을 극대화하고자 산업과 문화 발전에 박차를 가하였다. 영국 역사의 특별한 점이었다.

자유주의 전통

영국의 정치사에서는 자유주의의 전통이 주목을 끈다. 훌륭한 사상가도 많았는데, 그보다 더욱 중요한 사실도 있었다. 즉 거듭된 입법 활동을 통해서 자유주의의 길을 꾸준히 걸어갔다는 사실이다. 그 출발점에는 1688년에 일어난 명예혁명이 자리하는데, 올리버 크롬웰은 그 시절의 빛나는 정치가였다. 휘그당이 집권한 이래로는 존 로크(1632~1704)의 자유주의 사상이 영국의 현실 정치에 큰 영향을 끼쳤다. 알다시피 로크는, 의회가 주권을 행사하는 대의제를 적극적으로 지지하였다.

영국에서 의회가 정치적 존재감을 본격적으로 증명한 것은 17세기부터였다. 그들은 처음부터 양원제를 선택하였는데, 고대 로마의 전통을 따른 것이었다. 상원은 성직자와 귀족으로 충원하였고, 하원만 시민들 가운데서 뽑았다. 훗날 이 제도는 유럽의 여러 나라와 미국으로 전파되어 민주주의의 전형이 되었다.

존 로크의 자유주의 사상을 한층 더 발전시킨 이는 데이비드 흄과 애덤 스미스였다. 특히 흄은 영국 역사를 법의 지배력이 확대되는 장구한 과정으로 인식하였다. 그는 자유로운 인간이라면 법 외에 어떠한 형태의 강제도 받지 않는 것이 옳다고 보았다. 애덤 스미스는 자유론에 새로운 색채를 첨가하였다. 《국부론》(1776)에 기록한 대로, 그는 시민의 동등한 권리를 인정하려면 무엇보다도 자유경쟁을 보장하는 것이 최선이라고 보았다. 왜 그런가 하면, 자유경쟁이 가능할 때만 '보이지 않는 손'을 통해서 공적 이익이 저절로 구현된다고 믿었기 때문이다. 자유주의는 자유경쟁이라는 것, 이것이 스미스의 확고한 신념이었다.

자유주의 정신은 영국 사회에 지대한 영향을 끼쳤다. 1828년에 영국에서는 이른바 '심사령'이 폐지되어 신교의 여러 종파(개신교) 신자들도 영국국교도와 마찬가지로 모든 공직에 나아갈 수 있게 되었다. 그 이듬해에는 구교도(가톨릭교도) 역시 동등한 권리를 얻었다. 오늘날의 입장에서는 너무나 당연하지만, 19세기 초에는 대단히 혁신적인 일이었다. 이것은 영국의 국민 통합에 크게 공헌하였다.

영국인들은 유럽에서 일어난 급진적 정치 운동도 수용하였다. 그 결과 1830년대에는 영국 정계가 근대적인 정당으로 재편성되었다. 과거의 휘그당은 진보적 중산층의 지지를 받아 '자유당'이 되었고(1842), 토리당은 농촌과 영국국교회 등을 기반으로 하는 '보수당'으로 거듭났다. 이 양당은 모두 대중정당이었으므로 정치 이념은 크게 다르지 않았다. 의회정치도 자연히 타협적으로 운영되었다.

영국의 정치가 중에서 자유주의를 철저히 신봉한 이로는 파머스턴 자작 헨리 존 템플(1784~1865)이 유명하다. 자유주의가 전성기를 누린 시기는 보수당의 벤저민 디즈레일리(1804~1881) 총리와 자유당의 윌리엄 글래드스턴(1809~1898) 총리 때였다. 특히 글래드스턴은 정치란 시민의 요구에 따라 자유롭게 변화하기 마련이라며, 주로 국내문제에 관심을 집중하였다. 그는 '작은 정부론'을 주장하면서 기득권층이 누리던 낡은 특권을 철폐하자고 주장하였다.

선거법 개정

자유주의 운동이 이룩한 가장 큰 성과는 무엇이었을까. 그것은 바로 1832년에 선거법 개정안을 관철한 것이었다. 선거법 개정 요구는 1820년대부터 일어났는데, 그 핵심은 오랫동안 논란거리였던 50개 이상의 부패 선거구를 없애는 일이었다. 그 밖에도 신흥 공업 도시에 새로 선거구를 할당하고, 유산계층인 상공업자에게도 선거권을 주어 유권자 수를 전보다 50퍼센트 늘리는 조치가 필요하였다. 영국은 법 개정을 통하여 보통선거에 한 걸음 가까이 다가갔다.

그러나 일반 시민은 아직 선거권을 얻지 못했다. 그들은 보통선거권의 쟁취를 비롯한 6개 조항의 실천을 요구하며 '차티스트 운동'을 일으켰다(1838). 시민이면 누구나 의원이 될 수 있도록 소유재산에 따른 피선거권의 제한을 폐지하고, 의원에게도 국가가 정당한 봉급을 지급하라는 요구도 나왔다. 물론 시민의 이러한 목소리가 현실 정치에 곧바로 수용되지는 못했다.

하지만 시간이 흐르자 변화가 왔다. 1867년, 제2차 선거법 개정 작업이 완료되어 선거권이 더욱 확대되었다. 이후 보수당의 디즈레일리 총리는 시민의 자유가 보장되어야 국가도 개혁할 수 있다고 확신하였다. 결과적으로, 100만 명의 도시 노동자가 선거권을 획득하였다.

1884년에는 제3차 선거법 개정이 관철되었다. 글래드스턴 총리 시절의 일로, 이제 시골에 거주하는 농민까지도 투표권이 생겼다. 이로써 700만을 헤아리던 영국의 성인 남성 가운데 적어도 500만 명이 투표권을 얻었다.

수 세기 동안 영국 사회를 휩쓴 자유주의 사상은 경제적으로도 중요한 역할을 하였다. 애덤 스미스의 이론을 토대로 그들은 무역 자유화를 옹호하는 독특한 이론을 전개하였다. 본래 영국 지주들은 의회에 대거 진출한 다음, 자신들의 이익을 지키기 위해서 외국산 곡물의 수입을 제한하였다. 그러자 자본가들은 이 법의 폐단을 날카롭게 지적하며 '반곡물법 동맹'을 구성하였다. 지주와 산업자본가의 대립은 마침내 자본가의 승리로 끝났다. 의회는 곡물법과 항해법을 각각 1846년과 1849년에 폐지하였다.

자본가들은 자신들의 입장을 반영하는 자유 무역론을 펼치며, 국가권력이 자본가의 경제활동을 제한하지 못하도록 법을 제정했다. 그들은 자국 정부의 역할에 제동을 걸면서, 세계 어디서든 정부의 간섭이 커지면 국가의 재정 지출이 늘어나기 마련이라고 주장하였다. 자유무역에 대한 자본가들의 열망은 참으로 강렬하여 영국은 프랑스와 콥든-슈발리에 협정을 체결하면서까지 자본가의 이익을 관철하였다(1860). 이 조약으로 영국과 유럽 간의 자유무역도 촉진되었다.

하지만 자유주의 외교가 영국의 국가적 이익에 반대되는 결과를 가져오기도 하였다. 총리였던 파머스턴은 이탈리아가 통일 운동을 벌일 때도 아무런 조치도 하지 못한 채 수수방관하였다. 디즈레일리와 글래드스턴도 독일제국의 통일이 자국의 이익을 해치는데도 불구하고, 이념적 이유로 개입하지 않았다. 이탈리아와 독일이 통일되자 영국은 국익에 상당한 위협을 감수해야만 하였다.

엄밀한 의미로는, 글래드스턴과 디즈레일리의 외교 노선에 상당한 차이가 있었다. 전자는 시민의 의사를 존중하며 국내 정치에 초점을 두었으나, 후자는 대외 문제에도 적극적으로 개입하였다. 일찍이 디즈레일리는 이렇게 말하였다. "자유무역정책을 수호하기 위해서라면 영국은 세계 경찰의 역할도 맡아야 한다." 디즈레일리의 이러한 사고방식으로부터 이른바 '영국형 제국주의'가 싹텄다. 영국 시민은 디즈레일리가 제시한 방향을 바람직하게 여기며 제국주의의 길을 당당하게 걸어나갔다. 그들은 캐나다, 오스트레일리아 및 뉴질랜드에 자치를 허용한 뒤에도 영연방의 구조 안에 가둠으로써 자국의 시장을 확대하였다(1850~1870).

세월이 흐르면 만사가 변하는 것이 당연한 일일까. 자유주의 사상도 존 스튜어트 밀에 이르자 분배의 정의를 강조하는 쪽으로 바뀌었다. 밀의 영향으로 영국 사회에 온건한 사회주의자들이 늘어났다. 밀은 자유방임주의에서 탈피하여 국가의 역할을 강조하였고, 여성의 참정권을 주창하였다. 1875년 이후, 영국 사회는 다시 일변하여 자유주의를 노골적으로 비판하고 노동운동에 관심을 보이는 지식인도 많아졌다. 일종의 좌경화가 나타났다.

긴 흐름에서 볼 때 자유주의는 영국 역사에 크게 이바지한 사상이었다. 만약 자유주의가 아니었더라면, 영국의 의회주의는 제대로 발전할 수 있었을까. 세계 여러 나라 간의 무역 활동에서 역시 자유주의가 있었기에 보호주의를 차단하거나 지연할 수 있었다. 자유주의는 산업화가 세계 각국으로 확산하게 만든 원동력이었다.

해군력이 탁월한 근대국가

영국은 해외 식민지를 개척하려고 안간힘을 썼다. 그들은 막강한 군사력이 국가 발전에 필수적이라고 보았다. 실제로도 막강한 해군력이 있었기에 영국은 성장을 거듭할 수 있었다. 16세기에 영국인들은 이른바 '사략선'(국가가 허가한 해적선)을 타고 대서양으로 진출해 해적 노릇을 일삼았다. 그들의 전투력은 점차 개선되어 17세기에 들어서면서부터는 최강의 해군을 거느리게 되었다. 마침내 영국은 경쟁국을 하나씩 모두 물리치고, 이후에 벌어진 식민지 쟁탈전에서 연전연승을 기록하였다. 만약 네덜란드가 영국만큼 큰 영토와 인구를 가졌더라면 영국도 이 쟁탈전에서 승리를 낙관하기는 어려웠을 것이다.

나폴레옹의 탄식

영국 해군이 두각을 나타낸 것은 1588년의 칼레해전부터였다. 그때 스페인의 '무적함대'가 영국에 싸움을 걸어왔는데, 영국 측 사령관은 프랜시스 드레이크 제독이었다. 그는 해적으로 이름을 떨친 이로, 197척의 배를 이끌며 메디나가 거느린 스페인 함대 130척과 맞싸웠다. 이 전투에서 스페인은 크게 패해 기세가 꺾였다. 그때부터 영국은 해양 강국으로 발돋움하여 차츰 대제국으로 발전하였다.

영국의 역사에서 더욱 중요한 해전은 1805년 10월에 스페인 남서쪽 트라팔가르에서 벌어진 전투였다. 넬슨 제독이 거느린 27척의 영국 함대가 프랑스-스페인 연합함대 33척을 상대로 완승을

트라팔가르해전

거두었다. 그때부터 프랑스 황제 보나파르트 나폴레옹은 차츰 몰락의 길에 접어들었다.

나폴레옹은 자국 함대가 영국 함대보다 약하다는 사실을 정확히 알았고, 그래서 스페인 함대까지 합류시켰다. 전쟁 초기에는 프랑스-스페인 연합함대 사령관 빌뇌브가 그런대로 전과를 냈다. 그러나 1805년 7월에 피니스테리곶에서 영국 함대(칼더 제독)를 조우했을 때부터 주춤거리기 시작하였다. 영국의 넬슨 제독은 프랑스군을 트라팔가르의 널찍한 바다로 끌어내어 연합함대를 흩어놓은 다음 백병전을 벌였다. 영국군이 가장 애호하는 최고의 전술이었다. 몇 시간의 전투 끝에 17척의 프랑스와 스페인 선박이 영국군에 나포되었고 다른 한 척은 파괴되었다. 그러나 영국 해군은 단 한 척의 손실도 없었다고 한다.

살벌한 백병전이 한창 전개될 때 넬슨은 적의 총탄에 맞아 숨졌다. 마치 이순신 장군이 노량해전에서 숨을 거둔 것과 상황이 비슷하였다. 넬슨은 이순신처럼 용감하고 매우 지혜로운 지휘관이었다. 트라팔가르해전은 범선 시대의 마지막 싸움이었다. 이 전투에서 패한 나폴레옹은 영국 해군과의 충돌을 모두 회피한 채 육상 전투에 집착하였다. 바다를 포기한 그는 결국 몰락의 길을 걸었다. 알다시피 나폴레옹은 육지인 워털루에서도 간발의 차이로 영국과 프로이센(독일) 연합군에 패배하여 1815년에 완전히 몰락하였다.

영국은 최상의 해군력을 보유한 덕분에 지구상 모든 바다를 거침없이 누비고 다니며 많은 식민지를 확보하였다. 영국이 '해가 지지 않는 나라'가 될 수 있었던 까닭은, 막강한 해군력 덕분이었다고 해도 과언이 아니었다. 19세기 중후반에는 두 차례의 아편 전쟁을 일으켜, 아시아의 강대국으로 자타가 인정하던 중국(청나라)을 완벽하게 제압하였다. 이미 산업혁명을 거쳤고, 현대화된 무기로 무장한 영국을 상대하는 것이 중국에는 무리였다. 전통적인 중국 함대는 영국 해군의 예리한 공격을 받자 변변한 저항도 하지 못하고 삽시간에 무너져 버렸다. 중국은 이 전쟁에 져서 거액의 배상금을 물었고, 홍콩을 빼앗긴 채 사실상 영국의 반식민지가 되었다.

과학과 기술의 발전

18세기 후반 영국에서는 산업혁명이 본격화되었다. 그때부터 그들은 식민지에서 헐값에 원료를 구매하고, 자국의 공장에서 기계로 대량 생산한 공산품을 다시 식민지에 내다 팔았다. 그 덕분에 영국은 지구 전체를 지배하는 세력으로 떠올랐다. 뛰어난 항해술이 없었더라면 불가능한 일이었다.

좋게 말하면 항해술이 발달하여 지구상의 여러 문화권이 고립 상태를 벗어나 하나로 연결되었다고 하겠으나, 이로써 영국을 비롯한 서구 열강의 제국주의가 도를 더하였다. 과학기술은 그 자체로는 선도 아니고 악도 아니다. 다만 그것이 인간 역사에 끼친 영향만은 가히 혁명적이었다고 하겠다.

산업혁명

그들은 모직물 공업의 발달을 선도했다. 산업이 발달하자 더 많은 지하자원이 필요해 석탄과 철 자원을 개발하였다. 이에 영국 경제는 활력을 얻었다. 경제가 안정되자 인구가 지속적으로 증가하여 노동력도 풍부해졌다. 바로 그 시기에 영국인들은 해외 진출을 서둘렀다. 세계 각지에 식민지를 확보한 영국의 자본력은 사상 최고 수준에 도달했다. 18세기 말의 일이었다.

그때 영국에서는 면직물에 대한 수요가 급증했다. 마침 제임스 와트가 증기기관의 개량에 성공했고, 이로써 상업용 증기기관의 개발이 활발해졌다. 1785년 영국 의회는 와트의 증기기관에 대한 특허권을 인정했다. 의회는 그 권한을 1800년까지 연장해주기도 했다. 이례적인 조치였다. 의회가 와트의 특허권을 인정하자 발명가들이 고무되었다. 그들의 활동이 활기를 띠어 기계가 생산을 주도하는 공장제 중심의 산업혁명이 일어났다.

영국에서 가장 먼저 산업혁명이 일어난 것은 우연이 아니었다.

산업혁명

영국의 산업혁명에 관해서는 탁월한 연구가 많다. 혹자는 산업혁명의 외적 요인을 강조했다. 해외의 여러 식민지를 마음껏 착취한 결과, 영국에서 최초의 산업혁명이 가능했다는 것이다. 일리가 있는 견해다.

그런데 산업혁명의 내적 요인을 강조하는 연구가 더 많다. 영국의 경제사가 리처드 토니도 그러한 입장을 견지하였다. 토니는 1912년에 간행된《16세기의 농업 문제The Agrarian Problem in the 16th Century》에서, 농업의 지속적 성장이 결과적으로 산업화의 기반이 되었다고 강조했다. 참고로 그는 자본주의를 비판하였다.

긴 역사적 흐름에서 보면, 16세기부터 영국인은 토지를 집약적으로 이용했다(인클로저 운동). 그 덕분에 농업 생산성은 증가하고 농산물 가격은 하락했는데, 이것이 실질임금의 증가로 이어졌다.

이로써 중산층의 소득이 증가하여 소비재에 대한 수요도 커졌다. 토니뿐만 아니라 많은 학자가 비슷한 주장을 내놓았다. 영국의 산업혁명에 국내 수요 증가가 결정적 역할을 했다는 주장이다.

몇 가지 예를 들어보면, 혹자는 산업혁명기 영국 사회에는 대규모 사업에 착수할 만한 대자본이 축적되어 있었다고 주장했다. 낮은 이자율을 강조하는 학자도 있다. 또 영국의 농업 생산성이 꾸준히 향상되어 인구 증가가 멈추지 않았다는 주장도 보인다. 요컨대 산업 발전에 유리한 사회·경제적 변화가 잇달아 일어났다는 것이다.

이와는 다른 설명도 있었다. 양질의 교육기관이 속속 등장하고 과학 지식도 축적되어 기술혁신이 얼마든지 가능했다는 설명이다. 해외의 풍부한 지하자원까지 이용하게 되어 산업혁명이 더욱 가속화되었다는 점도 조명을 받았다.

미국의 경제학자 데이비드 랜디스(1924~2013)는 기술적 혁신의 중요성을 강조했다. 우연히 일어난 기술 발전이 생산 비용의 절감으로 이어졌고, 이로 인해 해외시장을 장악하게 되었다는 이론이다. 랜디스는 영국의 수출 확대가 기술혁신의 결과라고 보았다는 점에서 흥미롭다.

영국에서 산업혁명이 일어난 이유를, 여기서는 일곱 가지로 정리한다. ① 농업 생산력의 향상, ② 인구의 증가, ③ 기술상의 진보, ④ 지리적 이점, ⑤ 사회간접자본의 발달, ⑥ 영국의 세계 지배, ⑦ 정치적 안정이 그 이유로, 각각에 간단한 설명을 덧붙이면 다음과 같다.

① 농업 생산력의 향상: 18세기 이후 곡물 생산의 효율성을 높이기 위해서 영국에서는 2차 인클로저 운동이 일어났다. 그 결과 농업 생산성이 크게 향상되어, 농업에 종사하지 않는 인구(전체의 30퍼센트)를 부양할 수 있게 되었다. 농촌을 떠난 사람들은 도시로 나가 임금노동자가 되었으나, 식량 조달에는 아무런 문제도 발생하지 않았다.

② 인구의 증가: 18세기 영국 사회에는 또 다른 사회 변화가 있었다. 극빈자에 대한 결혼금지령이 해제되었다. 과거 영국에는 평생 '비혼非婚'인 사람들(상속에서 배제된 자녀)이 많았으나, 이제 그들도 결혼이 허용되었다.

③ 기술상의 진보: 핵심만 간단히 짚어보면, 증기기관이 개량되고 방적기가 등장하는 등 중요한 변화가 잇달았다. 기계의 효율은 괄목할 만하였다. 예컨대 18세기 인도에서 수공업자가 면화 45킬로그램을 면사로 가공하려면 5만 시간이 소요되었다. 그러나 영국의 뮬 방적기를 이용하면 2,000시간 안에 거뜬하였고, 수력 또는 증기력을 이용하면 300시간 안에 충분하였다.

④ 지리적 이점: 영국은 섬나라라서 주요 도시가 해상 교통으로 서로 연결되었고, 국토 대부분이 평지여서 내륙 교통도 순조로웠다.

⑤ 사회간접자본의 발달: 증기기관의 발달에 힘입어 철도 산업이 급속도로 발전하였다. 게다가 근대적인 금융기관이 빠르게 성장했다. 런던시티(런던 금융가)는 현재에도 월스트리트에 이어 세계 두 번째의 국제적인 금융시장이다.

⑥ 영국의 세계 지배: 19세기에 영국은 세계 곳곳에 식민지를

건설해 값싼 원료를 대량으로 조달하였다. 또 그들은 국력을 바탕으로 자국의 상품을 유리한 조건에 교역하였다.

⑦ 정치적 안정: 영국의 국익을 위협하는 프랑스는 혁명 이후 19세기 전반까지 정치적 혼란에서 벗어나지 못하였으나, 영국은 의회를 중심으로 국정을 안정적으로 운영했다. 영국에는 경제 발전을 가로막는 장애물이 존재하지 않았다.

산업혁명이 시작되자 많은 기업가가 성공의 기회를 잡았고, 중산층이 성장하여 그들의 자유와 권리가 향상되었다. 그러나 다수의 노동자는 사상 최초의 어려움에 직면하였다. 저임금과 해고 위협이 하층민을 괴롭혔다. 노동자의 삶은 전통적인 농촌 생활 수준에도 미치지 못하였다. 구조적 불만이 갈수록 누적되어 노동자와 기업가의 불화가 발생하며 심각한 사회문제가 되었다.

영국의 산업혁명을 지나치게 미화할 필요는 없다. 오늘의 관점에서 보면 그것은 석탄, 철 그리고 증기기관에 국한된 경제활동으로, 면직물과 제철에 초점을 맞춘 제1차 산업혁명이었다. 그 후 제2차 산업혁명이 일어나 전기, 화학, 석유, 철강 등의 분야에서 혁신이 일어났는데, 독일과 프랑스 및 미국의 역할이 컸다. 영국의 역할은 차츰 줄어들어 오늘날에는 산업국가로서의 위상이 낮아졌다.

영국식 산업혁명에는 약점이 있었다. 지적 기반이 취약해 산업 기술과 경제활동에 곧 한계가 왔다는 지적이 많다. 기술이 진보하려면 산업과 학문이 서로 선순환하는 구조를 만들어야 하는데, 그 당시 영국에는 과학기술의 육성에 큰 관심을 가진 정치가가 없었다. 얼마 뒤 미국과 독일에 뒤처지게 된 원인이었다.

하지만 영국의 산업혁명은 산업시설을 최초로 기계화하였다는 점에서 높이 평가해야 한다. 공장이 들어서자 인간의 노동에 큰 변화가 일었고 이것이 삶의 형태를 완전히 바꿔놓았다.

자본주의의 발달

18세기 이후 영국에서는 자본주의가 빠른 속도로 발달하였다. 그 배경 가운데 나는 다음의 두 가지를 강조하고 싶다. 첫째, 영국처럼 시민에게 상업의 기회를 적극적으로 보장한 나라는 찾아보기 어려웠다는 점이다. 영국인은 사유재산권을 신성한 것으로 보았으며, 특허권도 일찍부터 보장하였다. 앞에서 말하였듯, 의회는 제임스 와트의 증기기관에 대해서도 특허권을 주었다.

둘째, 영국 시민의 세계관에 변화가 일어났다는 점이다. 스위스에서 발원한 칼뱅주의의 영향이 컸다. 칼뱅파 개신교 신자, 이른바 칼뱅주의자들은 부지런한 태도로 생업에 종사하여 재산을 늘리는 데 많은 노력을 기울였다. 그들의 직업윤리는 산업혁명기 영국의 산업과 경제에 대한 사고방식의 전환으로 이어졌다. 19세기 독일의 사회학자 막스 베버가 설파한 '프로테스탄트 윤리와 자본주의 정신'이 발전하였다.

산업혁명으로 성장한 영국의 자본가와 중산층은 자신들의 정치적 요구를 관철하기도 했다. 이미 앞에서도 설명하였듯 그들은 선거법을 개정해 참정권을 얻었다. 그러자 노동자 계급도 정치적 참여를 요구해, 성년 남성이면 누구라도 선거권을 행사하려는 차티스트 운동(1838~1848)이 일어났다. 수십 년이 지난 다음, 영국에서는 보통선거가 시행되어(1928) 시민이면 누구나 투표권을 갖게 되었다.

그러나 자본주의가 고도로 발달하는 가운데 노동자의 삶은 더욱 비참해져 사회적 현안으로 대두하였다. 그리하여 사회주의 운동이 일어났다. 독일 출신 사상가 카를 마르크스는 '과학적 사회주의'라는 이름으로 새로운 이념을 제시하였다. 영국의 자본가들은 전통 상인을 비롯하여 다수의 제조업자가 가세하여 하나의 진영을 형성하였다. 그들의 다수는 청교도의 후손으로서 자유주의 전통을 빌려 노동자들과 갈등하며 영국을 이끌어갔다.

다윈의 진화론

근대 영국에서는 여러 가지 비물질적 발견과 발명이 이어져 사회 발전과 문화적 풍요를 가져왔다. 특기할 만한 일로, 아이작 뉴턴의 만유인력의 법칙을 비롯하여 토머스 맬서스의 인구론 그리고 찰스 다윈의 진화론이 근대 영국에 광휘를 더하는 위대한 업적이었다. 그것은 학문적 성취에 불과한 것처럼 보일지 몰라도, 우주와 세계에 대한 인간의 인식을 바꿔놓은 쾌거였다.

2004년 갤럽 조사에 따르면, 미국 시민 중에서 인간이 진화의 산물이라고 믿는 사람은 응답자의 13퍼센트에 그쳤다. 19세기에 심리학을 개척한 공으로 높이 평가받는 지그문트 프로이트도 진화론을 부정했다. 그는 다윈의 진화론을 지목해 인간을 모욕하는 고약한 학설이라고 비판했다. 하지만 19세기 영국 과학자 찰스 다윈(1809~1882)의 영향력은 무시할 수 없다.

그가 창안한 갖가지 개념이 우리의 일상생활까지 깊이 파고든 것은 엄연한 사실이다. 가령 '생존경쟁'이라든가 '적자생존', '자연도태'는 은연중에 누구나 수긍하는 현대인의 상식이다. 진화론만큼 사회적으로 큰 영향을 끼친 학문적 성과는 아마 없었을 것이다. 1992년의 한 조사에서는 진화론의 대표자인 찰스 다윈을 인류 역사상 가장 영향력 있는 인물 가운데 하나로 꼽았다. 그는 16위를 차지했다.[*]

1831년에 청년 찰스 다윈은 해군 탐사선 비글호에 승선하여 5년 동안 지구의 남반부를 항해했다. 여행 도중에 그는 지질과 동식물에 관한 자료를 폭넓게 수집했다. 그중에는 결정적으로 중요한 자료도 많았다. 가령 그는 아르헨티나에서 아홉 개의 화석을 수집하였는데, 이를 바탕으로 동물의 역사가 새롭게 쓰였다. 먼 옛날 거대한 동물이 살았으나, 세월이 지나자 몸집이 점점 작아졌다는 가설이 성립한 것이다. 또한 갈라파고스 제도에서 그가 수집한 핀치(되새)류 30여 종의 표본도 지구의 역사에 대한 새로운 상상을 불러일으켰다. 새들은 섬마다 부리 모양이 조금씩 달랐는데, 다윈의 해석에 따르면 본래 같은 종류의 새가 긴 세월을 지나는 동안 환경에 적응하느라 조금씩 다르게 진화했다는 것이다.

다윈이 진화론을 구상할 때 뜻밖에도 특별한 영감을 제공한 책

---

[*] Hart, Michael (2000), *The 100: A Ranking of the Most Influential Persons in History*, Citadel, 82쪽 이하.

이 있었다고 한다. 1838년 9월, 그는 맬서스의 《인구론》(6판)을 읽다가 무릎을 쳤다. 맬서스는 인구 밀도가 과밀하면 개체 수가 줄어들기 마련이라고 썼다. 먹이가 부족하면 개체 수가 제한된다는 의미였다. 현대인이 보기에 지극히 평범한 주장이지만, 다윈의 시대에는 참신한 이론이었다. 그 대목을 읽고 다윈은 생존경쟁이라는 개념을 떠올렸다. 또 생존에 유리한 변종이 보존되어 마침내 새로운 종이 탄생한다는 가설도 세울 수 있었다.

다윈은 매사에 지극히 신중한 학자였다. 그는 20년 넘게 자신의 이론을 입증할 만한 증거를 널리 수집했으나, 진화론을 공식적으로 주장하지 못하고 있었다. 그때 영국의 청년학자 월리스가 말레이반도를 여행 중이었다. 월리스는 여러 섬에 비슷하면서도 조금씩 다른 종이 살고 있다는 사실을 발견하고, 종의 기원에 관한 논문을 썼다. 그는 자신의 초고를 연만한 대학자 다윈이 검토해주기를 바랐다. 이것이 계기가 되어 다윈은 월리스와 동시에 린네 학회에서 진화론에 관한 논문을 발표했다. 하지만 그들의 귀중한 논문에 주목하는 학자는 별로 없었다.

그 이듬해인 1859년에 다윈은 《자연선택에 따른 종의 기원, 즉 생존경쟁에서 적자생존》을 출간하였다. 책의 제목이 너무 길었던지 1872년에 출간된 6판부터는 《종의 기원》이라고 간략하게 바꾸었다. 이 책에서 다윈은 종의 변이는 천천히 진행되지만, 결과적으로 진화라는 현상을 가져온다고 주장하였다. 그는 자신의 이론을 증명하는 증거를 풍부하게 제시하였으나, 정작 인간의 진화에 관해서는 언급을 삼갔다. 그러나 1871년에 출간한 두 번째 저작 《인간의 유래와 성 선택》에서는 유인원과 인간의 먼 조상이

찰스 다윈과《종의 기원》

같다는 점을 짧게 언급하였다.

《종의 기원》에서 다윈은 진화의 과정에서 '자연선택Natural Selection'이 얼마나 중요한지를 강조하였다. 이 책은 출간 즉시 큰 반향을 일으켰고, 1870년대가 되면 학계는 물론이고 일반 시민도 진화를 역사적 사실로 받아들였다. 이로써 당대까지 유럽인이 믿어온 기독교의 창조설, 곧 모든 생명은 신이 창조하였다는 통념이 위기에 처하였다.

《종의 기원》은 처음부터 인기가 대단하여 1859년 11월 24일에 나온 초판 1,170부는 곧 매진되었다. 그 이듬해 연초에는 2판을 3,000부 찍었고, 그 뒤로 거의 해마다 수정판이 나왔다. 또 이 책은 유럽 각국의 언어로 번역되어 유럽 식자층이면 누구나 찰스 다윈이란 이름을 알게 되었다.

책이 나오고 어느 학술지의 서평에, "만약 원숭이가 인간으로 진화했다면, 무슨 동물이든 인간이 되지 말라는 법이 있겠는가?"라고 비웃는 글이 실리기도 하였다. 다윈을 원숭이로 묘사한 만평도 여러 매체에 게재되었다. 진화론에 관해서 찬반 여론이 비등했던 것 또한 사실이었다.

특히 교회의 반발은 상상할 수 없을 정도로 거셌다. 다행히도 영국의 생물학자 토머스 헉슬리가 다윈을 적극적으로 변호하였다. 1860년에 그는 윌버포스 주교와 열띤 토론을 벌였다. 주교는 "만약 당신이 원숭이의 후손이라면 원숭이는 할아버지인가 아니면 할머니인가?"라고 말하며 비웃었다. 헉슬리는 쓸데없는 질문이라고 일축하면서, 그처럼 무의미한 논쟁을 하느니 차라리 원숭이를 할아버지로 삼겠노라고 대답하였다. 토론을 지켜본 많은 사람은 헉슬리가 논리적으로 앞섰다며 칭찬하였다. 1870년대 중반에는 과학자 대부분이 다윈의 진화론을 인정하였다.

1882년 4월 19일, 다윈이 세상을 떠났다. 그의 지지자들은 다윈의 유해를 웨스트민스터 대성당에 모셔야 한다고 주장했다. 영국에는 분야에 상관없이 큰 업적을 남긴 인물이라면 대성당에 안장하는 전통이 있었다. 마침내 다윈은 근대 물리학의 아버지로 불리는 아이작 뉴턴의 묘 근처에 영원한 안식처를 얻었다. 공적에 상응하는 대접을 받은 셈이다.

오늘날 과학자들은 이구동성으로 다윈의 진화론에도 몇 가지 결함이 있다고 지적한다. 첫째, 자연선택을 통한 종의 기원설과 그에 따른 변종을 설명하는 근거가 불충분하였다. 둘째, 다윈의 주장처럼 하나의 종이 긴 세월이 흐른 뒤 새로운 종으로 진화하였다면, 진화의 중간 단계에 해당하는 화석이 존재해야 할 것이다. 그러나 다윈은 중간 단계를 확인할 수 있는 화석을 발견하지 못했다. 셋째, 그는 하나의 종이 어떻게 유전되는지를 설명하지 못하였다. 아울러 새로운 종이 어떻게 출현하는지도 충분히 밝히지 못했다.

이처럼 다윈의 진화론에는 불충분하고 불확실한 점이 없지 않았다. 그렇더라도 그가 《종의 기원》에서 동원한 갖가지 개념이 수많은 학자의 공감을 샀다. 생물학은 물론이고 천문학, 화학, 언어학 및 인류학에서도 진화론적 해석이 큰 인기를 끌었다.

사회과학 분야에서도 진화론의 영향력은 대단하여 이른바 '사회진화론'이 나타났다. 그 이론을 대표하는 인물이 허버트 스펜서였다. 그는 '적자생존'의 개념을 오용하여 엄청난 실수를 저질렀다. 스펜서에 따르면, 가난한 사람은 '자연선택'으로 도태되는 것이 마땅한 일이었다. 이처럼 비정하고 잔인한 이론이 유럽 여러 나라의 인종주의자들을 고무했다. 사회진화론자들은 인종차별의 악습을 학문의 미명하에 합리화하였고, 약육강식을 일삼는 제국주의 침략을 마치 자연의 순리인 것처럼 선전하였다. 19세기 말부터 20세기 초까지 동아시아에도 이러한 사이비 사회과학이 유행하였다. 우리나라와 중국 등에는 서구보다 뒤떨어진 자국의 문화와 제도를 비판하다 못해 함부로 멸시하는 신식 지식인들이 상당수였다. 나중에 히틀러와 나치는 아리안족의 신화를 만들어 유대인을 비롯한 다수의 인종을 차별하고 박해하였다. 그 배경에는 역시 사회진화론이 자리하고 있었다.

어처구니가 없는 일이었다. 찰스 다윈은 실제로 철저한 평등주의자였다. 그는 흑인 노예의 해방을 주장하였을 뿐만 아니라, 개를 비롯한 동물에게도 인간과 마찬가지로 도덕심이 있다고 보았다. 다윈은 자신이 기르던 여러 마리의 개를 남성, 여성으로 구분하여 이름을 짓고는 마치 한 사람의 신사 또는 숙녀를 대하듯 정중하게 상대하였다.

항생제의 나라

대영제국이 팽창하자 런던을 비롯한 거대도시가 출현하여 인류 역사에 새로운 장을 열었다. 19세기 후반부터 런던은 하수도 설치, 공공의료 제도의 완비, 전염병의 방역이란 점에서도 신기원을 이룩하였다. 바로 그런 맥락에서 빼놓을 수 없는 것이 바로 항생제의 발명이었다.

영국의 미생물학자 알렉산더 플레밍은 인체에 해로운 박테리아를 죽이거나 성장을 막을 수 있는 물질을 발견하여 수많은 생명을 구하였다. 세균에 관한 연구는, 루이 파스퇴르와 조지프 리스터 등이 박테리아를 발견함으로써 본격적으로 시작되었다. 그들의 연구를 한층 높은 수준으로 끌어올린 이가 다름 아닌 플레밍이었다. 1928년 그는 후세가 페니실린이라 부르는 박테리아 억제 곰팡이를 발견했다. 그 발견을 토대로 훗날 여러 학자가 항생제를 개발하여, 인류는 질병과의 싸움에서 살아남았다.

항생제는 지금도 치료 약으로 폭넓게 사용된다. 20세기 중반부터 페니실린은 숱한 전쟁터에서 놀라운 효과를 발휘하였다.

제1차 세계대전 때는 세균성 폐렴에 걸린 병사의 20퍼센트가 사망했으나, 제2차 세계대전 때는 항생제가 투약되어 폐렴 환자의 사망률이 1퍼센트로 크게 떨어졌다. 페니실린 외에도 항생제로 반코마이신, 세팔로스포린, 스트렙토마이신 등이 속속 등장하였다. 덕분에 인플루엔자, 말라리아, 수막염, 결핵과 성병 등 다양한 감염 질환에서 수많은 인명을 구하였다. 플레밍의 헌신적 노력에 힘입어 이루 헤아릴 수 없이 많은 생명이 목숨을 건졌다.

대영제국이 거둔 사회문화적 성취는 비단 제국의 주민들에게만 혜택을 준 것이 아니었다. 진화론이나 페니실린의 예에서처럼 그것은 인류의 삶을 바꿔놓았다고 볼 수 있다.

이상에서 보았듯, 대영제국에서는 과학과 기술이 발달하여 아이작 뉴턴과 같은 대학자가 여럿 등장했고 특이한 발명가도 많았다. 역사상 최초로 산업혁명이 일어난 나라도 영국이었고, 교통혁명의 신호탄이라 할 기차와 철도가 출현한 것도 이 나라였다. 지리적으로 영국은 연안 지방이 평탄하여 교통의 발전이 용이하였고, 석탄이 풍부하게 매장되어 있어 산업 발달에 유리하였다. 자연조건 역시 영국의 경제 발전에 도움이 된 것이 사실이었다.

그에 못지않게 중요한 사실도 있었다. 의회민주주의가 착실히 발달해 일찍부터 발명가와 자본가의 이익을 보장하는 특허법이 정비되었다는 사실도 한몫하였다. 프랑스나 독일과는 달리 영국은 정치가 안정되어 해외 식민지 개척에 몰두할 수 있었다는 장점도 잊지 말아야겠다. 그러나 영국의 사회제도와 정치 이념이 긍정적 역할만 하였다고 보기는 어렵다. 그들이 강조한 자유주의 정신은 고상하였으나, 식민지 주민과 도시 빈민의 비극을 청산할 수는 없었다.

식민지에 대한 영국의 탐욕은 끝이 없었다. 그들은 미국의 독립 전쟁을 만나서 한 차례 국가적 위기를 맞았으나, 그런 다음에도 식민지 정책을 근본적으로 수정하지 않았다. 20세기에 들어와서 양차 세계대전을 겪은 다음에야, 영국은 마지 못해 식민지의 독립을 기정사실로 받아들였다.

대영제국은 기술과 정책 모두 실패했을까?

제2차 세계대전을 고비로 영국은 최강대국의 지위를 잃었으나 그들은 나름대로 새로운 역할을 모색했다. 전쟁이 끝났을 당시 영국의 영토는 지구 면적의 4분의 1에 가까웠고, 거기에 7억 명이 거주하였다. 전쟁 막바지에 미국이 국제 금융, 무역 및 안보 정책의 기본 틀인 브레턴우즈 체제를 구상할 때도 깊이 간여했다(1944). 미국은 '국제연합'을 조직할 때도 영국과 긴밀하게 협의했다(1945). 그것은 대영제국의 잔영이 아직 남아 있다는 신호에 불과하였다.

1960~1970년대를 거치면서 영국의 식민지와 보호령은 하나씩 떨어져 나갔다. 제국은 사실상 완전히 해체되었고, 영국은 유럽의 주요국 가운데 하나에 지나지 않았다. 영국의 위상 변화는 미국, 독일, 소련, 일본 등이 급속히 부상하면서 나타난 현상이기

도 하였다.

　그동안 영국의 세계 지배에 가장 강력하게 이의를 제기한 것은 독일이었다. 독일의 저항으로 인하여, 영국은 제1차 세계대전 때부터 난관에 부딪혔다. 만약 미국이 도와주지 않았더라면 전쟁의 결과가 과연 어떻게 되었을지 알 수 없다. 영국의 승리를 낙관하기는 어려웠을 것이다.

　영국의 쇠락을 과학기술과 국가 정책의 두 가지 측면에서 설명하고자 한다. 첫째는 과학기술의 부진이었다. 영국은 강철과 전기를 위주로 전개된 제2차 산업혁명 때부터 경쟁국인 미국과 독일 등에 크게 뒤처졌다. 제2차 산업혁명의 총아는 자동차와 전신, 전화 등이었다. 미국과 독일에서는 신기술이 폭발적으로 등장해 전기, 통신, 자동차 산업 등이 경제뿐만 아니라 사회문화 전반에 큰 변화를 일으켰다. 미국의 포드와 독일의 폭스바겐 등 거대 기업이 세계경제의 판도를 재편하며, 숨 가쁜 기술혁신으로 경쟁을 벌였다. 영국은 이러한 산업 변화의 흐름에 동참하지 못했다. 핵발전소 건설을 주축으로 일어난 제3차 산업혁명과 정보통신 기술을 이용한 제4차 산업혁명에서도, 영국은 별로 인상적인 성과를 내놓지 못했다. 영국의 국가적 위상이 점점 추락하는 것은 피할 수 없는 일이었다.

　둘째는 정책의 실패라고 요약해도 좋을 것이다. 제1차 세계대전이 일어나기 전부터도 영국은 이미 중등교육에 실패하였다. 세계의 주요국 중에서도 학생들의 중도 포기율이 가장 높은 나라가 영국이었다. 국가의 통합도 온전하지 못해 조금만 틈이 생겨도 스코틀랜드는 분리독립을 꿈꾸었다. 전체적으로 보아, 제2차 세계대전 이후 영국은 정치적으로 길을 잃고 헤맬 때가 많았다. 심지어 영국을 부흥시킨 정치가라고 일반이 호평하는 마거릿 대처의 신자유주의 노선조차 공적보다는 부작용이 훨씬 많았다. 지난 수년 동안 세계인의 걱정거리였던 브렉시트 사건도 그와 같은 장기 침체의 맥락에서 바라보아야 할 것이다.

영국은 유럽연합의 통합을 반대하고 스스로를 고립시키는 결정을 내린 것인데, 유럽 사회에서는 영국을 비판하는 시각이 지배적이다. 그들은 영국이 자국의 미래를 스스로 더욱 어둡게 만들고 있지 않은지 염려한다. 영국은 어떤 이유로 유럽 통합을 끝끝내 반대하고 고립을 선택한 것일까. 역사적 맥락에 답이 있는 듯하다.

'유럽 통합'에 대한 영국의 어정쩡한 입장

1960년대까지도 영국은 영연방을 대표하는 국가로서 국제 무대에서 어느 정도 영향력을 행사하였다. 그때 미국은 소련과 냉전 상태였기 때문에, 영국은 자국의 안보를 가장 중요한 문제로 여겼다. 만일 유럽에서 또다시 전쟁이 일어나면 그것은 영국에 파탄을 의미하였다. 이에 영국은 미국과 특별한 관계를 맺고 자국의 정치·군사적 안정을 추구하였다.

겉으로는 서유럽과 동맹 관계를 강화하는 듯했으나, 실제로는 큰 관심을 두지 않았던 것 같다. 특히 영국은 유럽 통합이라는 초국적인 프로젝트에 처음부터 호감을 느끼지 못하였다. 왜 그랬을까? 그 이유로 크게 세 가지를 생각해볼 수 있을 것이다.

첫째, 영국은 자국이 유럽 제일의 강대국이라는 자부심이 지나치게 강하였다. 자국이 주도하는 유럽 통합이라면 모를까, 그 밖의 통합 방식에는 찬성하기 어렵다고 보았던 것이다. 그런데 영국이 현실적으로 유럽 문제의 주도권을 쥘 가능성은 별로 없었다.

둘째, 유럽 통합의 주체인 프랑스에 대한 영국의 질투와 경쟁심이 지나쳤다. 1945년 이후에도 프랑스와 영국은 줄곧 경쟁 관계에 있었다. 그러므로 프랑스가 앞장선 유럽 통합이라면 영국으로서는 상당히 꺼림칙했다. 프랑스로서도 영국과 동맹 관계를 강화하는 데 큰 걸림돌이 하나 있었다. 1960년대의 국제 관계를 놓고 볼 때 영국은 미국과 지나치게 가까운 사이였다. 그러므로 영국과 관계를 강화하면 이를 통해서 유럽에 대한 미국의 영향력이 쉽게 확대될 염려가 있었다. 만약 미국이 유럽의 현안에 지속적으로 깊숙이 개입한다면 프랑스의 위상은 자연히 낮아질 것이었다. 이러한 우려 때문에 프랑스도 영국과는 적당한 거리를 두고 싶어 하였다. 그래서 프랑스는 영국이 유럽 공동체에 가입하지 못하게 막은 적도 있었다.

셋째, 영국은 유럽 내에서 주도적 역할을 담당하게 된 독일과 사이가 좋지 않았다. 독일은 20세기에 두 번씩이나 영국을 무력으로 침략한 나라였다. 양국 사이에는 진정한 화해가 성립되기 어려웠다.

이런 이유로, 영국은 처음부터 프랑스와 독일 등 유럽 국가와는 긴밀하게 연대하기가 어려웠다. 유럽 각국이 초국가적 통합으로 함께 성장하는 것을 영국이 늘 반대한 데는 그 나름의 이유가 분명히 있었다.

한마디로, 영국의 유럽 정책은 가치 공동체로서의 유럽이 아니었다. 여러 국가가 자국의 경제적 이익을 추구하면서 표면적인 충돌을 회피하는 정도의 통합, 이것이 바로 영국이 원하는 바였다. 나중에 영국이 브렉시트를 선택한 것도 이러한 역사적 맥락에서 보면 어느 정도 이해할 수 있다. 아마 앞으로도 영국의 입장은 크게 바뀌지 않을 것이다. 자국이 중심에 서지 못하는 '하나의 유럽'이라면 영국은 계속해서 반대할 가능성이 높다.

영연방에 대한 기대감

유럽 역사를 좀 더 깊이 살펴보면, 우리가 잘 몰랐던 또 다른 그림이 보인다. 유럽 통합이 처음 기획된 것은 1950년대 초반의 일이었다. 그때로 거슬러 올라가면, 프랑스는 유럽 통합을 위해서 영국의 도움을 간절하게 바랐다. 1951년에 '유럽 석탄 및 철강 공동체ECSC'가 발족했는데, 이 사업을 주도한 이는 프랑스 정치가 장 모네와 로베르 쉬망이었다. 그들은 유럽에 초국가적 기구를 만들어서, 프랑스와 독일이 생산하는 석탄과 철강을 공동으로 관리하기를 바랐다. 장차 프랑스와 독일 사이에 전쟁이 재발하지 못하게 방지하려는 원대한 계획이었다.

이러한 국제기구가 등장하자 유럽 사회에 큰 변화가 일어났다. 석탄과 철강의 수출입에 대한 국가 간의 통제가 사라졌다. 이에 프랑스, 이탈리아, 독일 및 베네룩스가 일종의 자유무역 지대를 형성하였다. ECSC의 공동 창립자들은 유럽 여러 국가가 경제 협

력을 강화하여 장차 국제무대에서 정치적 협력을 강화하는 날이
오기를 꿈꾸었다.

그런데 이 공동체가 출범하기 10년 전에 장 모네가 그린 그림
은 현실과 전혀 달랐다. 그는 영국과 프랑스 양국이 주도하는 유
럽 통합을 기획하였다. 그러나 영국이 계획을 반대하는 바람에
당초의 계획이 완전히 달라졌다. 모네와 쉬망은 완고한 영국 대
신에 독일과의 연대를 강화하기로 하였다. 이 사업을 추진하려면
미국의 지원과 동의가 필수적이었는데, 미국으로서는 반대할 명
분도 실제적인 이유도 없었다.

그럼 영국은 프랑스의 중대 제안을 어떤 이유로 거부하였을까?
그들 나름의 속사정이 있었던 것은 두말할 나위가 없었다. 일차
적으로는 앞에서 적은 대로 양국 사이에 정치적 긴장이 해소되지
않았기 때문이다. 그보다 더 중요한 이유도 있었다. 그때만 해도
영국은 영연방의 미래에 큰 기대를 걸고 있었다. 그래서 그들은
유럽과의 관계는 부차적이라고 여겼다. 오늘날의 관점에서 보면
어리석은 판단이었으나, 1950년에는 그럴 만한 이유가 충분하였
다. 그 시절 영국의 수출 상품은 절반가량이 영연방 국가로 향했
다. 영국의 수입 역시 영연방 국가에서 온 것이 40퍼센트는 족히
되었다. 영국은 이 수치를 과도하게 신뢰하고 있었다.

그로부터 20년이 지난 1970년대가 되자 사정은 크게 달라졌다.
영국의 무역 총액에서 영연방이 차지하는 규모는 4분의 1 정도로
줄어들었다. 그러자 영국은 유럽과의 경제적 연대를 강화하기 시
작하였으나 그것도 제한적이었다. 다시 20년이 지난 1990년대부
터 독일이 프랑스와 함께 유럽 통합을 적극적으로 밀어붙였다.

그러자 영국은 유럽연합의 미래가 자국의 이익과 부합하는지를 깊이 의심하였다. 브렉시트라는 뜻밖의 결정이, 우리 같은 제삼국의 시민으로서는 이해하기가 어려웠다. 하지만 유럽의 사정을 조금 더 들여다보면 당연한 일로 여길 수도 있다. 유럽의 강대국들 사이에 존재하는 긴장과 갈등의 골은 여간 깊은 것이 아니다. 거기서도 역사가 문제다.

브렉시트 결정과 그 이후

브렉시트는 영국의 현재와 미래를 좌우할 뿐만 아니라 유럽의 미래, 나아가서 인류의 역사에도 상당한 영향을 미칠 것이다. 그런 점에서 우리는 이 문제를 조금 더 자세히 알아볼 필요가 있다.

2016년 6월 23일, 영국 유권자의 51.89퍼센트가 유럽연합에서 탈퇴하는 브렉시트에 찬성했다. 그때 총투표율은 72퍼센트나 되었다. 투표를 일주일 앞둔 시점에서 한 가지 불상사가 일어났다. 유럽 노동당 의원 조 콕스가 괴한에게 칼을 맞고 숨을 거두었다. 괴한은 극우파 네오나치이자 정신질환자로 판명되었다. 그 무렵에 실시한 사전 여론조사에서, 시민들은 유럽연합에 잔류하는 결정을 내릴 것으로 예측되었다. 그러나 투표 결과는 예상을 뒤엎었다.

당초 투표를 제안한 영국 총리 데이비드 캐머런은 즉각 사임했고, 후임 테리사 메이도 장시간 협상에 매달렸으나 결국에는 유럽연합과의 협상을 중도 포기했다. 그 뒤를 이어 보리스 존슨 총

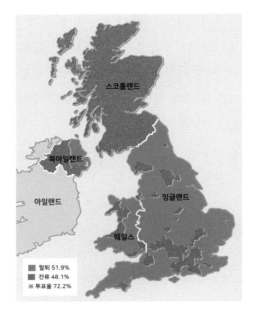

브렉시트 투표 결과

리가 마라톤협상 끝에 영국의 브렉시트를 공식화하였다(2021). 그런데 양측이 미래에도 좋은 관계를 유지하려면 아직 해결해야 할 숙제가 산적해 있다. 작은 문제부터 알아보자.

우선 스페인과 영국의 영유권 다툼이 계속되어온 지브롤터의 미래도 어느 쪽으로든지 명백한 결정이 나야 한다. 브렉시트 찬반 투표에서 지브롤터 유권자 2만 3,000명이 보인 태도는 명백했다. 그들은 유럽과 아프리카의 경계에서 영국 국적을 유지하되, 스페인과 함께 유럽연합 안에서 평화롭게 살기를 바라고 있다. 현지 여론은 친유럽적 성향을 보이며, 지브롤터 유권자의 95퍼센트 이상이 브렉시트를 반대했다. 스페인은 지브롤터에 관한 자국의 소유권을 주장한다. 그러나 영국 정부와 유럽연합, 지브롤터는 스페인의 의사를 강력히 반대한다. 이미 2002년에 시행한 지브롤터 주민투표에서도 겨우 2퍼센트(187명)만이 스페인에 통합되기를 희망했다. 하지만 스페인 정부가 지브롤터에 대한 영토적 야심을 버리지 않고 있어 지브롤터의 미래는 여전히 불안하다.

또한 스코틀랜드의 분리 독립 문제 역시 영국의 미래에 암울한 그림자를 던진다. 스코틀랜드는 1707년에 영국에 통합되었으나, 아직도 독립을 꿈꾸는 이들이 많다. 먼 옛날 로마의 영국 정복 때부터 영국 땅은 분열을 겪었다. 영국(잉글랜드), 웨일스 및 스코틀랜드는 문화와 관습도 다르고, 역사적으로 보아도 갈등의 골이 깊다.

2014년에 스코틀랜드에서는 독립에 관한 찬반 의견을 묻는 주민투표가 시행되었다. 영국에 잔류하기를 원하는 시민이 과반수로 증명되어 분리주의자들의 요구는 가까스로 진정되었다. 그런데 2016년 6월에 브렉시트 투표가 시행된 이후 스코틀랜드 분리주의자(민족주의자)들은 영국 정부와 강하게 맞서고 있다. 참고로, 스코틀랜드 지역 주민의 62퍼센트는 브렉시트를 반대했다.

유럽연합은 영국의 정치적 혼란을 염려하여 공개적으로는 스코틀랜드의 독립운동을 지지하지 못하는 형편이다. 그러나 스코틀랜드가 어떤 형태로든 유럽연합에 남기를 내심 바란다. 이 문제 역시 영국과 유럽연합의 관계를 위협하는 두통거리가 될 가능성이 있다.

아일랜드섬(북아일랜드)을 둘러싼 영국과 아일랜드의 영유권 문제 또한 영국의 장래를 위협한다. 아일랜드섬의 분할은 1998년 4월에 양측이 체결한 '성 금요일 협정'에 근거한 것인데, 현재 브렉시트가 끼칠 손해가 크다는 여론으로 인해 아일랜드의 민심은 소란하다(2021년 4월 현재). 수년 전부터 영국에서나 아일랜드에서나 교회의 영향력이 축소되어 종교적 긴장이 해결 국면에 있었다. 특히 아일랜드는 국민투표로 낙태를 합법화하고 동성 결혼도 인정하는 등 가톨릭교회에서 상당히 멀어졌다. 그러나 브렉시트 때문에 양측에 거주하는 통일 지지자들이 동요하고 있다.

북아일랜드(영국)는 벨파스트를 제외하면 시민의 다수(56퍼센트)가 유럽연합에 잔류하기를 희망하였다. 그들에게는 영국 정부가 브렉시트를 결정한 것이 실망스러운 일이었다. 그런데 아일랜드에서는 통일을 염원하는 정당 신페인이 24.5퍼센트의 득표율을 과시하며 강력한 정치 세력으로 부상했다. 오늘날 아일랜드에서는 통일을 향한 염원이 더욱 커지고 있어, 아마 수년 내로 통일 문제가 국민투표에 회부될 가능성이 높아 보인다. 만약 아일랜드가 재통일된다면 영국은 타격을 입을 것이다.

영국의 통합을 상징하는 군주제도 차츰 인기를 잃고 있다. 1995년의 여론조사에 따르면 영국 성인 여성의 과반수는 향후 50년 안에 영국 왕실이 사라질 것으로 전망하였다. 그런데 2020년 조사 결과를 보면, 영국인의 3분의 2가 여전히 군주제를 찬성한다. 한편 스코틀랜드에서는 3분의 1이 군주제의 폐지를 주장한다. 영국인 가운데서도 20퍼센트는 군주제를 폐지하고 공화국으로 헌법을 바꾸기를 바라고 있다. 그러나 여왕 엘리자베스 2세는 아직도 영연방 16개국의 국가원수로 있다.

영연방이 해체될 조짐도 없지 않다. 특히 뉴질랜드에서는 영연방에 대한 거부감이 크다. 2014년에 존 키 총리는 자국 국기에서 영국을 상징하는 유니온잭을 삭제하자고 제안했다. 그런데 그 이듬해에 시행된 주민투표에서 다수 시민이 그 제안을 반대하였다. 한편 호주, 피지 제도, 투발루 등에서도 영연방의 인기는 예전과는 많이 달라졌다.

카리브해의 작은 섬 바베이도스는 이미 시민의 의견을 수렴해 영연방을 곧 떠나기로 했다. 2021년 11월 30일, 독립 55주년을 맞이하는 바베이도스는 그 날짜로 군주제를 폐지하기로 이미 결정했다. 알고 보면 1970년대에도 영연방에서 탈퇴한 나라가 있었다. 가이아나, 트리니다드토바고, 도미니카연방으로, 이들의 선례를 따르는 나라가 늘어나는 것은 시간문제로 보인다.

브렉시트 이후 영국이 그 후유증을 효율적으로 관리할 수 있을지 의문이 든다. 영연방의 이탈도 그저 한두 나라에서만 일어난 무의미한 사건으로 취급하기는 어려울 것이다. 세계사의 흐름이 급격하게 바뀌는 오늘날, 영국은 과연 어디로 향해 나아갈 것인가.

희망의 씨앗

이상에서 보았듯, 19세기에는 세계 최고 수준을 자랑하던 영국의 과학기술도 한계를 드러냈다. 철강과 전기를 중심으로 제2차 산업혁명이 일어나자, 영국은 주도적 위치를 상실하고 주변적 위치로 밀려났다. 영국의 대학은 산업 현장과 긴밀하게 공조하며 새로운 기술을 개발하지 못한 채 퇴조를 겪었다.

그렇게 되자 영국은 경제적으로나 군사적으로도 한계에 직면하였다. 20세기 초, 영국은 세계 곳곳에 확보한 식민지를 통제할 만한 군사력을 유지하지 못하였다. 그들은 거듭된 전쟁에서 승리할 만큼 재정도 충실하지 못하였다. 전성기인 19세기에 지나치게 넓은 식민지를 획득한 것이, 영국에는 도리어 감당할 수 없는 큰 짐이 되었다.

그러나 대제국의 수도 런던은 19세기부터 세계 각지에서 자본을 끌어들였다. 결과적으로 런던은 세계 금융시장의 중심에 서게 되었다. 대제국은 해체되었으나 현재까지도 금융 도시 런던의 위상은 막강하다. 만일 브렉시트의 후유증이 너무 커 유럽과의 연결고리가 약해진다면 그 위상에도 변화가 올 것이나 아직은 별문제가 없는 듯하다. 영국의 장래를 위해서 크게 다행한 일이다.

이것은 좀 다른 이야기지만, 지난 수 세기 동안 대제국의 모국어로서 영어는 '세계인의 혀'가 되었다. 오늘날 영국 경제에 가장 크게 공헌하는 상품을 두 가지만 꼽으라면, 영어와 런던의 금융시장이라고 말한다. 해마다 세계 각지에서 수백만 명이 영어를 제대로 배우려고 영국을 찾는다. 세상에 이런 축복이 어디 있겠는가. 만약 한국어를 배우려고 수백만 명이 해마다 우리나라를 방문한다고 가정해보라. 우리말로 쓴 책이나 신문, 모든 문화상품이 세계 어디서나 모국어와 동등 이상의 대접을 받는다고 상상해보자. 이것이 바로 영어의 실제 위력이다. 제국의 화려한 역사는 아직도 영국인에게 유무형의 선물을 주고 있다는 생각이 든다. 정말 부러운 일이다.

5장

불가사의한
독일제국의 역사

1980년대 중반 나는 독일로 유학을 떠났다. 곰곰 따져보았더니 무려 15년 동안이나 독일의 대학에서 공부하고 가르쳤다. 알면 알수록 신기한 나라, 우리와는 너무나도 다른 나라. 그들의 주장만큼이나 독일인은 매사에 꼼꼼하다 gründlich. 하지만 그들은 한편으론 변덕이 심하고 쉽게 불안에 빠지기도 한다. 외부인인 내가 보기에 그들의 역사가 불가사의한 것은 우연이 아니다.

독일은 여러모로 신기한 나라다. 그들의 역사에서 나는 세 가지 점이 인상 깊었다. 첫째, 다방면에 걸쳐 많은 인재를 배출하였다는 점이다. 중세 말기 마르틴 루터와 같은 종교개혁가가 나타나서 교황청의 부패와 모순을 비판하며 유럽의 역사를 새로 썼고, 근대에는 칸트와 헤겔, 쇼펜하우어 등 걸출한 철학자가 많았다. 괴테와 실러, 모차르트와 베토벤, 하이든과 슈베르트 등 문학과 음악을 비롯한 예술 방면에서도 천재가 여럿 나왔다. 현대의 과학과 기술, 공학과 의학 등에서도 독일인의 공헌은 두드러졌다.

　둘째, 그런데도 독일 역사를 살펴보면 정치적으로 미흡한 점이 너무 많았다. 그들은 19세기 후반이 되어서야 가까스로 통일 국가를 건설하였다. 20세기에는 무려 두 차례나 세계대전을 일으켜 번번이 참패를 당하였다. 특히 제2차 세계대전을 일으킨 나치당의 아돌프 히틀러는 600만 명의 유대인을 몰살하는 만행을 저질러, 두고두고 세계인의 지탄을 받았다. 패전 이후 독일은 동독과 서독으로 강제 분할되어 수십 년 동안 고통을 겪어야만 하였다.

　셋째, 독일 사회의 복원력과 적응력이 뛰어났다는 점이다. 1990년에 독일은 유럽 사회가 급격하게 변화하는 물결을 타고 극적으로 재통일을 이루었다. 이후 30년 동안 그들은 깊이 파인 분단의 상흔을 지우는 한편, 유럽연합을 이끄는 주도 세력으로 부상하였다. 오늘날 독일은 최고의 기술력을 자랑하는 산업국가인 동시에, 핵발전소를 포기하고 '에너지 전환'을 실천하며 기후 위기에 가장 능동적으로 대처하는 나라가 되었다.

한마디로, 독일은 상식적으로는 쉽게 이해하기 어려운 나라다. 불가사의한 나라라고 불러도 좋을 것 같다.

독일 역사의 전환점

본래 독일 땅에는 켈트족이 살았으나, 로마 시대에 게르만족이 이주해 왔다. 로마가 멸망한 뒤에도 여러 부족이 대립하다가 8세기 후반부터 독일의 역사가 본격적으로 시작되었다. 그러나 통일 국가를 유지하지 못한 채 오랜 세월에 걸쳐 숱한 역사적 사건에 휘말렸다. 그런 가운데도 독일에서는 후세가 주목하는 많은 인물이 각 분야에서 쏟아져 나왔다. 아래에서는 지난 1,200년 동안 독일이 겪은 중요한 정치적 변화를 간단히 살펴본다. 참고로, 1871년 독일제국이 선포될 때까지 이 나라의 이름이 공식적으로 '독일(도이칠란트Deutschland 혹은 게르만Geruman, 저머니Germany)'인 적은 없었다. 그러나 유럽인들은 누구든지 게르만족이 사는 그 땅을 독일이라고 불렀다.

독일사의 흐름

역사의 출발점

'독일'이라는 이름은 고대부터 있었다. 일찍이 로마 시대부터 '게르만족'의 활동이 역사 기록에 등장하였다. 로마 제국 말기에 동쪽에서 훈족이 유럽을 침략해 오자 게르만족은 대이동을 시작하였다. 그때 유럽 각지로 이동하며 새 역사를 연 것은 동고트족과 서고트족이었는데, 그들은 게르만의 갈래였다.

로마가 멸망하고 나서 게르만족 가운데서도 가장 강력한 프랑크족이 최초의 통일 국가인 프랑크왕국을 세웠다. 프랑크왕국의 카롤루스 대제는 '서로마제국 황제'라고 불리기도 하였으나, 그가 사망하자 분열이 일어나 왕국이 셋으로 나뉘었다. 이른바 동프랑크(독일), 서프랑크(프랑스), 중프랑크(북이탈리아)였다. 이후 유럽의 패권을 쥔 것은 동프랑크의 오토 대제였다. 그것은 중세의 일로, 로마의 교황은 오토 대제를 '신성로마제국'의 황제로 인정하였다. 그러나 그 제국이란 것이 통일 왕조라기보다는 느슨한 연방 국가여서 황권은 미약하였고, 제국 안에 여러 제후와 봉건 영주가 할거하였다. 상황이 그렇다 보니 이후 탁월한 학자와 예술가 등이 배출되었으나 통일로 가는 길은 열리지 않았다.

이름뿐인 황제 자리였으나 신성로마제국의 황위를 노리는 제후는 많았다. 황제의 왕관은 여러 왕조를 전전하다가, 마침내 오스트리아의 합스부르크 왕가로 넘어갔고 그들의 전유물이 되었다.

16세기 초가 되자 독일 땅에서 신학자 마르틴 루터가 종교개혁을 일으켜, 신교와 구교(가톨릭교) 간의 대립이 첨예해졌다. 이것이 끝내 종교전쟁으로 이어져, 유럽의 제후들이 두 편으로 나뉘어 혈전을 벌였다. 가톨릭을 옹호하는 오스트리아와 신교를 신봉하는 프로이센을 중심으로 전선이 형성되어 이른바 30년 전쟁(1618~1648)을 치렀다. 전쟁이 끝난 다음에도 양측의 다툼이 쉬이 진정되지 않았다.

1806년에 유럽의 최강자였던 나폴레옹 1세(프랑스)의 유럽 정복으로 잠시 평화가 찾아왔다. 하지만 오래지 않아 나폴레옹은 실세하였다. 이에 유럽 각국의 대표가 오스트리아의 수도 빈에 모여서 자국의 영토를 확정하였다(1815). 그에 따라 무려 40개국이 현재의 독일 땅에 공존하였다. 그 형태도 다양해 왕국이 있는가 하면, 공국과 자유도시도 있었다. 그들은 서로 간섭을 최소화한, 느슨한 연방을 구성하여 '독일Deutschland'이라고 스스로 불렀는데, 그들 가운데서 가장 강력한 국가는 프로이센과 오스트리아였다. 흔히 양국을 합쳐서 '대독일'이라고 불렀고, 프로이센만 가리켜 '소독일'이라고 하였다.

비스마르크와 독일제국의 탄생

1815년 체제에 큰 변화를 가져온 이는 오토 폰 비스마르크 총리였다. 1862년에 그는 프로이센의 총리에 임명되었고, 그때부터 '철혈 정책'을 표방하며 군비를 확장하였다. 10년도 채 안 되어 그는 독일 지역을 통일하였다. 비스마르크는 프로이센을 중심으로, 여러 봉건 제후와 영주 및 자유도시를 하나로 통합해 독일제국을 출범하였다(1871). 이렇게 근대 독일의 역사가 시작되었다.

독일은 급속도로 산업화에 성공하였고, 정치 · 사회 · 문화적으로도 비약적인 발전을 이루었다. 그 바탕 위에서 독일제국(프로이센)의 황제 빌헬름 2세는 장차 영국을 누르고 세계를 제패할 야욕을 품었다. 기회를 노리던 중 마침 사라예보에서 오스트리아 황태자가 암살되었다(1914). 그러자 빌헬름 2세는 오스트리아-헝가리제국과 손을 잡고 영국을 상대로 제1차 세계대전을 일으켰다. 그러나 미국이 영국을 후원하는 바람에 프랑스 등 연합국에 패배하였다. 패전 후 독일제국은 완전히 해체되었다.

바이마르공화국과 나치의 등장

제1차 세계대전에 진 독일에서는 군주제가 사라지고 공화제가 등장하였다. 하지만 1919년에 출범한 바이마르공화국의 운명은 비극적이었다. 막대한 전쟁 보상금을 감당하기도 벅찬 일이었던 데다가, 1920년대 말에 시작된 세계공황으로 사회·경제적 혼란이 극심하였다. 상상을 초월한 인플레이션과 실업난에 허덕인 끝에, 독일 사회는 혼란과 분열의 깊은 늪에 빠졌다.

그러자 극우 선동가 아돌프 히틀러가 나치당을 호령하며 정권을 잡았다(1933). 히틀러는 강압적인 통치 방식으로 내정을 철저히 장악하고, 제국주의적 침략을 개시하였다. 독일은 삽시간에 오스트리아와 체코슬로바키아를 병합하고 폴란드까지 침범하였다(1939). 이로써 제2차 세계대전의 막이 올랐는데, 초반에는 히틀러의 계획대로 침략 전쟁이 착착 진행되었다. 독일은 프랑스의 북부 지방을 점령하였고, 영국에 대한 무차별 폭격을 이어가며 승기를 잡는 듯하였다. 그러나 전선이 사방으로 확장되고, 미국과 러시아를 비롯한 연합군이 거세게 반격하자 전세가 뒤집혀 항복하고 말았다(1945). 히틀러는 전쟁의 막바지에 스스로 목숨을 끊었다.

이 전쟁은 무고한 수천만 시민의 생명과 재산을 유린해 역사상 최악의 피해를 남겼다. 나치는 이른바 '인종 청소'라는 구실을 들먹이며 수백만 명의 유대인을 강제로 집단 수용한 끝에 그 대부분을 학살하는 초대형 범죄를 저질렀다. 전쟁의 상처는 이루 헤아릴 수 없이 깊었다.

나치의 유대인 게토

독일이라는 나라 이름을 들으면, 히틀러와 나치를 먼저 떠올리는 사람도 적지 않을 것이다. 나치는 반反유대주의의 화신이자 백인종 지상주의, 제국주의 그리고 독일 민족 지상주의를 신봉하는 광적인 집단이었다. 그들은 19세기 말 유럽 각국에 널리 퍼져 있던 국수주의적 흐름과 사상의 뿌리가 같았다.

아돌프 히틀러는 총리로 임명된 후 자신을 반대하는 정치 세력을 차례로 모두 제거하였다. 그러고는 뉘른베르크법을 제정해 유대인 박해를 합법화하였다. 제2차 세계대전을 일으키고 나치는 처음 2년 동안 승승장구하였다. 그들은 유럽을 절반 이상 점령하였는데, 그때부터 유대인과 슬라브족, 전쟁 포로와 반나치 운동가를 닥치는 대로 체포해 수용소로 보냈다. 거기서 생체 실험을 자행하였고 대량 학살도 주저하지 않았다.

나치의 국수주의와 인종주의 경향은 우리의 상상을 초월할 만큼 심각하였다. 그들은 게르만족이 지구상에서 가장 우수한 인종이기에 다른 민족을 마음껏 지배할 권리가 있다고 선전하였다.

폴란드 바르샤바 유대인 게토에 설치된 담장(1941)

그러면서 유대인은 지상에서 가장 열등하고 해로운 인종이기 때문에 모두 없앨 수밖에 없다고 억지를 부렸다. 나치는 우수한 독일 민족이 유대인의 해악에 물들지 않게 하려면 지상의 모든 유대인을 몽땅 격리하고 '인종 청소'를 하는 것이 최선이라고 주장했다. 나치는 유럽 전역에서 최소한 600만 명의 유대인을 집단적으로 학살하였다. 그 시절에 가장 악명이 높았던 아우슈비츠 수용소에서는 적어도 100만 명 이상이 희생되었다.

동서 분단과 극적인 재통일

전후 포츠담 협정으로 독일은 동독과 서독으로 분할되었다. 서독은 미국, 영국, 프랑스가 관리하고, 동독은 소련의 수중으로 들어갔다. 그 당시 세계 무대의 최강자인 미국은 전후 세계 질서를 구상하며, '마셜플랜'(유럽 부흥 계획)을 세웠다. 미국은 서독 지역에서 화폐 개혁을 시행하고 경제를 부흥하기로 결심하였다. 이후 미국은 서독을 북대서양조약기구NATO의 일원으로 삼아서 소련의 침략에 효율적으로 대응하려고 했다.

미국의 조치에 대한 소련의 대응은 단호하였다. 그들은 동독 영토 내에 있는 베를린 서부 지역(미국의 통제구역)을 봉쇄하여 미국에 대한 반감을 노골적으로 드러냈다. 하지만 서독 정치가들은 동·서독 양국의 평화공존을 끊임없이 모색해, 1972년이 되자 두 개의 독일은 상호 간에 '기본 조약'을 맺고 공존의 길로 나아갔다. 그때부터 양국은 다각적으로 교류를 강화하며 적대감을 줄여나갔다.

1980년대 말, 동유럽을 지배하던 소련에서 엄청난 변화의 조짐이 나타났다. 미하일 고르바초프가 권좌에 올라 개방과 개혁의 바람을 일으킨 것이다. 소련체제가 서방의 자본주의 국가와 정면으로 대결하기에는 너무 미약하였기 때문이다. 소련이 개혁을 시작하자 동유럽에는 더욱 큰 변화의 바람이 불었다. 그리하여 1989년 11월에는 동·서독 간에도 화해 분위기가 더욱 고조되어, 문자 그대로 하루아침에 '베를린 장벽'이 무너졌다. 이 장벽은 본래 동독 정권이 자국민이 서독으로 넘어가지 못하게 막으려는 용도였다. 근 30년 동안 40여 킬로미터의 거대한 콘크리트 장벽이 동·서독의 자유로운 왕래를 가로막았던 것인데, 재통일을 원하는 베를린 시민들이 장벽을 손수 무너뜨려 정치적 분단을 무력화하였다.

그 이듬해인 1990년 10월 3일에는 마침내 서독과 독일 간에 '통일 조약'이 체결되어 동독이 합법적인 절차를 거쳐서 서독에

흡수되었다. 이처럼 놀라운 변화가 일어났을 때 나는 독일에 체류 중이어서 독일 재통일의 과정을 자세히 지켜보았다. 하루하루가 역사적인 사건으로 가득한 나날이었다.

재통일은 독일인에게 많은 과제를 안겨주었다. 동독은 경제적으로 파산 직전이었고, 동독과 서독의 경제력 차이는 너무 컸다. 이 정도일 줄은 누구도 상상하지 못한 바였다. 그 밖에도 사회주의 시절, 동독 첩보 기관이 저지른 많은 범죄행위를 어떻게 처리할지도 여간 큰 숙제가 아니었다. 재통일된 독일의 발목을 잡은 사건과 사고는 넘쳐났다. 그러나 독일은 지난 30년 동안 대부분의 역사적 난제를 무난히 해결한 것으로 보인다.

오늘날 옛 동독 지역에는 네오나치 또는 극우주의자들이 기승을 부린다. 물론 극우파의 준동은 독일만이 아니라 프랑스, 네덜란드, 이탈리아, 오스트리아 그리고 북구 여러 나라에서도 목격된다는 점에서 범유럽적 현상이다. 지난 수십 년 동안 유럽 전역에서 양극화가 극심해져 중산층의 상당수가 몰락하였고, 사회적으로 적지 않은 혼란이 일어났기 때문이기도 하다. 그런데 마침 여러 가지 이유로 중동과 아프리카에서 정치적 혼란이 일어나 수백만 명의 이주민이 유럽 사회에 유입되었다. 이에 유럽인의 상당수가 별 생각 없이 자신들의 사회적 분노를 해소할 생각으로 외국인을 조롱하거나 혐오하는 행위를 일삼는다. 각종 선거에서도 극우파와 다름없는 독일대안당 AfD이 높은 지지를 얻어 한때는 독일 의회에서 제1야당의 자리를 굳히기도 했다. 당분간 이런 문제가 해결될 것 같지 않다. 유럽 각국의 상황이 별반 다르지 않아 안타까움을 더하고 있다.

역사상 독일의 정치는 방향을 잃고 표류한 적이 많았다. 1848년 유럽 각국에서 혁명이 일어났는데, 독일에서는 그 역시 실패로 끝났다. 그 이듬해 프로이센의 프리드리히 빌헬름 4세가 자유주의 헌법을 수용하였으나, 프랑크푸르트에서는 새 헌법을 둘러싸고 여러 정파가 설왕설래하며 내분을 일으켰다. 그러자 왕정주의자들이 개입하여 혁명을 좌절시켰다.

독일의 정치적 비운은 1945년 히틀러가 패망할 때까지 100년가량 이어졌다. 오토 폰 비스마르크 총리가 가까스로 독일 통일을 이루었으나, 빌헬름 2세는 유능한 비스마르크를 몰아내고 전쟁 준비에 매달렸다. 그 결과 독일은 제1차 세계대전을 일으켜 처절한 패배를 떠안았다. 이후 바이마르공화국을 거쳐 아돌프 히틀러가 집권하자 독일은 또다시 전쟁 분위기를 연출하였다. 그들은 제2차 세계대전을 일으켜 세계를 다시 위험에 빠뜨렸고, 유대인 게토를 만들어 무고한 사람을 수백만 명이나 생지옥으로 몰아넣었다. 이렇듯 독일의 정치사는 총체적인 파탄을 방불케 하였고, 자국은 물론이고 이웃 나라에, 아니 인류사회에 크나큰 해악을 끼쳤다.

독일의 유별난 역사

독일 역사를 공부하면서 나는 두 가지 점에 특히 주목하였다. 첫째로 종교, 교육 등 문화적 수월성을 토대로 산업과 경제가 발전하였다는 점이다. 19세기 후반부터 독일은 다른 어느 나라와 비교하더라도 매우 빠른 속도로 산업화에 성공하였다. 둘째로 20세기 전반까지도 독일의 정치적 역량은 대단히 미약하였다는 점이다. 이 나라에는 세계인의 눈길을 끌 만한 시민혁명도 없었고, 후세가 존경하는 탁월한 정치가나 정치사상가도 보이지 않는다.

조금 더 들여다보자. 우선 중세의 종말을 재촉한 요인은 여럿이지만 그 가운데서 종교개혁의 역할이 가장 컸다고 본다. 영국과 체코 등 여러 나라에서 교황청의 부정부패를 비판하는 목소리가 일어났으나, 큰 효과를 내지 못하고 실패하였다. 그런데 독일에서는 마르틴 루터가 교황청의 잘못을 비판하자 봉건 영주 중에서도 지지하는 이가 많았고, 평민이 대거 호응하였다. 오랫동안 교황의 절대 권력에 억눌려온 독일의 영주들이 루터를 이용하여 자신들의 불리한 처지를 개선할 야망을 품었다고 볼 수 있다. 그렇다면 평민의 열화와 같은 동조와 지지는 어떻게 된 것일까 궁금하다.

종교개혁

13세기부터 종교개혁의 조짐이 나타났다. 여러 나라에서 선구적인 개혁 운동이 일어나고 진압되는 일이 거듭되었다. 그러다가 16세기 초, 독일에서 큰 회오리가 일어났다. 신학 교수인 마르틴 루터(1483~1546)가 그 중심에 있었다. 1517년 10월 31일, 그는 교황청을 향하여 공개적으로 비판의 목소리를 내기 시작하였다. 그 당시에도 독일은 연방제 국가(신성로마제국)여서 권력이 잘게 분할되어 있었다. 그 틈을 타고 교황청의 세력이 깊숙이 파고들어 독일인은 큰 피해를 입었다. 하필 독일에서 면죄부 또는 면벌부 판매의 부작용이 가장 컸던 이유였다. 그런데 독일에는 인문주의의 영향을 받은 지식인들이 많았던 터라, 그들은 로마 교황청의 세속적인 거래에 크게 반발하였다. 그 가운데 한 사람인 루터는 교회를 개혁하고자 시도하였다.

무엇보다도 그는 교육의 중요성을 강조하였다. 국가의 공교육이 확립되어 모든 시민이 교육의 혜택을 입기를 바랐다. 그리하여 누구나 성서를 자유롭게 읽고 해석하며 진실한 신앙인으로 살기를 소망하였다. 루터의 교육개혁론은 독일 민중이 현실을 자각하게 만들었고, 보편 교육을 통해서 여성의 지위도 향상되었다. 그는 기술교육과 직업교육의 필요성도 강조하였는데 시대를 앞선 선구적인 식견이었다.

루터가 주도한 독일의 종교개혁은 성서 중심의 신앙 운동이었다. 그는 "오직 성경으로"라는 구호를 내세우며 복음에 절대적인 권위를 부여하였다. 여기서 루터의 종교적 주장을 자세히 소개할 필요는 없지만, 한 가지 강조하고 싶은 점이 있다. 루터의 종교개혁이 끝내는 '30년 전쟁'(1618~1648)이라는 국제적인 종교전쟁을 불러와 유럽 사회가 양분되었다는 사실이다. 루터는 교회 개혁을 부르짖은 자신의 주장이 그처럼 엄청난 결과를 가져오리라고는 상상도 하지 못했을 것이다.

전쟁까지 치르고 나서 개신교회는 로마 가톨릭교회와 대등한 지위를 얻었다. 이에 성경에 관한 가톨릭교회의 독점적인 해석도 권위를 잃었다. 깊은 충격에 빠진 로마 가톨릭교회는 내부 개혁을 서두르는 한편, 신대륙과 아시아를 상대로 선교 사업에 박차를 가하였다. 중국을 거쳐 조선에까지 천주교가 개신교보다 먼저 들어온 역사적 배경이 그것이다.

루터의 종교개혁은 유럽의 정치, 사회, 문화는 물론이고 경제 생활에도 큰 변화를 가져왔다. 종교개혁을 계기로 서유럽은 중세 사회에서 완전히 벗어났다고 해도 좋을 것이다. 신교 국가에서는 가톨릭교회가 운영하던 수도원까지 해체되었다. 교황청의 통제가 약해지자 종교적 자유도 커져, 심지어는 무신론적 세계관까지도 용인하는 사회가 되었다. 가톨릭교회의 약화로 프랑스와 영국 등에서는 계몽주의 시대가 활짝 열렸다.

종교개혁 이후 유럽 여러 나라는 명실상부한 독립국가로 다시 태어났다. 그 때문에 교황청은 재정 압박에 시달리기도 하였으나, 교황청의 간섭에서 벗어난 각국은 재정적으로 한층 충실해졌다. 그들의 문화와 예술은 인문주의와 결합해 근대적 모습을 보이기 시작하였다. 과학자들도 교회의 억압을 청산하고 이성적이고 합리적인 연구를 마음껏 펼치게 되면서 이른바 '과학혁명'이 일어났다.

요컨대 종교개혁의 성과는 다각적으로 이루어졌다. 사회·정치적 발전도 속도를 내기 시작했는데 이 또한 가톨릭교회와 국가가 분리되었기에 가능한 일이었다. 결혼도 가족도 교회의 억압에서 해방되었고, 학교와 대학에서도 많은 변화가 일어났다. 인문학과 자연과학 및 기술이 종교적 제약에서 벗어나 자유롭게 발달하자 사회 변화의 속도가 빨라졌다. 그 시절에 칼뱅파 등 일부 개신교회는 근면과 절약을 강조하면서 자본주의 정신을 북돋우는 모습을 보였다. 이런 까닭에 후세는 종교개혁이야말로 근대사회로 가는 출발점이라고 말한다.

그 자체로만 보면 종교개혁은 가톨릭교회 안에서 일어난 신앙

운동이었다. 그런데 그 파급효과를 염두에 두고 말하면 그것은 유럽사뿐만 아니라 인류 역사를 뒤흔든 엄청난 변화를 가져온 사건이었다. 역사는 생태계와 같아서 정치, 경제, 사회 및 문화 현상이 그물망처럼 밀접하게 연결되어 있다는 사실을 우리는 거듭 확인한다.

인쇄 혁명

종교개혁 당시 마르틴 루터는 금속활자라는 새로운 기술을 이용해 자신의 주장을 널리 퍼뜨렸다. 새로운 매체를 효과적으로 이용한 덕분에 그는 대중적 영웅으로 부상할 수 있었고, 이러한 대중의 지지를 업고 막강한 교황청을 상대로 끈질긴 싸움을 이어갔다. 루터가 일으킨 종교개혁은 독일 사회를 교황청의 족쇄에서 풀어놓아 새로운 정치적 변화를 가져왔을 뿐만 아니라, 성경에 대한 인식의 전환을 가져왔다. 가톨릭교회의 권위주의에서 벗어나 각자가 자유롭게 성경을 읽고 해석하는 해방의 체험을 선사하였다는 사실은 아무리 강조해도 지나치지 않을 것이다. 이는 근대적 인간의 탄생으로 이어졌기 때문이다.

역사상 금속활자를 최초로 발명한 것은 13세기의 한국인(고려)이었는데 그것은 서양의 기술과는 현격한 차이가 있었다. 한국의 인쇄술은 목판이든 금속활자든 탁본과 같은 방식으로 인쇄하는 것이라 속도가 느렸다. 기껏해야 하루에 수십 장을 찍는 정도였다. 이와 달리 1440년 독일 마인츠의 세공기술자 요하네스 구텐베르크는 기술적으로 매우 세련된 금속활자 인쇄기를 발명하였다. 그의 인쇄기는 작은 활자도 선명하게 찍어냈고, 속도 면에서 고려의 금속활자와는 비할 수 없이 빨랐다. 구텐베르크의 인쇄기는 하루에 무려 3,600장을 인쇄하였다. 인쇄기의 효율성이 이처럼 높았기 때문에, 그 기술은 곧 유럽 각지로 퍼져나갔다. 그리하여 1500년에는 유럽 전역에 1,000개가 넘는 구텐베르크식 인쇄기가 보급되었다.

마르틴 루터가 교황청을 비판하는 주장을 펴기만 하면, 그 내용은 즉각적으로 수천 장이 인쇄되어 민중의 수중에 들어갔다. 며칠 뒤에는 독일 각지에서 수만 명의 시민이 루터의 의견에 동조하는 현상이 나타났다. 가령 1517년에 루터가 교황청을 비판하는 내용으로 이른바 〈95개 조항〉을 작성하자 루터의 지지자들은 곧 이 문서를 인쇄에 부쳤다. 그의 글이 삽시간에 퍼져 종교개혁의 분위기가 한층 고조되었다. 루터의 저작이 널리 퍼지지 않았더라면 과연 독일 등을 무대로 30년 전쟁이라는 참혹한 종교 전쟁까지 일어났을지 모르겠다. 구텐베르크식 인쇄는 근대 이전에 일어난 가장 위력적인 매체 혁명이었고, 루터는 바로 그러한 시대적 변화를 적극 활용하여 교황청의 기를 꺾고 역사에 전환점을 가져왔다.

인쇄술의 영향력은 독일에 국한되지 않았다. 1600년경 유럽에서는 2억 권 이상의 책자가 금속활자술로 간행되었다. 구텐베르크의 인쇄술 덕분에 소득이 낮은 평민까지도 책을 사 볼 수 있었다. 인쇄업자들은 돈이 될 만한 논쟁거리라든가 신사상을 담은 책자를 앞다투어 펴냈다. 이런 책들이 여러 나라로 전파되자 영국과 프랑스 등지에서는 시민 중심의 시대가 열렸다. 요컨대 구텐베르크의 인쇄술은 세상을 바꾸는 중요한 역할을 담당하였다.

훗날 마크 트웨인은 인쇄술의 역할을 두고 다음과 같이 말하였다. "오늘날 세상의 좋고 나쁜 것은 무엇이든지 구텐베르크에게 빚지고 있습니다." 구텐베르크의 인쇄기는 누구도 예상하지 못한 결과를 가져왔으며, 그것은 독일은 물론이고 세계 역사를 바꾼 원동력이었다.

하지만 앞선 인쇄술이 만능은 아니었다. 독일의 정치 상황은 큰 변화 없이 여전히 수십 개의 제후국가와 도시국가로 분열된 상태였다. 지역마다 정치·문화적 수준 차이가 심하였고, 이른바 계몽의 시대도 독일에서는 순조롭게 열리지 않았다.

한 가지 다행이라면, 신교 국가 프로이센에서 프리드리히 대왕이 초등교육을 국가와 시민의 의무로 명시한 법령을 공포한 점이었다(1763). 대왕은 일찍이 루터가 의무교육의 필요성을 강조한 점을 기억하였다. 게다가 프랑스 계몽사상의 영향도 있었다. 국가가 발전하려면 국민교육을 강화하는 것이 바람직하다는 판단이 왕의 마음을 움직였다. 재위 중에 왕은 프랑스의 계몽사상가 볼테르 등을 베를린으로 초빙하여 고액의 연봉을 지급하고 장기간 체류하게 하는 등 '위로부터의 근대화'를 위해 노력하였다.

프리드리히 대왕은 학교에 관한 법령을 공포해 5~14세의 유소년은 누구든지 교육을 받아야 한다고 명시했다. 그러나 국가의 준비가 미비하여 제대로 이행하지는 못하였다. 이러한 한계를 인정하더라도, 1794년부터 프로이센이 국가가 주도하는 공교육에 관심이 컸다는 점은 특기할 일이다. 이후에 근대적 의무교육을 비교적 충실하게 실천한 나라로는 미국(1852)이 있었고, 영국(1860)과 프랑스(1872)가 그 뒤를 따랐다.

프로이센 개혁

19세기 초, 독일은 나폴레옹(프랑스)의 공격으로 위험에 빠졌다. 1806년 예나전쟁에서 프로이센이 나폴레옹에게 대패하자 그들은 자국의 후진성을 뼈저리게 느꼈다. 이에 그 이듬해(1807)부터 프로이센에서는 10년에 걸친 일대 개혁이 일어났다. 이른바 '프로이센 개혁'으로, 행정·군사·사회제도를 일신하는 한편 교육에 관한 개혁도 추진하였다. 슈타인 총리와 하르덴베르크 총리가 주도한 이 개혁으로 농민의 처지도 상당히 개선되었다. 또한 도시 조례가 혁신되어 시민의 자치권도 강화되었다. 중앙정부는 관료제도를 재정비하였고, 군대에서는 귀족의 특권을 축소하였다.

훔볼트의 교육 개혁

내가 가장 주목한 것은, 정부 고관 빌헬름 폰 훔볼트가 주도한 교육개혁이었다. 그의 제안으로 1810년에는 베를린대학교(현 훔볼트대학교)가 창립되어 근대 독일의 새 출발에 공헌하였다. 훔볼트는 학자이자 정치가로서 독일의 문호 프리드리히 실러와도 가까운 사이였는데, 교육개혁으로 국가를 위기에서 구하려 했다. 훔볼트가 베를린대학교를 설립할 때 목표로 삼은 것은 모두 세 가지로 '교육과 연구의 통합', '학문의 자유', '학생의 전인적 교육'이다. 이러한 베를린대학교의 교육 이념은 훗날 유럽 어디서나 근대적 대학 교육의 기본 이념으로 통하였다. 시작은 늦었어도 독일의 대학 교육이 유럽 각국에 새로운 지표를 제시한 것이었다. 야심 차게 출범한 베를린대학교는 게오르크 빌헬름 프리드리히 헤겔 등 탁월한 학자를 교수로 초빙하여 단시간에 세계적인 명문

대학교가 되었다.

베를린대학교가 창립된 지 100년쯤 지나자 독일은 유럽 제일의 문화 강국으로 우뚝 섰다. 특히 자연과학과 공학, 의학 등의 분야에서 굵직한 업적이 쏟아져 나왔다. 20세기 독일에서는 자동차 산업이 크게 발달하였고, 국가의 동맥인 고속도로(아우토반)를 건설하는 등 산업과 경제 분야에서도 눈부신 업적이 이어졌다. 그 이면에는 근대적 대학뿐만 아니라 국가가 주도하는 과학기술과 직업교육의 성취가 있었다.

그런데 조금 깊이 생각하면 프로이센(독일) 개혁에 가장 큰 자극을 준 나라는 프랑스였다. 특히 프랑스 계몽사상가들의 역할이 컸다. 그런 점에서 프랑스혁명에 원동력을 제공한 루소의 계몽사상을 잠시 소개한다.

루소의 계몽사상과 프랑스혁명

18세기 후반 유럽은 계몽사상의 시대에 접어들었다. 영국과 프랑스를 비롯하여 계몽주의의 영향을 받지 않은 나라가 거의 없었다. 그 가운데서도 프랑스의 입지는 독보적이었다. 가장 진보적이고 영향력 있는 사상가들이 프랑스에 많았는데, 그들의 저작은 미국독립전쟁(미국 혁명)을 추동하는 힘이었고 나중에는 프랑스혁명(1789)을 이끌었다.

프랑스 계몽사상가 중에서도 장 자크 루소(1712~1778)의 역할이 제일 두드러졌다. 그는 스위스 제네바 출신으로 작가이자 철학자, 교육자인 동시에 자연주의자였다. 루소는 프랑스혁명의 사상적 선구자로서 유럽의 문학과 지성사를 이해하는 데 빠뜨릴 수 없는 존재였다.

　무슨 주제를 다루든지 루소는 역사적 관점에서 논지를 비판적으로 전개하였다. 그에게도 약점은 없지 않아, 지식도 부족하고 이성의 역할을 과소평가하였다는 비판이 많았다. 한마디로, 그는 깊이 있고 체계적인 이론을 가진 학자는 아니었다. 가령 1755년에 쓴 인간 불평등의 기원에 관한 논문에서 그는 인간의 '사고 la réflexion'를 자연스러운 것이 아니라고 주장하였다. 루소가 이성을 절대시하지 않았다는 점을 우리는 대번에 알 수 있다.

　계몽사상가로서 그가 가장 강조한 것은 '민주적 공동체'였다. 1762년에 발표한 《사회계약설》에서, 루소는 일반의지와 시민의 주권이 얼마나 중요한지를 거듭 강조했다. 시민은 투표로 의지를 표현하는데, 모든 시민은 그 결과를 겸허히 수용해야 한다는 것이었다. 이 책에서 그가 주장한 시민주권론과 사회계약설은 훗날 프랑스 혁명의 이론적 기초가 되었다.

　《사회계약설》에서 루소는 주권을 가진 공동체를 '정신적 인격체 une personne morale'라고 상정하였다. 그는 이러한 상상의 공동체가 시민과 일종의 쌍무계약을 맺음으로써 사회가 존재한다고 설명하였다(제1편 7장). 이른바 민주정치란 바로 그런 공동체와 시민이 직접 협약을 맺어서 이룬 것이 아니다. 시민 개개인이 체결한 다양한 협약의 결과가 민주적인 사회일 뿐이다.

　따라서 사회계약이 훼손된다면 그것은 '정신적 인격체'가 계약을 위반해서 생긴 문제가 아니라 사적 이익을 추구하기에 바쁜 개인 또는 시민이 협약을 위반하여서 생긴 문제일 뿐이다. 이에 한 사회의 주권자는 개인 또는 시민이 자신의 의무를 다하고 공동체의 명령(일반의지)에 복종하게 만들어야 한다. 이것이 루소의 견해였다.

사회계약이 소기의 목표를 달성하려면 어떻게 해야 할까? 각자는 천부적 자유를 주장하는 대신에 시민적 자유를 누리는 것으로 만족해야 한다. 즉, 만물에 대한 각자의 무한한 권리를 주장하는 대신에 자신이 소유한 일정한 사물에 대해서만 소유권을 주장하는 것이 옳다. 각자의 이러한 권리는 법에 반드시 명기되어야 하고, 그런 법이 존재한다면 개인과 개인 또는 개인과 국가 사이에 발생하는 문제는 항상 법에 따라 해결할 수 있다는 것이다. 이것이 루소의 생각이었다.

그러면 어떤 기준을 가지고 그 법을 제정할 것인가 하는 물음이 생긴다. 루소는 법이 개인 또는 시민이 누릴 최대한의 행복을 보장하기를 바랐으므로, 모든 시민의 자유와 평등을 위한 법을 만들자고 제안하였다.

루소의 논리에 따르면, 왕이나 봉건영주와 같은 사적 인간의 의지에 시민의 삶이 종속된다면 자유와 평등은 기대할 수 없다. 국가가 자유인으로만 구성되었을 때 자유와 평등이 보장될 수 있었다. 왕과 봉건영주가 인적 구속을 강요하는 봉건적 신분 질서 아래서는 자유와 평등이란 불가능하였다. 따라서 루소가 말하는 사회계약이란 지배자(왕)와 피지배자(신민)의 약속과는 거리가 멀었다. 그것은 평등하고 자유로운 개인들 간의 약속이어야 하였다. 시민이 국가의 주권자로 명시된 법이 제정된 사회, 그런 사회를 루소는 꿈꾸었다. 이와 같은 그의 생각이 프랑스혁명의 이념이 되어 정치적 변화를 주도하였다. 여간 신기한 일이 아니었다.

프랑스혁명은 1789년에 시작하여 1799년까지 10년 동안이나 계속되었다. 이로써 절대주의 국가가 폐지되었고, 계몽사상가들이 강조한 인간의 기본 가치가 실천에 옮겨졌다. 또 그 사상이 국경을 넘어 유럽 각국에 전파되었다.

역사가들은 이 혁명을 세 단계로 구분한다. 1단계(1789~1791)는 시민의 자유를 인정하고, 입헌군주제를 도입한 시기였다. 2단계(1792~1794)는 급진적인 민주공화국이 출범한 시기였다. 반혁명 세력을 과감히 제거하는 과정에서 공포정치가 시행되었다. 3단계(1795~1799)는 부르주아의 이익을 반영하면서 혁명이 보수화되는 시기였다. 이때 나폴레옹 보나파르트가 집권해 유럽 각국에서 혁명 전쟁을 수행하였다.

프랑스혁명은 논란의 여지가 많다. 후세는 이 혁명을 두고 다양한 주장을 쏟아내고 있다. 연구자의 관점에 따라서 자유주의와 공화주의, 사회주의, 공산주의, 수정주의적 해석이 분분하다. 그러나 틀림없는 사실은, 이 혁명을 계기로 민주 공화제가 역사의 대세로 차츰 굳어졌다는 점이다. 독일이든 한국이든 현대 세계의 모든 국가는 프랑스혁명의 계승자라 하여도 무방할 정도다. 이처럼 정치 이념이란 인류사회에 강력한 영향력을 행사할 때가 있다.

카이저빌헬름 연구소와 막스플랑크 연구소

유럽의 다른 나라와는 달리 근대 독일(프로이센)에서는 국가의 역할이 압도적이었다. 정부가 설립한 '카이저빌헬름 연구소'(막스플랑크 연구소의 전신)에서 노벨상 수상자가 쏟아져 나왔다. 1914년부터 1945년까지 이 연구소 소속의 학자들이 무려 15개의 노벨상을 받았다. 연도순으로 나열하면 다음과 같다.

막스 폰 라우에(물리학, 1914), 리하르트 빌슈테터(화학, 1915), 프리츠 하버(화학, 1918), 막스 플랑크(물리학, 1918), 알베르트 아인슈타인(물리학, 1921), 오토 마이어호프(생리·의학, 1922), 제임스 프랑크(물리학, 1925), 카를 보슈(화학, 1931), 오토 바르부르크(생리·의학, 1931), 베르너 하이젠베르크(물리학, 1932), 한스 슈페만(생리·의학, 1935), 페터 데바이(화학, 1936), 리하르트 쿤(화학, 1938), 아돌프 부테난트(화학, 1939), 오토 한(화학, 1944). 이 학자들 가운데 몇몇은 다른 기관의 학자들과 공동으로 노벨상을 받았다. 하나의 국책 연구 기관에서 이렇게 많은 노벨상 수상자가 나온 것은 유례없는 일이었다.

카이저빌헬름 연구소는 제2차 세계대전이 끝나고 1948년에 '막스플랑크 연구소'로 이름을 바꾸어 오늘에 이르고 있다. 카이저빌헬름 연구소는 처음부터 과학 발전을 위해서 설립한 것이었다(1911년 1월 11일). 이 연구소를 지원하는 임무는 독일 상원에 귀속되었고, 연구소의 초대 회장 아돌프 하르나크도 상원 의원이었다. 연구소가 출범하기 3년 전, 독일은 '국립물리학 및 기술연구소'를 창립하였는데 이와 비슷한 '국립화학연구소'도 개설하였다. 그와 같은 경험이 쌓이다 보니 카이저빌헬름 연구소는 처음부터 화학연구소와 물리화학 및 전기화학연구소를 베를린 달렘에 창립하였다.

과학사 전문가 디터 호프만은 처음에 국가가 재정을 지원하여 독일의 기초연구 수준을 끌어올리자고 제안하였다. 국가가 최고 수준의 과학 연구를 후원해야만 미국과의 경쟁에서 이길 수 있다고 본 것이었다. 그러나 그때 독일은 국가 재정이 빈약해서 민간 기업의 지원도 받아들이기로 하였다. 기술 및 산업으로 부를 이룬 독일 중산층은 연구소를 재정적으로 후원하였다. 유대인 은행 자본가들도 거금을 쾌척하였다. 독일 정부로서는 연구원과 행정 직원의 급여를 지급하면 되었다.

독일의 상원 의원은 누구든지 카이저빌헬름 연구소에 간여하였다. 그들은 최고의 과학자들이 강의 부담에서 벗어나 가장 현대적인 장비를 제공받고 보조 인력도 충분히 동원할 수 있게 뒷바라지를 하였다. 연구 조건이 이처럼 훌륭했기 때문에, 연구소가 문을 연 지 불과 수년 만에 노벨상 수상자가 쏟아져 나왔다(1914년부터). 제2차 세계대전이 막바지에 이르렀을 때까지도(가령 1944년) 노벨상 수상자가 계속 배출되었다. 이 연구소 덕분에 독일의 과학, 공학 및 의학은 세계 정상급으로 뛰어올랐다.

카이저빌헬름 연구소를 운영할 때 가장 유념한 것은 해당 분야에서 최고의 과학자를 선발하는 것이었다. 철저하게 인물 중심으로 연구소를 설립함으로써 운영에 효율을 기하였다. 그러므로 분야마다 연구소의 시설 규모도 달랐고, 연구원의 수나 박사과정생 수, 방문 연구원(독일 및 해외), 조교, 실험실 관리자 및 부서장의 지위와 인원수에도 차이가 있었다.

특기할 점은 이 연구소가 여성 과학자를 우대하였다는 사실이다. 10개 기관에서 부서장을 지낸 여성이 14명이나 되었다. 불행히도 그중 5명은 나치 시대에 쫓겨났는데, 이름난 여성 물리학자 리제 마이트너와 뇌과학자 세실 보그트도 그 가운데 포함되었다.

나치 치하의 카이저빌헬름 연구소

나치 치하에서 독일은 반인륜적 범죄를 많이 저질렀다. 세계 최고 수준의 과학자들이 모인 카이저빌헬름 연구소도 그 시대의 악행과 떼려야 뗄 수 없는 관계였다. 우라늄의 핵분열을 처음으로 실험한 이는 오토 한과 프리츠 슈트라스만이었다(1938년 12월 17일). 그들이 속한 화학연구소가 핵무기 연구 프로그램을 진행하였다는 말도 있으나 사실 여부는 명백하지 않다.

나치 지배 아래서 카이저빌헬름 연구소는 어떠한 역할을 하였을까. 이 문제를 밝히려고 독일은 특별위원회를 운영하였다 (1999~2007). 연구소와 나치 체제의 관계를 알아내고, 그 시대의 권력자들과 연구소를 이끈 과학자들이 무슨 관계였는지를 체계적으로 조사한 것이다. 그 결과는 2000년부터 2008년까지 18권의 책으로 간행되었다.

역사가들이 밝힌 바로는 인류학연구소와 인간의 유전 및 우생학연구소 그리고 생의학연구소가 나치의 연구에 직접 참여하였다. 인류학연구소는 히틀러의 방침에 따라 저들의 인종 정책을 정당화했다. 연구소장 오이겐 피셔와 다수의 연구자가 국제회의에 참석하여 나치의 인종차별 정책을 대변하였다. 또한 뇌연구소 대표였던 율리우스 할러포르덴 교수는 나치로부터 150~250개의 인간 뇌를 연구용으로 제공받았다. 물리화학 및 전기화학연구소(페터 아돌프 티센)와 의학연구소(리하르트 쿤) 등도 치명적인 독가스를 연구하였다. 그들은 나치의 전쟁 수행을 돕기 위한 연구도 다양하게 진행하였다.

의학연구소 출신 요제프 멩겔레는 아우슈비츠 강제수용소에서 의사로 재직하면서 유대인의 혈액 샘플과 신체 장기를 떼어 연구소로 보냈다. 그의 박사학위 지도교수였던 오트마르 프라이헤어 폰 페르슈어 등에게는 강제수용소에서 적출한 유대인의 눈동자를 생체 실험용으로 보내기도 하였다. 실로 끔찍한 범죄행위였다.

오늘날의 막스플랑크 연구소

1945년 5월, 히틀러의 독일이 연합국 측에 무조건 항복하자 카이저빌헬름 연구소는 문을 닫고 막스플랑크 연구소로 재출발하였다(1946년 9월 11일). 영국 점령군의 양해에 따른 제도 변화였다. 카이저빌헬름 연구소에서 근무한 막스 플랑크는 그때 88세의 고령으로 이 연구소의 명예회장이었다. 미국 점령군 사령관 루셔스 D. 클레이 장군은 본래 카이저빌헬름 연구소를 완전히 없앨 계획이었으나, 1947년 말에 생각을 바꾸었다.

1948년 2월 막스플랑크 연구소의 신임 회장은 오토 한이었는데, 그는 연구소 본부를 괴팅겐에 두었다. 1949년 11월에는 프랑스 점령 지역에 있던 과거의 카이저빌헬름 연구소도 막스플랑크 연구소 산하 기관으로 두었다. 소련이 점령하고 있던 동독 지역의 연구소들은 별도 기관인 '과학 아카데미'(나중에는 동독과학아카데미)로 재편되었다.

2021년 현재 막스플랑크 연구소는 86개이며 그중 5개는 독일 바깥에 있다. 연구소의 2020년 예산은 19억 유로 이상(한화 2조 6,500억 상당)이며, 연구 인력은 약 2만 4,000명이다. 현재도 이 연구소의 명성은 세계 최상급이며 노벨상 수상자를 여럿 배출하고 있다. 이미 오래전부터 이 연구소는 인문, 사회, 과학의 여러 분야를 망라하고 있다. 나도 여러 해 동안 막스플랑크 역사연구소에 출입하며 많은 학자와 함께 연구하였다. 되돌아보면 정말 즐겁고 유익한 시간이었다.

한마디로, 독일은 국가 주도하에 과학과 의학 등을 세계 최고 수준으로 발전시켰으나, 잘못된 정치로 인해 정상급 학자들까지 범죄에 연루된 슬픈 시절을 겪었다.

독일의 부흥

끔찍한 만행을 저지른 끝에 나치 독일은 패망하였다. 연합국 시민들은 독일에 대한 적대감이 매우 컸음에도 전쟁이 끝난 지 얼마 안 되어 독일인(서독)에게 재생의 기회를 주었다. 전승국인 미국과 소련 사이에 긴장이 흐르면서 이른바 '냉전' 국면이 조성되었기 때문이다. 이에 미국은 애초의 계획을 바꾸어 마셜플랜을 토대로 서독의 산업화를 적극적으로 지원하였다.

과학과 공학 그리고 각종 산업 발전의 경험을 충분히 축적한 독일 사회였으므로, 그들은 이번에도 대단히 빠른 속도로 경제를 회복하였다. 전후에 독일은 동서로 분단되었으나, 반세기도 채 흐르기 전에 재통일의 꿈을 이루었다. 1980년대 말, 동유럽의 공산국가들이 붕괴할 조짐을 보이자 서독의 헬무트 콜 총리와 노련한 디트리히 겐셔 외무장관은 눈앞의 호기를 놓치지 않고 단숨에 재통일의 위업을 달성하였다.

물론 그와 같은 위업에도 표면에 잘 드러나지 않은 배경이 있었다. 1945년 이후 독일 시민과 정치가들은 과거에 자국이 저지른 과오를 거듭하여 사죄하였고, 나치당의 반인륜적 범죄에 관하여 책임지는 모습을 보였다. 독일의 고위 관리들은 전쟁 피해자들의 영전에 무릎 꿇고 빌었고, 생존자와 유족에게 금전적 보상을 아끼지 않았다. 다른 한편으로는, 나치당의 학살 범죄를 기억하는 대규모 추모관을 건립하고 전쟁 범죄자를 적발하여 단호히 처단하였다. 국제사회는 이러한 독일인의 모습에서 과거의 잘못을 참회하는 진지하고 일관된 태도를 발견하였다.

　과거의 죄상을 참회하는 독일 사회와는 달리 제2차 세계대전 당시 그들의 동맹국이던 일본은 천만뜻밖의 태도로 세상을 경악하게 만들었다. 역대 일본 총리 중에는 전쟁 범죄자의 위패가 있는 신사에 찾아가 참배를 하는 이가 있는가 하면, 일본 국민도 자신들이 전쟁 피해자라고 주장하는 등 이해할 수 없는 언행을 하는 사람이 많았다.

　요컨대 독일 사회는 일본과는 달리 자국이 저지른 과거의 잘못을 순순히 인정하고 역사 앞에 깊이 반성하였다. 독일 사회에 네오나치와 같은 일부 극우파가 남아 있기는 하지만, 대다수 독일인은 나치의 이념을 배척하며 나치와의 고리를 완전히 끊기 위해 애쓰고 있다. 그러므로 유럽 각국을 포함한 국제사회는 독일을 믿음직한 동맹국이라고 여긴다. 국제사회의 신뢰와 지지가 있어서 독일은 재통일의 꿈을 이룬 것이었다. 장차 그들이 유럽연합을 이끄는 국가로서 어떤 역할을 할지 귀추가 주목된다.

독일의 황금기를 연 인물들

독일의 역사를 연구해보면 막혔던 가슴이 툭 터지는 듯한, 속이 후련한 대목이 몇 군데는 반드시 있다. 그 하나는 오토 폰 비스마르크의 등장으로 독일이 오랜 분열의 시대를 마감한 것이다. 비스마르크가 독일을 근대적 통일 국가로 만들어놓지 못하였더라면 오늘날의 독일은 없었을 것이다.

또 하나는 후진국이었던 독일이 19세기 말부터 부진의 탈을 벗고 세계 최강의 산업국가로 발돋움한 것도 괄목할 일이다. 독일이 영국과 프랑스와의 엄청난 격차를 과연 어떻게 극복하였는지 궁금한 일이 아닌가.

한편 양차 세계대전의 패배를 딛고 일어나 정치, 경제, 문화적 재건에 보란 듯이 성공한 사건도 빼놓을 수 없다. 이것은 빌리 브란트 총리가 이웃 나라를 방문해, 나치의 침략이라는 어두운 과거를 참회하고 화해의 장을 연 것과 관계가 깊다. 아래에서는 이 같은 세 가지 사항을 차례로 설명할 것이다.

비스마르크 총리의 역할

오토 폰 비스마르크는 독일의 통일에 결정적 역할을 하였다. 그러나 그의 정치적 공적을 두고 오랫동안 논란이 많았다. 1895년, 프라이부르크대학교에 교수로 부임한 사회학자 막스 베버는 취임 기념 강의에서 독일 통일에 대한 비스마르크의 역할을 부정적으로 평가하였다. 비스마르크가 독일 사회의 내적 융화에 실패하였다는 지적이었다. 그런데 비스마르크의 정치적 역할에 관한 평가는 곧 긍정적으로 바뀌었다. 정계에서 물러난 비스마르크가 《회고록》을 간행하자 분위기가 완전히 바뀌었다. 그의 아들 헤르베르트 폰 비스마르크는 '철혈 수상' 비스마르크의 용기 있고 헌신적인 이미지를 확대 재생산하는 데 중요한 역할을 하였다.

비스마르크에 대한 엇갈리는 평가

19세기 독일의 대표적인 역사가 하인리히 폰 트라이치케는 본래 비스마르크를 비판하던 학자였으나 뒤에는 열렬한 찬미자로 바뀌었다. 비스마르크 총리가 이끈 독일제국의 성립은, 19세기 독일 지식인들이 보기에는 역사에 길이 남을 위대한 업적이었다. 트라이치케를 비롯한 많은 학자가 비스마르크의 정치적 능력에 매혹되었다. 그러나 그때도 교과서에는 독일제국의 창건자가 황

비스마르크 총리(가운데)와 빌헬름 1세

제 빌헬름 1세로 기록되었고, 비스마르크 총리는 언급되지 못했다. 군주제 국가의 한계였다.

　20세기 초까지도 독일 역사가들은 비스마르크의 역할과 능력을 극도로 과장하는 경향을 보였다. 제1차 세계대전이 한창이던 1915년은 비스마르크의 탄생 100주년이었다. 그때 역사가들은 비스마르크가 프랑스와 같은 강대국의 반대를 꺾고 마침내 독일의 통일을 이루었다며 칭송하였다. 바이마르공화국 시대에도 독일을 대표하는 역사가들은 비스마르크를 국가적 영웅으로 기술하였다. 그들은 전쟁에 진 후 벌어진 독일의 굴욕적이고 혼란스러운 상황을 떠올리면서, 패전의 수치를 극복하려면 민족의 아버지와 같은 비스마르크에게서 본받을 점이 있다고 피력하였다.

　1920년대에는 그동안 비밀에 부쳐진 여러 문서가 공개되어, 비스마르크가 외교적으로 탁월한 인물이었다는 점이 새롭게 드러났다. 한편 오토 윌링거는 비스마르크가 반유대주의자였다는 사실을 1921년에 공개적으로 거론했다. 물론 그때는 이런 주장이 비스마르크의 명성에 크게 흠집을 내지 못했다. 독일 사회에는 반유대주의자들이 차고 넘쳤던 시절이었다.

나치 때가 되자 체제에 영합한 역사가들이, 비스마르크와 아돌프 히틀러 사이에는 역사적 연결 고리가 있다고 강변했다. 비스마르크가 시작한 통일 작업이 히틀러에게 계승되었다는 주장이었다. 영국 역사가들도 독일은 '특수 노선Sonderweg'을 걸어왔다며, 비스마르크야말로 히틀러의 도래를 알리는 예고편이었다고 해석했다.

그러나 이러한 주장은 근거가 없다. 비스마르크는 강대국과의 전쟁을 회피하였다. 그는 독일과 러시아 간에 전쟁이 일어나서는 안 된다고 경고하기도 했다. 1941년에 히틀러는 러시아를 침략하였는데, 비스마르크가 살아 있었더라면 그런 전쟁을 결코 용인하지 않았을 것이다.

제2차 세계대전 중에도 비스마르크의 민족주의적 측면을 강조하며, 독일인의 모범으로 여기는 학자와 저술가가 있었다. 그러나 신중한 반론도 제기되었다. 에리히 아이크는 스위스에 망명하는 동안에 세 권으로 된 비스마르크 전기를 출간했는데, 그는 비스마르크가 권모술수의 대가였고, 법을 함부로 무시했다고 비판하였다. 그에 따르면, 비스마르크는 민주주의자도 아니었고, 자유주의와 인도주의적 가치를 허무맹랑한 것으로 간주한 정치가였다. 그런 점에서 20세기 초반에 독일이 민주주의를 말살하고 세계대전을 두 차례나 일으킨 잘못이 비스마르크로 소급된다는 주장이었다. 아이크는 비판하기를, 비스마르크가 생전에 구축한 유럽 각국의 연대는 정치적 책략의 결과로서 본래부터 실패할 운명이었다는 것이었다. 그렇게 비판하면서도, 아이크는 비스마르크가 대단히 매력적인 인물이라고 언급하였다. 언제 어디서든 좌중을 지배하는 카리스마의 소유자였고, 막강한 권력자인 동시에 폭군의 성품을 함께 가진 인물이라고 하였다.

제2차 세계대전 이후에도 다수의 독일 역사가는 비스마르크를 호의적으로 평가하였다. 한스 로트펠스와 테오도르 쉬더와 같은 이름난 역사가도 같은 의견이어서 그들은 이구동성으로 아이크의 전기를 비판하였다. 그러나 프리드리히 마이네케는 《독일의 파국》에서 독일은 민족국가로서 실패하였으므로, 그 출발점을 제공한 비스마르크도 혹평하는 것이 당연하다고 주장했다(1946). 그와 달리 빌헬름 몸젠은 비스마르크의 정치적 유연성을 호평하며, 그가 국내 정치에서 잘못을 범하였더라도 탁월한 업적을 이룩한 정치가라는 사실을 인정해야 한다고 주장하였다. 이처럼 많은 역사가는 통일에 이바지한 비스마르크 총리의 업적을 기렸다.

비판적인 목소리도 쉽게 사라지지 않았다. 한스 울리히 벨러는 비스마르크가 사회민주당원과 예수회(가톨릭 수도 단체)를 '국가의 적'으로 규정하고 탄압한 사실을 지적했다. 벨러는 1878년부터 비스마르크가 '진보에 반대하는 동맹'을 이끌며 전통적인 지주층(융커)과 자본가의 이익을 앞세운 사실을 고발하였다. 벨러는 비스마르크의 통치 체제야말로 나폴레옹식의 독재라고 강조하였다. 그는 막스 베버가 말한 '카리스마적 통제'라는 개념으로 비스마르크의 통치 스타일을 해석하였다.

최근에는 학자들이 비스마르크의 다양한 역할을 균형감 있게 종합하려는 경향이 일반적이다. 비스마르크의 강인한 의지와 능력을 강조하면서도, 그가 당대의 사회구조와 정치적 관행에 지나치게 집착하였다는 사실을 놓치지 않는다.

요컨대 비스마르크는 보수적인 사회구조와 가치 체계를 지키려 애쓴 왕당파였다. 그는 자신의 정치적 목적을 달성하기 위해서 기존 정치 질서를 해체하고 상당 부분 독일 사회를 근대화하는 데 앞장서기도 하였다. 그러나 결국에는 자신이 키운 보수 세력을 통제할 힘을 잃었고, 변화하는 시대 조류에 발맞추어 독일을 개혁하려는 진보 세력과도 불화를 계속하였다.

아직 독일이 재통일을 이루기 전에 동독 역사가 에른스트 엥겔베르크는 흥미로운 책을 선보였다. 그는 비스마르크가 모험가라기보다는 신중한 정치가라고 평하였다. 현대인의 눈에 비친 비스마르크의 성격적 결함은, 단지 한 개인의 문제로 보기 어렵다고 하였다. 그의 결함은 19세기 독일 지주층의 관습과 전통에서 비롯된 것이라는 분석이었다. 비스마르크처럼 강력한 정치적 의지를 가지고 행동하는 정치인은 무척 드물었다고 말하면서, 엥겔베르크는 비스마르크를 옹호하였다. 또 제1차 세계대전이 일어난 책임이 비스마르크에게 있는 것처럼 생각하는 것은 명백한 오류라고 강조하기도 했다. 그 책임은 빌헬름 2세를 비롯한 당대 통치자들에게 있다는 점을, 엥겔베르크는 날카롭게 지적하였다. 나는 그의 분석이 옳다고 생각한다.

비스마르크는 팽창주의자인가

'철혈 수상' 비스마르크가 독일을 통일하고 나서 많은 변화가 일어났다. 독일은 중앙정부를 효율적으로 운영하기 시작했다. 그러자 영국이나 프랑스에 비해 형편없이 낙후되어 있던 각종 제도가 면모를 일신하였다.

19세기 후반 독일은 열악한 상황에 처하였다. 인구가 급속히 증가하는 바람에 농축산물이 크게 부족해 국가의 자립이 위태로웠다. 곡물 가격은 해마다 올랐으나, 평균 임금은 도리어 낮아져 구매력이 줄었다. 국내 산업은 성장을 멈추었고 경제 위기가 닥치고 있었다. 빈곤과 그로 인한 각종 사회문제가 시급한 현안이었다. 그런데 유럽의 주요국들과는 달리 독일은 농축산물을 제공할 식민지가 없어, 문제가 해결될 가능성이 보이지 않았다.

비스마르크 총리는 식민지 쟁탈전에 뛰어들기를 주저하였다. 독일의 국내 산업이 신통하지 못해 식민지가 꼭 필요한 것이 아니라고 판단하였다. 식민지 경영이란 식민지에서 원자재를 가져다가 공산품을 생산하고, 그것을 다시 식민지에 판매하는 것이 일반적이었으나, 독일의 산업계는 마땅한 상품을 생산하지 못하였다.

하지만 빈곤이 만연하자 비스마르크의 생각이 달라졌다. 그때 독일 지도층은 두 가지 형태의 식민지를 건설하기로 의견을 모았다. 첫째, 농업 식민지의 확보가 시급하였다. 식량을 원만하게 공급하기 위해서, 그들은 온대 지방에 식민지를 설치하기로 하였다. 현지에 자회사를 만들고 보조금을 충분히 지원하면, 식민지에서 식량 자원을 생산할 수 있으리라 믿었다. 그 농산물을 독일의 산업 제품과 교환하는 방식으로 수지를 맞추기로 하였다.

둘째, 그들은 열대 지방에 상업 식민지를 건설하기로 했다. 기후적으로 농업경영에 부적절하고 독일인이 현지에 정착하기도 어려울 테지만, 교역을 통해 이익을 얻을 수만 있다면 이러한 형태의 식민지도 필요하다는 판단이었다.

비스마르크 총리의 식민 정책은 수동적이었다. 그는 식민지를 경제적으로 무조건 착취하는 것도 원하지 않았고, 독일인을 현지에 정착시키는 데도 큰 관심이 없었다. 비스마르크가 바란 것은 부유한 독일 상인과 회사가 경제적 이익을 얻을 수 있도록 몇 군데 식민지를 두는 정도였다. 그는 영토적 야욕도 없었고, 식민지를 가혹하게 착취하는 것도 원하지 않았다.

식민지에 설립한 회사를 국가가 지원하기로 약속하면서도, 비스마르크는 기업가들이 자발적으로 앞장서기를 기대하였다. 설사 식민지 경영이 실패로 끝나는 일이 생겨도 기업가들이 그 위험을 감수하면 그만이요, 국가는 별로 손해를 입지 않을 것이기 때문이었다. 비스마르크의 뜻대로 일이 추진되었더라면, 역사적 파국은 아마 닥치지 않았을 것이다.

그러나 현실은 그의 소망과는 다른 방향으로 움직였다. 1886년 가을, 독일제국은 50만 마르크를 동아프리카협회에 투자하여 최대 주주가 되었고, 1891년 1월 1일부터 해외의 식민지를 모두 국가의 통제 아래 두었다. 하지만 기대와는 달리 독일의 무역 수지는 개선되지 않았다. 국가가 식민지 문제를 검토한 지 13년(1880~1893)이 지났다. 그때까지 식민지로 이주한 독일인은 1,200명에 불과했다. 기후도 나쁘고 토양도 농사에 적합하지 않아서 이주가 지지부진하였다. 온대 지방에 있는 독일의 보호령은 남아프리카공화국뿐이었는데, 농업용수 공급이 원활하지 못하고 숲도 빈약해서 농업경영은 시작부터 어려웠다.

결과적으로 식민지는 독일에 이익을 주기는커녕 비용만 발생시켰다. 현지의 관료 조직을 유지하는 비용도 적지 않은 데다가 식민 지배에 저항하는 원주민들이 봉기를 일으킬 때마다 군대를 보내느라 비용이 적잖이 들었다. 식민지 경영 때문에 국가의 재정적자가 더욱 확대되었다. 비스마르크의 본래 생각대로, 독일은 식민지 경영에 관심을 두지 않는 편이 훨씬 나았을 것이다.

'메이드 인 저머니'라는 명성

오늘날 독일은 산학협동에서 크게 성공한 나라로 손꼽힌다. 일과 학습을 병행하는 독일식 직업교육 제도가 세계 여러 나라에서 인기를 끌고 있다. 역사적으로 보면, 영국과 미국에서는 거대 기업을 설립해 생산공정을 단순화하고 표준화하여 생산 가격을 낮추는 전략을 추구하였다. 그러나 독일의 선택은 달랐다. 그들은 원가 절감에 매달리기보다는 상품의 질을 높이는 데 주력하였다. 이것이 결과적으로 양질의 제품을 생산하는 데 유리하였다. '메이드 인 저머니Made in Germany'라는 표현이 있듯 독일제는 고품질의 대명사가 되었다.

이 용어가 처음부터 그런 뜻은 아니었다. 19세기 후반, 독일을 비롯해 유럽 여러 나라가 뒤늦게 산업화에 뛰어들었다. 그들은 세계 최강의 대제국인 영국으로 저가의 조잡한 생산품을 수출했다. 독일산 상품은 유난히 품질이 나빴다. 당연한 일이지만, 영국에서는 독일 상품에 관한 평판이 매우 나빴는데, 세계 어디서나 사정은 엇비슷했다. 1876년 미국 필라델피아에서 열린 세계 박람회 때도 독일 공학자 프란츠 묄로는 자국의 상품에 대해 이렇게 평하였다. "독일제는 값도 싸고 품질도 나쁘다."

그때 독일 기업은 소위 짝퉁 상품을 만들어 영국, 프랑스 또는 미국 제품이라고 속여 파는 일이 비일비재하였다. 중세부터 명품 칼을 만들던 졸링겐의 수공업자들도 예외가 아니었으니, 무슨 말을 하겠는가. 한마디로, 독일 경제는 유럽에서도 가장 후진적이었다. 독일 상인은 자국에서 생산된 설탕, 감자, 보리 등 식품류를 부자 나라인 영국에 수출하였다. 공산품이라면 저임금 노동으로 생산한 수공예품만 겨우 수출할 수 있었다. 흑림 지역에서 만든 간단한 악기와 뻐꾸기시계 정도가 그나마 독자적인 상품이었다. 독일제 기계라든가 금속 제품 등은 해외 시장이 요구하는 품질 수준에 미달하였다. 쓸 만한 기계를 생산하는 데 필수적인 기술과 지식을 독일인은 알지 못했고, 자본도 부족하였다. 독일은 헤어나기 어려운 구조적 어려움을 안고 있었다.

제반 사정을 고려하면 독일의 기업가들이 짝퉁 상품에 매달렸던 이유를 조금 이해할 수 있다. 그때 영국인들은 짝퉁 상품이 자국 경제에 피해를 준다고 판단해, 자국에서 유통하는 상품에 원산지를 표기하는 법률을 제정하였다(1862). 그래도 이 문제가 근절되지 않자 1887년 4월 23일에 개정안을 통과시켰다. 이 법안은 독일과 프랑스 및 미국을 노린 것이었다. 영국 의회는 외국에서

들어온 저가 물품을 꼭 집어서 반드시 생산지를 표시하게 했다. 가령 어떤 물건에 "독일제(메이드 인 저머니)"라고 표지를 해놓으면, 시민들은 이 제품이 싸구려인 데다 위조품일 가능성이 높다는 점을 바로 알아차릴 수 있게 만들었다. 이것은 영국산 상품의 국내 소비를 촉진하기 위한 고육책이기도 하였다.

그 당시 영국의 기업가들은 독일과 미국 등지에서 쏟아져 들어오는 싸구려 물건 때문에 골치를 앓았다. 그래서 이보다 몇 년 앞서 파리에서 각국 대표를 모아놓고 특허와 상표법에 대한 협정을 맺었다(1883). 그 핵심은 원산지를 엉터리로 표시한 상품에 대해서 벌금을 부과하겠다는 것으로, 영국의 입김이 작용한 조치였다. 다시 1891년에도 짝퉁 상품을 시장에서 완전히 몰아내기로 결심이라도 한 듯, 원산지 표기를 정확히 하라는 내용을 골자로 한 마드리드 협정을 체결하였다. 이처럼 법망이 촘촘해지자 독일도 짝퉁 상품으로 이익을 보기가 어려운 상황이 되었다.

독일의 기업가들은 원산지 표기법에 대하여 강한 거부감을 드러내기는 하였으나, 세상이 자신들에게 불리하게 돌아간다는 사실을 정확히 인식하였다. 1876년, 필라델피아에서 자국 상품에 대한 최악의 평가를 접한 뒤로는 '품질 경쟁'에서 반드시 이기고 말겠다는 의지를 불태우는 이도 적지 않았다. 그들은 영국인 노동자를 자국으로 데려다가 생산기술을 배우기도 하였고, 영국의 업체를 찾아가서 제조 방법과 기술을 학습하기도 했다. 또 새로운 공학적 지식을 앞다투어 습득하였으며, 우수한 기계 설비를 갖추고 기술자의 교육에 많은 투자를 했다.

독일 상인들도 변신을 꾀하였다. 그들은 도매소를 창립하였고,

화물 운송 업체도 만들었다. 자본이 더 넉넉한 회사는 외국 시장을 공략하기 위해 수출 부서를 만들었고, 업종끼리 카르텔을 형성해 경쟁력을 키웠다. 이러한 변화는 독일이 중앙집권적 근대국가로 거듭났기 때문에 가능하였다. 알다시피 비스마르크 총리는 각종 제도를 개혁하며 독일을 혁신하고 있었다.

그 성과는 눈부셨다. 19세기가 아직 끝나기도 전에 독일은 최신의 산업국가로 다시 태어났다. 수출 주도형 독일 경제는 세계를 놀라게 하였다. 독일의 영업 사원은 가장 유리한 배송 조건을 찾아냈고, 유능한 영업 직원과 저렴한 생산 가격을 무기 삼아서 자국 상품을 전 세계로 수출하였다. 상품 목록도 유럽의 주요 언어로 번역하여 소비자의 구매 욕구를 자극하였다. 또한 독일제국 영사관은 외국에서 독일 제품이 많이 팔리도록 기업가들과 긴밀하게 협력했다. 이렇게 20~30년이 흐르자 독일은 점점 고가의 품질 좋은 공산품과 기계를 수출하게 되었다.

예를 들면, 영국 중산층은 집집마다 피아노를 구입하였는데 대개는 독일제였다. 독일 피아노는 최첨단 철제 프레임을 사용하는데다가 최신식 십자 현을 장착해 품질을 높였다. 그 당시 영국의 피아노 회사는 악기 전문점을 통해서만 피아노를 판매하였다. 그러나 독일 경쟁 회사들은 달랐다. 그들은 대량 생산으로 상품 단가를 최대한 낮추었고, 일반 백화점에서도 피아노를 할부로 판매하는 전략을 썼다. 그러자 영국 중산층은 독일제 베히슈타인이나 불뤼트너와 같은 훌륭한 제품을 구입하였다. 임금이 높은 편인 노동자까지도 독일제 피아노를 찾았다. 수요가 늘어나자 독일 피아노 회사는 도시에서 멀리 떨어진 외딴 지역에도 대리점을 개설했다. 사업은 대성공이었다.

생산지 표기법은 독일 제품을 본래 영국 시장에서 배제하는 데 목적을 두었으나, 상황이 완전히 달라졌다. 영국 시민은 그들이 애용하는 일용품의 상당 부분이 독일제라는 사실을 알고 안심하였다. 각종 생활 도구와 회사원의 제복, 어린이들이 좋아하는 인형, 부엌마다 있기 마련인 주전자, 심지어 학생들이 사용하는 연필까지 모든 것이 값싸고 품질 좋은 '독일제'였다.

세계 주요국에서도 똑같은 반응이 나타났다. 세계 어디서나 사람들은 '독일제'를 찾았다. 갈수록 많은 독일 상품이 품질과 가격 면에서 영국제를 능가하였다. 독일제라는 표지는 상품이 우수하다는 인증서 역할을 하였다. 1897년, 영국의 식민장관은 독일제 시계가 자국산보다 더 저렴하고, 더 멋지며, 더 아름답다고 실토하였다. 그는 독일산 가구는 가볍고, 저렴하며, 배달도 영국제보다 더 빠르다고 말하면서 독일산 맥주까지 칭찬했다. 세계 시장에서 독일제가 완승을 거둔 것이었다.

독일이 제1차 세계대전을 일으킨 것은 실로 어리석은 일이었다. 이 전쟁으로 인하여 독일은 모든 것을 잃었다고 해도 과언이 아니었다. 게다가 얼마 후에는 제2차 세계대전까지 유발해 독일은 스스로 구덩이를 팠다. 그러나 다시 평화가 찾아오자 독일제라는 표지는 독일이 이룩한 경제 기적의 대명사가 되었다. 독일 연방 공화국(서독)의 눈부신 성공 신화는 우리가 다 아는 바다. 그들은 자국산 제품에 '서독제Made in W. Germany'라는 표지를 붙였다. 독일이 재통일된 뒤에는 그것이 다시 독일제Made in Germany로 바뀌어 여전한 명성을 자랑하고 있으니, 참 부러운 일이다.

재통일을 선사한 헬무트 콜 총리

헬무트 콜(1930~2017) 총리는 1982년 10월부터 1998년 10월까지 무려 16년간 장기 집권하였다. 오토 폰 비스마르크 이후 최장수 총리였다. 콜 총리는 사회민주주의자인 전임 총리 빌리 브란트가 수립한 동방 정책을 계승했다. 동독과 꾸준히 관계를 개선하였기 때문에 재통일의 가능성이 엿보였을 때 기회를 놓치지 않고 강하게 밀어붙여 위업을 이룰 수 있었다.

통일의 초석, 외교력

재통일의 초석은 외교력이었다. 콜 총리는 재임 중에 프랑스 대통령 프랑수아 미테랑과 협력 관계를 구축하였다. 두 사람은 서로 힘을 합쳐 유럽 통합에 힘썼고, 그 결과 마스트리흐트 조약의 토대를 구축하였다. 그 밖에도 콜 총리는 미국과의 동맹을 강화하였고, 소련을 무너뜨리기 위해서 레이건 미국 대통령과 적극적으로 협력하였다. 결과적으로 소련은 큰 타격을 입고 개혁 개방의 길로 접어들었다.

1989년이 되자 동독을 비롯한 동유럽의 공산 사회 전체가 심하게 요동하였다. 그때 콜 총리는 통일의 가능성을 읽었다. 그가 기대한 것처럼 1989년 11월 9일에는 흥분한 동·서독 시민들이 베를린 장벽을 무너뜨렸다. 콜 총리는 이것이야말로 하늘이 준 역사적 기회라고 판단하고 곧 행동에 착수하였다. 그는 연방 하원과 사전 협의도 거치지 않은 상태에서 통일을 위한 긴급 프로그램을 만들어 승부수를 띄웠다(1989년 11월 28일). 그의 작전은 성공했다.

1989년 12월 9일, 스트라스부르에서 유럽경제공동체EC 정상 회담이 열렸는데, 회의에 참석한 유럽 지도자들은 콜 총리가 재통일을 추진하고 있지 않은지 의심하였다. 그들은 대체로 독일의 재통일을 반대하였다. 그러나 콜 총리는 시간을 두고 그들을 설득하였다.

콜 총리는 필요할 때면 단호한 의지를 보였고, 아무리 어려운 일이라도 중도에 포기하지 않는 장점이 있었다. 그는 동독과 조약을 맺어서 화폐 교환과 사회 통합이라는 어려운 문제를 해결하였다. 동·서독일의 조약은 1990년 7월 1일에 발효되었다. 정치적 고려 끝에, 콜 수상은 일대일이라는 비현실적인 교환 비율로 동독의 민심을 끌어안았다. 이러한 결정이 통일 후 독일(서독)에 큰 재정 부담으로 되돌아왔으나, 역사의 대세를 바꿔놓았다는 점에서 현명한 결정이었다고 본다.

콜 총리는 독일 재통일에 관한 국제사회의 허락을 얻으려고, 디트리히 겐셔 외무장관을 대동하여 로타르 드 메지에르 동독 총리와 함께 이른바 '2(동독, 서독) 더하기 4(미국, 러시아, 영국, 프랑스) 회담'을 열었다. 이 회담에서 각국 정상은 독일의 재통일을 인정하였고, 1990년 9월 12일에 마침내 모스크바에서 '2 더하기 4 조약'이 체결되었다. 조약에 서명한 미하일 고르바초프(러시아), 마거릿 대처(영국), 조지 H. W. 부시(미국), 프랑수아 미테랑(프랑스)은 콜 총리와 개인적으로도 가까운 사이였다. 대처 영국 총리와는 껄끄러운 점이 없지 않았으나, 나머지 정상들은 오래전부터 콜과 깊은 교감이 있었다. 독일이 재통일되자 콜 총리는 독일 의회와 정부를 임시 수도였던 본에서 베를린으로 옮겼다. 콜 총리는 독일을 재통일한 공적 하나만으로도 역사적 인물의 반열에 오를 만하다.

콜 총리 업적은 프랑수아 미테랑 프랑스 대통령과의 긴밀한 협력 관계에서 비롯된 것이 많았다. 두 거인은 유럽연합EU을 창설하였고, 공동 화폐인 유로화의 시행을 구체적으로 협의하였다. 미테랑의 양해를 얻어서, 콜은 새로 창립되는 유럽중앙은행의 본부를 프랑크푸르트 암 마인(독일)에 두었다. 미테랑 대통령과 콜 총리는 유럽연합에 대한 공적으로 '샤를마뉴상'을 공동으로 수상하기도 하였다(1988).

독일 통일 이후 콜 총리는 유럽연합을 동유럽으로 확장하는 대사업에 시동을 걸었다. 크로아티아, 슬로베니아, 보스니아 헤르체고비나 등이 국제사회의 승인을 얻을 수 있도록 콜이 산파 역할을 맡았다. 보스니아에서 전쟁이 일어나자 그는 문제를 해결하는 데도 앞장섰다. 유럽의 평화를 위한 그의 노력은 국제사회의 인정을 받아, 1997년에는 '유럽 비전상'을 받았다. 유럽통합과 국가 간 협력에 공헌한 공으로, '유럽의 명예시민'에 뽑히기도 하였다(1998). 미국의 조지 H. W. 부시 전 대통령은 콜 총리를 20세기 중후반 유럽을 빛낸 가장 탁월한 지도자라고 기렸다.

그런데 콜 총리에게는 결함도 많아서 재임 중에는 조소와 풍자의 대상이 되기도 하였다. 그의 뚱뚱한 몸과 큰 키, 순박한 말투는 대중의 조롱거리였다. 콜의 언행을 풍자한 글이 많아서 혹자는 그런 글을 모아서《콜수상의 웃음》(1993)이라는 책을 내기도 하였다. 친근하면서도 왠지 허점투성이 같은 인상을 풍기는 인물이 바로 콜 총리였다. 독일 통일 이후 콜 총리는 선거에서 패배하였

고, 기독교민주연합CDU의 비자금 운용이 문제가 되어 정치 일선
에서 물러났다. 정치적 거인의 마지막은 초라하고 불명예스러웠
다. 19세기 말, 비스마르크 총리가 불명예로 파란만장한 정치 역
정을 마무리한 것과도 비슷하였다.

2021년 12월 초순까지 독일 총리로 재임한 앙겔라 메르켈은
동독 출신으로 콜 총리가 발탁한 인물이다. 독일 통일 직후 메르
켈은 '콜의 소녀'라고 불렸다. 1991년 1월, 콜 총리는 무명의 메르
켈을 여성청소년부 장관에 임명해 그를 일약 유명 정치인으로 만
들었다.

재통일에 관한 시민의 기억

재통일은 어떤 모습으로 왔을까. 1989년 늦여름, 동독 라이프
치히에서 학생 신분이던 카트린이라는 시민의 이야기를 잠깐 소
개한다. 그때 그는 하루하루 역사적인 격변을 겪고 있었다고 말
한다. 바로 그해 11월에 베를린 장벽이 무너졌다. 수십 년 동안
동독과 서독을 나눈 국경선이 사라진 것이었다.

2019년 8월부터 11월까지 카트린은 메신저로 '장벽의 붕괴와
나'라는 프로젝트에 참가하여 자신의 통일 체험을 다음과 같이
회상하였다. 시민이 체험한 재통일은 어떤 것이었는지를 엿볼 수
있는 좋은 기회다.

라이프치히에서 마지막으로 연락드립니다. 오늘 데모에는 10만 명
도 넘게 참가했다고 합니다! 이제 조금만 노력하면 우리는 선거를
할 수 있을 것 같아요. 지금까지도 처음에 예상했던 것보다 훨씬 많

은 것을 이미 달성했는데요, 사람들은 독일의 재통일을 요구하기 시작했습니다!

나는 부모님께 시위에 동참하실지를 물었어요. 그분들은 아직 마음의 준비가 되지 않은 것 같습니다. 서독으로 여행하는 것은 찬성이라고 하시지만, 미래에 대한 걱정은 많으신 모양입니다.

산드라와 로버트는 국경이 개방되었다는 소식에 충격을 받았다고 하는데요, 우리의 장래에 대해서는 회의적이랍니다. 그들도 공산 정권이 무너진 점은 환영합니다. 그러나 많은 사람이 이제 서독으로 여행도 자유롭게 하고 쇼핑도 할 수 있는 자유를 갖게 된다고 해서, 사회주의를 위한 그동안의 투쟁은 헛된 일이었을까요?

그리고 파울라요? 몇 주 동안 그녀의 소식을 한 번도 듣지 못했습니다. 누군가 산드라에게 말했다는군요. 파울라의 아버지는 괴를리츠에 있는 공산당 정보기관에서 근무한대요. 지금 열심히 문서를 파기하는 중이라고 했다더군요.

나는 앞으로 일이 어떻게 진행될지 기대합니다. 어쨌든 당분간은 라이프치히에 머물며 대학교를 다니고 싶습니다. 앞으로는 뭐든지 가능하다고 느끼고 있어요.

지난 몇 달 동안 함께해 주셔서 감사합니다. 잘 지내세요!

당신의 카트린.

카트린의 편지에 잘 드러난 것처럼, 통일을 앞둔 동독 시민은 불투명한 미래 때문에 생각이 많았다. 낙관적인 전망도 있었으나 회의론도 적지 않았다. 그동안 동독 체제에 깊이 관련된 직업에 종사한 사람들은 행적을 숨기기에 바빴다. 그런데 관점은 서로 차이가 있더라도 재통일을 반대하는 목소리는 없었다. 분명한 것은, 통일의 순간이 그처럼 급작스럽게 불쑥 찾아오리라는 어느 누구도 알지 못하였다는 사실이었다.

그러나 독일 재통일은 오랫동안 준비한 결과였다. 전쟁범죄 국가로서 독일이 피해를 준 이웃 나라와 화해하는 데 독일은 이미 성공하였다. 이러한 역사적 노력이 있었기에 독일은 다시 통일을 이룩할 수 있었다. 그런 점에서 나는 다음과 같은 역사의 일면을 되짚어본다.

독일의 역사적 화해

국가 간의 화해란 무엇일까? 그에 관한 정설은 없다고 하는데, 벨기에 루뱅대학교의 발러리 로조Valerie Rosoux 교수의 주장이 믿을 만한 것 같다. 그는 국가 간 화해의 세 가지 측면을 강조하였다. 첫째는 구조적인 화해로, 당사국이 상대의 군사적 안보를 보장하고, 정치·경제적으로도 협력하는 것이다. 하지만 이 정도로는 국가 간의 갈등이 완전히 극복될 수 없다.

국가 간 화해 과정은 시간도 오래 걸리고, 그 과정도 복합적이다. 그런 점에서 로조는 사회심리적 화해를 강조한다. 국가 간 화해의 두 번째 측면이다. 셋째로 국가 간 화해는 양국 시민의 집단적 '회복'이라고도 한다. 로조에 따르면, 피해국뿐만 아니라 가해국의 재활도 필요하다.

한마디로, 국가 간의 화해는 정치·사회적인 활동인 동시에 도덕적인 각성이다. 이는 양국 시민의 '자발적'인 참여를 요한다. 일방의 강요로 화해가 이뤄질 수는 없다. 그럼 이와 같은 화해이론에 비추어 보아도 손색이 없는 국가 간 화해가 실제로도 일어났을까.

폴란드와 독일, 원한의 실타래 풀기

독일과 폴란드의 관계가 로조의 이론에 가장 잘 어울린다. 얼마 전(2020년 6월 17일)에 시청한 국제뉴스 한 장면이 생각난다. 독일이 폴란드 남부의 아우슈비츠-비르케나우 강제수용소를 보존하려고 기금을 증액하였다는 소식이었다. 2019년에 독일은 6,000만 유로(818억 원)를 비용으로 지원했는데, 2021년에는 그 두 배를 약속했다.

하이코 마스 독일 외무장관의 발언이 인상적이었다. "유대인 학살에 대한 독일의 책임은 끝나지 않았다. 그 기억을 보존하기 위해 독일은 앞으로도 계속 지원하겠다." 문제의 아우슈비츠-비르케나우 강제수용소는 악명 높은 곳으로, 거기서 나치는 120만 명을 학살했다. 학살 대상은 주로 유대인이었으나 폴란드 사람도 많았다.

이 뉴스 하나만 보아도 폴란드와 독일의 화해가 상당한 수준이라는 점을 짐작할 수 있다. 역사적으로 보면, 1960년부터 그들은 화해의 길을 함께 걸었는데, 이는 절대 쉬운 일이 아니었다.

까마득한 중세부터 현대에 이르기까지 독일은 폴란드를 침략해 약탈을 거듭했다. 제2차 세계대전 때 양국 관계는 절망적이었다. 나치 독일은 폴란드에서 600만 명을 살해했다. 그 절반은 유대인이요, 나머지는 폴란드인이었다. 이 밖에도 나치 독일은 수백만 명의 폴란드인을 강제 노동으로 내몰았다. 약탈과 파괴도 도를 넘었다. 1943년 바르샤바 시민이 나치 독일의 부당한 지배에 항거했으나 나치는 이 도시가 완전히 망가질 때까지 짓밟았다.

나치가 일으킨 전쟁 때문에 폴란드는 동쪽 영토 절반을 소련에 빼앗겼다. 그 대신 오데르-나이세강의 동쪽에 있던 독일 영토 11만 제곱킬로미터를 얻었다. 복수심에 불타던 폴란드는 그곳에 거주하던 독일인 1,200만 명을 강제 추방했다. 전후 독일과 폴란드의 관계는 얼어붙었다.

설상가상으로, 권력을 쥔 폴란드의 공산 정권은 독일에 대한 민족적 반감을 조장함으로써 정치적 반사이익을 얻으려 시도했다. 1950년대까지도 양국의 화해는 불가능한 일로 보였다. 그런데 지난 60여 년 동안 무슨 일이 일어났기에 양국은 고도 수준의 화해에 이른 것일까.

교회가 해결의 실마리를 찾아내다

화해의 물꼬를 연 것은 양국의 교회였다. 한편에는 독일개신교협의회EKD가 있었고 다른 한편에는 폴란드의 가톨릭교회가 있었다. 그들은 제2차 세계대전 때 양국 시민이 겪은 비극을 사실적으로 기록한 집단전기를 공동으로 편찬했다. 양국 시민의 전쟁 트라우마를 공유한 것이다.

1965년 독일개신교협의회는 자신들의 정치적 견해를 솔직히 밝혔다. 독일의 옛 영토를 포함한 폴란드의 새 국경선을 인정하고, 폴란드와 독일 당국은 솔직한 대화를 나누라고 권고했다. 폴란드의 가톨릭교회는 독일개신교협의회의 입장을 환영하고 한

발짝 더 나아갔다. 제2차 바티칸공의회(1962~1965)가 끝날 무렵, 폴란드의 주교단은 독일인들에게 공개서한을 보냈다. 〈우리는 용서하고 용서를 구한다〉라는 제목으로, 전쟁 중에 양국 시민이 서로에게 끼친 죄악을 용서하자는 내용이었다. 이에 분노한 폴란드 공산 정권은 자국의 주교들을 탄압했다. 그런데도 폴란드의 가톨릭 평신도들은 주교들의 선언을 지지했다.

폴란드 가톨릭교회의 활발한 움직임과는 달리 독일의 가톨릭 주교단의 태도는 미온적이었다. 그러자 이번에는 독일의 가톨릭 평신도들이 나섰다. 그들은 폴란드와 화해하려면 교회가 변해야 한다고 주장했다. 이로써 양국 간에 화해 분위기가 더욱 고조되었고, 그 관계에도 곧 눈에 띄는 변화가 일어났다.

빌리 브란트가 남긴 아름다운 유산

우리는 빌리 브란트라는 독일 총리를 기억한다. 그의 모습이 담긴 한 장의 사진이 유명한데, 1970년 12월 7일 초겨울에 찍은 것이었다. 그날은 비가 내리는 차가운 날씨였고, 브란트는 폴란드를 방문 중이었다. 그는 바르샤바의 유대인 게토 앞에서 양 무릎을 꿇고 사죄하였다. 본래는 화환을 바치기로 예정되어 있었는데, 그가 침통한 표정으로 참회하는 모습을 보인 것이었다.

온 세계가 깜짝 놀랐고, 폴란드와 독일 양국의 시민은 앞다퉈 화해를 촉구했다. 2년 뒤 서독과 폴란드는 외교 관계를 정상화하기로 합의했다. 양국은 다양한 층위에서 교류 협력을 확대했다. 양국의 도시들도 자매결연을 맺었고, 학자들도 교류의 장을 열었다. 양국은 '자문 포럼'까지 열어서 현안을 폭넓게 논의했다. 그

바르샤바 게토 기념비 앞에 무릎을 꿇은 빌리 브란트 총리

　당시 동독은 서독과 폴란드의 관계 정상화를 못마땅해했으나, 대세에 아무런 영향도 주지 못했다.

　이런 분위기 속에서 독일 가톨릭 주교단이 폴란드 가톨릭교회와 협력을 강화했다. 역사상 최초로 폴란드 교황이 선출되는 이변이 연출된 것은 우연이 아니었다. 요한 바오로 2세가 선출(1978년 10월)된 배경이다.

　서독 시민사회는 폴란드의 양심 세력을 적극적으로 지원했다. 1981년 12월 13일, 폴란드 공산 정권이 노조 운동을 탄압하고 계엄령을 선포하였다. 그때 서독 시민사회(일부 동독 시민도 포함)는 레흐 바웬사가 이끄는 폴란드 연대노조(솔리다르노시치)를 물심양면으로 후원했다.

　알다시피 1989년에는 동구권이 스스로 붕괴되었다. 폴란드는 소련의 사슬에서 풀려나 자유를 얻었고, 독일은 재통일의 꿈을 이루었다(1990). 폴란드와 독일의 화해 협력은 이제 자연스러운 일이 되었고, 유럽의 평화를 위한 디딤돌로 평가되었다. 이후 폴란드는 북대서양조약기구에 가입했고, 유럽연합의 정식 회원국이 되었다. 그 과정에서 가장 든든한 조력자는 독일이었다.

양국은 다양한 방법으로 정치, 경제 및 문화 교류를 확대한다. 양국의 관리들은 정기적으로 만나 현안을 협의하며, 양국 시민이 함께 운영하는 공동 기관도 여럿이다. 그들은 국경까지 완전히 개방하여 왕래에 걸림돌이 하나도 없다.

물론 어려움도 없지는 않았다. 1990년대 후반, 과거 나치 독일의 강제 동원을 어떻게 배상할지를 둘러싸고 긴장감이 감돈 적이 있었다. 1999년 12월 17일, 요하네스 라우 독일 대통령이 이 분쟁에 종지부를 찍었다. "독일은 국가와 기업 차원에서 과거의 범죄로 발생한 문제에 대해 연대책임을 질 것이며, 도덕적 의무도 성실히 수행할 것을 선언합니다." "오늘 저는 독일의 지배 아래서 노예 노동과 강제 노동을 한 모든 사람을 기억하며, 독일 민족의 이름으로 용서를 빕니다."

한마디 덧붙이자면, 양국은 여러 해 전에 중고등학교에서 교재로 사용할 역사 교과서도 공동으로 편찬하였다(2016년 6월 23일). 양국의 화해가 완벽하다고 말하는 것은 무리겠으나, 대단히 높은 수준의 화해에 이른 것은 틀림없다.

우리는 앞으로 어떻게 할 것인가

그런데 일제강점기를 지난 한일 양국의 관계는 어떠한가. 독도 문제도 여전히 미해결이요, 소위 '위안부' 갈등도 끝날 조짐이 보이지 않는다. 과거사 문제는 일시적인 정치적 득실로만 따질 일이 아니다. 역사의 진실을 둘러싼 무지와 오해로 양국이 지금처럼 평행선을 긋는다면, 아마도 양국 관계는 영원히 풀지 못할 난제로 남을 것이다. 그런데 폴란드와 독일이 어떻게 역사의 짐을 벗어났는지를 곰곰 되새겨 본다면, 우리에게도 겨자씨만 한 희망은 발견할 수 있겠다.

독일의 역사를 자세히 살피면 그들을 부강한 나라로 만든 힘으로 두 가지를 꼽을 수 있다. 국가가 주도하는 교육개혁이 하나요, 다른 하나는 미래를 내다보며 민간과 국가가 함께 손잡고 입체적으로 전개한 사회·경제적 노력이었다. 그들의 최대 약점은 국내 정치의 취약성이었는데, 제2차 세계대전 이후 독일은 정치적으로도 큰 발전을 이룩하였다. 빌리 브란트와 헬무트 콜 같은 정계의 거인이 출현하여 재통일의 위업을 달성한 것은, 단순히 우연만은 아니었다.

낙후된 정치로 몰락한 독일제국

독일 역사를 파탄으로 몰고 간 것은 정치였다. 그들은 근대국가를 너무 늦게 출범하였기 때문에(1871년 통일) 민주적인 의회를 제대로 경험하지 못하였다. 게다가 뒤늦게 산업화를 맹목적으로 추진하다시피 하여 부작용이 숱하게 발생하였다. 영국과 프랑스는 물론이고 스페인과 네덜란드, 벨기에는 많은 식민지를 거느리며, 자국의 사회·경제적 문제를 푸는 데 적절히 활용하였다. 그러나 신생 근대국가 독일은 변변한 식민지가 없어서 국제 경기가 나빠지기만 하면 탈출구가 없었다. 그 때문에 독일에서는 무모하고 성급한 팽창주의자들이 득세하여 전쟁 준비에 열광하였다고 볼 수 있다. 그들이 최강대국인 영국에 도전하여 제1차 세계대전을 일으킨 데는 그 나름의 이유가 있었다.

게다가 종전 이후 히틀러의 나치당이 집권하여 예전의 잘못을 그대로 되풀이하였다. 큰 위기가 찾아올 때마다 엉뚱한 정치 지도자를 선택해 독일은 연거푸 파탄을 맞았으니, 안타까운 일이었다. 독일의 비극은, 민주주의가 제대로 작동하지 않을 때 전도유망한 한 산업국가가 어떻게 무너지는지를 여실히 보여주는 교과서와도 같았다.

아래에서는 두 가지 이야기를 언급한다. 하나는 제1차 세계대전으로 이어진 빌헬름 황제 시대의 식민 정책에 관한 이야기이고, 다른 하나는 나치당의 집권과 그들의 외교정책에 대한 것이다. 독일의 파탄 국면을 조금 더 깊이 이해하려는 시도다.

파탄 난 독일의 식민지 경영

1884년, 독일은 본격적으로 식민지 쟁탈전에 나섰다. 그리고는 2년 뒤에 남서아프리카를 비롯하여 토고, 카메룬, 동아프리카 및 태평양 지역에 보호령을 설치하였다(1884~1886). 그 당시 독일의 식민지로는 토고, 카메룬, 동아프리카의 탄자니아, 남서아프리카의 나미비아, 중국의 칭다오, 파푸아뉴기니, 마셜제도, 사모아제도 및 캐롤라인제도 등이 있었다.

비스마르크 총리는 영국의 선례에 따라서 자국의 식민지 정책을 만들었다. 국가가 어느 정도 지원은 하되 민간 기업이 자유롭게 현지에서 사업을 벌이는 방식이었다. 비스마르크는 식민지 문제에 관해서는 국가의 개입을 최소한으로 줄이고자 하였다.

일단은 그의 방침대로 식민지에 회사가 창립되어 개인 투자자의 이익을 관리하였다. 가령 1884년 카를 페터는 '독일 식민지 회사'를 만들었다. 그 이듬해에는 '독일-동아프리카 회사'도 설립되었고, 역시 같은 해에 '남서아프리카 독일 식민 회사'도 등장하였다. 투자자들이 모여서 회사를 만드는 방식이었다.

그런데 식민지 회사들은 의회에 로비를 벌여 정부를 압박하였다. 그들은 경제적 이익을 최우선으로 삼았으므로, 조금이라도 이익이 위협을 받으면 정부에 군사 개입을 요청하였다.

독일의 식민지 회사는 비스마르크 총리의 소극적인 식민지 정책을 달가워하지 않았다. 그들은 평화로운 방법으로는 자신들의 이익을 확대하기 어렵다고 보았다. 국력이 우세해야 자국의 이익을 지킬 수 있다고 확신했다. 더구나 그 무렵 독일은 인구가 급속히 증가하는 상황이었으므로, 지금 영토를 넓히지 않으면 국가의 장래가 어둡다는 데 다들 동의했다. 그렇다면 각지에 식민지를 더 많이 획득하고, 원주민을 철저히 정복하여 독일인이 활동할 공간을 확장해야 한다는 식의 팽창 노선이 인기를 얻었다. 식민지 회사는 약자인 식민지 또는 경쟁 상대국을 희생하여서라도 독일의 이익을 추구하자는 침략주의 노선을 지지하였다.

1888년 6월, 빌헬름 2세가 29세의 젊은 나이로 새 황제가 되었다. 그는 자신의 할아버지 빌헬름 1세보다 훨씬 더 깊숙이 정치에 개입하기를 원하였다. 새 황제는 조급한 성격으로 전쟁을 즐겼는데 비스마르크 총리와는 마음이 맞지 않아서 1890년에 그의 직책을 박탈하였다.

황제는 1891년에 독일의 모든 식민지를 외무성 아래에 두도록 법령을 바꾸었다. 아울러 비스마르크 총리의 방어적인 식민지 정책을 과감하게 폐지했다. 빌헬름 2세는 되도록 많은 식민지를 단기일 내에 확보하여 독일의 국력을 신장하고 싶었다.

그때 독일에서는 민족주의 정서가 지배적이었다. 재무장을 촉구하는 목소리가 크게 일어났고, 이에 고무된 빌헬름 2세는 과거에 비스마르크 총리가 설계한 유럽 각국과의 외교적 동맹을 일거에 무너뜨렸다. 그리고는 영국, 프랑스와 군비 경쟁을 시작하였다. 황제는 압도적인 군사력만이 국내의 높은 실업률 문제를 해결하고 경제에도 활력을 불어넣는 길이라고 믿었다. 그는 해군을 양성해 독일이 영국 해군을 압도하는 날이 속히 오기를 꿈꾸었다. 그러자 영국은 빌헬름 2세의 발상이 자국의 안전을 위협하는 도발이라고 간주해, 행여 군비 경쟁에 뒤질세라 군사력 증강에 총력을 기울였다. 독일과 영국은 1914년 제1차 세계대전으로 정면충돌하기 오래전부터 전쟁을 향해 치달았던 것이다. 결과적으로 독일은 전쟁에 지고 만신창이가 되었다. 전쟁에 이긴 영국도 깊은 내상을 입기는 마찬가지였다. 양국 시민들에게는 꿈에도 원치 않았던 파국이 찾아왔다.

히틀러와 나치당의 부상

아돌프 히틀러를 권좌에 오르게 한 것은 '국가사회주의 독일노동자당NSDAP', 즉 나치당이었다. 이 당은 제1차 세계대전이 끝난 뒤 우후죽순처럼 출현한 우익 극단주의 정치 집단 가운데 하나였다. 1920년 말, 세계경제가 위기에 빠지자 독일 시민들은 극우 정치가들의 선동에 쏠렸고, 그 틈에 나치당은 높은 지지율을 얻었다. 1932년, 나치당은 독일 의회에서 가장 유력한 정당으로 발돋움하였다.

이 사태를 이해하려면 알아야 할 중요한 몇 가지 사실이 있다. 첫째, 1930년에 이미 나치당은 107석을 차지하여 의회에서 두 번째 정당으로 발돋움하였다는 점이다. 이어서 1932년 7월에는 230명의 의원을 거느린 원내 제1당으로 성장하였다.

둘째, 바이마르공화국의 마지막 시기에는(1930~1933) 과반수를 확보한 정당이 존재하지 않았고, 그 결과 긴급 조례를 이용해 국가의 현안이 결정되었다는 점이다.

셋째, 나치당이 힘을 얻자 파울 폰 힌덴부르크 대통령은 히틀러를 총리로 임명했는데(1933년 1월 30일), 1934년 8월에 힌덴부르크가 고령으로 사망하자 나치가 일당독재를 시작하였다는 점이다.

몇 년 전만 하여도 상황은 달랐다. 대공황(1929~1930)이 시작되기 전, 나치당은 이름 없는 극우 정당이었다. 1928년 5월 20일 당시 나치당의 득표율은 고작 2.6퍼센트였다. 그보다 4년 전에는 3퍼센트였다는 사실을 고려하면, 도무지 인기 있는 정당이라고 할 수 없었다. 그러나 사상 초유의 경제 위기가 찾아오자 사회는 극도로 불안해졌고, 정계에도 엄청난 변화가 일어났다.

1930년 독일 사회는 혼란에 빠졌다. 대공황으로 수백만 명이 실직하자 그들은 제1차 세계대전의 패배로 독일이 겪은 수모와 굴욕을 떠올리며, 바이마르 정부의 우유부단한 통치를 비판하고 나섰다. 시민들은 자국의 경제 상황을 비관한 나머지 곳곳에서 분노가 폭발하였다.

아돌프 히틀러와 나치당은 시민의 분노와 절망을 더욱 부채질하였다. 히틀러는 유창한 연설로 대중을 선동해 나치당의 지지율을 끌어올렸다. 선거 때마다 그들은 독일을 경제 위기에서 구하겠다고 공언했다. 또 독일의 문화적 가치를 회복하고, 베르사유 조약을 폐기하고, 공산주의자들의 위협을 완전히 제거하여, 독일 국민에게 충분한 일자리를 공급하겠다며 큰소리를 쳤다. 나아가서 독일이 강대국으로서 당연히 누려 마땅한 지위를 되찾겠다고 선언했다. 히틀러와 나치당은 독일인에게 강요된 굴욕적인 정전 협정과 베르사유 조약을 부정했다.

히틀러와 나치당은 탁월한 선동정치가들로서 청중이 바뀔 때마다 주장을 그에 맞춰 바꾸었다. 기업가들 앞에서 말할 때는 반유대주의적 감정을 숨기고 공산주의에 대한 공격만 일삼았다. 그러나 군인과 참전 용사 또는 민족주의자들 앞에 서면, 태도를 급변해 베르사유 조약으로 잃어버린 영토를 되찾자면서 재무장의 불가피성을 강조했다. 그런가 하면, 슐레스비히홀슈타인주 농민층 앞에서 연설할 기회가 왔을 때는 화제를 바꾸어, 앞으로는 농산물 가격이 하락해 농민이 손해를 보는 일이 일어나지 않게 할 것이라고 약속했다. 연금을 받아서 생활하는 은퇴자들 앞에서는 연금의 수준을 앞으로도 일정하게 유지하는 것이 나치당의 주요 정책이라고 떠들었다. 이처럼 나치당의 유세는 선동정치의 표본이라고 일컬을 만하였다.

그런데 1930년 3월에 대연정이 깨졌다. 그해 7월, 총리로 뽑힌 하인리히 브뤼닝은 파울 폰 힌덴부르크 대통령을 설득하여 의회를 해산하고 총선거를 시행하게 하였다. 브뤼닝은 바이마르 헌법

제48조를 근거로, 대통령에게 비상명령권을 발동하여 통치할 수 있는 권한을 주었다. 선거에서 나치당이 18.3퍼센트를 득표하여 의회에서 두 번째 정당으로 급성장했다.

그다음 2년 동안 브뤼닝은 좌파 정당인 사회민주당과 공산당, 극우 정당인 나치당을 배제하고 비교적 온건한 정당들을 하나로 묶어서 내각을 운영하려고 시도했으나 실패했다. 1932년, 힌덴부르크 대통령은 브뤼닝을 해임하고 프란츠 폰 파펜을 총리로 임명했다. 폰 파펜은 전례대로 의회를 해산하고 총선거를 시행했다 (1932년 7월). 바로 그 선거에서 나치당은 무려 37.3퍼센트의 득표율을 과시하며 제1당으로 떠올랐다. 그때 독일 경제는 대단히 절박한 상황이었고, 극좌파인 공산당도 14.3퍼센트를 득표하였다. 이에 두려움을 느낀 과반수 의원이 1932년에 의회민주주의의 종식을 선언했다.

폰 파펜이 내각을 구성하는 데 어려움을 보이자, 힌덴부르크 대통령의 측근들은 파펜을 총리직에서 물러나게 종용했다. 그 후계자인 쿠르트 폰 슐라이허 장군은 또다시 의회를 해산했다. 1932년 11월, 총선에서 나치당은 33.1퍼센트를 득표했다. 그때 공산당도 16.9퍼센트의 표를 얻어 극우와 극좌가 대립하는 양상이었다. 힌덴부르크 대통령을 비롯한 기득권층은 무슨 수로든 공산당의 집권을 막기로 결심했는데, 나치당이 집권하는 것 외에는 방법이 없다는 결론에 도달하였다.

1933년 1월 30일, 마침내 힌덴부르크 대통령은 아돌프 히틀러를 총리로 임명했다. 아는 대로 히틀러는 선거에서 과반수를 얻어 총리가 된 것이 아니었다. 그는 의회 정치를 포기한 보수 정치가들의 야합 덕분에 대권을 거머쥐었다. 보수파는 군주제의 회복을 내심 바랐으나, 집권한 지 2년 만에 히틀러와 나치당은 보수파를 모조리 몰아냈다. 히틀러는 전권을 장악하고 나치당 일당독재를 강화하였다. 이것은 비단 독일만의 비극이 아니라, 유럽과 전 지구가 파국을 맞는 출발점이었다.

나치의 기만적 외교정책

처음에 히틀러는 독일의 정치적 고립을 극복하려고 애썼다. 집권 후에도 한동안은 외무부의 인적 구성을 그대로 두어 유럽 열강을 안심시켰다. 심지어 히틀러는 콘스탄틴 프라이헤르 폰 노이라트 외무장관을 내세워 영국과의 관계 정상화를 위해 전력투구하는 모습도 연출하였다. 장차 독일이 유럽 대륙을 지배하고, 나머지 세상은 영국이 통제하는 식으로 지배 권력을 나누자며 영국을 구슬렸다.

히틀러는 유럽의 주요 국가 정상과 만날 때마다 당사국과의 관계 개선을 꾀하는 듯하였다. 외교 관계를 회복하여 주변국을 안심시키고, 독일인의 자존감도 회복할 것처럼 보였다. 물론 이러한 외교적 제스처는 국내에서 히틀러의 인기를 한층 더 높이는 훌륭한 방법이었다.

아돌프 히틀러가 진심으로 노린 것은 무엇이었을까. 그는 독일을 세계 최강국으로 만들고 싶어 하였다. 겉으로는 어디서든지 평화주의를 표방했으나 속생각은 달랐다. 1933년 2월 3일, 히틀러는 독일의 최고위 장성을 한곳에 모아놓고 비밀 연설을 했다. 독일제국은 "동방의 생활 공간"을 정복해야 하며, "무자비하게 독일화"를 추진하겠다고 다짐했다. 그러려면 독일의 재무장, 나아가서 군사력의 팽창이 시급한 과제였다.

실제 목표를 꼭꼭 숨긴 채 히틀러는 유럽 여러 나라와 평화 협정을 맺는 등 기만 전술을 구사하였다. 1933년 5월 5일, 독일은 과거(1926)에 맺은 베를린 조약을 연장했다. 또 1933년 7월 20일에는 교황청과 협정을 맺어 나치당이 가톨릭교회에 우호적이라는 인상을 주었다. 1933년 5월에는 폴란드와 우호를 다짐하였고, 그 이듬해 1월 26일에는 다시 폴란드와 상호불가침 조약까지 체결하였다. 그 당시 나치당은 폴란드 당국이 독일인을 탄압하더라도 보도하지 못하게 통제할 정도로 폴란드의 눈치를 세심하게 살폈다. 요제프 베크 폴란드 외무장관이 양국의 화해를 주장하자 나치당은 그에 동조했고, 양국의 경제 및 문화 교류는 획기적으로 개선된 듯하였다.

1934년 9월, 소련은 국제사회에서 더는 고립되고 싶지 않았기 때문에 국제연맹에 가입했다. 그런데 나치 독일은 이미 국제연맹을 탈퇴한 지 오래였다(1933년 10월). 행여 국제연맹이 독일의 재무장을 간섭하지 못하도록 선수를 친 것이었다. 히틀러는 1935년 3월 16일에 의무병 제도를 다시 도입해, 베르사유 조약이 규정한 군사행동에 대한 규칙을 정면으로 위반했다. 영국, 프랑스, 이탈리아는 독일의 일방적인 조약 위반을 비판했으나, 히틀러는 영국의 눈을 피해 이 문제를 교묘하게 빠져나갔다(1935년 6월 18일). 영국은 제1차 세계대전이 발생하기 전에 독일과 과도한 군비 경쟁을 벌이느라 큰 피해를 보았던 터라 독일과 비밀 조약을 체결해, 장차 군비 문제로 양국이 다시는 곤경에 빠지지 않기를 희망했다. 얼핏 양국은 새로운 해군 협정을 통해서 마치 동맹 관계라도 맺은 것처럼 보였다.

외교에 능한 히틀러는 또 다른 성공을 거두었다. 1935년 1월, 자를란트 시민들은 국민투표로 프랑스령에서 탈출해 독일제국으로 복귀를 결정하였다. 또 1936년에는 베를린에서 올림픽을 개최해 히틀러의 인기가 더욱 높아졌다.

그러나 영국 해군과의 군사동맹은 실패로 드러났고, 이에 히틀러는 영국에 대한 복수를 다짐하며 이탈리아의 파시스트들과의 유대를 강화하였다. 독일은 이탈리아의 극우 정권(무솔리니)과 함께 스페인 내전에 공동으로 개입하여, '볼셰비키 위협'을 제거한다는 구실을 내걸고 스페인의 프랑코 총통을 지원하였다. 무솔리니와 히틀러의 관계는 더욱 발전하여, 1936년 11월에는 동맹 관계로 격상되었다. 그들은 동아시아의 패권을 노리는 일본과 삼각 동맹을 맺어 장차 소련의 침략에 공동 대처하기로 다짐했다.

그때 히틀러는 이미 침략 야욕을 노골화한 다음이었다. 1936년 3월, 그는 무력을 동원해 비무장 지역인 라인란트를 점령하였다. 또 동유럽과 남동부 유럽까지 자국의 영향력을 확대할 목적으로, 1938년 3월 12일에는 오스트리아로 진격했다. 그때까지도 영국은 다시는 유럽에서 일어난 전쟁에 말려들지 않겠다는 이유로, 오스트리아에 대한 독일의 합병을 순순히 승인했다. 그해 4월 10일, 독일과 오스트리아 시민은 국민투표로 양국의 통합을 결정했다.

그러나 히틀러는 거기서 멈추지 않았다. 나치당의 선전부 장관

요제프 괴벨스는 체코의 주데텐란트를 독일이 합병하는 것은 순리라고 우겼댔다. 독일은 주데텐 지방에 거주하는 350만 명의 독일인과 체코슬로바키아 정부 사이에 긴장을 고조하였다. 그동안 영국과 프랑스는 유럽에서 전쟁이 재발하는 것을 막으려고 히틀러의 행위를 적극적으로 비판하지 않았다. 그들은 1938년 9월 30일에 독일의 뮌헨에서 독일 및 이탈리아와 협상을 벌인 끝에 주데텐을 독일의 영토로 인정한다고 선언했다. 그러자 히틀러는 앞으로는 독일이 다른 나라의 영토를 빼앗는 일이 절대로 없을 것이라고 확약하였다. 물론 이는 뻔뻔한 거짓말이었다.

1939년 3월 15일, 나치 독일군은 프라하로 진군해 체코공화국을 점령하였고, 보헤미아와 모라비아를 독일의 보호국으로 선포하였다. 또 슬로바키아까지 독일의 위성국가로 만들었다. 1939년 3월 23일, 독일군은 리투아니아로 진군해 메멜란트 지방을 독일 제국의 영토로 되돌려놓았다.

영국과 프랑스는 뒤늦게나마 독일의 군사적 팽창을 막으려고 노력하였다. 양국은 폴란드의 독립을 보장한다고 선언하기도 했다(1939년 봄). 그로부터 수개월이 지나기도 전에 히틀러는 폴란드를 침략할 의지를 밝혔다(1939년 5월 23일).

석 달 뒤 히틀러는 국제사회의 예상을 뒤엎고 소련과 불가침조약을 성사시켰다(1939년 8월 23일). 이른바 히틀러-스탈린 조약을 맺어, 양국은 상대국에 피해를 주지 않는 선에서 폴란드를 침략할 수 있다는 양해를 교환했다. 얼마 뒤, 히틀러는 동부 유럽에서 독일의 '생활권(레벤스라움)'을 확보하겠다는 구실을 내걸고 폴란드를 침략하였다. 제2차 세계대전의 발발은 기정사실이 되었다.

전쟁의 결과는 길게 설명할 필요조차 없다. 유럽에서만 해도 수천만 명이 전쟁으로 목숨을 잃었고, 전쟁을 일으킨 독일의 주요 도시는 연합군의 공습으로 초토화되었다.

20세기 전반, 독일은 정치적 선택을 잘못한 탓에 총체적 파멸의 위기를 두 차례 맞았다. 유럽 각국의 시민들이 엄청난 시련을 겪은 것은 물론이고, 인류의 역사가 뒷걸음쳤다고 보아도 틀리지 않을 것이다. 그 당시 독일에는 민주주의의 가치를 내면화한 시민이 그리 많지 않아 빌헬름 2세나 히틀러와 같은 독재자가 마음껏 횡포를 부릴 수 있었다.

밝은 미래를 향하여

제2차 세계대전이 끝나고 다시 80년이라는 세월이 흘렀다. 그동안 독일은 여러모로 긍정적인 변화를 거듭하였다. 2020년에 미국의 여론 조사 기관인 갤럽에서 시행한 설문 결과가 나의 관심을 끈다. 135개국의 시민에게 각 나라의 중요 정책에 대한 신뢰도를 조사했는데, 3년 연속으로 독일이 1위를 차지했다. 2019년 현재 독일을 신뢰하는 비율은 44퍼센트로 나타났다. 2위는 미국(33퍼센트), 3위는 중국(32퍼센트), 4위는 러시아(30퍼센트) 순이었다.

유럽 시민을 대상으로 한 근년의 여론 조사에서도 비슷한 결과가 나왔다. 미국의 지도력에 대한 유럽 시민의 지지도는 24퍼센트에 불과했고, 중국은 23퍼센트, 러시아는 19퍼센트로 그 뒤를 따랐다. 그런데 독일의 지도력에 대한 지지는 56퍼센트나 되었다. 놀랍게도, 2020년 유럽대외관계위원회ECFR가 실시한 여론 조사에서도 응답자의 상당수(3분의 2)는 미국의 지도력에 대해서 부정적이라고 대답했다.

물론 이러한 조사 결과는 일시적 여론을 반영하는 데 지나지 않겠으나, 가볍게 지나칠 수만은 없다. 1960년대 이후 국제사회에서 독일의 위상은 계속해서 높아졌다. 유럽연합을 이끄는 국가로서 독일의 위상은 앙겔라 메르켈 총리 집권 기간에 사상 최고점에 올랐다. 메르켈 총리는 독일 최초의 여성 총리로서 2005년 11월 22일부터 무려 16년 동안 재임하였다(2021년 12월 7일 퇴임). 〈포브스〉는 그를 네 번이나 세계에서 가장 영향력 있는 여성 1위로 뽑았다. 그 후임은 올라프 숄츠로 결정되었는데, 앞으로도 상당 기간 독일의 지도적 위상은 변함이 없을 것 같다.

독일의 상승과는 정반대로 냉전 시기의 초강대국 미국과 소련(러시아)에 대한 신뢰도와 지지도는 시간이 갈수록 낮아졌다. 만약 이런 추세가 앞으로도 지속된다면 한 세대가 지나가기 전에 독일은 세계 역사의 주역으로 떠오를 가능성이 높다. 과연 독일은 양차 대전의 굴레에서 자신을 완전히 해방할 수 있을까. 그들은 유럽과 세계에 평화와 번영을 선사할 수 있을지 우리는 앞으로 지켜볼 것이다.

6장

100년 전의 동아시아 삼국: 엇갈린 운명

일본의 승승장구 vs. 청나라와 조선의 쇠락

학창 시절 어느 역사 교수님이 해준 말씀이 잊히지 않는다. 우리는 누군가의 선의에 힘입어 시간이란 외나무다리를 건너가고 있는 장님과도 같다고 하셨다. 장님은 자신이 건너간 다리의 모양이며 발밑을 흐르는 강물을 그저 어렴풋이 짐작할 뿐이다. 그런데 그가 만약《심청전》속의 심학규 봉사처럼 다시 개안開眼하게 되면 어떠할까. 자신이 건너온 외나무다리의 실제 모습이 건너가는 도중에 가졌던 느낌과는 사뭇 다르다는 사실에 놀랄 것이다. 우리가 배운 역사는 과연 과거의 '사실' 그대로일까.

삶에는 언제나 불확실성이 내재한다. 이는 개인에게만 해당하는 것이 아니어서, 19세기 동아시아는 서구 열강이 진출해 오자 급격한 변화를 겪었다. 일본의 지배자들은 17세기부터 200년 가까이 서양의 형편을 살펴왔으므로 곧 나아갈 방향을 찾았으나, 청나라와 조선은 붕대로 눈을 가리고 벌판을 건너는 사람처럼 답답한 행보를 보였다.

돌이켜 보면 명나라 말기에 서양을 소개하는 신간 서적이 중국에서 쏟아져 나왔다. 그러나 18세기 후반이 되면 사정이 바뀌어, 서양의 문물을 알리는 새 책이 더는 나오지 않았다. 그때는 천주교 신자에 대한 무자비한 탄압이 일어났다. 종전처럼 제한된 범위에서나마 서양과의 무역은 계속되었으나, 서양의 실체에는 무관심하였다. 청나라 지도층은 영국을 비롯한 서양 상인의 아편 밀수만 문제 삼았을 뿐, 서구 문명에 관하여는 진지하게 궁리하지 않았다. 1840년대 이후 두 차례나 아편전쟁(중영 전쟁)에서 참패한 다음에야 중국 지식인의 생각이 달라졌다. 그들은 서양에 관한 정확한 정보를 얻기 위해 갑자기 동분서주하였는데, 그때조차 조정의 지배자들은 움직이지 않았다. 장차 중국이 나아갈 바를 고뇌하는 이는 수적으로 너무 적었고, 그 영향력도 한정적이었다.

가령 옌푸嚴復는 이미 1877년에 영국으로 건너가 왕립 해군학교(현 그리니치대학교)에서 공부하였다. 2년 만에 해군학교를 졸업하고 중국으로 돌아와 여러 신식학교에서 학생들을 가르치며 근대적 해군을 양성하는 데 힘을 쏟았다. 옌푸는 서양의 신지식을 중국어로 번역하여 계몽 활동에 앞장섰다. 《천연론天演論》을 비롯하여 근대의 신학문이라 할 사회학, 정치학, 경제학, 철학, 자연과학 등을 중국에 소개하였다. 그러나 옌푸와 같은 지식인은 극히 예외적이었다. 중국 사회는 수십 년 동안 나아갈 방향을 잃은 채 방황하였다.

동아시아 여러 나라 중에서도 조선의 사정은 가장 어려웠다. 비유하면 청나라라고 하는 썩은 동아줄을 끝까지 붙들고 있었던 셈이었다. 19세기 조선에도 박규수처럼 국제 관계에 관심이 깊은 대신이 있었으나, 그는 자신보다 서양 사정에 어두운 청나라 지도층에게서 새 정보를 구해야 하는 딱한 처지였다. 흥선대원군도 외부 사정을 자세히 알고자 하였고, 고종도 '개화'(근대화)에 적극적으로 관심을 표하고 있었다. 그러나 왕은 지배층을 설득하는 데 실패하였다. 양반 유림은 서양을 새로운 종류의 오랑캐로 간주하고 급변하는 국제정세를 외면하였다. 혜강 최한기처럼 중국에서 들어온 신간 서적(번역서)을 통해서 서구의 학문과 문물제도를 폭넓게 연구하는 선각자가 없지는 않았으나, 대세를 바꾸기란 불가능하였다.

그런데 일본은 예외였다. '난학'(네덜란드에 관한 학문), 즉 서구의 문물에 관한 학문이 오랫동안 발전했기 때문이다. 18세기부터 일본에서는 지배층도 난학에 깊은 관심을 가졌고 그 확산을 도왔다. 그 덕분에 일본은 서양에 문호를 개방한 다음, 자국이 나아갈 목표를 빠르고 정확하게 설정하였다. 메이지유신이 성공한 것은 우연이 아니었다.

메이지유신 후, 근대화를 추구하는 세력은 수구파와 혈전을 벌여 그들을 완전히 제압했다. 더욱 놀라운 일은, 메이지 정부가 대규모 사절단을 파견해 유럽과 미국의 사정을 장기간에 걸쳐 직접 조사하였다는 점이다. 개인적으로 유럽 유학을 다녀온 일본인도 많았다. 일본의 근대화는 지구적 차원에서 보아도 극히 예외적인 현상이었으나, 알고 보면 난학의 역사가 있었기에 가능한 일이었다.

지난 한 세기 동안 일본은 두 번씩이나 환골탈태하는 데 성공하였다. 1868년에 본격적으로 시작된 메이지유신으로 서구 열강의 침략을 막고 자국이 열강의 대열에 진입하는 데 성공하였고, 1945년 제2차 세계대전에서 패배한 뒤에는 현대적 산업국가로 발돋움하여 세계 굴지의 경제 대국으로 거듭났다. 그런데 일본의 속사정을 들여다보면 거기에도 뚜렷한 한계가 존재하였다.

아래에서 우리는 두 가지 검토 작업을 할 것이다. 그 하나는 19세기 후반부터 동아시아 삼국의 운명이 크게 달라진 까닭을 점검하는 것이고, 또 다른 하나는 그 시절 삼국이 맞닥뜨린 위기와 선택을 좀 더 깊이 이해하는 일이다. 일본의 승승장구와 중국 및 조선의 몰락을 지켜보는 마음이 불편하겠지만, 이 모든 일은 우리가 애써 수정하려 해도 이제는 돌이킬 수 없는 과거다.

삼국의 격차는 역사적 결과

오늘날 동아시아는 세계인의 관심거리다. 서구의 대중매체는 동아시아가 21세기 세계의 패권을 쥐게 될지도 모른다며 조바심을 표하고 있다. 과연 지난 수십 년 동안 중국은 놀라운 경제 성장을 이룬 끝에 막강한 경제 대국이 되었다. 일본은 물론이거니와 동아시아의 비주류 국가였던 한국과 대만 역시 꾸준히 경제력을 키웠고, 민주화에 성공한 20세기 말부터는 서구 여러 나라와 어깨를 나란히 하고 있다. 오늘날 한국은 '케이팝' 등 한류 열풍을 일으키며 세계 시민의 이목을 사로잡고 있다. 동아시아의 여러 나라 가운데 아직도 낙후된 상태를 벗어나지 못하는 것은 북한뿐이다. 그들 주민은 낙후된 경제와 권위주의적 독재 체제 아래 신음한다. 그런데도 북한은 핵무기를 개발하여 국제사회에 두통거리를 안기고 있다. 북한을 제외하면 오늘날의 동아시아는 모두가 세계 경제의 주역이라 볼 수 있으나, 19세기에는 사정이 완전히 달랐다. 그때 동아시아의 하늘에는 암운이 짙어 한중일 세 나라는 각기 혹독한 역사의 시련을 겪었다.

중국의 구조적 위기

구태의연한 중화주의

19세기에는 서구 열강의 진출로 많은 변화가 일어났으나 청나라의 지배층은 구태의연한 중화주의에 젖어 있었다. 그들은 중국 고유의 문화만이 지구상의 유일한 문명이라는 착각에 빠져 있었다. 자국 중심의 문명관은 고대부터 여러 나라에서 발견되는 하나의 보편적 특성이었다. 고대 그리스와 로마 역시 자국 중심으로 문명과 야만의 경계를 그었다. 20세기 히틀러의 나치 정권 역시 그런 점에서 별반 다르지 않았고, 지금도 유럽과 일본의 극우파들은 그와 비슷한 편집증에 사로잡혀 있다. 그런 점에서 19세기 중국이나 한국이 화이론華夷論, 즉 중화 문명 아니면 오랑캐라는 이분법에 집착한 것은 반드시 기이한 일이라고 할 수는 없다. 문제는 화이론적 세계관이 당대의 현실과 너무 동떨어진 나머지 시대적 책무를 회피하는 수단이 되었다는 점이다.

명청明淸 시대 중국인은 아시아 여러 나라를 중화 문명을 기준으로 몇 개의 등급으로 나누었다. 말하자면 '오랑캐'도 등급이 있다는 것인데, 조선과 일본, 류큐 등이 1등급이었고, 유교 문화를 전혀 모르는 말라카와 스리랑카 등 중국에서 멀리 떨어진 곳은 2등급 오랑캐였다. 그 밖에 중국과 관계가 더 소원한 지역은 3등급, 포르투갈과 네덜란드 등 유럽 여러 나라는 최하위인 4등급으로 분류되었다.

청나라는 중국 내부에서는 화이론을 엄격히 금지하였으나 대외 관계에서는 명나라와 다르지 않았다. 그들도 화이론적 세계관에 따라서 국제 관계를 유지하였다. 그런데 아편전쟁에 패배하면서 중국이 이른바 '4등급 오랑캐'에 무릎을 꿇는 뜻밖의 상황이 벌어졌다. 중국의 지배층으로서는 이러한 역사적 변화에 순응하기가 어려웠다.

서구 열강은 18세기부터 청나라에 근대적 교역 관계를 요구하였다. 청나라는 조공 제도를 중심으로 대외 무역을 해왔던 터라, 그런 요청을 긍정적으로 수용하기 어려웠다. 청나라는 자신들과 무역을 하려면 조공을 바치라고 요구하였다. 먼 옛날 로마제국과 비잔틴제국은 조공 관계를 거부하고 페르시아 상인을 통해 간접 무역에 만족하였다. 명나라 이후 중국은 광저우에 '공행公行'이란 극소수 특허상인을 두고 그들을 통해서 서구와 교역했다. 이러한 특허상인은 중국을 대표해 서양 상인에게 관세도 부과하였다. 교역 확대를 꾀하는 서양 상인에게는 여러모로 불편한 거래 방식이었다. 1793년에 영국에서는 매카트니 사절단을 보내 청나라와 동등한 교역 관계를 맺으려고 하였으나 실패하였다.

약 90년 뒤 영국은 아편전쟁을 통해 청나라와의 관계를 역전시켰다. 그들은 난징에서 청나라에 불평등조약을 강요해 중국을 반식민지로 만들어놓았다. 그런 다음에도 중국이 서구 열강의 압력에 고분고분 따르지 않자, 그들은 수차례에 걸쳐 군사적으로 큰 타격을 입혔다. 제2차 아편전쟁도 그러하였고, 1900년에는 기독교도를 박해한 의화단 사건을 빌미로 8개국의 연합군을 보내 베이징을 점령하고 자신들의 요구를 모두 관철하였다. 열강은 베이징에 공관을 설치하고 군대까지 주둔할 권리를 주장했다.

그런데 오늘날에도 중국은 중화주의적 세계관을 포기하지 못한 행보를 이어가고 있다. 겉으로는 어느 나라와든 호혜평등한 관계를 추구한다고 하지만 중국의 태도는 다르다. 독립국이었던 티베트와 신장을 중국은 강제로 합병하였고, 한국과의 관계에서도 중화주의적인 태도를 취한다. 이른바 '동북공정'을 발판으로 2004년에 역대 자국의 정사正史가 한국사로 인정한 고구려를 중국사에 편입하였다. 지난 19세기에 중국은 자폐적 중화주의로 말미암아 수십 년간 방황하였다. 그런데 21세기에 자국의 위상이 웬만큼 회복되자 다시 중화주의로 회귀하는 듯한 모습을 보인다. 이것은 중국의 장래를 위협할 뿐만 아니라, 아시아의 평화를 해치는 악수가 될 수도 있다.

한족과 만주족의 민족적 갈등

중화주의 말고도 19세기에 청나라의 발목을 잡은 역사적 요인이 많았다. 청나라의 지배층인 만주족과 피지배 민족인 한족의 갈등도 걸림돌이었다. 18세기 후반 백련교의 난이 일어난 것부터 시작하여 19세기 중반에는 태평천국운동이 전개되었는데, 그 바탕에는 두 민족 간의 역사적 갈등이 숨어 있었다. 서구 열강의 도전에 직면하여 중국이 하나로 뭉쳐야 할 때에 민족 문제로 오랫동안 내부 분열을 겪은 것이다. 이러고서 어떻게 역사적 난제를 극복할 수가 있었겠는가.

기독교 문제도 겹쳤다. 이른바 '교안敎案'이라고 하여, 기독교회와 중국인 사이에 심한 마찰이 일어났다. 순교자가 생길 때마다 서구 열강은 희생자에 대한 보상금을 요구하였고 선교의 자유를 주장했다. 이를 기회로 열강은 그들의 경제 및 군사적 이익을 관철하여 중국 정부에 타격을 주었다.

아편전쟁이란 시험대

전쟁 한 번으로 유구한 역사와 문화를 자랑하는 거대한 국가가 일시에 무너질 수도 있다. 잉카문명과 아스테카문명의 역사에서 그런 예를 찾을 수 있다. 그보다 더욱 어처구니없고 충격적인 사건은 영국이 일으킨 아편전쟁이었다. 그 발단은 영국 상인들의 아편 밀수출이었다. 19세기 중반, 중국에는 1,000만 명이 넘는 아편 중독자가 있어 청나라의 경제를 위협하였고, 사회 기강도 크게 무너졌다. 영국 상인들의 아편 밀수출은 어떠한 미사여구로도 합리화할 수 없는 범죄행위였으나 그들은 도리어 무력을 앞세워 중국을 짓밟았다.

19세기 중후반 영국은 두 차례의 전쟁 끝에 청나라를 사실상 식민지 상태로 만들어버렸다. 특히 제2차 아편전쟁(1856~1860) 때 영국과 프랑스 연합군은 청나라의 수도(베이징)를 점령하고, 청나라 황실의 정원인 원명원과 이화원 등을 불태웠다. 침략 전쟁의 진면모를 보인 것이었다.

전장을 지배한 네메시스함선

아편전쟁 때 영국의 승리를 견인한 것이 '네메시스함선'이었다. 1840년 말, 청나라에 실전 배치된 이 배는 최초의 철제 전함이었다. 청나라를 공격하기 위해서 동인도회사가 주문한 6척의 선박 가운데 가장 컸다. 함선은 잉글랜드 서부의 버컨헤드에서 제작되었고, 제1차 아편전쟁 때 이 전함의 함장은 윌리엄 허천 홀이었다. 나중에는 리처드 콜린슨이 네메시스를 지휘하였다(1842). 중국인들은 이 전함의 위력에 기가 질려 '악마선'이라고 불렀다.

네메시스함선은 길이가 56미터였고, 60마력짜리 엔진 두 개가 장착되었다. 증기선이면서 돛도 함께 사용하는 함선으로, 기관총과 기관포로 무장하였다. 바다는 물론이고 강에서도 싸울 수 있게 설계되었다. 초기 단계의 철선이라서 나침반의 성능에는 결함이 있었다고 한다.

1840년 말, 이 전함은 청나라 해안에 도착하였고, 1841년 1월 7일에 제2차 천비穿鼻 전투에 투입되었다. 그해 2월 27일에는 청나라가 동인도회사에서 구입한 케임브리지함선을 격침하였고, 3월 18일에는 광저우를 점령하는 수훈을 세웠다. 그리고 1842년 2월에는 닝보에서 청나라 함대의 공격을 격퇴하였다. 아편전쟁에서 네메시스함선은 전설적인 업적을 기록하였다.

그 뒤에는 인도네시아와 필리핀 근해를 오가며 해적을 소탕하였다. 1893년 미국 시카고에서 열린 전시회에는 네메시스함선의 모형이 전시되었다. 그 정도로 국제적인 명성이 있었다.

아편전쟁이 야기한 혼란

아편전쟁에 진 청나라는 불평등조약(난징조약)의 늪에 빠졌다. 상하이 등 여러 항구를 열강에 개방하였고, 홍콩을 영국에 빼앗겼다. 전쟁에 직접 뛰어들지 않은 러시아제국조차 청나라의 약점을 알고 많은 영토를 침탈하였다. 일련의 조약으로 러시아는 144만 제곱킬로미터가 넘는 청나라 영토를 점령하였다. 아편전쟁을 겪은 뒤 중국이 열강에 내준 영토를 모두 합치면 150만 제곱킬로미터나 되었는데, 이는 한반도 면적의 일곱 배쯤 되는 광대한 땅이었다.

이미 제1차 아편전쟁(1840~1842) 때부터 청나라의 무능이 여지없이 드러났다. 그러자 평소 만주족의 지배에 불만을 품었던 한족의 일부가 반란을 일으켰다. 태평천국의 난(1850~1864)이 그것인데, 이로 인하여 청나라는 심각한 정치·경제적 손해를 보았다. 한편 중국이 속수무책으로 당하는 것을 지켜본 일본은 메이지유신으로 면모를 일신하였다. 그들은 장기간 군사력을 키워 청일전쟁(1894~1895)으로 일거에 청나라를 제압하였다. 연달아 청나라의 참상을 목격한 쑨원孫文 등은 공화 혁명을 일으켜 1911년(신해년) 한족 출신의 공화파가 '중화민국'을 일으켰다. 이 모든 변화의 출발점이 바로 아편전쟁이었다. 아편전쟁이 동아시아 역사에 끼친 영향은 실로 광범위하였는데, 요점을 간추리면 다음과 같이 네 가지였다.

첫째, 아편전쟁으로 말미암아 중화사상이 근본에서부터 무너졌다. 청나라뿐만 아니라 조선과 일본에서도 사정은 마찬가지였다. 구체제는 심각한 내외의 도전에 직면하였다. 둘째, '서세동점西勢東漸', 즉 서양 세력의 진출은 누구도 막지 못할 대세라는 점이 뚜렷이 드러났다. 이는 동아시아의 전통을 고수하는 청나라와 조선이란 국가의 몰락으로 이어졌다. 셋째, 체제 위기의 조짐이 짙어지자 일본에서는 메이지유신이 일어났다. 얼마 후 일본은 근대화에 성공해 동아시아의 패자로 화려하게 재탄생하였다. 넷째, 아편전쟁을 전후하여 러시아는 오랜 소망을 이루었다. 그들은 마침내 겨울에도 얼어붙지 않는 부동항인 블라디보스토크 항구를 확보하였다. 러시아는 그곳에 태평양 함대를 주둔시키며 장차 세력을 남쪽으로 확장할 계획이었다. 시베리아 철도를 건설한 데 이어서 청일전쟁이 끝난 다음에는 청나라의 동북 지역까지 세력을 뻗었다. 나중에는 중국 진출을 서두른 일본과 마찰을 일으켜, 러일 간에는 전쟁이 일어났다(1904~1905). 이 전쟁의 승자는 놀랍게도 일본이었으니, 아편전쟁의 최종적인 결과는 일본의 대륙 진출로 이어진 셈이다.

양무운동의 실패

아편전쟁을 겪은 뒤 중국에는 사회적 혼란이 더욱 가중되었다. 양광(광동과 광서) 지방에서 시작된 태평천국운동은 대륙 전체로 크게 번져 난징을 수도로 삼고, 1억 이상의 인구를 거느리며 사실상 독립국가로 행세하였다. 서구 열강은 태평천국 세력과 청나라 조정 양편에 무기를 판매하며 상당한 이익을 얻었다.

그런데 제2차 아편전쟁에서 패배한 청나라가 열강의 요구에 굴복하여 많은 배상금을 물고 이권을 양보하였다. 그러자 열강은 태평천국 세력의 손을 놓고, 그들을 진압하는 쪽으로 태도를 정리하였다. 그때 증국번, 좌종당, 이홍장 등 한족 관료는 각 지방의 의용군을 동원해 태평천국 세력을 멸망시켰다(1864).

이후 중국에서는 이홍장을 비롯한 한족 관료와 청나라 황실의 공친왕이 선도하는 근대화 운동이 일어났다. 이른바 양무운동이었는데, 기대했던 만큼 효과를 거두지는 못하였다. 돌이켜 보면, 중국 내부에서 근대화를 요구하는 목소리가 처음 나온 것은 1846년경이었다. 선각자 위원魏源은 제1차 아편전쟁의 결과를 분석한 끝에, 중국이 거듭나려면 서양의 기술을 배워야 한다고 주장하였다. 과연 태평천국운동을 진압할 때도 반란군이 서양식 무기를 많이 확보한 상태여서 청군은 전투에 큰 어려움을 겪었다. 이에 증국번 등 의용군도 열강으로부터 신식 무기를 사들였고, 그 효과는 놀랄 만하였다. 태평천국의 난이 끝나자 양무운동이 본격적으로 추진된 배경이었다.

1861년 벽두부터 공친왕은 근대적 개혁에 시동을 걸었다. 총리아문이란 관청을 설립해 외교 사무를 관할하였다. 장차 군사훈련도 서양식으로 실시할 방침을 세웠다. 또 각지에 근대식 무기 공장도 지었다. 공장마다 1,000명 이상의 노동자를 배치하였고, 청나라 황실이 관리 감독하게 했다. 외국어 학교도 베이징과 상하이, 광저우 등에 순차적으로 창립하였다. 수년 뒤에는 유학생을 선발하여 미국으로 파견하기도 하였다(1872). 광산을 개발하고, 각종 공장을 짓고, 전신 사업도 시작하였다. 소규모였으나 철도도 놓았다.

그런데 청나라 황실에서 공친왕은 극히 예외적인 존재였다. 대다수 황족과 고위 귀족은 근대화를 거부하였다. 한족 지식인 가운데는 급진적 개혁을 주장하는 이도 여럿이었는데, 그들은 서양의 학문과 정치제도를 수용하자고 주장했다. 그러나 이러한 주장은 효과를 거두지 못하였다.

국정이 어수선한 가운데 일본이 대만을 점령하는 사건이 일어났다(대만 사건, 1874). 대만에 표류한 류큐인이 현지인에게 살해되자 일본은 대만에 군대를 파견해 섬을 점령하였다. 이 사건을 해결하려고 청나라는 일본 측에 보상금을 지급하였고, 일본군이 점령지에 설치한 시설물에 대해서도 대가를 지불하였다. 그때 중국은 오랫동안 자국에 조공을 바치던 류큐를 일본의 속국으로 인정하였다. 청나라는 일본의 군사력에 대항하지 못한 채 무조건 손부터 내민 셈이었다.

청나라는 이 사건을 뼈아프게 반성하고 세 척의 근대식 함대를 구축하였다. 하지만 그들의 전투력은 기대 이하였다. 청나라는 청불전쟁(1884~1885)에 힘없이 무너졌고, 그 10년 뒤에는 조선에서 시작된 청일전쟁에서 완패하였다. 청나라는 일본 측에 무려 2억 량이나 되는 전쟁배상금까지 물어야만 하였다. 이 금액은 당시 일본의 4년 치 예산에 해당하는 거금이었다.

일찍이 예정된 조선의 망국

정조가 시작한 쇄국이란 늪

조선의 패착 원인은 크게 두 가지로 꼽을 수 있는데, 성리학과 쇄국이 그것이다. 조선 지배층이 오로지 성리학에만 매달렸다는 점은 누구나 인정하는 사실이다. 그들은 누군가 다른 사상과 종교를 조금이라도 긍정적으로 평가하면 그를 이단으로 취급해 탄압하였다. 이처럼 안타까운 역사는 정조 때부터 한층 자명한 것이 되었다.

정조는 여러모로 재능이 탁월한 왕이었고, 그래서 후세의 칭송이 자자하다. 그러나 그에게도 세 가지 문제점이 있었다. 첫째, 왕이 외래 사조에 대해서 지나치게 큰 두려움을 가지고 있었다. 정조는 '문체반정'까지 일으켜 성리학과 고전 한문 외에는 모두 금지하였다. 심지어 청나라에서 서적을 수입하지 못하게 막기까지 하였다. 이러한 정조의 문예 정책은 근본적으로 수정되지 않은 채 후대로 이어졌다. 그리하여 수십 년이 지난 다음, 조선의 지배층은 체질이 더욱 보수화되어 외부 세계에 관한 지식이 거의 없었다. 뒤늦게 박규수와 최한기 같은 선각자들이 나타나기는 했으나, 그들의 힘으로 갑자기 나라의 향방을 바꾸기란 불가능하였다.

둘째, 정조가 은밀하게 시작한 천주교 탄압은 후대로 갈수록 심해졌다. 그 수를 헤아릴 수 없을 만큼 많은 사람이 천주교 신자라는 이유로 목숨을 잃었다. 이것은 외부의 자극에 대한 극단적인 히스테리라고 부를 만한 사건이었다. 18세기부터 조선 근해에는 '이양선', 즉 정체를 알 수 없는 서양 선박이 자주 나타났고, 그럴수록 조선의 지배층은 외부의 침략을 두려워하였다. 정조 역시 마찬가지여서 조선의 쇄국을 더욱 강하게 고집하였다. 왕은 자신이 고유문화라고 믿은 성리학에 대하여 편집증적 애착을 강화하였다.

이로 말미암아 바깥 세계의 실상을 정확히 파악하려는 학문적 관심은 거의 사라졌다. 그동안 조선에 외부 세계에 관한 지식 정보를 제공한 청나라 역시 서양에 관한 새로운 정보를 얻지 못하였으므로 조선의 지적 공백은 갈수록 커졌다.

셋째, 정조의 통치 방식도 문제였다. 왕은 이미 숙종 때부터 시작된 정치 개혁을 계속해서 밀고 나갔는데, 조정 안의 권력을 왕이 오로지하려는 것이었다. 정조 때는 삼사(사헌부, 사간원, 홍문관)의 간쟁諫爭 기능이 무력해졌고, 이조 전랑의 역할을 축소해 젊은 신하들이 왕과 대신을 견제할 수 없게 되었다. 정조 자신은 유능한 국왕이었기 때문에 당장에 큰 문제는 일어나지 않았다. 그러나 순조와 헌종 등이 어린 나이에 왕위에 오르자 심각한 폐단이 발생하였다. 외척이 왕을 이용하여 국정을 농단하여도 조정 안에서는 누구도 그들을 견제할 도리가 없었다.

만약 정조가 아니라 세종이었다면 사태는 전혀 다른 방향으로 흘러갔을 것이다. 창의적이고 개척적인 세종이 왕이었더라면 서양으로부터 새로운 과학기술을 적극 수입하고, 그들과 함께 조선의 새로운 미래를 열어보려고 했을 법하다. 하지만 정조는 세종이 아니었다. 아이러니하게도 정조는 세종을 자신의 모범으로 삼는다고 천명하였으나, 그가 선택한 국정 노선은 극히 보수적이고 폐쇄적이었다. 무척 안타까운 일이었다고 생각한다.

혜성처럼 등장한 신지식인 최한기

작은 변화가 일어나기 시작한 것은 제1차 아편전쟁이 끝난 다음이었다. 나는 혜강 최한기라는 학자의 등장에 주목하고 싶다. 그는 개성 출신으로 일찍이 서울에 올라와서 살았다. 가까이 지낸 이로는 〈대동여지도〉를 제작한 김정호와 실학자 이규경이 있다. 이규경은 청장관 이덕무의 손자로 《오주연문장전산고》라는 거질의 백과사전을 편찬한 대학자였다. 이규경이 쓴 글에서도 알수 있듯, 최한기는 청나라에서 간행된 서적을 대거 구입해서 읽었다. 그 가운데는 아편전쟁 이후 번역된 서양 사정에 관한 책자가 많았는데, 그 학식이 실로 방대해 우리의 짐작을 넘어선다.

최한기는 서양의 지리와 천문학에 능통하였다. 1857년에는 《지구전요》를 저술하였는데, 서양의 지리와 천문학 및 서구 열강의 사정을 대강이나마 식자층에 소개하였다. 최한기는 영국 천문학자 윌리엄 허셜의 이론을 소개하는 《성가운화》라는 책도 지었다. 《신기통》과 《기측제의》 등을 저술하여 중국의 번역본을 통해 학습한 서양의 물리학을 소개하기도 하였다. 최한기는 중세적인 형이상학을 배척하고, 실용적인 학문의 중요성을 강조하였다. 또 산업의 부흥을 국가적 과제로 삼고, 서양의 뛰어난 기술과 기계를 도입하자고 주장했다.

최한기는 시대의 흐름을 정확히 진단하고 서구 열강과의 통상이 필요하다는 의견을 내놓았다. 그러나 당대의 주류 학자들은 최한기를 매도하기에 바빴다. 최한기의 견해에 어느 정도 수긍한 인사로는 박규수를 비롯하여 오경석과 유대치 등이 있었다. 박규수는 연암 박지원의 손자로서 선진 문물의 도입이 필요하다는 점을 깊이 인식하였다. 오경석과 유대치는 중인으로, 시대의 대세를 알고 있었으나 조정에는 직접적으로 영향력을 행사할 수 없는 처지였다.

1871년(고종 8년) 신미양요가 일어나 미국 함선과 조선군이 대치하는 상황이 발생하였다. 기록에 따르면 강화진무사 정기원은 당대에 서양에 관해 가장 잘 아는 최한기를 찾아가 대처 방법을 물었다. 최한기는 정기원에게 서양의 총포에 어떠한 특징이 있는지를 알려주었고, 미국의 재침에 대비하라고 조언하였다. 그의 조언이 실전에 얼마나 도움이 되었는지는 모르겠으나, 조선에도 최한기처럼 서양에 관하여 풍부한 지식을 가진 사람이 있다는 사실에 많은 사람이 안도했을 것이다.

최한기는 청나라에서 번역된 서양 관련 지식을 읽고, 전통 학문인 성리학의 한계를 절감하였다. 그는 합리성과 실용성을 강조하며, 요샛말로 새로운 인문사회과학과 자연과학 및 공학을 수용하자는 의견을 내놓았다. 평생에 걸쳐 무려 1,000여 권의 저서를 지었다고 하는데, 현재 남아 있는 것은 15종 80여 권이다. 하지만 그의 저술에 주목한 당대의 학자는 거의 없었다. 노년에 그는 가난에 시달리며 평생 애써 모은 책자를 저당 잡히는 딱한 신세였다.

최한기의 높은 식견이 재조명을 받기 시작한 것은 조선이 멸망한 다음이었다. 식민지 시기의 지식인들이 그의 저술에 관심을 표하였다. 늦어도 너무 늦은 재발견이었다. 만약에 조선의 지식계가 18~19세기 일본과 비슷한 분위기였더라면, 최한기는 문하에 많은 제자를 배출하여 근대화에 큰 역할을 하였을 것이다.

19세기 후반, 조선이 갑자기 눈앞에 나타난 서구 열강에 휘둘리지 않고 자국의 독립을 보전하기란 애초부터 기대할 수 없는 일이었다. 조정에는 근대적 외교가 무엇인지를 이해하는 이도 없었으며, 근대적으로 훈련된 군사도 전혀 없었다. 한마디로, 열강의 침략에 무력하게 노출된 딱한 상황이었다.

《조선책략》도 수용하지 못하다

오죽하였으면 자국의 문제도 풀지 못하는 청나라의 젊은 외교관이, 감히 조선에 훈수하였을까. 누구나 역사 시간에 《조선책략朝鮮策略》에 관하여 배운 적이 있을 것이다. 1880년경 일본에 파견된 청나라 공사관의 젊은 관리 황준헌黄遵憲이 저술한 소책자였다.

그 당시 청나라는 러시아의 남하를 염려하였다. 행여 러시아가 조선을 차지할까 봐 노심초사하였다. 청년 외교관 황준헌 역시 러시아의 침략을 사전에 막을 방법을 궁리하였다.

책자의 요점은 다음과 같았다. "청나라와 (전처럼) 친하고, 일본과 (좋은 관계를) 맺고, 미국과 (새로 국교를) 맺어서 (조선의) 자강을 도모하는 것뿐이다." 황준헌은 조선이 청나라를 더욱 열심히 섬겨서 온 천하가 조선과 청나라를 한 나라로 인식하도록 하자고 주문하였다. 청나라 관리로서, 황준헌은 조선을 앞으로도 청나라에 묶어두려는 생각이었다.

그런 목적을 위해서라면 조선은 숙적인 일본에 관하여도 생각을 바꾸라고 주문했다. 일본이 러시아의 침략에 무너지기라도 하면 조선도 독립을 보전할 수 없으므로, 남의 일처럼 볼 일이 아니라고 하였다. 그때는 일본이 조선 침략의 야욕을 노골적으로 드러내기 전이어서 청나라는 아직 일본의 속뜻을 눈치채지 못하고 있었다. 황준헌에게는 이를 간파할 깊은 통찰력이 없었다.

이 책자에는 황준헌이 미국에 기대한 바가 그대로 드러나 있다. 그는 미국이 아시아와는 항상 우호적이었고 유럽과는 소원하였다면서, 미국이 조선과 외교 관계를 원한다고 주장했다. 물론 역사적 사실과는 거리가 먼 주장이었다. 황준헌은 조선이 미국과 우방이 되면 득이 있을 것이요, 거절하면 화가 생긴다며 은근히 협박하였다. 앞서 청나라는 영국과 프랑스에 패배한 뼈아픈 경험이 있었다. 그래서 황준헌뿐만 아니라 청나라 지배층은 제삼의 세력인 미국이 국제무대에서 자국을 도와줄 것으로 기대하였다. 이후에 조선은 청나라의 주선으로 1882년(고종 19년)에 미국과 국교를 맺어 청나라의 기대에 부응하였다.

1880년 당시 조선의 개화파는 황준헌의 인식 수준을 벗어나지 못하였다. 수신사 김홍집은 일본에서 황준헌에게 받은 그 책자를 고종에게 전달하였다. 고종은 깊은 감명을 받았다면서 이 책자를 널리 알리고자 하였으나 전국의 유생이 대대적으로 반대하였다. 특히 영남 유생은 이른바 〈만인소〉를 지어 강력하게 반발하였다. 그들은 일본과 화해하는 것도 문제요, 알지도 못하는 미국과 국교를 맺는 것도 불필요한 일이며, 더구나 러시아라는 새로운 적을 만드는 것은 어리석기 짝이 없는 짓이라고 비판하였다. 대다수 유생의 현실 인식은 그 정도에 머물렀다.

이런 판국인데 어느 누가 서양의 문물과 제도를 수용하여 조선 사회를 혁신할 수 있었겠는가. 19세기가 끝날 때까지도 조선에는 근대화에 관한 사회적 합의에 도달하지 못하였다. 국정을 지휘하는 고종은 동도서기東道西器, 즉 성리학을 사상적 기반으로 삼아 서양의 문물을 선택적으로 수용하는 방향으로 나아가려고 하였다. 그러나 그에게는 자신의 포부를 구현할 지도력이 부족하였다. 왕에게는 근대화를 추진할 충분한 재력도 없었고, 일을 맡길 인재가 있어도 발견하지 못한 채 허송세월하였다. 그때 조선이란 나라는 망망대해를 표류하는 작은 배처럼 위태로웠다.

한반도의 지정학

청동기 시대부터 한반도의 지정학적 위치는 여러 민족의 관심을 끌었다. 고대 중국과 일본은 물론이고 중국의 북방에서 활약하던 여러 유목민족이 한반도와 끊임없이 교섭하였다. 19세기 후반, 청나라가 힘을 잃고 서구 열강에 사실상 항복하자 한반도의 지정학적 가치에 주목한 열강의 각축이 더욱 치열해졌다. 그들은 동아시아에서 서로 우위를 차지하기 위해 경쟁하였다. 한마디로, 한반도는 열강의 이익이 교차하는 격전지가 되었다. 1860년대부터 영국, 프랑스, 미국은 조선을 '개방'하려고 노력했다. 조선은 그들의 침략을 염려해 강력히 저항했으나, 결국은 일본의 요구를 받아들여 불평등조약을 체결하였다(1876).

한반도는 태평양과 유라시아 대륙을 연결하는 통로라서 19세기 말에는 일본, 청, 러시아가 치열한 각축전을 벌였다. 최종 승자는 일본으로, 그들은 청일전쟁과 러일전쟁을 통해서 청과 러시아를 차례로 격파하고 한반도를 식민지로 삼았다(1910). 일본은 한반도를 발판 삼아서 우선 만주를 점령했고, 이어서 중국 본토를 송두리째 차지하고자 중일전쟁을 일으켰다(1937년). 만약에 한반도를 식민지로 만들지 못했더라면 일본이 어떻게 만주에 이어 광활한 중국을 침공할 수 있었을까.

일본은 중국 침략을 준비하느라 1920년대부터 북한 지역에 철강과 시멘트 공업을 비롯한 중화학 공업단지를 조성했다. 1940년대 초반, 원산과 함흥의 중화학 공업단지는 세계 굴지의 시설이 되었다. 제2차 세계대전에서 패배한 일본이 한반도를 떠나자 북한을 점령한 김일성 정권은 큰 선물을 받은 셈이었다. 그래서였는지 승리를 장담한 김일성은 소련 및 중국과 상의한 끝에 한반도에서 전쟁을 일으켰다(6·25전쟁). 이 전쟁의 결과로 일제가 조성한 공업시설은 완전히 파괴되고 말았으니, 북한은 일제의 유산을 모두 잃은 셈이었다.

제2차 세계대전 이후 남한은 미국의 직접적인 세력권에 속했는데, 심지어 대중문화까지도 예외가 아니었다. 그런데 세월이 흐르자 남한은 전통문화를 토대로 독창적인 대중문화를 일으켜 '한류'를 창출하였다(1990년대). 오늘날 한국의 영화와 대중음악 그리고 텔레비전 드라마는 아시아를 넘어 유럽과 아메리카에서도 인기를 누리고 있다. 한국 영화 〈기생충〉이 아카데미상을 받고, 방탄소년단이 세계적인 명성을 얻은 것은 우연이 아니다. 한반도의 지정학적 위치는 잦은 침략 전쟁으로 한국인에게 고통을 안겨주기도 하였으나, 세계 최고의 문화를 적극적으로 수용할 기회도 제공했다. 전통 시기에는 중국을 통해 유교와 불교 문화의 정수를 받아들였고, 근대 이후에는 일본과 미국의 손을 거쳐서 새로운 학문과 문화 및 산업기술을 익혔다. 그런 과정을 거쳐 한국은 오늘날 세계에서 가장 발달한 산업국가의 하나가 되었고, 정치적으로도 민주주의가 성숙한 나라로 성장하였다. 고난 속에 다져진 민족 정체성이 뚜렷하고 자국의 역사와 문화에 대한 자부심이 무척 강한 나라가 한국이다.

만약에 동북아시아에서 다시 전쟁의 불길이 타오른다면 그 무대는 한반도가 될 가능성이 크다. 일단 전쟁이 벌어지면 그 피해는 우리의 상상을 초월할 것이다. 지정학적 중요성은 한반도의 운명을 좌우하는 열쇠와도 같다. 따라서 한국인은 평화를 지키기 위해서 각고의 노력을 기울여야 할 것이다. 여기서 우리가 생각할 점이 있다. 남들은 한반도를 발판으로 아시아 대륙으로, 또는 태평양으로 진출하려는 꿈을 키웠다. 그런데 이 땅에 사는 우리는 정작 이러한 호조건을 살리지 못할 때가 많았다. 우리가 하기에 따라서 한국은 앞으로 아시아·태평양 지역에서 얼마든지 중추적 역할을 할 수 있다.

개방을 선택한 일본

난학이라는 특수 병기

일본도 이웃 나라와 마찬가지로 오랫동안 쇄국을 고집하였다. 그러나 그들의 역사를 깊이 살펴보면 이야기가 전혀 달라진다. 일본에는 다른 나라에 없는 '난학蘭學(란가쿠)'이란 것이 있었다. 일종의 서학이었는데 그 범위와 깊이가 놀라웠다. 글자 그대로 네덜란드학Hollandkunde이라면 네덜란드의 언어와 문화를 다루는 것이겠으나, 실은 서구 문화 전반에 대한 연구였다.

일본의 통치자들은 1639년에 포르투갈 출신의 천주교 선교사를 모두 추방하였다. 그들은 서양 세력이 일본에서 자라나는 것을 허용하지 않았다. 그러나 서양의 실용적인 기술과 학문은 굳이 거부할 필요가 없다고 판단하였다. 의술과 천문학 등에 관한 서적은 당국의 허가만 얻으면 수입할 수 있었다. 막부의 쇼군과 그 측근

중에는 개인적으로든 정치적인 이유에서든 서양의 문물을 애호하는 이가 적지 않았다. 네덜란드 상인을 통하여 서양의 그림과 의술, 농사에 필요한 종자 등을 수입할 정도였다. 서양 상인과 막부 사이에서 통역관이 중개자의 역할을 하였는데, 곧 그들은 서양 문물에 깊은 흥미를 느껴 본격적으로 연구하기 시작하였다.

난학이란 무엇인가

난학이란 용어가 등장한 시기는 18세기 후반이었다. 17세기부터 훗날 난학이라고 불리는 새로운 학문이 시작되어, 18세기 후반에는 꽤 높은 수준에 이르렀다. 나중에는 '양학洋学(요가쿠)'이라고 칭하면서 서양의 과학과 기술까지 포괄하였다. 그러다가 19세기에는 네덜란드어에 벗어나 서양의 주요 언어인 영어를 배우려는 경향도 나타났다.

난학의 터전은 인공 섬인 데지마였다. 이 섬은 나가사키만에 있는데, 네덜란드의 동인도회사의 상인을 비롯해 의사와 보조 인력이 체류하였다. 그들은 일본에 합법적으로 머물 수 있는 유일한 서양인이었다. 일본 에도막부는 그들의 활동을 세밀하게 관찰하였고, 네덜란드의 상인 대표에게 1년에 한 번씩 에도에 와서 쇼군을 알현하라고 명령하였다(1790년부터는 4년마다 방문). 쇼군과 막부의 고위 인사들은 네덜란드 상인을 만나 그들이 궁금하게 여겼던 여러 분야의 정보를 얻었다. 상인과의 대화는 꼼꼼하게 기록되었고 확인 절차를 거쳐 공식 문서로 작성되었다.

17세기부터는 통역관들에게 명령해 서양에 관한 지식을 수집하고 정리하였다(1641년에 개시). 최초 단계에서는 막부의 간섭과

네덜란드 깃발이 꽂힌 데지마섬 전경

제한이 많았으나, 1720년 이후 통역관들에게 훨씬 포괄적인 자유
를 허용하였다. 쇼군 도쿠가와 요시무네는 기독교 서적이 아니라
면 다른 서적은 수입해도 좋다는 용단을 내렸다.

　통역관들은 데지마의 교역소에서 네덜란드인에게서 많은 정보
를 수집하였다. 또 그들이 가져온 책을 읽고 서양 문물을 배웠다.
통역관들은 상인이 가져온 갖가지 상품도 자세히 연구했다. 그들
이 깊은 관심을 가진 것은, 서양의 의학과 군사 기술, 농업, 과학
등 실용적인 학문과 기술이었다. 시간이 흐를수록 네덜란드는 일
본에 중요한 존재로 자리매김하였다. 막부는 데지마를 찾는 네덜
란드인을 통하여 유럽의 사정을 파악하고, 아시아에 진출한 서양
여러 나라의 동향에도 촉각을 곤두세웠다. 네덜란드 상인은 정기

적으로 에도막부에 그와 관련된 보고서를 제출하였다.

1853년 미국은 매슈 페리 제독을 일본에 보내어 개국을 요구하였다. 그런데 소위 '흑선'(기선)이 일본에 도착하였을 때 일본은 무방비 상태가 아니었다. 난학 덕분에 일본은 서구 열강이 동아시아에서도 식민지를 획득하려고 열을 올린다는 사실을 알고 있었다. 아울러 미국의 기술 수준도 어느 정도 파악하고 있었다. 그 덕분에 일본은 19세기 후반에 빠른 속도로 근대화를 추진할 수 있었다.

난학의 발전

나가사키의 데지마에서 네덜란드 상인과 통역을 업으로 삼은 일본인들은 난학자로 명성을 얻었다. 그중에는 서양 의학에 정통한 인물도 많았다.

1650년에 독일 라이프치히 출신의 외과 의사 카스파 샴베르거는 10개월이나 에도에 머물렀다. 그는 일본의 고위층에 매우 좋은 인상을 남겼다. 서양식 수술에 관한 책자는 이미 17세기에 일본에 소개되었고, 그로 인하여 일본에서는 서양 의술에 거는 기대가 높아졌다. 이에 부응하듯 일본인 통역관과 의사가 남긴 기록이 필사본 형태로 널리 퍼졌다.

1787년 모리시마 주료森嶋中良(1754~1810)는 《네덜란드인의 이야기紅毛雜話》를 저술하였다. 이 책에서 그는 현미경과 열기구도 소개하고, 서양식 의료와 동판 인쇄, 대형 선박을 건조하는 방법을 비롯하여 전기 장치에 관하여도 설명하였다. 서양의 지리에 관해서도 책을 썼다.

18세기 말에는 《네덜란드-일본어 사전波留麻和解》도 편찬되었다. 13권이나 되는 거질로 표제어가 6만 4,000개나 되었다. 이 사업을 주도한 이는 의사이자 난학자인 이나무라 산파쿠稻村三伯(1758~1811)였다. 우다가와 겐즈이宇田川玄隨(1755~1797)와 오카다 호세쓰岡田甫說의 도움도 컸다고 전해지는데, 모두 서양 의사였다. 의사 스기타 겐파쿠杉田玄白(1733~1817) 또한 당대를 대표하는 난학자였다.

19세기 초, 난학에 대한 관심이 확대되는 가운데 독일 의사 필리프 프란츠 폰 지볼트는 나루타키(나가사키 부근)에서 일본 학생들에게 직접 서양 의학을 가르쳤다. 그때 학생들은 유럽 학자들의 연구 방법이며 사고방식을 배우고 관찰할 수 있었다. 그들 중에서도 이토 게이스케(1803~1901), 다카노 조에이(1804~1850), 니노미야 게이사쿠(1804~1862), 미마 준조(1795~1825) 등은 훗날 서구 학문을 수용하는 데 지대한 공헌을 했다.

200년이 넘는 장구한 세월에 걸쳐 많은 일본인이 난학에 종사한 결과, 서양 의학과 과학기술에 관한 서적이 일본에서 상당수 간행되었다. 서양의 의료 기구와 확대경부터 현미경과 망원경, 시계는 물론이고 유화도 일본에 전해졌다. 17세기부터 시작된 서구 문명 이식은 점차 폭도 넓어졌고 깊이도 생겼다.

일본인의 교육 수준은 대단히 높아서(문해율 70퍼센트 이상) 난학의 성과는 여러 지방으로 전파되었다. 일본 각지에서 서양의 책이나 진귀한 물건을 구하려는 사람들이 생겨났다. 그들은 나가사키의 '약방(야쿠히네)'에 몰려들어 서양 물건도 구경하고, 다른 고장에서 온 난학자들도 사귈 수 있었다. 그 당시 일본의 난학자들은 누구나 '나가사키 유학長崎遊學'을 필수적인 일로 여겼는데, 이러한 사실은 그들의 전기적 기록에서도 쉽게 확인된다. 막부가 있는 도쿄에는 서양 물건을 전문으로 취급하는 상점도 운영되었다. 사립학교 중에는 '난학숙蘭學塾'이라고 하여 난학을 전문적으로 가르치는 학교도 있었다.

난학자의 역할

여러 난학자가 일본의 근대화에 앞장섰다. 잘 알려진 인물로 후쿠자와 유키치, 오토리 게이스케, 요시다 쇼인, 가쓰 가이슈 및 사카모토 료마 등이 있다. 이들은 에도 말기에 네덜란드어 학습을 중단하고 영어와 독일어를 공부해서 서양의 의학과 법률, 임업 등을 도입하였다.

난학자들은 일본 역사의 중요한 고비에서 중요한 역할을 담당하였다. 그들은 일본의 개국을 둘러싸고 정치적인 논쟁이 치열해지자 부국강병을 위해서 서구로부터 지식과 기술을 적극적으로 수용하자고 주장했다. 아울러 외국과의 무역을 금지하지 말라는 의견을 밝혔다. 그러나 1825년에 막부는 그와 반대되는 방향으로 나아갔다. 외국 선박 추방령을 내린 것이다. 1839년에 난학자들은 이러한 결정이 잘못되었다고 반대하다가 정치적 탄압을 당했다. 그런 사태는 물론 오래가지 않았다(1842년에 정상화됨).

그 후에도 일본이 나아갈 방향을 둘러싸고 상당히 오랫동안 논쟁이 거듭되었다. 국수적인 성향의 사무라이들은 막부를 보전하려고 노력하였고, 난학자들은 그들과 의견이 충돌하였다. 이로 인하여 1864년에는 사쿠마 쇼잔이 살해되었고, 3년 뒤인 1867년에는 사카모토 료마도 죽음을 면하지 못했다.

한 가지 사실은 분명하였다. 난학 덕분에 일본은 서양 과학을 대략적으로나마 이해하게 되었다. 19세기 후반 일본에서는 광범위하고 포괄적인 근대화 운동이 시작되었다. 1854년에는 해외무역이 자유화되었는데, 일본은 난학에 힘입어 근대화를 빠르고 능률적으로 추진할 이론적 배경과 기술적 토대를 갖춘 상태였다. 유럽과 미국으로 많은 유학생이 파견되었고, 서양에서 전문인력이 대거 초빙되어 일본에서 과학과 기술을 가르쳤다. 19세기에 유럽 외의 지역에서 근대화가 성공한 국가는 오직 일본뿐이었다. 이 모든 것이 난학 덕분이었다고 단정하기는 어렵지만, 난학 없이는 도무지 불가능한 일이었다.

메이지유신의 경제적 배경

일본의 근대화 과정을 우리는 '메이지유신明治維新'이라고 하는데, 그것이 성공한 데는 또 하나의 역사적 배경이 있었다. 에도 시대부터 상공업이 착실하게 성장한 덕분이었다. 에도막부는 전국의 다이묘들을 효과적으로 통제하고자 '산킨코타이參勤交代' 제도를 시행했다. 이에 전국의 다이묘들은 의무적으로 에도(도쿄)에서 거주하게 되었다. 그들은 에도에 머물다가 자신들의 영지로 돌아가기를 해마다 되풀이하였다. 지방의 실력자인 다이묘들이 아예 반란을 꾸미지 못하게 제도적으로 봉쇄한 것이었다. 다이묘들이 에도에 모여 살자 중앙집중화가 쉬워졌고, 에도는 경제적으로 번영을 누렸다. 전국 각지에서 올라온 다이묘와 그 가신들이 항상 많은 돈을 지출한 덕분이었다. 또 전국 어디서든 에도와 오사카

로 가는 도로와 물길이 열려 명실상부한 일본 경제의 구심점으로
발전했다.

일본은 인구도 계속 증가해 1600년에는 2,000만 명이었으나,
100년 뒤에는 3,000만 명을 돌파하였다. 에도와 오사카 등 인구
100만 명을 넘는 대도시가 출현하고(80만 명 선이었다고도 함), 그에
걸맞게 상공업도 전성기를 맞았다. 19세기에는 일본 각처에서 산
업이 고도로 발달하여, 근대적 시장경제에 필요한 전제 조건을
갖추었다. 여러 지방의 시장이 하나로 연결되었고 대규모 자본과
자산을 갖춘 상인도 많았다. 상업 인프라도 충분하였고, 마음만
먹으면 어디서나 숙련된 노동력을 구할 수 있었다. 아울러 가계
소득도 상당한 수준이어서 상품 구매력이 높았다. 이와 같은 조
건을 갖추었기 때문에, 19세기 후반에 일본은 빠른 속도로 서구
적인 경제체제로 전환이 가능하였다.

그러나 에도 시대 후반에는 문제점도 적지 않았다. 17세기 말
을 고비로 전통 시대의 농업 생산성은 한계에 도달했다. 게다가
질병과 기근이 자주 발생하여 한동안 일본의 인구가 정체되다시
피 하였고, 몇몇 번藩의 다이묘와 사무라이는 재정적 어려움에 빠
졌다. 그들의 수입원은 농촌이었는데 대다수 농민이 빈곤의 늪에
빠지고 농민 봉기가 일어나는 등 사회가 불안해졌다. 이에 18세
기 후반부터 막부는 수차례 세제 개혁을 시도하였으나 다이묘들
의 재정 위기는 쉽게 극복되지 않았다.

19세기 초에는 사무라이 가운데서도 재정적 어려움을 호소하
는 이가 많아졌다. 그들은 점차 에도막부의 실정에 반감을 품게
되었다. 이것이 결국에는 천황을 정치의 전면에 나서게 하는 왕

정복고 운동(메이지유신)으로 이어졌다.

　페리 제독이 일본의 문을 두드린 것은 바로 일본이 내적 위기에 빠진 시점이었다. 미국이 처음으로 일본에 사절단을 보내온 것은 1792년이었는데, 그때 그들의 시도는 불발에 그쳤다. 미국은 1832년에 재차 사절단을 파견해 일본과 무역을 트자고 했다. 그 역시 성과를 내지 못하자 미국 대통령 밀라드 필모어는 매슈 C. 페리 제독을 또다시 파견했다. 1853년에 페리는 일본에 도착하여 1년 뒤에 답장을 받으러 오겠다며 미국의 요구 조건을 제시했다. 페리 제독의 방일은 에도막부에 정치적 위기를 고조하였고, 1858년 막부는 설왕설래 끝에 미국과의 불평등조약에 서명했다.

　그러자 영국과 프랑스, 러시아와 네덜란드도 똑같은 불평등조약을 일본에 요구했고, 자신들의 의지를 관철하였다. 그보다 10여 년 전에 중국이 제1차 아편전쟁으로 영국에 완전히 무릎을 꿇은 것에 비하면, 일본의 개항은 신사적이고 평화적으로 전개되었다. 그렇지만 에도막부의 체면은 깎일 대로 깎였고, 그대로 가다가는 서구 열강이 어떤 봉변을 줄지 모르는 긴박한 상황이었다.

한중의 패망과 일본의 융성

잘 알다시피 열강의 침략을 받은 동아시아 삼국의 운명은 크게 엇갈렸다. 일본의 흥기는 이웃 나라인 한국과 중국의 진로에 더욱더 짙은 어둠을 드리웠다.

중국의 역사적 고통

19세기는 중국 역사에 큰 좌절을 안겨주었다. 위기를 앞두고 내부에서는 여러 가지 저항운동이 거듭되었는데 그럴수록 근대화는 오히려 더 늦어졌다. 중국 지도자들의 능력은 한계를 드러냈다.

물거품이 된 변법자강운동

캉유웨이康有爲는 상하이와 홍콩을 방문하여 열강의 실체를 피부로 절감하고, 일본의 메이지유신을 모방하기로 결심하였다. 그는 30년 이내에 중국을 근대국가로 탈바꿈하기 위해 청사진을 구상하였다. 유교도 새 시대의 흐름에 맞게 수정하기로 하였다. 그가 쓴 상소문을 읽은 청 황제 광서제는 캉유웨이와 함께 중국을 혁신할 것을 다짐했다.

1898년 6월 11일, 황제는 새 법령 '변법자강책'을 공포하였다. 낡은 관료제를 혁파하고, 조금도 새로울 것이 없는 과거제 역시 없애기로 마음먹었다. 군사 훈련은 근대식으로 바꾸고, 신하들이 의견을 좀 더 자유롭게 개진하도록 청원의 기회를 넓히며, 교육제도도 근대식으로 개선하겠다는 의지를 담았다. 그동안 최상층인 만주족은 상업 등 일반적인 직업에 종사할 수 없게 되어 있었는데, 이러한 규제도 완전히 풀기로 하였다.

광서제의 급격한 개혁 조치가 시행된다면 중국 사회는 면목을 일신할 것이었다. 보수적인 관료 집단의 특권은 사라지고, 하는 일 없이 자리만 차지하는 명목상의 관직도 사라질 것이었다. 그러나 광서제가 공포한 법령은 100일 동안 단 한 가지도 이행되지 않았다. 그 당시 황제는 손발이 묶인 것이나 마찬가지였다.

실권은 황제의 숙모인 서태후의 수중에 있었다. 서태후는 황실과 조정에 진을 치고 있는 보수 집단이 광서제의 급진적 개혁을 반대한다는 점을 정확히 간파했다. 서태후는 개혁을 꺼리는 만주족 출신 귀족과 한족 관료를 등에 업고 반정을 일으켰다. 1898년 9월 22일 아침에 벌어진 일이었다.

서태후 일파는 광서제를 대궐에 유폐하고는 "황제가 중병"이라고 둘러댔다. 역사에서는 이 사건을 '무술정변'이라고 명명한다. 무술년에 일어난 쿠데타라는 뜻이다. 그런 다음에 서태후는 섭정의 자격으로 중국을 호령했다. 이 정변이 성공한 데는 태후의 측근이 지휘하는 북양함대의 지지가 있었다. 이 일이 일어나기 전에 무관 위안스카이袁世凱는 광서제의 명령에 따라 북양함대를 지휘하는 영록榮祿을 제거하기로 약속하였으나, 광서제를 배신하고 서태후 편에 붙었다.

이처럼 변법자강운동은 허망하게 끝나고 말았다. 개혁 운동을 주도한 캉유웨이와 량치차오梁啓超는 중국을 떠나 일본으로 황급히 망명하였다. 그때 담사동 등 6인의 지식인은 피신을 거부하고 담담하게 죽음을 맞았다. 후세는 그들을 '무술 6군자戊戌 六君子'라고 칭하며 혁명의 순교자로 추모한다. 캉유웨이는 망명지 일본에서도 입헌군주제를 바탕으로 한 중국 사회의 개혁을 위해 노력했다. 그러나 진보적인 중국인들은 이미 공화제를 선호하였다. 천황을 중심으로 결속된 일본과는 달리, 중국인들은 왕조 체제를 이미 낡은 것으로 치부하고 새로운 정치체제를 소망하였다.

불완전한 신해혁명

마침 쑨원孫文이라는 불굴의 혁명가가 있어, 수차례의 실패에도 불구하고 '신해혁명'이 성공해(1911) 공화국 체제의 중화민국이 탄생하였다. 그런데 쑨원은 휘하에 군사력이 없어 청나라를 무너뜨리고 중국 전체를 하나로 결집할 힘이 부족하였다. 할 수 없이 그는 청나라의 한인 실력자였던 위안스카이에게 대대적인 양보를 하였다. 위안스카이는 혁명에 전혀 가담한 적도 없었고 공화주의와는 거리가 먼 구태의연한 인물이었으나, 막강한 북양 군벌의 대표라는 이유로 신생 중화민국의 총통이 되었다. 그는 공화제를 뒤엎고 다시 황제가 될 생각까지 하였으나 갑자기 죽음을 맞이해 중국의 공화제는 가까스로 보존되었다.

위안스카이의 뒤를 이어 총통이 된 이는 돤치루이段祺瑞였는데, 친일파로서 혼란기에 중국을 이끌기에는 역량이 부족한 인물이었다. 그는 전임자인 위안스카이와 마찬가지로 중국의 국익을 희생하면서까지 일본 측에 많은 이익을 양보하였다. 이른바 〈21개 조항〉의 문제가 발생한 것은 우연이 아니었다. 그 문제를 조금 자세히 알아보겠다.

〈21개 조항〉의 문제

1915년 1월, 일본은 장차 중국을 지배할 속셈을 구체화하였다. 그들은 서구 열강에 뒤질세라 경제적으로든 정치적으로든 중국을 장악할 책략을 마련하였는데, 그것이 바로 〈21개 조항〉이었다. 그 당시 중화민국의 위안스카이 총통은 일본의 압박을 이겨낼 방법이 없다고 생각하였고, 일본 측은 그 점을 정확히 파악하였다. 그들이 요구한 내용은 이러했다. 이제부터 일본은 산둥성과 만주 지역, 내몽골과 중국 남해안 그리고 양쯔강 하구를 통제하겠다고 하였다. 또 중국은 장차 필요한 군사 장비도 절반은 일본에서 사라는 것이었다. 사실상 일본이 중국의 실제 주인 노릇을 하겠다는 선언이었다.

21개의 요구 조항은 내용에 따라 다섯 가지로 나눌 수 있다. 첫째, 제1차 세계대전이 일어나기 전에 독일이 산둥반도를 조차하였는데, 이제 일본이 독일과 싸워서 이겼으므로 그 권한을 승계한다고 하였다. 중국이 이미 독일제국에 부여한 특권을 일본이 차지하겠다는 것이었다.

둘째, 만주 랴오닝성과 지린성에서 일본의 영향력을 강화하고, 향후 1997년까지 80년 동안 내몽골을 일본이 관리하고자 하였다. 러일전쟁 이후 조차한 뤼순도 조차 기간을 향후 99년으로 연장한다고 하였다. 일본인이 만주에서 토지를 자유롭게 구매하고 광업권도 획득할 수 있도록 하라고 요구하였고, 아울러 중국은 현지의 철도 건설을 일본 기업에 위탁하여야 하며, 남만주 철도도 일본의 관리하에 둔다는 약속을 하라고 하였다.

셋째, 일본과 중국이 합자하여 설립한 제철소(한야평공사)가 향후 2007년까지 양쯔강 일대의 광산에 대해서 독점적 권리를 행사할 것이라고 하였다.

넷째, 앞으로 중국은 어떤 항구든 섬이든 외국에 조차하지 않겠다는 약속을 강요하였다. 그런데 이런 요구는 이미 중국의 영토를 조차한 적이 있는 영국, 프랑스, 러시아, 포르투갈 및 일본 측에는 적용되지 않는다고 하였다. 또 기왕에 그런 권리를 행사한 적이 없는 미국도 예외로 인정한다고 하였다.

다섯째, 중국을 사실상 일본이 보호국으로 운영하겠다고 하였다. 중국은 앞으로 정치, 재정, 군사적 문제에 대해 일본 정부에 자문을 얻고, 경찰은 양국이 공동으로 관리하며, 중국에 필요한 군사 장비의 절반 이상을 일본 측에서 구매하기로 약속하라는 것이었다. 또 푸젠성은 일본의 보호 아래 두며, 일본인이 현지에서 토지를 구매할 권리를 인정하라고 하였다.

한마디로, 일본은 〈21개 조항〉을 통하여 중국의 국가적 이익을 전방위적으로 침해하였다. 그에 대한 국제사회의 반응은 어떠하였을까. 일본은 제1차 세계대전에서 독일제국에 총부리를 들이대며 맞서 연합군에 가담하였으므로, 연합군의 일원인 프랑스는 일본의 행동에 아무런 반대도 하지 않았다. 영국은 일본의 진정한 의도가 무엇인지를 묻는 시늉만 하였다. 러시아는 일본이 고문을 파견해서 중국 경찰을 장악하려는 시도에 문제가 있다고 하였을 뿐 그 외에는 아무런 문제도 제기하지 않았다. 비교적 중립적 입장이었던 미국은 일본의 요구를 반대하면서 러시아와 영국이 중국 문제에 공동으로 개입하라고 설득하였다. 그러나 미국의 중재 요청은 실패로 끝났다.

그때 중국은 강대국의 지지를 기대하며 일본의 요구를 일단 거부했다(1915년 4월 26일). 그러자 일본은 일부 항목을 제외하고 나머지에 관하여 조속히 동의하라고 압박하였다. 그해 5월 7일, 일본은 만약에 자국의 요구를 수용하지 않으면 군사행동을 시작하겠다며 위협하였다. 양국이 설왕설래를 거듭한 끝에 중국이 일본의 요구를 수락하자(1915년 5월 9일), 미국은 그들이 체결한 합의를 인정하지 못한다고 선언하며 일본이 이미 접수한 칭다오를 중국 측에 반환하라고 요구했다(1915년 5월 13일).

중국이 일본의 요구에 무릎을 꿇은 5월 9일은 지금도 중국인들이 치욕스러운 날로 기억할 정도다. 이후 프랑스의 베르사유에서 제1차 세계대전의 전후 처리를 위한 강화회의가 열렸다. 이 회의에서 중국은 〈21개 조항〉에 대한 국제사회의 여론을 환기하며 이것이 폐지되기를 바랐으나, 열강은 일본의 손을 들어주었다. 그러자 중국에서 대규모 시위가 일어났다. '5·4 운동'이 그것이었다 (1919).

이 운동은 중국의 현대사에서 가장 중요한 사건이었다. 민족주의와 민주주의가 결합한 현대적 대중운동의 효시였다. 처음에는 베이징대학교 학생들이 주축이었으나 곧 중국 각 지역의 노동자와 상인, 중산층이 총궐기하였다. 이 운동은 그 당시 전개되었던 신사상 운동 및 신문학 운동과 함께 중국인의 근대적 각성을 촉구하는 중요한 계기를 마련하였다. 5·4 운동을 기점으로 중국에서 현대사가 시작되었는데, 일본의 제국주의적 침략과 중국 내부의 각종 문제로 인하여 사회 발전이 순조롭지는 못하였다.

한국의 불행

조선도 중국과 비슷한 과정을 겪었다. 강화도조약을 시작으로 쇄국의 상태에서 벗어나기 시작하였다. 조정에는 근대화를 주장하는 소수의 관리가 나타났으나, 그들이 개화 정책을 주도하기에는 여러 난점이 있었다. 재정도, 마땅한 인적 자원도 부족했다. 가장 큰 걸림돌은 대다수 선비가 개화를 반대한다는 점이었다. 그들이 신봉하는 성리학적 이념에 따르면, 서양 오랑캐나 그와 비슷한 일본을 흉내 내는 일은 용납하지 못할 행위였다.

개혁의 좌절과 국권 상실

김옥균을 비롯한 급진적 개화파는 정변을 일으켜 조정을 장악하였으나 겨우 사흘에 지나지 않았다(갑신정변, 1884). 서양 문물을 반대하는 척사 운동은 기성의 성리학 문화를 지키고 외세의 침탈을 방어한다는 점에서 많은 사람의 지지를 받았다. 갑신정변 이후 10년 동안 조선의 지도층은 청나라에 의존하여 미봉책으로 일관할 뿐 본격적인 개혁은 시작도 하지 못했다. 그때 일본이 메이지유신으로 하루가 다르게 서구의 학문과 기술을 받아들인 것과는 천지 차이였다. 청나라조차 양무운동을 통해 군사력을 키우고 근대적 무기 생산에 힘을 기울이고 있었다.

이처럼 폐쇄적이고 침체된 조선 사회에서 마침내 대중적 운동이 일어나 당면한 안팎의 갖가지 문제를 한꺼번에 해결하려고 하였다. 그것이 바로 동학농민혁명이었다. 이미 양반의 특권적 사고 방식과 결별한 지식인들, 내 식으로 말하면 평민 지식인이 이 운동에 앞장섰고, 농민 조직이 크게 발달한 호남 지방에서 뜨거운 지지를 받았다. 호남은 조정의 개방정책으로 말미암아, 소작인을 비롯한 소농이 크게 타격을 입은 지역이었다. 그래서 동학농민혁명이 가장 활발하였다. 그런데 큰 틀에서 보면 농민의 처지는 전국 어디든 비슷하였으므로, 동학농민혁명의 열기는 곧 전국으로 확대되었다(1894).

농민의 저항이 거세져 호남의 수부首府 전주성까지 위태롭게 되자 조정은 청나라에 파병을 요청하였다. 그러자 일본도 군대를 파견해 한반도에 전운이 감돌았다. 다른 한편으로 조정에서는 동학 농민의 요구를 일부 수용하여 갑오개혁을 단행하기도 하였으나, 일본이 청나라를 상대로 전쟁을 일으켰다(청일전쟁, 1894~1895). 일본은 한반도를 지배할 의지가 뚜렷해, 이 기회에 청나라 세력을 한반도에서 축출하기로 작정한 것이었다.

청일전쟁에 이어서 10년 뒤, 일본은 다시 러시아를 상대로 전쟁을 벌였다(러일전쟁, 1904~1905). 러시아마저 물리친 일본은 사실상 조선을 점령하였다. 이른바 '을사늑약'(1905)으로 조선을 저들의 보호국으로 만들었다. 고종이 그러한 처사에 저항해 네덜란드의 헤이그에서 열리는 만국평화회의에 밀사를 파견하자 이를 빌미로 고종을 강제로 퇴위시켰다(1907). 그해에 일본은 조선의 군대까지도 해산하였다.

각지에서 의병 전쟁이 일어나 국권을 회복하고자 안간힘을 썼다. 의병은 이미 1895년 일본이 고종의 왕후 민씨(명성황후로 추존)를 시해하였을 때부터 여러 차례 일어났다. 1909년 국가의 존망을 알 수 없는 상황이 되자 안중근 의사는 하얼빈에서 일본의 거물 정치가 이토 히로부미를 처단하였다. 이토가 조선 침략의 원흉이었기 때문이다. 그러나 일본의 침탈은 더욱 격화되어 결국에는 한일강제병합이 일어났다. 다수의 우국지사가 목숨을 던져 항의하였으나 역부족이었다.

3·1 독립만세운동

일제의 무단 정치가 10년쯤 이어졌을 때 수백만 한국인이 총궐기한 '3·1 독립만세운동'이 일어나 온 세계가 깜짝 놀랐다. 그 당시 프랑스 베르사유에서 제1차 세계대전을 마무리하는 강화회의가 열렸는데, 미국 대통령 윌슨과 소련의 레닌은 이른바 민족자결주의라는 원칙을 제시했다. 분쟁이 잦은 발칸반도의 문제를 해결할 때는 현지에 거주하는 약소민족의 입장을 최우선으로 고려하자는 뜻이었다. 독립을 추구하는 많은 한국인은 민족자결주의를 한반도에도 적용해야 옳다고 보았다.

마침 고종의 인산因山(국장)이 있었기 때문에, 전국의 주요 도시에 인파가 운집하였다. 기회를 놓칠세라 민족 지도자들은 1919년 3월 1일에 〈독립선언서〉를 발표하였다. 그날부터 한 달 이상 전국에서 만세 시위가 끊이지 않았다. 총독부는 시위를 진압하기 위하여 살상을 자행하였으나, 독립을 부르짖는 시위 행렬은 멈추지 않았다.

3·1 독립만세운동은 그해 5월까지 계속되었다. 이 운동으로 한국인들의 민족의식은 더욱 깊고 강렬해졌다. 모두가 한마음으로 독립을 원하고 있다는 사실을 확인한 것은, 이 운동의 귀중한 성과였다. 외국인들이 한국을 바라보는 시선도 달라졌다. 그들은 허약한 한국의 멸망을 당연한 것으로 여겼기에 일본이 한국을 점령한 것은 어쩔 수 없는 일이라고 수긍해왔다. 그러나 독립을 향한 한국인의 강한 의지와 행동을 보고는 태도를 바꾸었다. 국내에서 활동하던 많은 외국인 선교사가 총독부의 만행을 규탄하고 한국인의 주장에 공감하거나 동조하는 현상이 나타났다. 캐나다 출신 선교사 프랭크 스코필드 박사는 한국에서 만세운동이 어떻게 진행되는지를 구미 언론에 적극적으로 알렸고, 곧 세계가 이 사건에 주목하였다.

만세운동이 한 달 넘게 전국에서 이어지자 일본인들은 충격을 받았다. 일제는 이 사건을 '조선만세 소요사건'이라고 부르면서

3·1 독립만세운동

공공질서를 어지럽히는 행위라고 깎아내렸으나, 속으로는 한국
민족의 독립 의지가 분출된 엄청난 사건이라고 판단하였다. 그들
은 한국인이 강한 조직력으로 탄압에 저항하는 모습을 목격하고
놀라움을 금하지 못했다.

　이 운동은 국내외에 큰 파장을 불러일으켰다. 가장 중요한 것
은, 그동안 여러 갈래로 나뉘어 활동하던 독립운동가들이 이 운
동을 계기로 통합되었다는 점이다. 만주의 무장 독립운동가들과
상하이로 망명한 애국지사들이 일치단결한 것은 뜻깊은 일로, 역
사적 쾌거였다. 국내외의 애국지사들이 중국 상하이에 모여 대한
민국 임시정부를 세운 것은 특기할 일이었다. 임시정부를 만든
애국자들이 처음부터 '민주공화제'를 한국의 정치체제로 결정하
였다는 점도 주목할 만하다. 왕조 체제의 부활을 거부하고 시민

이 주인인 공화제를 추구한 것은 탁월한 선택이었다.

　만세운동은 일본의 식민지 정책을 수정하는 계기로도 작용하였다. 이른바 '문화 통치'의 시대가 열려, 그동안은 불가능하였던 각종 활동이 허용되었다. 한국인들은 언론사를 창립하였고, 어느 정도는 단체 활동의 자유도 얻었다. 이는 물론 기만적인 회유정책으로, 일제는 친일파를 양성해 자국의 이익을 지키려고 하였다고 볼 수 있다. 그러한 한계점은 있으나 식민지의 비참한 상황을 공개적으로 토론하고, 한국인의 생존권을 보장받기 위한 투쟁의 장을 얻었다는 점에서 과소평가할 수 없는 변화였다고 평가한다.

　3·1 독립만세운동은 약 두 달 후에 시작된 중국의 5·4 운동에 영향을 끼쳤다고 볼 수 있다. 그 당시 중국의 지식인들 가운데는 한국의 독립만세운동에 깊은 감명을 받은 이가 적지 않았기 때문이다. 물론 5·4 운동의 범위는 매우 포괄적이어서 문화 전반에 변화를 가져왔으니, 3·1 독립만세운동과는 그 성격이 크게 달랐다.

　한국인 가운데서도 독립만세운동을 부정하고 혐오하는 사람들이 있었다. 그들은 대부분 친일파였다. 또는 막강한 일제와 대결하다가 받을 처벌이 두려워서 제풀에 움츠러든, 나약한 지식인들이었다. 그런 사람들이 일제의 비호 아래 독립만세를 자제하라는 운동을 여러 곳에서 벌이기도 하였다. 하지만 대다수 한국인은 그들의 만류에도 불구하고 거리로 나가서 독립을 요구하였다.

　3·1 독립만세운동이 끝나고, 수많은 열혈 청년이 압록강과 두만강을 넘어 만주로 갔다. 그들은 거기서 무장투쟁 대열에 섰고, 그 결과 청산리와 봉오동에서 일본의 정규군을 완파하는 대첩大捷의 기록을 세웠다.

잃어버린 시간

그러나 대다수 한국인의 소망과는 달리 일제는 시간이 갈수록 거대한 제국으로 변모하였다. 그들은 만주를 침략하여 괴뢰국가를 만들었고, 수년 뒤에는 중일전쟁을 일으켜 중국 본토를 격전장으로 삼았다(1937). 그들에 대한 미국의 제재가 심해지자 일제는 전선을 더욱 확장해 이른바 '태평양전쟁'을 일으켰다. 이것이 곧 제2차 세계대전이었다.

한국인의 독립 의지가 빈약해서가 아니라, 일제의 무력을 홀로 감당하기에는 무리한 세월이었다. 그리하여 미국을 중심으로 한 연합군이 일제를 완전히 궁지에 몰아넣게 될 때까지, 한반도는 그들의 식민지로 남아 온갖 곤욕을 치렀다. 이른바 '위안부' 문제를 비롯하여 징병과 징용 등 식민지 한국이 떠맡았던 수치스러운 역할은 그야말로 깊은 트라우마가 되었다. 앞으로도 꽤 오랫동안 20세기의 슬픈 기억이 한국인의 뇌리에서 사라지지 않을 것이다.

일본제국의 영광과 추락

1853년의 개항을 시작으로 일본 역사는 전대미문의 급성장을 경험하였다. 오래전부터 일본은 대륙 진출을 꿈꾸었는데, 20세기 전반에 그 꿈이 이루어졌다. 일본은 서구 열강과 어깨를 나란히 하고 세계 경영에 나섰다. 조선, 대만, 만주와 중국 본토 일부에 이어 필리핀, 싱가포르, 인도네시아, 말레이시아, 인도차이나반도까지 일본의 지배 아래 놓였다. 그 와중에 일본은 하와이의 미군

함대를 폭격해 이른바 진주만 사건을 일으켰다. 일본이 태평양의 패권을 둘러싸고 미국과 전쟁을 벌인 것은 누구도 상상하지 못한 대격변의 역사였으나, 그 끝은 참혹하였다.

미국은 핵폭탄까지 동원하여 일본을 초토화하였고, 1945년 8월에 일본은 무릎을 꿇었다. 19세기 말부터 그들이 차례로 점령한 영토는 모두 떨어져 나갔고(오키나와 제외), 일본은 황폐한 폐허에서 새 출발을 다짐하였다. 돌고 돌아서 원점으로 떠밀린 것이었다. 이것은 역사의 업보였을 것이다.

일본의 개항

출발부터가 달랐다. 일본의 개항(1853)은 중국(청)이나 한국(조선)의 경우와는 달랐다. 훨씬 더 우호적인 분위기 속에서 쇄국의 빗장이 열렸는데, 열강의 침략에 대응할 내적 준비도 잘되어 있었다. 일본처럼 준비를 거의 마친 상태에서 서구 열강을 맞은 나라는 어디에도 없었다.

이미 19세기 초부터 많은 외국 선박이 일본 해안에 이르자 일본은 침략 위협을 피부로 느꼈다. 에도막부는 만일의 사태를 대비하며 자국 해안선을 정확히 측량하게 하였고, 이노 다다타카가 단기간에 그 임무를 완성했다.

태평양 반대편에 있는 미국은 19세기 초에 태평양이 한눈에 내려다보이는 서부 해안선에 도착하였다. 그들은 이제 바다를 건너 동아시아에 진출하기를 꿈꾸었다. 미국의 속셈에 따르면 일본은 중국에 진출하기 위한 교두보가 될 것이었다. 미국 정부는 페리 제독을 일본으로 파견해 항구를 개방하라고 요구했다.

페리가 두 번째로 일본에 왔을 때 막부는 개항을 약속하였다. 여느 서구 열강처럼 미국도 일본을 압박해 불평등조약을 맺었다 (가나가와 조약, 1854). 이 조약으로 일본은 시모다 항구와 하코다테 항구를 미국에 개방하였다. 일본은 내항하는 미국의 선박에 식량과 연료 및 식수를 공급하고, 미국 외교관이 시모다에 머물 수 있게 하였다. 아울러 미국에 최혜국대우를 보장하였다. 3년 뒤인 1857년에는 일본 측에 영사재판권을 강요하였고, 그 이듬해에는 '미일 수호통상조약'을 맺었다. 그러자 러시아, 프랑스, 영국 등이 일본에 접근하여 역시 동일한 권리를 얻었다. 막부가 외국에 나라를 개방하자 일부 번(지방 군현)은 반발하였으나 막부가 그들을 진압하였다.

겉으로 보면, 일본은 오랫동안 서구와의 접촉을 극히 제한한 채 고립의 길을 걸었다. 그리고 개항 당시 일본의 산업화 수준은 서유럽의 영국이나 프랑스와 견주어 매우 낙후된 상태였다. 각종 과학 및 기술 수준도 서구 열강에 비할 수 없이 열악하였다. 그러나 이미 앞에서 말하였듯 일본의 난학은 수준이 높았고, 일본의 상공업과 도시화 비율도 상당한 수준이었다.

중요한 점은, 일본 지배층이 서구 열강의 침략 위기를 감지하였고, 근대화를 서둘러야만 국권을 지킬 수 있다는 점을 정확히 알고 있었다는 사실이다. 그들은 아편전쟁으로 말미암아 중국이 어떠한 어려움을 겪었는지를 똑똑히 목격하였다. 그 때문에 개항을 계기로 일본은 사회 분위기가 일변하여, 지난 수 세기 동안 권력을 독점한 에도막부가 몰락하고 청년 메이지가 천황이 되었다. 이른바 메이지유신이 시작된 것이다.

쇄국이 일단 공식적으로 종료되자 일본은 역사상 유례없이 빠른 속도로 유럽식 근대화를 추진하였다. 이렇게 하기를 수십 년이 지나자 19세기 말에 일본은 세계적인 강대국의 반열에 올랐다. 일본의 성장은 한국에 가장 심각한 희생을 요구하였으며, 나중에는 중국까지 혼란의 소용돌이에 빠뜨렸다.

메이지유신과 입헌제 국가의 시작

일본이 '근대화'를 본격적으로 시작한 것은 메이지유신 덕분이었다. 이후 그들이 중국의 청나라(1894~1895)와 러시아제국(1904~1905)과의 전쟁에서 차례로 이겼기 때문에, 메이지유신은 일본의 역사에서 특별한 의미가 있다.

개항하고 10년이 조금 더 지난 1866년에 도쿠가와 요시노부가 제15대 쇼군이 되었는데, 그때 이미 막부는 내리막길에 접어든 상황이었다. 1868년 1월 3일, 도쿠가와의 에도막부는 권좌에서 축출되었고 왕정복고王政復古가 단행되었다. 쇼군은 직할부대를 동원하여 저항하였으나 그해 5월 3일에 돌연 사임하였다. 천황파와 막부파는 그 이듬해까지 전투를 이어갔으나 천황파의 승리로 귀결되었다.

천황을 떠받드는 새로운 정부에는 조슈번과 사쓰마번 출신의 사무라이가 대부분이었다. 도사와 사가 출신의 사무라이 및 궁정 귀족도 정부 내에서 중요한 역할을 하였다. 1868년 봄, 천황의 명의로 〈5개 조항의 서약문〉이 발표되었다. 추상적 표현이 가득하였으나 낡은 제도를 폐지하겠다는 다짐은 명확했다.

그런데 메이지가 천황으로 옹립되었을 당시(1867) 그의 나이는

15세에 불과했다. 통치권을 행사하기에는 너무 어렸기에 권력은 천황의 최측근인 내각이 쥐었다. 내각은 천황을 등에 업고 근대적 개혁을 적극적으로 추진하였다. 그 당시 일본 정부는 만약에 근대화에 실패할 경우 국가의 주권을 빼앗길 수 있다는 점을 크게 우려하였다. 1853년에 페리 제독이 미국의 가공할 무력을 보여주었기 때문에 일본의 걱정은 현실적이었다.

서구의 영향을 하루빨리, 되도록 많이 받는 것이 메이지 정부의 목적이었다. 그들은 서둘러 낡은 신분제도를 폐지하였다. 그리하여 사무라이도 무역과 상업 등 여러 직업에 자유롭게 종사할 수 있게 되었다. 또 평민도 군인이 되어서 출세할 수 있게 되었다. 메이지 정부는 1868년에 공포한 문서를 통해 이러한 변화를 공식화했다.

개혁 정부가 추구한 국가적 목표는 부국강병이라는 한마디로 요약할 수 있다. 메이지 천황은 서양식 군복을 즐겨 입었고 머리도 서양식으로 깎았다. 그는 카이저 콧수염까지 길렀다. 그때 일본에는 문명개화를 추구하는 새 사상이 전국을 휩쓸었고, 선각자들은 일본 문화를 '교정'하고 국가를 '문명화'하는 데 힘을 다했다. 이웃 나라인 중국과 한국에서 개혁 세력이 동력을 얻지 못해 좌충우돌한 것과는 극명한 대조를 보였다. 개혁 세력이 권력을 완전히 장악하였기 때문에 일본에서는 모든 일이 신속하고 효율적으로 진행되었다.

메이지 내각은 토지에 대한 세제를 개혁하고 징병제를 시행했다. 국력을 키우는 것이 목적이었으므로 일본은 의무교육을 도입하고, 은행과 철도도 널리 설치하였다. 신문을 보급하기 위해 인쇄기도 갖추었다. 국가는 여러 방면에 거액을 투자해 사회를 질적으로 혁신했다. 군대도 예외가 아니었다. 군인들은 서양식 무기와 군복으로 무장하고 신식 군사훈련을 받았다. 이와 같은 개혁에 저항하는 사람도 있었으나 그들이 개혁의 성난 파도를 상대할 힘은 없었다.

메이지유신을 시작한 것은 1868년이요, 1872년에는 징병제를 도입하고 사무라이의 특권을 없앴다. 그 이듬해 규슈 지방으로 물러난 사이고 다카모리가 반항했다. 그는 메이지유신을 성공으로 이끈 일본의 전형적인 천황파 사무라이였는데, 봉건제도가 폐지되자 크게 실망하였다. 1877년에 그는 사무라이들을 이끌고 세이난西南전쟁을 일으켰다. 그러나 월등한 근대식 무기로 무장한 천황의 군대를 대적하지 못하였다. 사이고의 반란이 진압되자 유신은 더욱 높은 단계에 진입하였다.

천황제를 찬성하는 사무라이도 많았는데 그들이 메이지 정부의 핵심이었다. 신식 관료제 아래에서도 공무원이 된 사람의 대다수는 전직 사무라이였다. 1881년 당시 공무원의 40퍼센트 정도가 전직 사무라이였고, 1885년에는 고위 공무원의 95퍼센트가 그러하였다.

메이지 정부는 근대적 법률과 헌법을 제정하기 위해 진지한 논의를 시작하였다(1870년대). 그들은 독일(프로이센)을 모범으로 제도 개혁의 윤곽을 짰다(1880년대). 1885년에는 내각도 면모를 일신해 유럽식으로 개편하였다. 유신 정부는 국내의 정치제도도 혁신해, 전통적인 번을 모두 폐지하고 새로 현을 설치하였다(1888년까지 완료함). 이것은 봉건제도가 해체되고 강력한 중앙집권 체제가 등장한다는 의미였다. 새 법에 따라 모든 일본인은 천황의 직접 통치를 받는 신하가 되었다. 1890년에 헌법이 공포되면서 유신은 공식적으로 완료되었다.

기적 같은 이와쿠라 시찰단의 활동

메이지유신은 미증유의 개혁 사업이었다. 개혁의 범위도 넓었던 데다가 모든 것이 사상 초유의 일이었다고 해도 틀린 말이 아니었다. 그렇게 엄청난 일이 어떻게 별로 시행착오도 없이 순탄하게 진행되었는지 궁금할 지경이다. 그 배경에는 1871년의 '이와쿠라 시찰단'이 있었다. 일본의 고위 관료들이 기선 한 척을 전세 내어서 미국과 유럽을 두루 시찰하였다. 그들은 가는 곳마다 일본의 새 정부를 알리고, 개항 초기에 열강과 맺은 불평등조약을 개정하고자 하였다. 그러면서 서구의 사정을 낱낱이 관찰할 목적을 띠었다. 조약을 개정하는 재협상은 불가능하였으나, 다른 목적은 성공리에 완수하였다. 사절단을 이끈 이와쿠라 도모미의 비서 구메 구니타케가 작성한 다섯 권짜리 여행 보고서만 보아도 그들의 활약이 대단했음을 알 수 있다.

메이지 천황이 즉위한 지 5년째가 되었을 때, 이와쿠라는 약 50명의 고위 관리를 대동하여 무려 21개월(1871년 12월부터 1873년 9월까지) 동안 서구 열강을 두루 순방했다. 시찰단은 일본이 근대화에 성공하지 못하면 주권을 상실하리라는 점을 뼈저리게 깨달았다. 그들은 두 가지 시찰 목표를 끈질기게 추구하였다.

첫째, 1850년대부터 열강과 체결한 불평등조약을 어떻게 개정하는 것이 좋을지를 연구하였다. 조약 개정을 위한 예비적 논의

이와쿠라 사절단

를 꺼냈고, 각국의 공공기관과 기업을 직접 관찰하였다. 물론 열강은 조약을 개정할 생각이 전혀 없었으나, 이와쿠라 일행은 열강의 속사정을 깊이 이해할 수 있었다.

둘째, 시찰단은 서양의 문화와 각종 제도를 연구했다. 그들은 여러 나라의 학교 및 대학교를 둘러보았고, 공장과 발전소도 살펴보았다. 그리고 사회, 문화 전반을 조사하고 경찰 제도 등도 면밀히 검토하여 이루 헤아릴 수 없을 만큼 많은 아이디어를 얻어 돌아왔다.

이와쿠라 시찰단은 귀국하자마자 사이고 다카모리의 '정한론'(한반도를 점령하겠다는 주장)에 제동을 걸었다. 그들은 일단 내치에 집중하기로 하였다.

이후 메이지 정부는 내정을 혁신하고 일본의 근대화를 효율적으로 추진하기 위해 두 가지 방법을 선택하였다. 한편으로 서구에서 전문 기술자와 과학자를 고문 또는 교사로 초청하였다. 다른 한편으로는 유능한 유학생을 선발하여 해외로 파견했다. 이런 가운데 1877년에는 도쿄(동경)제국대학교를 창설하여 많은 교수를 서구에서 초빙하였다. 일본의 근대화 과정은 이와 같이 거침이 없었고, 사실상 실패하기 어려울 만큼 주도면밀하였다.

이와쿠라 시찰단의 구성원 가운데 장차 일본의 근대화에 가장 크게 공헌한 이는 누구였을까. 다름 아닌 이토 히로부미였다. 그는 각국의 금융 제도부터 교육 및 기술에 이르기까지 자신이 보고 들은 모든 사항을 문서로 정리하였다. 또한 이토 히로부미는 여러 나라를 시찰하면서 헌법이 현지의 사회문화에 어떤 역할을 하는지도 정밀하게 관찰했다. 그때 이토는 프로이센(독일)과 오스트리아의 헌법에 주목했고, 이를 토대로 일본의 다른 지도자들과 함께 메이지 헌법의 초안을 작성했다. 그 작업은 1881년에 시작되어 8년 뒤 '일본제국 헌법'으로 완결되었다.

그것은 근대적 헌법이었다. 천황의 역할과 책임, 시민의 권리와 의무 등을 구체적으로 정의하였고, 국회와 법원의 기능을 헌법에 명시해 근대적 법치 제도를 일본에 이식하는 데 성공하였다는 평가를 받는다. 이토 등이 마련한 일본의 국가 제도는 유럽에서 배운 근대의 정신을 일본의 전통과 결합한 것이었다. 이로써 일본은 아시아 최초의 근대적인 민족국가로 재출범하였다(1889년 2월 11일).

돌이켜 보면, 메이지유신은 매우 복잡다단한 역사적 과정이었다. 사무라이들의 무력 저항도 없지 않았으나 일본에는 서구식으로 교육받은 유능한 학자와 관리가 있었다. 일본은 재정적 능력도 견실하여 비교적 짧은 기간 내에 서구 열강도 감탄할 정도로 성공적인 근대국가를 이룩하였다. 중국과 한국은 도저히 꿈도 꿀 수 없었던 역사적 과제를 거뜬히 해치운 것이다.

일본에는 메이지유신의 주도 세력으로, 근대화 정책을 적극적으로 밀어붙인 오쿠보 도시미치 등 각 방면에 유능한 인재가 많았다. 그리고 해마다 제국대학에서는 고급 인재가 배출되었다. 그들의 강한 군대는 연달아 전쟁에 승리하여, 결국에는 이웃 나라를 강제로 점령하였다. 이웃 나라에 참극을 선사한 그들의 근대화는 일본의 역사에 어떤 결과를 가져다주었을까.

일본은 제1차 세계대전의 승전국

20세기 초, 유럽에서 제1차 세계대전이 일어났다(1914~1918). 그때 일본은 영국을 편들며 전쟁에 뛰어들었다. 1914년 8월, 일본은 독일제국에 선전포고를 하고는 산둥성으로 군대를 파견하였다. 칭다오에 있는 독일의 조차지를 점령하기 위해서였다. 독일군은 전투라고 할 것도 없이 바로 항복하였다. 1914년 11월, 독일군(사령관은 알프레트 마이어-발데크)이 패배를 인정하였다. 일본은 호주 및 뉴질랜드와 함께 태평양에 있는 독일의 영토를 나눠 가졌다.

일본에 항복한 4,000명의 독일군(오스트리아군 포함) 포로는 일본 국내의 여러 수용소에 배치되어 한가하고 여유롭게 시간을 보냈다. 특히 시코쿠섬에 설치한 수용소는 안락하기로 이름났다. 독일군 포로들은 케이크를 만들거나 테니스를 쳤으며, 심지어 잡지를 발간하기도 하였다. 1918년 6월에는 일본에서 베토벤 교향곡 9번을 최초로 공연하였다. 포로 생활로 믿기 어려울 만큼 일본은 독일에 대해서 매우 우호적인 입장을 취하였다.

제1차 세계대전을 통하여 일본의 국제적인 경험은 차원이 높아졌다. 그들은 미국과 러시아 및 중국과 자국의 이익이 충돌할 때 많은 갈등을 겪었다. 이때의 경험을 바탕으로, 제1차 세계대전 후 상당수 일본 지식인은 장차 미국에 맞서 또 다른 세계대전이 일어나리라고 전망할 정도였다. 중국을 둘러싼 미국과 일본의 경쟁이 그만큼 치열해졌다.

파탄으로 치달은 일본의 우경화

제1차 세계대전 후 일본에는 '다이쇼 데모크라시'라고 부르는 현상이 나타났다. 다이쇼 천황이 즉위한 후의 일이었다. 그들은 이미 국제무대에서 서구 열강과 어깨를 나란히 할 정도로 성장하였기 때문에, 사회 내부에서 정치와 경제를 아우르는 총체적 개혁을 요구하는 목소리가 거세졌다. 일본 여성도 권리를 주장하였고, 그에 발맞춰 여성을 계몽하는 잡지가 창간되었다(1916). 마침 1918년에는 쌀 가격이 상승하였는데, 정부를 규탄하는 대중 집회가 열려 수십만 명이 운집하였다. 우여곡절 끝에 1919년에는 선거법이 개정되어 시민의 권리가 확대되었고, 그 이듬해에는 사회주의 정당도 등장하였다. 지식인들 가운데는 자국의 가혹한 식민 정책을 비판하는 이도 적지 않았다. 상당수 지식인은 러시아의 공산혁명에서 영감을 얻기도 하였고, 일부는 미국의 윌슨 대통령이 주장한 민족자결주의를 지지하였다. 그러나 그들의 새로운 인식이 일본의 국가정책을 변화시키지는 못했다.

일본은 침략적 제국주의의 길로 치달았다. 다이쇼 데모크라시는 그저 한때의 바람이었다. 일본 정부는 중국에 대한 침략을 노골화하여 '중일전쟁'을 일으켰다. 그들은 이미 만주를 차지하고 있었으나 그것으로는 만족하지 못하였다. 1920년대 말부터 전대미문의 경제공황을 겪게 되었는데, 그 뒤로는 중국이라는 거대한 시장을 독점하지 않으면 일본의 미래를 보장할 수 없다고 믿는 사람들이 많아졌다. 그들은 군사력도 약하고 근대화에 뒤진 중국을 희생의 제물로 삼았다.

1931년, 일본의 관동군은 만주를 점령하기 위해 묵덴(선양瀋陽)에서 자그만 충돌 사건을 일으켰고, 이를 빌미로 만주를 점령하였다. 그때 중국은 공산당과 국민당이 혈투를 벌이고 있었다. 국민당 정권은 일본의 만주 침략을 사실상 방관하였고, 그 틈에 일본은 수월하게 만주국이라는 이름의 괴뢰국가를 수립했다.

이후 중국과 일본의 관계는 나빠졌다. 중국인들은 불매운동을 벌여 일본에 타격을 주었고 중국의 주요 항구에서는 일본 선박의 하역을 거부했다. 이에 일본의 대중국 수출액은 6분의 1로 급감하였다. 그 와중에 상하이에서는 다섯 명의 일본 승려가 중국인에게 집단 폭행을 당하였다(1932). 침략의 구실을 찾고 있던 일본 측에는 다시 없는 호재였다.

1932년 1월 28일, 일본 해병대가 상하이의 중국인 거주 지역을 침략했다. 그들은 1만 8,000명의 중국인을 학살하였고, 중국 측은 그에 굴복하여 일본 상품에 대한 불매운동을 중단했다. 1932년 5월, 중국과 일본은 휴전 협정을 맺어 사건을 일단락 지었다.

그러나 일본의 침략 야욕은 사라지지 않았다. 그들은 다시 기회를 호시탐탐 노렸는데, 1937년 7월 7일에 루거우차오蘆溝橋(노구교)

에서 일본군과 중국군이 총격전을 벌이는 작은 사건이 발생했다. 일본은 이 사건을 확대시켜 중국 본토에 대한 침략을 정당화하였다. 먼저 상하이를 점령하였는데, 이번에는 중국군의 저항이 강했다. 하지만 그해 11월 중순에 일본군은 상하이를 함락하였다.

그에 앞서 1937년 8월 5일에는 히로히토 천황이 전시의 포로 취급에 관하여 특별 지시를 내렸다. 일본군은 포로 관리에 특별히 유의할 필요가 없다는 것이었다. 기왕에 일본은 포로에 관한 국제 협약(제네바 협약)에 서명한 적이 없었다. 천황의 지시를 받들어, 일본군은 중국군이 투항하거나 포로로 잡히면 대부분 총살해 버렸다. 중일전쟁이 끝난 시점에 일본군이 억류 중이던 중국인 포로는 겨우 56명이었다.

'난징학살'이라는 역대급 범죄

중일전쟁 때 일본군은 엄청난 전쟁범죄를 저질렀다(지휘관은 아사카 야스히코 왕자). 전후 도쿄에서 열린 전쟁범죄자 재판 결과를 보면, 일본군은 중국의 난징에서 20만 명 이상의 민간인과 포로를 학살하고 약 2만 명의 여성을 강간했다. 1937년 12월 13일, 일본군이 난징을 점령한 다음 6~7주 동안에 일어난 참극이었다.

난징으로 쳐들어가는 길목에서부터 일본군은 중국군 포로를 닥치는 대로 학살했다. 강간과 약탈도 숱하게 발생했다. 그들이 난징에 이르자 외국인들은 대부분 도시를 떠났다. 그곳에 남아 있던 외국인들은 난징 안전을 위한 국제위원회를 설치해 민간인의 생명을 보호했다. 동 위원회는 사업가와 선교사로 구성되었는데, 독일의 나치 정권이 일본과 함께 반反코민테른 조약에 서명한 점을 고려해 독일 사업가 욘 라베가 대표직을 맡았다.

1937년 12월 1일, 난징 시장은 민간인에게 보안 구역으로 피난하라고 통보하였다. 12월 7일에는 시장까지 도시를 떠났고, 그때부터 국제위원회가 민간인의 출입을 통제했다.

그다음 날(1937년 12월 8일) 일본군이 난징 외곽을 포위했다. 그들은 수비 중인 중국 병사들에게 빨리 퇴각하라고 전단을 뿌린 다음, 반응이 없자 난징을 폭격하였다. 일주일 뒤 중국 측 방어 사령관은 군대에 퇴각 명령을 내렸으나 군대는 이미 기율과 질서를 잃었다. 중국군은 무기를 버리고 제복도 벗어버린 후 민간인의 옷을 구하느라 민간인을 무차별 공격했다. 가까스로 양쯔강까지 도망친 중국군은 강을 건너려고 민간인들과 또 승강이를 벌였다. 그 와중에 많은 사람이 차가운 강물에 빠져 목숨을 잃었다. 얼마 후 일본군이 난징을 점령했다(1937년 12월 13일).

난징을 점령하자마자 일본군은 끔찍한 만행을 저질렀다. 그들은 구덩이를 파고 중국인(민간인)을 산 채로 묻기도 했는데, 그 이유는 확인되지 않았으나 많은 희생자가 발생하였다. 그들은 끔찍한 약탈극을 벌였고, 마음 내키는 대로 중국인을 처형하였다. 이 전쟁이 끝난 후 난징 법원의 사법위원회 위원장 첸관위는 전시에 적십자사와 여러 자선 단체가 수집한 당시의 증언을 이렇게 요약했다.

일본군은 여성의 가슴을 자르고, 아이들을 벽에 못 박아서 걸거나 불에 태웠다. 그들은 아버지들을 협박하여 친딸을 강간하게 강요하였고, 중국 남성들을 거세했다. 포로를 잡아 산 채로 가죽을 벗기는 일도 있었고, 혀를 묶어서 사람을 거꾸로 매달기도 하였다.

가장 악명 높은 학살극조차 공개적으로 연출하였다. 두 명의 일본 장교가 100명의 중국인을 칼로 베어서 죽이는 시합을 했다. 도쿄의 한 신문사는 이런 장면을 사실상 지상 중계하는 만행을 저질렀다. 일본군은 여성과 어린이를 집단으로 강간하기도 하였는데, 강간 직후에는 여성을 살해하는 일이 많았다.

일본군의 일기에서도 그들이 저지른 반인륜적 학살극이 고스란히 발견된다. 그들은 수천 명의 중국군 병사를 무참히 살해하였고, 심지어 산 채로 불태워 죽이기도 하였다. 그 참상은 구체적으로 언급하기에도 너무 끔찍하였다.

국제위원회 위원장 욘 라베와 위원들은 이 사건을 서방 세계에 알리고자 애썼다. 1938년 2월에 중국을 떠난 그는 독일로 돌아가서 일본군의 학살을 고발하는 강연회를 열었다. 일본의 잔학한 행위가 알려지자 미국은 일본에 대해서 제재를 가하였다. 가령 그들과의 무역을 금지하였는데, 일본은 허리를 굽히지 않았다. 그러기는커녕 진주만으로 쳐들어가, 그곳에 정박 중인 미국의 함대를 공격하였다.

오늘날에도 일본은 난징에서 저지른 잘못을 제대로 사과하지 않는다. 전몰장병의 넋을 위로하기 위해 운영하는 일본의 야스쿠니 신사에는 난징학살에 관한 두어 줄의 문장이 영어로 쓰여 있다. "민간인으로 위장한 중국군 병사를 가혹하게 처벌하였다." 이정도가 일본의 유감 표명이다.

제2차 세계대전이 끝나자 도쿄에서 일본의 전쟁 범죄를 다룬 재판이 열렸다. 재판관들은 일본군이 난징에서 20만 명 이상을 학살하였다고 결론지었다. 그 당시 생존자들의 진술이나 난징의 인구 통계를 보아도 그렇게 평가할 수 있다. 그러나 일본 측은 전혀 다른 주장을 펼친다. 일본군의 학살에 관한 각종 보고는 추정에 불과하며, 희생자로 포함된 이들 가운데는 난징에서 100킬로미터나 떨어진 곳에서 죽은 이까지 포함되어 있다는 것이다. 욘 라베 위원장은 히틀러에게 보고할 때 중국 측에서는 10만 명의 민간인이 목숨을 잃었다고 주장하는데 현지의 유럽인들은 5만~6만 명의 희생자가 나온 것으로 판단한다고 했다. 일본의 민족주의 단체에서는 피해자의 수를 그보다도 훨씬 적게 추산한다. 중국과 일본의 역사가들이 이 문제를 공동으로 연구한 적도 있었으나, 일본 측은 깊이 있는 연구를 회피하였다.

중국 시민들은 과거의 범죄행위를 대하는 일본 정부의 불성실한 태도에 깊은 실망과 분노를 느낀다. 일본의 수정주의 역사가들은 아예 난징에서 학살이 일어났다는 사실 자체를 부정하기도 했다. 그러나 그들이 관련 자료를 위조하였다는 정황이 속속 드러났다.

어느 모로 보든 난징에서 일본군이 잔혹한 학살극을 연출한 사실을 부정할 수는 없다. 과거사를 대하는 일본의 왜곡된 시선은 난징학살 사건에 국한된 것이 아니다. 그들이 아시아·태평양 지역에서 신뢰를 회복하려 한다면 과거에 저지른 죄과를 서슴없이 인정하여야 한다. 평화를 위해 일본이 장차 어떠한 역할을 할지를 수많은 아시아인이 지켜보고 있다.

일본의 호전성은 마침내 그들을 파멸로 이끌었다. 일본군이 진주만 사건을 일으키자 태평양 지역에서도 제2차 세계대전이 시작되었다(1941년 12월 7일). 미국의 본격적인 반격으로 일본 해군과 공군은 큰 타격을 입었다. 그러나 일본 육군의 저항은 여전히 완강했다. 이에 미국은 승리를 앞당기려고 일본의 주요 도시를 무차별 폭격하였는데, 그래도 일본은 쉽게 항복하지 않았다.

핵폭탄 투하

1945년 8월 6일, 미국이 히로시마에 핵폭탄을 투하해 순식간에 7만 명이 희생되었다. 핵폭탄 개발이 끝난 지 불과 며칠밖에 되지 않은 시점이었다. 사흘 뒤인 8월 9일에는 나가사키에 또 다른 핵폭탄 공격이 있었다. 이번에는 4만 명이 한꺼번에 목숨을 잃었다. 충격적인 결과였다. 1945년 8월 10일, 일본의 히로히토 천황은 항복을 결정했고 이후 1952년까지 7년 동안 미국은 일본을 점령했다. 이로써 패전국 일본은 군국주의를 마감하고 민주주의 국가로 재탄생할 기회를 얻었다.

그런데 누구도 예측하지 못한 일이 일어났다. 제2차 세계대전을 승리로 이끈 미국과 소련이 극단적으로 대립하면서, 이른바 냉전의 시대가 시작되었다. 양국은 핵무기를 최대한 비축하며 세계를 둘로 갈라놓았다. 그 덕분에 일본은 미국의 중요한 맹방이 되어 자연스럽게 부흥의 기회를 얻었다. 패전으로 돌이킬 수 없이 몰락한 일본 경제는 곧 되살아났다. 일본은 운이 억세게 좋았다. 1950년 한반도에서 일어난 6·25전쟁이 3년간이나 계속되자 일본은 군수물자를 미국 측에 공급하며 막대한 이익을 보았다. 6·25전쟁은 미국과 중국 및 소련의 대리전이었는데, 일본의 재건에 결정

핵폭탄 투하 직후의 히로시마

적으로 이바지하였다. 덕분에 일본은 1960년대부터 다시 경제 강
국으로 등장해 세계를 깜짝 놀라게 하였다. 돌이켜 보면, 19세기부
터 동아시아에서 열강의 긴장이 고조될 때마다 일본은 서구 열강
의 동맹국으로서 뜻밖의 이익을 얻었다.

경제 대국 일본은 아직도 주변국과의 긴장을 해소하지 못하고
있다. 그들은 러시아, 한국, 중국 그리고 대만과 영토 분쟁을 벌이
고 있다. 특히 한국 및 중국과는 그들이 20세기 전반에 저지른 갖
가지 죄악으로 말미암아 관계가 풀리지 않는다. 난징학살 사건을
비롯하여 일본군의 강제적인 '위안부' 운영 그리고 침략 전쟁에

대한 진정한 사과와 적절한 보상 문제가 언제든 재연할 수 있는 외교적 난제로 남아 있다. 결자해지結者解之라는 표현도 있듯, 일본은 자국이 저지른 문제를 똑바로 인식해야 이웃 나라와 공동의 미래를 논의할 수 있을 것이다. 제2차 세계대전 당시 일본의 동맹국이던 독일의 선례에서 배울 점이 적지 않으리라 생각한다.

2021년에 일본은 하계 올림픽을 주최하여 자국 경제에 활력을 불어넣는 한편 국제사회를 선도하는 지도적인 위치를 강화하고자 하였다. 그러나 코로나19 팬데믹이 불러온 역풍을 이기지 못하고 큰 좌절을 겪었다. 중국과 한국 등 이웃 나라와의 관계를 조금도 개선하지 못하고 막대한 국제 행사 비용으로 경제적 부담만 가중된 것으로 보여 안타깝다.

7장

현대의 세계제국들

소련, 미국, 중국

현대사는 이미 결말이 난 역사가 아니라 현재 진행형인 사안이다. 미국, 러시아, 중국의 지도자뿐만 아니라 우리 모두가 함께 만드는 공동 작품이라 하겠다. 지난 세기말 나는 10년 넘게 독일에 머물며 시시각각으로 변모하는 현대 제국 소련의 몰락을 지켜보았다. 지금은 한국에서 초조한 마음으로, 이웃 나라 중국과 미국의 불꽃 튀기는 각축전을 응시하고 있다.

현대사회의 운명을 손에 쥔 것은 미국, 중국, 러시아 등 세 개의 대제국일 것이다. 미국과 중국이 우리의 주된 관심사이지만, 지금은 우리의 관심에서 멀어진 소련(현 러시아)에 관해서도 주목할 점이 있다. 과거의 소련은 적어도 세계의 절반을 공포에 질리도록 만들었다는 점을 기억해야 한다.

사람들은 소련(러시아), 미국 및 중국을 제국이라고 부른다. 그들이 황제를 칭하는 전통적인 제국이 아닌데도 그렇게 부르는 데는 두 가지 이유가 있다. 첫째, 이들의 영향력이 자국의 영토에만 국한된 것이 아니라 과거의 제국처럼 여러 나라의 운명을 사실상 좌우하기 때문이다. 둘째, 소련(러시아)과 중국의 국가원수는 전통 시기의 황제보다 막강한 권력을 행사한다. 대통령중심제를 선택한 미국 역시 그 대통령의 권한이 이루 말할 수 없이 크다. 그런 점에서 이 세 나라를 제국이라고 말해도 지나치지 않다.

물론 약간의 차이는 있다. 때로 미국과 소련(러시아)이 군사작전을 통해서 다른 나라를 점령하기도 하지만, 우리가 역사 속에서 읽은 기왕의 정복 전쟁과는 양상이 다르다. 그들은 주로 외교 및 경제적 수단을 이용해서 타국의 정치·사회적 변화를 유도한다. 이러한 그들의 영향력은 지구 어디에서나 엄청난 위력을 발휘해, 오히려 과거의 제국보다 강력하고 전방위적인 지배 질서를 구축한 것처럼 보인다. 그들이야말로 막강한 현대의 제국이다.

현대적 제국의 탄생

　역사는 반복하지 않는다. 모든 시대는 그 나름의 특성을 갖기 마련인데, 20세기 중반부터 세계 최강국은 명실공히 미국이다. 군사적으로든 기술적 또는 문화적으로도 견줄 상대가 없을 정도로 막강하다. 언제든 미국 대통령이 결심만 하면 미사일이든 군사용 드론이든 지구상 어느 곳으로든지 몇 시간 안에 보낼 수 있다. 미국의 군사력은 세계 어느 나라의 공격이라도 충분히 감당할 만하다.

　문화적으로도 미국의 위력은 압도적이다. 드라마, 영화를 비롯하여 팝송과 패션까지 영향력이 크다. 캘리포니아에 본부를 둔 구글과 페이스북 및 아마존은 문화적 영향력으로든 경제적인 가치로 보든 세계 최고다.

　수십 년 전부터 미국의 장래를 비관하는 사람이 많지만, 미국의 절대적인 위상이 앞으로 수년 안에 추락할 것으로 예측하는 이는 없다. 오늘날에도 미국은 부동의 세계 1위 국가다. 그러나 세계사의 중심축이 이동하고 있는 것도 부정할 수 없을 것이다. 미국과 유럽을 중심으로 돌아가던 지구의 시계가 중국과 동아시아의 몇몇 나라를 중심으로 움직이기 시작했다는 의견이 많다.

일본, 한국, 대만, 싱가포르의 위력이 경제뿐만 아니라 다른 면에서도 감지된다. 특히 중국은 수십 년 전에는 세계 최빈국 중 하나였으나, 지금은 미국 다음으로 부강한 나라가 되었다. 그들은 서구의 민주 사회와는 확연히 다른 독특한 세계관을 가지고 있다. 개인의 자유보다는 국가의 이익을 중시하며, 자본주의를 추구하는 듯하여도 여전히 국가가 사회보장을 책임지는 공산 국가다. 중국의 전방위적인 디지털 감시 체제는 우리의 상상을 초월한다. 서구는 중국을 두려움에 가득 찬 시선으로 바라보고 있는데, 그 역도 성립할 것이다. 중국의 눈으로 보면, 서구 사회는 난해할 것이다.

중국만큼은 아니지만 러시아의 위력도 과소평가하기 어렵다. 예나 지금이나 그들은 유럽연합의 안전을 위협하는 막강한 군사 강국이며 미국의 세계 전략을 노골적으로 방해할 만큼의 실력이 있다.

그런 점에서 우리는 미국, 중국, 러시아라는 세계제국의 움직임에 촉각을 곤두세우게 된다. 이들 세 나라는 과연 어떤 계기로 크게 일어났고 또 어떠한 어려움에 직면하였을까. 조금은 깊이 있는 역사적 분석을 제공하는 것이 이 책의 임무다. 그러니 우선은 세 제국의 현대사를 간략히 적어보자.

소련과 미국 및 중국의 현대사는 서로 교직되어 있다. 그러면서도 그들 각국은 독자적인 특징을 가지고 있었다. 20세기에 세계무대에서 가장 큰 역할을 담당한 것은 미국이었다는 사실을 염두에 두고 세 나라의 역사적 전환점을 헤아려본다.

소련이라는 신기루 현상

러시아제국에서 소련제국으로

소련이 등장한 것은 '볼셰비키 혁명'을 통해서였다. 러시아 혁명(1917)은 인류 역사상 가장 충격적인 사건이었다는 견해가 많다. 알다시피 러시아는 유럽의 변방에 위치하여 정치, 경제, 사회 문화적 변화가 늦은 편이었는데, 19세기 후반이 되자 역사의 시계가 갑자기 빨라졌다. 봉건적 지배에 반항하여 혁명적 변화를 요구하는 새로운 흐름이 거세게 일어났기 때문이다.

1905년에 구체제를 위협하는 혁명이 일어날 조짐이 보이자, 니콜라이 황제(차르)는 미봉책이나마 개혁을 약속함으로써 정치적 위기에서 벗어나려고 했다. 그러나 근본적인 체제 변화 없이는 민생문제를 해결하기가 곤란하였다. 사회적 불만이 더욱 고조되는 가운데, 1914년 유럽에서 제1차 세계대전이 일어났다. 이 전쟁으로 러시아에서는 각종 사회문제가 난마처럼 헝클어졌고, 마침내 1917년 3월에는 니콜라이 황제가 퇴위하는 상황이 되었다. 그해 11월에 레닌 등은 불안한 사회정세를 이용해 볼셰비키 혁명을 일으켰다. "평화와 농토 그리고 빵"을 주겠다는 그럴듯한 약속으로, 그들은 러시아인들을 유혹했다. 마침내 그들의 유혈 혁명은 성공했고, 소비에트 사회주의 공화국 연방USSR: Union of Soviet Socialist Republics이라는 세계 최초의 공산주의 국가가 탄생하였다.

레닌에 이어서 권력을 쥔 이는 이오시프 스탈린이었다. 그는 시민들의 생활을 전임자보다도 더욱 철저히 통제하고 항구적인 감시를 강화한 끝에, 1인 독재 체제를 완성하였다. 스탈린이 제시한 이른바 '5개년 계획'은 산업을 단기일 내에 근대화하는 데 성공한 듯 보였다. 그러나 시민의 삶을 개선하는 데는 실패했다. 농민들을 집단적인 생산 시설에 강제로 편입한 바람에 그들의 실망과 분노가 날로 커졌다. 소련의 계획경제는 예상과 달리 완전히 실패해, 굶어 죽는 사람이 헤아릴 수 없이 많았다. 정책적 실패임이 명백하였는데도 스탈린은 아랑곳하지 않았다. 그가 지배하는 소련은 국제사회에서 지배력을 확장하려고 지구 곳곳에서 공산주의 혁명을 지원했다.

소련의 탄생을 지켜본 많은 약소민족이 처음에는 큰 기대를 걸었다. 그러나 독재자 레닌과 스탈린의 시대를 지켜본 결과, 소련 사회에 매력을 느끼는 이는 대부분 사라졌다. 제2차 세계대전 이후, 소련식으로 '현실적 사회주의 국가'를 건설한 나라는 동유럽과 아시아, 아프리카에 적지 않았는데, 그들 가운데 어느 나라도 시민의 삶을 획기적으로 개선하지 못하였다.

스탈린 시대의 악몽

1924년에 블라디미르 레닌이 사망하자 소련 지도부에는 권력의 공백이 생겼다. 심각한 암투가 벌어질 것은 뻔한 일이었다. 이

오시프 스탈린은 카리스마 넘치는 인물로 레온 트로츠키 및 니콜라이 부하린과 극심한 경쟁을 벌였다. 레닌이 생전에 자신의 측근에게 야심가 스탈린을 조심하라고 경고했다는 일화가 전해지는데, 이로 본다면 레닌은 사람을 알아보는 눈을 가졌던 것 같다. 이후의 소련 역사가 보여주듯 스탈린은 무자비하고 교활하였다. 1929년에 그는 정적은 모두 제압하고 자신이 소련의 유일한 통치자임을 온 세상에 입증하였다.

스탈린주의 정책이란 처음부터 명확한 설계도가 없었고, 권력투쟁을 치르는 과정에서 조금씩 가다듬어진 지배 방식이었다. 그는 레닌을 무한히 존경하는 것처럼 처신하였으나, 자신의 노선에 부합할 때만 레닌의 가치를 전폭적으로 인정하였다. 누가 되었든 간에 자신의 앞길을 막는다고 생각되면, 스탈린은 상대방을 공산당에 대한 반역자라고 가차 없이 몰아붙였다. 자신이 레닌의 후계자라고 공언하였으나, 그것은 소련 공산당의 이데올로기를 자신의 마음대로 해석할 권리를 정당화하기 위해서 지어낸 말이었다.

스탈린은 소련이 미국보다 약세임을 정확히 알았다. 따라서 세계 공산화가 소련의 목표라고 주장하면서도, 실상 그의 관심은 소련이라는 울타리를 벗어나지 않았다. 이른바 '일국 사회주의'라는 이름으로, 그는 소련을 혁명적으로 개조하는 데 집중하였다. 그는 혁명적 열정을 가진 민족주의자였다.

1920년대 후반부터 스탈린은 소련의 산업화를 추진했다. 그는 하루빨리 중공업을 육성해야 소련이 유럽과 미국 등 자본주의 국가로부터 경제적 독립을 이룰 수 있다고 믿었다. 소련의 산업화를 최대한 앞당기려고, 스탈린은 속도전을 폈다. 그는 산업의 전문성을 높이기 위해 무엇보다도 효율을 중시하였다. 생산성을 높이려고 애쓰다 보니 농업마저 공장식으로 경영하였다. 이는 결과적으로 소련의 농민에게 집단적 생산 시스템이라는 생소한 생산 방식을 강요하는 결과를 낳았다.

스탈린은 강한 국가를 만든다면서 모든 권력을 자신의 수중에 넣었다. 1930년대 후반, 그는 잠재적으로 국가(실제로는 자신)에 위협을 가하는 모든 사람을 제거하기 시작했다. 1917년에 그와 함께 공산혁명 대열에 섰던 '볼셰비키'도 예외가 아니었다. 곧 많은 사람이 강제수용소에 수용되었다. 그들은 개인적 자유를 잃고 스탈린이 요구하는 대로 노동력을 제공하다가 탈진해서 쓰러졌다. 최소 700만 명에서 최대 1,500만 명이 노예처럼 수용소에 갇혔다.

소련 역사가인 로이 메드베데프는 스탈린의 범죄행위를 파헤쳐 후세에 이름을 남겼다. 그는 스탈린 시절에 권력에 의해 처형되었거나 굶어 죽은 사람 그리고 노동수용소에서 억울하게 죽은 이가 줄잡아 2,000만 명이었다고 추정했다. 그 밖에도 수천만 명이 감옥에 갇히거나 강제로 이주하는 운명에 놓였다. 1989년 동유럽의 공산 정권이 몰락하자 여러 작가와 연구자들이 스탈린 시대의 참상을 자세히 파헤쳤다. 그러나 오늘날에는 푸틴 대통령이 스탈린 시대의 영광을 동경하는 분위기를 연출하고 있어, 과거사의 어둠을 밝히려는 노력은 사라지고 말았다.

스푸트니크의 충격

당대인의 눈에 비친 소련 사회가 절망적이기만 하였던 것은 아니었다. 소련이 정치적 선전을 활발하게 편 까닭도 있었으나, 잠

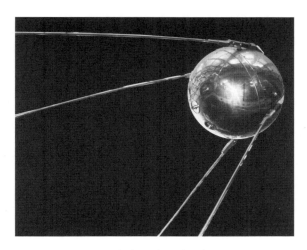

소련의 스푸트니크호

시나마 소련이 미국이나 유럽보다 탁월한 능력을 과시한 분야도 있었다. 가령 소련은 우주항공 분야에서 놀라운 성과를 거두었다.

'스푸트니크Sputnik의 충격'이란 말을 대부분 들어보았을 것이다. 1957년 10월 4일, 소련은 카자흐스탄에 설치한 발사대에서 스푸트니크호를 우주에 발사하는 데 성공하였다. 인류가 만든 인공위성이 유사 이래 처음으로 지구의 궤도를 벗어났다. 스푸트니크는 '위성'이라는 뜻의 러시아 단어다. 지름 22인치에 무게는 184파운드였다. 이 위성이 36분마다 지구를 한 바퀴씩 돌았다. 해뜨기 전이나 해진 후에는 쌍안경으로 관찰할 수 있을 정도였는데, 강력한 무선 신호를 지구로 보내왔다. 스푸트니크는 하루에도 몇 차례나 미국의 상공을 통과하였고, 이에 미국을 비롯한 온 세상이 소련의 과학 수준에 경외심을 가졌다.

미국은 행여 소련이 앞선 우주항공 기술을 군사적 목적에 악용할까 봐 조바심을 냈다. 그 이듬해 1월 31일, 미국도 위성 익스플로러Explorer호를 발사해 양국 사이에는 한동안 우주 경쟁이 치열하였다. 미국과 유럽의 주요 국가는 소련을 따라잡으려고 필사적인 노력을 쏟았다. 소련은 곧이어서 발사한 스푸트니크 2호에 동물(개)을 태워 우주로 보냈다. 1950년대 후반부터는 유인 우주선을 운용하였고, 우주에서 유영도 시험하였다. 달의 궤도에 진입하기도 하였다.

그러나 결국에는 미국이 경쟁에서 이겼다. 1969년 7월에 두 명의 미국 우주인이 달 표면에 무사히 내려 걸음을 옮겼다. 아폴로 11호가 달에 착륙하는 장면을 여러 매체에서 거듭 읽었던 기억이 아직도 선명하게 남아 있다.

그 시절 소련 사회는 이미 혼란과 침체의 늪으로 빠져들었다. 스탈린이 죽고 그 뒤를 이은 흐루쇼프는 소련의 부활을 위해 노력하였으나 성과는 별로 없었다. 1968년 동유럽에 자유화의 물결이 넘치자 무력 침공을 단행하였고, 미국과 군사력 경쟁을 벌이며 패권 다툼에 열중하였다. 이 역시 소련의 몰락을 재촉한 것으로 나타났다.

흐루쇼프 시대의 착시 현상

철권통치자 스탈린이 1953년에 사망하고 그로부터 3년 후, 새로운 독재자가 등장하였다. 니키타 흐루쇼프였다. 그는 소련 사회에 만연한 스탈린 숭배 풍조를 비판하고 스탈린 정권이 저지른 테러를 혹평했다. 흐루쇼프는 스탈린주의를 일종의 궤도 일탈이라고 판단하였다. 그러나 소련 내부에는 스탈린주의를 공산주의 발전을 위해 필수적인 일이었다고 믿는 사람도 적지 않았다. 내가 보기에는, 스탈린주의야말로 전체주의 체제의 한계를 여실히 드러낸 것이었다. 오랫동안 스탈린주의 노선에 충실하였던 동유럽과 북한 및 쿠바도 스탈린주의의 약점을 똑같이 드러냈다. 스탈린 시대의 참상은 한 개인이 저지른 문제라기보다는 체제 자체가 지닌 중대한 결함이었다.

미국의 상대가 되기에는 여러모로 열세였으나, 소련은 세계 두 번째 강대국으로서 다방면에서 기염을 토했다. 우주개발에서는 미국과 줄기차게 경쟁하였고, 올림픽 등 스포츠와 문화 방면에서도 세계 최강의 자리를 자주 넘보았다. 실상과는 거리가 멀었으나, 세계를 공산화하겠다는 비현실적인 지배 욕구를 노골적이고 공격적으로 표출한 것도 인상적이었다. 소련은 자본주의 국가들과의 경쟁에서 지지 않으려고, 모스크바를 체제 선전장으로 꾸몄다. 화려한 볼쇼이극장이며 아름답고 웅장한 모스크바 지하철, 그리고 초호화판으로 차려진 '굼백화점'을 보면 알 것이다. 그들은 서방 세계의 시민들이 소련의 강한 국력과 소비 수준에 현혹되도록 착시 현상을 기획하였다.

미국이란 세계 최강의 대제국

17세기 영국은 북아메리카 대륙의 동쪽에 식민지를 건설하였다. 미국 역사의 시작이었다. 13개의 식민 자치주가 영국의 지배를 받았는데, 결국에는 세금 문제를 둘러싸고 갈등을 벌였다. 이것이 독립 전쟁으로 비화해, 1776년 7월 4일에 미국은 독립을 선언하였다.

그 후 미국은 사회·경제적으로 큰 발전을 이룩하였는데, 19세기 후반이 되자 남부와 북부가 내전을 벌였다. 남북전쟁(1861~1865)이 그것인데, 그 본질은 경제 전쟁이었다. 남부는 주업인 목화 생산에 막대한 노예 노동력을 투입하였다. 그 반면에 북부에서는 한창 공업화를 추진하느라 값싼 흑인 노동력을 얻고자 하였다. 전쟁은 링컨 대통령이 지휘한 북군의 승리로 돌아갔고, 노예 제도는 폐지되었다.

공업화에 걸림돌이 사라지자 미국의 고속 성장은 눈부실 정도였다. 그들의 진로에도 걸림돌은 있었고 구조적 장애물이 없지 않았다. 그러나 전 세계에서 끌어들인 풍부한 인적 자원과 국내에 매장된 많은 천연자원을 효율적으로 사용하면서, 미국은 거침없이 세계 최강의 나라로 성장해나갔다.

19세기 말부터 본격적으로 성장하다

1870년대까지도 미국은 강대국의 대열에 끼지 못하였으나 1890년대가 되면서 사정이 완전히 달라졌다. 그들은 누구도 막을 수 없는 기세로 성장을 계속하였다. 과거의 미국은 국제무대에서 중립을 고수하였는데, 이른바 '먼로주의'가 그것이었다. 그러나 나라의 위상이 높아지자 외교정책에도 변화가 나타났다. 미국은 유럽의 모든 나라를 합친 것보다 부강하였고, 영국을 제외한 유럽 국가를 모두 합친 것보다 국력이 강해졌다.

19세기 말, 미국의 경제 및 외교정책은 매우 성공적이었다. 무엇보다도 경제는 해마다 큰 폭으로 성장했다. 자국의 가능성을 자각한 미국 정치가들은 라틴아메리카에서 일어나는 모든 문제에 적극적으로 개입하기 시작하였다. 그들은 기왕의 제국주의적 방식으로 여러 나라를 압박하지는 않았으나, 이미 아메리카 대륙의 유일한 맹주가 되었다.

라틴아메리카의 패권을 둘러싸고 미국은 스페인과 전쟁을 벌였다. 이로써 세계를 힘으로 지배하는 제국주의 대열에 미국도 들어섰다고 하겠다. 유럽인, 특히 독일인은 1880년대부터 미국의 국력을 피부로 느꼈다. 미국은 농업 부문에서 처음 우세를 보이더니, 이어서 제조업 분야에서도 독일을 뛰어넘었다.

유럽 대륙에는 미국을 능가하는 강대국이 존재하지 않았다. 몇 개의 통계 수치만 보아도 사태의 변화를 충분히 가늠할 수 있다. 1870년에 미국의 산업 노동자 수는 600만 명이었는데, 1900년경에는 그 수가 3,000만 명으로 늘었다. 미국의 국내총생산도 그 액수는 연구 기관마다 다르지만, 1870년부터 30년 만에 두 배 이상 늘어났다. 그 당시 세계에서 미국만큼 성장 속도가 빠른 나라도 없었고, 그만한 경제 규모를 자랑하는 나라는 어디서도 발견할 수 없었다.

기술혁신의 기적
미국은 석유를 포함해 산업에 필요한 모든 자원이 풍부했으므로, 산업혁명이 일어나기에 적합하였다. 제1차 산업혁명이 일어난 것은 영국이었지만 제2차 산업혁명부터는 미국이 주도권을 쥐었다. 전신과 전기 및 철강도 그러했고, 20세기 후반에 일어난

반도체 산업에서도 미국은 항상 선발주자였다. 널리 알려진 내용이지만 우리의 생각을 정리하기 위해서 간략히 설명을 보탠다.

전신의 발달은 라디오, 전화 및 이메일 등으로 이어졌다. 통신 분야의 혁신이 가장 눈부신 나라가 미국이었다. 18세기부터 전신 분야에는 많은 발명가가 나타나 기술혁신을 이끌었다. 새뮤얼 모스가 모스 코드를 개발했는데, 그는 통신선을 따라 흘러가는 전기의 흐름을 인위적으로 차단하여 메시지를 정확하게 전송하는 방법을 고안했다. 19세기에는 전신 사업이 미국에서 주로 발달하였다. 1850년대가 되자 미국의 전신선은 양적으로 급격히 팽창했고, 1902년에는 먼바다를 횡단하는 전신선을 설치해 지구상의 주요 국가를 하나로 연결하였다.

유선 전신은 곧 무선 전신으로 진화하였다. 그때도 기술 변화의 속도와 흐름을 결정한 것은 미국이었다. 이는 글로벌 커뮤니케이션에 엄청난 변화를 가져와 어떤 메시지든 마음만 먹으면 신속하게 다른 대륙으로 보낼 수 있게 되었다. 무선 전신의 발달은 사회각 분야에 영향을 미쳤다. 정부 기구는 물론이고 상업과 은행업, 각종 제조업과 전쟁 그리고 대중매체의 발달에 지각 변동이 일어났다. 미국은 정보화 시대의 기반을 만들었고, 이를 통해 세계에 대한 자국의 지배력을 강화하였다. 결국에 20세기가 미국의 시대가 된 배경에는 이러한 기술혁신이 있었다.

전기 산업도 미국에서 가장 먼저 발달하였다. 19세기 초, 험프리 데이비는 카본아크 램프carbon-arc lamp를 획기적으로 개선하였다. 그 후 여러 학자가 전기에 관하여 연구했는데, 혁신은 항상 미국에서 일어났다. 발명왕이라고 불리는 토머스 엘바 에디슨은 갓은 노력 끝에 전기 램프를 발명하였다. 많은 발명가가 조명 장치의 개발에 뛰어들었는데, 에디슨(1879)과 스완(1880)이 가장 우수한 백열등을 만들어 특허를 얻었다. 이러한 전기 조명의 등장으로 미국인의 삶은 질적으로 변화하였고, 얼마 후에는 그 혜택이 지구 곳곳으로 퍼져나갔다.

전기 조명의 사용 범위는 끝도 없는 것 같다. 가로등과 자동차 헤드라이트에서 시작해 수술실의 램프까지 우리의 일상에 필수적이다. 처음에는 백열등을 켜기 위해 집집마다 전선망을 깔아야 하는 번거로움이 있었으나, 수많은 가전제품이 속속 등장해 전기의 유용성을 거듭 증명하였다. 미국이 주도한 이러한 생활양식의 변화는 거의 동시다발적으로 전 세계에 전파되었다.

20세기에는 반도체(트랜지스터)가 등장하면서 또 한 차례 기술과 생활에 혁명이 일어났다. 이 역시 미국이 주도한 변화의 흐름이었다. 오늘날 반도체는 모든 전자 장치의 필수 부품으로, 우리 한국과 대만이 최대 생산국이다. 그런데 반도체를 처음 개발한 것은 미국이었다(1947). 벨 연구소는 회로판을 적절히 이용하여 전류의 세기와 흐름을 정밀하게 제어하였다. 초기 단계에는 라디오 수신기에만 반도체가 사용되었다. 시간이 좀 흐르자 텔레비전과 휴대폰 및 컴퓨터 등 거의 모든 전자 기기의 필수 부품이 되었다. 미국은 반도체를 개발하는 데 앞장서 인류 문명을 새로운 차원으로 끌어올렸다는 평가를 받는다. 오늘날 지구인 누구나가 필수품으로 여기는 스마트폰도 미국에서 시작되어, 현재는 그 시장을 미국, 한국 및 중국이 분할 점령하고 있다.

세계를 지배하는 군산복합체

그러나 미국 역사에 긍정적이고 희망적인 변화만 있었던 것은 아니다. 20세기 전반에 양차 세계대전이 일어나 많은 나라가 전쟁에 휘말렸다. 팽창 일로에 있던 미국도 예외가 아니었으나, 미국은 양차 세계대전을 주도하며 연합군에 승리를 가져왔다. 전후 미국은 세계 경찰의 역할을 자임하면서 소련과 패권 경쟁을 벌이는 가운데 세계 지배자의 위상을 얻었다.

군사력이 커지자 미국 사회에는 한 가지 기이한 현상이 나타났다. 군산복합체의 출현이었다. 1950년대 이후 세계 여러 나라가 공산화의 위협을 받자 미국은 자국의 군사력을 극대화하였다. 미국의 군부는 정치권의 통제에서 벗어나 독립적인 권력이 되었다. 그들에게 공급할 무기를 기획하고 생산하는 역할은 민간 기업의 일이었다. 무기 산업의 민영화라는 특이한 구조가 과연 효율적인지는 판단하기 어려우나, 미국 사회의 선택은 민영화였다.

현재 미국은 해마다 천문학적인 군사 비용을 지출한다. 그들의 몇몇 동맹국, 특히 아랍의 침략 위협에 노출된 이스라엘을 비롯하여 공산 침략을 염려하는 일본과 한국은 미국과 군사동맹을 체결한 지 오래되었다. 이들 나라가 지출하는 군사비는 세계 군사비의 80퍼센트나 된다. 그들은 해마다 미국의 민간 기업으로부터 각종 신무기를 사들이는 데 열을 올리고 있다.

미국의 군부는 언제 어떻게 독립적인 권력이 되었을까? 그들이 미국의 외교정책을 좌우하게 된 것은 냉전 이후의 일이다. 군부의 힘이 비대해지자 미국은 국제 문제를 군사력으로 해결하려는 경향을 보인다. 외교보다는 군사개입이 효과적이기 때문이다. 놀랍게도 1990년대 이후 미국의 주요 외교정책은 국방부가 통제하고 있다. 국무성에는 능수능란하게 외교 전략을 구사할 만한 인재가 거의 사라졌다고 한다. 국무성 관리들은 미국의 국익을 이념적으로 멋지게 꾸미려는 노력도 거의 하지 않는다. 무슨 일이든 군사력으로 돌파하려는 경향이 심해지자, 오늘날 세계 곳곳에서는 무력 충돌이 끊이지 않는다. 그것이 군산복합체에는 막대한 이익을 가져다주는 일이 틀림없겠으나, 국가는 막대한 전쟁 비용을 부담해야 하므로 미국 정부는 빚더미에 올라앉게 된다.

사상 최초의 핵폭탄 제조

이 문제와는 별도로, 19세기 말부터 시작된 미국의 발전에 한 가지 특이한 현상이 일어났다는 점을 기억하자. 세계 각국으로부터 인재 유입이 일어났다는 사실이다. 19세기에는 가난한 유럽의 농민과 수공업자들이 생계를 유지하고자 미국으로 가는 이민선을 탔다. 이것이 미국의 도시화와 산업화에 크게 이바지하였다. 그런데 20세기 전반, 특히 제2차 세계대전을 전후해서는 또 다른 변화가 일어났다. 히틀러의 나치 정권이 점령지 어디서나 유대인을 박해하고 정적을 탄압한 결과, 수많은 지식인이 미국으로 몰려들었다. 20세기 미국의 과학 발전에 크게 공헌한 이들도 그 대부분은 이민자였다.

일본 군국주의자들을 쓰러뜨린 핵폭탄도 이민자의 참여로 제조되었다. 핵무기에 관한 기본 설계도 또한 영국으로부터 얻은 것이었다. 이른바 '맨해튼 프로젝트'가 그것이었는데, 이는 비밀 프로젝트로서 뉴멕시코주에서 시작되었다. 미국 측은 1930년대부터 히틀러가 핵무기를 개발하고 있다고 판단해, 그에 상응하는 맨해튼 프로젝트를 1939년에 시작하였다.

프랭클린 D. 루스벨트 대통령은 최고의 핵물리학자와 군인을 선발하여 우라늄 자문위원회를 구성했다. 또한 대통령은 컬럼비아대학교의 엔리코 페르미(이탈리아 출신)와 레오 실라르드(헝가리 출신)의 관련 분야 연구를 재정적으로 지원하였다. 이후 자문위원회는 몇 차례 명칭을 변경한 끝에 1941년에는 과학연구개발국OSRD이 되었고, 페르미도 이에 합류하였다. 그해에 일본이 진주만을 공습하자 루스벨트 대통령은 영국, 프랑스, 러시아와 협력해 일본과 독일을 무찌르기로 결심했다. 과학연구개발국에 미 육군 공병대가 참여하면서 맨해튼 프로젝트가 활기를 띠었다.

1942년부터는 육군의 레슬리 R. 그로브스 장군이 프로젝트를 지휘하였다. 페르미와 실라르드는 우라늄을 농축하는 데 성공했고, 글렌 시보그 등은 플루토늄의 샘플을 제조하였다. 그해 12월 28일, 루스벨트 대통령은 핵무기 생산에 다양한 연구 인력을 통합적으로 운영할 목적으로 맨해튼 프로젝트를 승인했다.

그 이듬해 로버트 오펜하이머는 뉴멕시코주 북부의 로스앨러모스 연구소의 소장으로서 핵분열 실험을 시작하였다(프로젝트 Y). 그의 연구소는 사상 최초로 핵폭탄을 제조해, 1945년 7월 16일에 폭발 실험을 마쳤다. 오펜하이머가 지휘한 미국 과학자들은 우라늄을 이용한 '리틀보이'와 플루토늄으로 만든 '팻맨'이란 두 가지 핵폭탄을 만들었다.

그 직후 미국은 독일 포츠담 회의에서 일본에 최후통첩을 보냈다(1945년 7월 26일). 전쟁을 중지하고 민주적이고 평화로운 일본 정부를 새롭게 구성하자는 제안이었다. 그러나 일본이 이 조건을 수락하지 않았으므로, 미국은 일본에 핵폭탄을 투하하기로 결심을 굳혔다.

히로시마와 나가사키가 목표물로 정해졌다. 미국은 핵폭탄의 성능을 고려해 현지에 미국 포로가 전혀 없는 히로시마야말로 가장 이상적인 표적이라고 판단하였다. 1945년 8월 6일에 놀라 게이 폭격기가 리틀보이를 투하했고, 히로시마 상공 580미터 지점에서 폭발하였다. 그러자 폭파 지점 반경 1.6킬로미터 이내의 모든 것이 완전히 파괴되었고, 7만 명이 즉사하였다. 사흘 뒤(8월 9일)에는 팻맨이 나가사키에 투하되었다. 나가사키의 반경 1킬로미터 이내가 완전히 초토화되었다(이상의 수치는 자료마다 약간의 차이가 있다). 두 도시에서 최소 10만 명이 목숨을 잃었다. 그 이튿날, 일본은 미국의 해리 트루먼 대통령에게 항복 의사를 알렸다. 1945년 8월 14일에 일본은 미국을 비롯한 연합군 측에 공식 항복했다.

맨해튼 프로젝트로 핵무기의 위력이 증명되었다. 유감스럽게도 세계대전이 끝나자 여러 나라가 서로 앞을 다투어 핵무기 개발에 뛰어들었다. 인류 역사의 어두운 면이었다.

그러나 핵을 선용하려는 노력도 일어나 1964년에 미국의 린든 B. 존슨 대통령은 핵을 사적으로 소유할 수 있도록 조치하였다. 그 뒤로 핵을 이용한 발전發電 기술이 혁신되었다. 오늘날에는 핵발전의 위험성을 둘러싸고 많은 논란이 있으나, 그 당시에는 인류의 미래를 밝혀줄 새로운 에너지로 인기를 끌었다. 또한 MRI 등 핵으로 의료 장비를 운용하고 방사선 요법도 개발하였다. 핵은 잘못 다루면 인류의 재앙이지만, 긍정적 측면이 적지 않다는 사실에 누구나 공감한다. 이러한 변화를 주도한 것이 바로 미국이었는데, 핵을 개발하는 과정에서 이민자 출신 과학자들의 공헌이 컸다. 특기할 만한 일이다.

제2차 세계대전의 영향

전쟁은 역사의 주인공을 번번이 바꿔놓았다. 제2차 세계대전 (1939~1945)도 예외가 아니었다. 이 전쟁을 끝으로 미국이 세계를 좌우하는 시대가 왔다. 전통적인 서구열강은 힘을 잃은 반면, 소련의 비중은 한층 커졌다. 중국 공산당 역시 전쟁 중에 활로를 찾아, 1949년에는 중국 전체를 점령하였다. 중화인민공화국의 탄생 (1949년 10월 1일)은 제2차 세계대전이 있었기에 가능한 일이었다고 하겠다.

제2차 세계대전 뒤에 일어난 '냉전'도 전쟁의 간접적인 결과였다. 미국은 자본주의 진영을 이끌며 소련과 대척점을 형성했는데, 소련이 세계 공산화의 야망을 노골적으로 추구하였기 때문이다. 그 이후에 미국과 소련은 직접적인 충돌을 피하면서도 군비 경쟁에 박차를 가했다. 미국은 북대서양조약기구를 통해서 유럽의 안전을 꾀하는 동시에 자국 중심의 확고한 국제 질서를 다졌다. 미국은 전쟁으로 폐허가 된 유럽과 일본의 경제를 방치할 경우에 공산화될 우려가 있다고 판단하여 대규모 부흥 계획을 세웠다. 이른바 마셜플랜이었는데, 그 덕분에 일본과 독일을 선두로 영국과 프랑스 등이 경제 부흥을 이룩하였다. 결과적으로, 미국 중심의 시장경제가 더욱 탄탄해졌다. 세계 각국에서는 수많은 사람이 자본주의의 중심국인 미국에서 '아메리칸드림'을 구현하려고 이민을 서둘렀다.

한편 유럽에서는 또다시 독일과 프랑스가 전쟁을 벌이는 상황이 재연되어서는 안 된다는 여론이 높아졌다. 우여곡절 끝에 유럽연합이 태어난 배경이다. 한편 전후에 미국은 국제연합UN을 창설하였는데, 이는 과거에 스위스 제네바에 본부를 둔 국제연맹과 비슷한 국제 협력 기구였다. 미국과 그 동맹국들은 장차 세계 어디에서든 침략 전쟁이 다시는 일어나지 못하게 방지하려고 국제연합을 만들었으나, 이 기구가 본연의 임무를 수행하기에는 역부족이었다. 지구상에는 끊임없이 많은 분쟁이 일어났고, 도무지 멈출 기색을 보이지 않는다.

소련도 미국 중심의 북대서양조약기구에 대응하여 동맹을 결성하였다. 영국, 프랑스, 독일 등 서방 세계가 공동 방어 체계를 만들었기 때문에 자극을 받은 것이었다. 소련은 미국의 호전성과 패권주의를 강하게 비판하며, 동유럽의 공산주의 국가를 바르샤바조약기구로 묶었다. 미국과 소련은 지정학적으로 중요한 여러 곳에서 대리 전쟁도 일으켰다. 그중 하나가 1950년에 한반도에서 일어난 6·25전쟁이었는데, 이로 인하여 한반도의 신생국가인 남북한은 심각한 타격을 입었다. 또한 베트남에서도 공산주의자들과 자본주의자들 사이에 내전이 발생하여 장기간 막대한 인명과 재산상의 손실을 입혔다.

소련과 미국 중심의 세계 질서에 불만을 가진 중국은, 이집트와 인도 등 아시아 및 아프리카 대륙의 여러 나라와 함께 '제3세계 비동맹 운동'을 벌였다. 제3세계라는 표현은 미국이나 소련의 동맹에서 벗어나 있다는 의미였는데, 1961년에 알제리 출신 프란츠 파농이란 사상가가 만든 개념이었다. 나중에는 아시아와 아프리카 및 라틴아메리카에 있는 비동맹 국가를 가리키는 용어가 되었지만, 비동맹 운동 자체는 이렇다 할 결실을 이루지 못하였다. 중국과 인도가 국경 분쟁에 휩쓸리면서 비동맹의 단결이 사라졌다. 이집트 역시 아프리카 여러 나라를 지도할 만한 역량을 갖추지 못했다. 게다가 미국과 소련이 여러 가지 방법으로 제3세계를 회유하고 자국 중심의 세계 질서에 편입하려고 끈질기게 노력하였기 때문에, 비동맹 운동이 자라나기에는 국제사회의 토양이 너무 척박하였다고 볼 수 있다.

요컨대 제2차 세계대전의 충격과 여파는 다양하면서도 본질적이었다. 그 전쟁으로 말미암아 미소 양 진영이 세계 역사의 한복판을 차지한 채 인류 역사에 큰 영향을 끼쳤다. 역사에서 전쟁은 매우 중요하게 다뤄져야 할 주제다.

높이 떠오른 중국의 붉은 별

20세기 말이 되자 중국이 세계 무대에 재등장하였다. 그때까지만 해도 중국은 19세기에 입은 깊은 내상에서 벗어나지 못하였다. 서세동점에서 시작된 중국의 침체는 장기간 계속되어, 마치 영영 회복 불가능할 것처럼 보였다.

거듭된 중국의 시련
1919년에 중국인들은 5·4 운동을 통해 현대적인 사회를 건설하고자 하였으나, 그 길은 험난하였다. 각지에는 군벌이 웅거하여 중국의 통일을 가로막은 채 각자도생을 위하여 외세에 의존하였다. 쑨원의 후계자 장제스는 그 자신도 군벌 출신이었으나, 국민당을 이끌며 북정北征을 단행해 가까스로 군벌을 제압하고 통일 정부를 세웠다. 그러나 국민당 정권은 공산당의 도전에 맞서 싸우느라 오랫동안 허리를 펴지 못하였다. 장제스는 중국을 침략한 외세보다 내부의 적인 공산당 토벌을 가장 시급한 과제로 삼았다. 그로 인해 공산당은 이른바 '대장정'이라는 극한의 생존 투쟁으로 내몰렸다. 그 과정에서 공산당은 끔찍한 피해를 보았으나, 민심을 얻었고, 마오쩌둥 중심의 강력한 지도 체제를 만들었다.

이후 일본의 중국 침략이 거세졌으므로, 국민당 정부와 공산당은 제2차 국공합작을 선언하고(1937) 항일 전쟁을 시작하였다. 처음에는 지지부진하였으나, 1943년부터 국민당 정부군과 공산군은 일본과의 전쟁에서 상당한 전과를 올렸는데 1945년 8월에 미국이 일본에 핵폭탄을 던짐으로써 전쟁이 끝나서 중국은 해방의 기쁨을 맞았다.

중화인민공화국의 수립

하지만 중국 땅에는 다시 내전의 피바람이 불었다. 미국도 소련도 내전을 반대하였으나 국민당과 공산당이 격돌하였는데, 그 결과는 의외였다. 군사 장비가 턱없이 부족하던 공산당이 완전한 승리를 거두었다. 그들이 착수한 토지개혁이 대다수 농민의 마음을 움직였기 때문이다. 장제스는 본토를 잃고 남쪽의 작은 섬 대만으로 쫓겨났고, 마오쩌둥은 공산당과 함께 중국 전역을 움켜쥐었다(1949년 10월).

북한의 김일성은 중국 공산당의 승리에 고무되었다. 그는 남침을 감행해 6·25전쟁을 일으켰다. 미국을 비롯한 연합군의 개입으로 전선이 고착되자, 중국 인민군이 뛰어들었다. 이 전쟁은 남북한의 내전이라는 형식으로 전개되었으나, 공산주의와 자본주의 양대 진영이 벌인 대리 전쟁이었다. 1953년, 전쟁이 끝나자 미국은 중국과의 관계를 단절하였다. 설상가상으로, 마오쩌둥은 소련의 수정주의를 비판해 국제적인 고립을 자초하였다. 그러자 그는 대약진운동(1958~1961)을 벌여 경제를 부흥시키고자 안간힘을 썼으나, 이는 무모하고도 빗나간 정책이었다. 결국에는 수천만 중국인이 굶어 죽는 끔찍한 사태가 일어났다.

문화대혁명의 광기

마오쩌둥은 정치적으로 심각한 위기를 맞았고, 그러자 돌파구를 마련하기 위하여 '문화대혁명'을 일으켰다(1966~1976). 그 당시 중국의 끔찍한 모습은 소설가 위화의 작품(《허삼관 매혈기》 등)에 가장 생생하게 묘사되어 있다. 문화대혁명으로 최소 200만 명이 사망했으나, 마오쩌둥은 대중을 교묘하게 이용하여 다시 권력을 쥐었다. 문화대혁명이 진행되던 10년간 중국은 정치·사회적으로 엄청난 혼란을 겪었다. 유혈 사태가 곳곳에서 일어났고, 굶주림에 허덕이는 사람이 부지기수였다. 마오쩌둥이 동원한 청소년들은 '홍위병'이란 이름으로 각종 활동을 벌였는데, 수많은 지식인과 공산당 관리를 살해하고 모욕한 것으로 악명이 높았다. 홍위병의 압박을 견디지 못하고 자살한 사람은 수를 정확히 알 수 없을 정도로 많았다.

문화대혁명이란 일대 사건의 기획자는 마오쩌둥 자신이었다. 그는 자신의 통치 이데올로기를 강화하고, 반대파를 제거할 목적으로 혁명의 광기를 부추겼다. 마오쩌둥은 장차 중국을 사회주의 패권 국가로 키우고, 인류사회를 공산화할 야망을 품었다.

적색 완장을 두른 10대의 홍위병이 자행한 폭력은 처참하였다. 베이징과 상하이 등 대도시에서는 '부르주아 느낌'을 주는 옷과 머리 스타일을 했다는 이유만으로도 멀쩡한 사람이 습격을 당했다. 누구든지 홍위병의 눈 밖에 나면 구타와 살해의 대상이었다. 1967년에는 덩샤오핑(훗날의 주석)도 공개적으로 모욕을 당하고 시골로 축출되었다. 시진핑(현 주석)의 가족 등 공산당의 고위 간부 중에도 고난을 겪은 사람이 많았다.

표면상으로는 홍위병을 내세워 반동분자를 해치웠으나, 실제는 당내 권력투쟁이었다. 마오쩌둥은 반혁명적 수정주의자들이 공산당 내부로 침투했다고 판단하였고, 그런 '괴물과 악마'를 물리치기 위해 전면전이 필요하다는 생각이었다. 그는 혁명의 전위부대인 홍위병을 움직여 낡은 이념과 전통적인 관습을 청산하고 문화 유적도 모조리 파괴하도록 선동하였다(1966년 8월). 그 여파로 전국의 모든 대학이 문을 닫았고 교회와 사찰 및 도서관 등도 폐쇄되었다.

1968년 말, 마오쩌둥은 홍위병의 폭동을 마감하겠다며 수백만 명의 청소년을 시골로 내려보냈다(이른바 하방). 그의 요구로, 그때부터는 군대가 사회 질서를 회복하는 역할을 맡았다. 그 바람에 군사 독재가 엄연한 현실이 되었으며, 군대의 폭력에 희생된 사

문화대혁명

상자 수는 전보다 훨씬 더 늘어났다.

82세를 일기로 마오쩌둥이 사망하자 공포의 문화대혁명이 드디어 막을 내렸다(1976년 9월 9일). 공산당은 문화대혁명의 주도 세력으로 지목된 '4인방'을 체포하여 재판에 넘겼다. 마오쩌둥의 부인 장칭江靑을 비롯하여 야오원위안姚文元(정치국 위원), 왕훙원王洪文(부주석), 장춘차오張春橋(국무원 부총리)였다. 그들은 모두 제거되었고, 그들이 추방하거나 처벌한 인사들이 다시 권력을 쥐었다.

1970년대 초반 문화대혁명이 소강 상태에 빠질 즈음, 중국에서는 한 가지 변화가 일어났다. 베이징의 공산당 정권이 미국과의 관계를 개선하기 시작하였다. 1972년 2월에 리처드 닉슨 미국 대통령이 중국을 방문해 마오쩌둥 주석을 만났다. 워싱턴과 베이징의 관계를 회복하기 위한 첫걸음이었다. 이후에도 수차례 미국과 중국의 관계가 일시적으로 냉각된 적이 있으나, 국제사회에 진출한 중국은 착실히 성장하였다. 개방의 물결이 넘쳐나는 가운데 미국과 중국의 경제적 입장은 완전히 뒤바뀌었다. 오늘날 중국은 전 세계를 대표하는 자유무역의 수호자로 행세한다. 그 반면에 미국은 보호주의 세력의 대변인 노릇을 하고 있다. 세월이 흐르며 양국의 역할도 크게 달라진 것이다.

청소년기에 문화대혁명을 체험한 시진핑 세대는 한 가지 교훈을 얻은 듯하다. 어떠한 경우라도 공산당이 통제력을 잃어서는 안 된다는 강한 신념이다. 그리하여 1989년 6월에 천안문 사태가 일어났을 때나 최근 홍콩에서 수많은 시민이 민주주의를 지키려고 시위를 벌일 때도, 그들은 매우 단호한 태도로 공산당의 이익을 방어하는 데 온 힘을 기울였다.

중국은 뜨고 소련은 망하고 미국은?

제2차 세계대전 이후 한동안 '냉전의 시대'가 계속되었으나, 세기말이 되자 소련을 포함한 동유럽이 무너졌다. 오직 미국이 홀로 패권을 쥔 새로운 시대가 열렸다. 이러한 추세는 한동안 계속될 듯 보였으나, 그 역시 오래가지 못하는 모양이다. 중국이라는 새로운 제국이 부상하면서 이제 미국과 승강이를 벌이고 있는 형국이다.

저절로 무너진 소련

전성기에도 소련은 미국을 대적할 만한 상대가 아니었다. 미국과는 정치·군사·외교적 역량에 상당한 격차가 있었다. 그렇기는 해도 소련만큼 강한 세력은 지금껏 없었으므로, 우리는 냉전의 시대라는 표현을 써왔다. 수십 년 동안 소련은 스탈린주의 또는 마르크스-레닌주의를 통해서 동유럽 여러 나라를 지배하였다. 그런데 어쩌다가 몰락의 수순을 밟았을까.

고르바초프의 개혁개방정책

소련의 침체를 직시한 미하일 고르바초프는 '개혁'과 '개방'이라는 정책을 선택하였다. 그러나 그가 개혁을 힘차게 표방한 지불과 6년 만에 소련은 완전히 붕괴하였다. 과연 무엇이 어떻게 잘못된 것이었을까.

1985년, 소련에서 가장 강경한 보수주의자들조차 이대로 가면 국가적 위기를 피할 수 없다는 결론에 이르렀다. 흐루쇼프 시대의 착시 현상이 시민의 눈을 가린 셈이었다. 경제 위기가 심각한 수준이었다. 모스크바 시민들이 날마다 빵을 사기 위해 장사진을 칠 정도로 사정이 나빴다. 소련 체제를 반대하는 사람들은 물론이고 내외부의 크고 작은 비판자들이 한목소리로 변화를 부르짖었다.

이에 고르바초프는 한편으로 '글라스노스트'(개방)를 추진하여 언론의 자유를 허락해 소련의 어두운 측면을 숨김없이 드러냈다. 다른 한편으로 '페레스트로이카'(개혁)라는 이름으로 사회 각 방면에 변화의 물결을 일으켰다. 유례없는 정치·경제적 구조 조정이었다.

하지만 고르바초프의 개혁은 실패하였다. 페레스트로이카로 소련은 외국과의 무역을 개방하고, 중앙에서 더는 기업을 통제하지 않는 방향으로 나아갔다. 소련 경제의 자율성을 강화하려는 방침이었다. 그러나 역효과만 일어났다. 물가는 폭등하였고, 정부의 재정 지출이 확대되어 적자가 눈덩이처럼 쌓였다.

개혁개방정책으로 소련에서도 명실상부한 민주적 선거가 시행되었는데, 그 역시 고르바초프가 기대하지 못한 엉뚱한 결과를 가져왔다. 표현의 자유를 증진한 글라스노스트 이후 당의 역할에 대해 비판이 이루어졌고, 지방에 대한 중앙의 통제가 약화되자 당 조직이 권력에서 소외되었다. 선거 이후 연방의 외곽에서 민족주의적 경향이 대두하자 소련의 내부 분열은 걷잡을 수 없이 심해졌다. 그 때문에 개혁을 뒷받침할 기반이 무너졌고, 공산당은 정치·사회적 통제력을 상실하였다. 고르바초프는 정치적 지도력이 강한 인물로 평가되었으나, 그가 시행한 개혁은 성과를 내지 못하였다. 곧 진보도 보수도 그에게 등을 돌렸다.

안드레이 사하로프 등 소련의 체제를 비판하는 진보 인사들은 더욱 거세게 개혁 조치를 단행하라고 주문하였다. 그들은 고르바초프가 서둘러 시장경제를 도입하기를 촉구하였다. 정치 자유화도 더 빠른 속도로 추진하라고 요구하였는데, 이것은 고르바초프가 원하지 않는 바였다.

보수 진영은 또 그들 나름으로 고르바초프를 애먹였다. 소련 공산당은 개혁을 위해서 고르바초프를 지도자로 선택하였으나, 강경파는 개혁을 강행하면 자신들의 지위가 추락하고 공산주의도 힘을 잃을 것으로 전망하였다. 처음부터 강경파는 고르바초프를 지지하지 않았으나, 글라스노스트로 자신들에게 허용된 언론의 자유를 멋대로 악용하는 데 탁월한 재능을 보였다. 심지어 그들은 고르바초프를 축출할 목적으로 쿠데타를 일으키기도 하였다(1991년 8월). 쿠데타는 실패로 돌아갔으나 고르바초프의 지도력은 결정적인 타격을 입었다.

소련의 일반 시민은 고르바초프의 개혁을 어떻게 생각하였을까. 그들에게도 개혁의 속도가 너무 빨랐다. 글라스노스트 덕분에 언론에 물린 재갈이 풀리자, 과거에 공산당 지도부가 저지른 충격적인 범죄행위가 백일하에 드러났다. 스탈린 정권의 문제점도 폭로되었고, 레닌까지도 비판의 대상이 되었다. 소련의 과거사에 대한 비판이 쏟아지는 가운데, 발트 3국이 독립하고 우크라이나공화국 등이 독립국가연합CIS을 결성하면서 소련이란 국가는 공중분해되었다(1991년 12월). 이후 고르바초프는 소련 대통령직을 사임했고, 러시아연방공화국의 대통령 옐친이 권력을 계승하였다. 시민도, 사회도 갈수록 깊은 불안에 빠졌다.

설상가상으로 고르바초프는 급진파인 보리스 옐친과 적대 관계에 들어갔다. 두 사람 모두 국가의 개혁을 원하였으나 그 속도와 범위를 두고 갈수록 견해차가 심해졌기 때문이다. 그들이 서로 동맹 관계를 단단히 맺었더라도 개혁에 성공할 가능성이 낮았는데, 개혁파 지도자끼리 서로 대립하였으니 나라의 미래가 더욱 어두워지는 것은 당연하였다.

만약 고르바초프라는 인물도 없었고, 글라스노스트와 페레스트로이카 같은 개혁이 아예 없었다면 소련은 그대로 존속할 수 있었을까. 소련은 오랜 세월에 걸쳐 망가지고 있었다. 고르바초프의 등장으로 그 종말이 더욱 빨리 찾아왔을지는 몰라도 이미 돛대가 부러진 배였다고나 할까. 그나마 한 가지 다행스러운 일이

있다면, 소련의 종말은 그래도 전쟁 없이 평화롭게 마감되었다는
점이다.

혹자는 소련이 종말을 맞게 된 원인을 조지 H. W. 부시 대통령
에게서 찾는다. 1980년대에 고르바초프는 로널드 레이건 대통령
과 건설적인 관계였다. 고르바초프는 조지 H. W. 부시 대통령과
도 협력적 관계가 이어지기를 소망하였다. 하지만 고르바초프가
정치적으로 어려움에 빠졌을 때 부시 대통령은 철저히 외면하였
다. 그때 소련은 미국의 경제적 도움을 간절히 바랐다. 제2차 세
계대전 직후 미국이 유럽에 마셜플랜을 가동해서 도왔듯, 소련에
도 도움의 손길을 뻗어주기를 원했는데 부시 대통령은 소련을 조
금도 도와주지 않았다.

1996년에 외톨이가 된 고르바초프는 러시아의 대통령 선거에
출마하였다. 그의 득표율은 1퍼센트에도 못 미쳤다. 한마디로, 고
르바초프의 개혁 정치에 관한 러시아 시민의 심판은 가혹하였다.

오늘날 러시아의 새로운 황제로 등극한 블라디미르 푸틴 대통
령은 고르바초프를 호되게 비판한다. 그와 견해를 같이하는 러시
아 시민이 많은 것 같다. 그들은 구소련의 정치, 경제 및 사회적
문제를 다 잊은 것처럼 보인다. 향수에 젖은 눈빛으로 고르바초
프 이전의 소련을 그리워한다는 것은 심각한 문제가 아닐 수 없
다. 푸틴과 그의 지지자들은 고르바초프야말로 소련을 붕괴로 이
끈 역사의 죄인이라고 비판한다. 고르바초프가 전개한 역사적 실
험은 오늘날 러시아에서 찾아볼 수 없게 되었다. 푸틴의 러시아
는 공산 정권과 흡사한 전체주의 국가다.

미국은 지금 어디에 있는가

미국의 시대가 활짝 열린 것은 제2차 세계대전 이후였다. 마셜 플랜이라는 거대한 경제 프로젝트를 앞세워, 미국은 전쟁으로 망가진 서유럽과 일본의 경제를 재빨리 복구하였다. 영국과 프랑스, 독일 등 유럽의 경제를 재건할 목적으로, 미국은 무려 130억 달러를 풀었다. 한편으로 이것은 미국의 잠재적 경쟁자를 키우는 일이었으나, 다른 한편으로는 미국의 해외시장을 확장하고 또 그 시장을 미국이 강력하게 지배하는 방법이기도 하였다.

팍스 아메리카나

제2차 세계대전 이후 미국은 민주주의의 수호자를 자처하며 각 대륙에 군사동맹을 구축하였다. 세계 경찰로서 미국은 '팍스 아메리카나' 시대를 열었다고 해도 과언이 아니었다. 그때도 지구 어디에선가 미국은 전쟁을 벌이고 있었으나, 미국과 주요 맹방은 평화를 향유하였다. 그런 점에서 공허한 구호는 아니었다.

《옥스포드 영어사전Oxford English Dictionary》을 살펴보면, '팍스 아메리카나'라는 표현이 등장한 것은 19세기 말(1894)이었다. 광활한 미국 땅에 평화가 넘쳤기 때문이다. 먼로주의의 깃발 아래 미국은 외국에서 발생하는 문제에 개입하지 않았다. 유럽의 여러 나라가 항상 국제적인 갈등에 시달린 것과는 다른 모습이었다. 그러나 미국의 고립주의는 20세기가 되자 끝나버렸다. 그들도 서구 열강의 하나로서 국가 이익을 노골적으로 추구하였기 때문이다.

제1차 세계대전이 일어나기 전, 영국은 1세기에 걸쳐 세계 최강국으로서 유럽에서 발생한 모든 문제의 균형자 역할을 담당했다. 그때가 영국의 전성기였고, 그런 점에서 '팍스 브리태니커'라는 표현도 쓸 만하였다. 20세기 초까지 영국은 세계 최강의 해군력을 바탕으로 절대적 우위를 자랑하였다. 열강들 사이에 전쟁이 끊이지 않았으나, 영국은 본토에 대한 침략을 허용하지 않을 정도로 막강하였다. 20세기 중반 이후의 미국과 비슷한 초월적 위상이었다.

이후 제1차 세계대전이 일어나자 미국은 고립 정책과 결별하였다. 그들은 연합국의 주축으로서 독일과 오스트리아-헝가리제국 등을 상대로 싸웠다. 마침내 미국은 승리를 끌어냈고, 우드로 윌슨 대통령은 국제 평화를 지키기 위해서 국제연맹을 만들자고 제안했다. 그러나 내부의 반발에 부딪쳐 미국은 해당 조직에 가입하지 못하였다(1920년 1월 10일 제네바에서 창설). 국제연맹은 제구실을 다하지 못하였고, 이내 각국은 민족주의와 국가주의에 휩쓸렸다. 유럽의 복잡다단한 사정, 특히 제1차 세계대전의 패전국인 독일에 대한 처리가 부적절했던 것으로 말미암아 제2차 세계대전이 발발했다(1939). 미국이 참전하지 않으면 독일과 이탈리아, 일본의 질주를 막기 어려운 상황이었다. 스웨덴의 정치학자 요한 루돌프 셸렌은 제1차 세계대전이 끝났을 때 팍스 아메리카나라는 용어를 꺼내며 장차 미국이 지구상 최고의 패권국이 될 것이라고 예견했다. 놀랍게도 그의 예견은 적중하였다.

미국은 제2차 세계대전에도 깊숙이 개입하여, 또다시 전쟁의 승리를 결정하였다. 1942년 당시 여전히 전쟁이 진행되고 있었으나, 미국의 외교정책 자문위원회는 팍스 아메리카나가 오고 있다

는 전망을 제시했다. 그들은 미국이 대영제국을 대체하는 나라가
되기를 꿈꾸었다.

경쟁자 없는 절대 강국

1945년에 제2차 세계대전이 끝나자 미국은 경제 및 군사 대
국으로 최강의 지위를 차지하였다. 그때부터 미국은 한 수 아래
인 소련을 적으로 규정하고, 소련이 붕괴할 때까지(1991) 줄곧 '냉
전'을 고수하였다. 소련의 현실적 위협이 없지는 않았으나, 그 점
을 크게 부풀린 것은 미국이었다. 자국의 세계 지배를 위해서 필
요한 일이었다. 오늘날에도 미국이 맞상대가 되지 못하는 중국의
역할을 과대하게 포장한 채 전방위적 공격을 벌이고 있다는 의심
이 든다.

1945년 이후 미국은 두려울 것이 없었다. 세계 산업 생산력의
절반이 미국에 있었고, 경쟁 상대가 없었다. 유럽의 제국주의는
전쟁 통에 완전히 망했고, 전쟁의 승자든 패자든 사실상 모두 경
제적으로 초토화되었다. 그러나 미국 본토는 전쟁의 회오리에서
완전히 벗어나 있었기 때문에 생산 시설이 모두 온전하였다.

막강한 경제력을 바탕으로, 미국은 이후의 모든 국제분쟁에 군
사적으로 개입하거나 외교적으로 조정자 역할을 하였다. 세계의
공산화를 봉쇄하기 위해서라는 구실로 미국의 개입은 간단히 합
리화되었다. 팍스 아메리카나를 가장 뚜렷이 상징하는 것이 북대
서양조약기구일 것이다. 그 총사령관은 미국이 파견한 유럽총독
에 해당한다고 보아도 무방하다. 미국은 압도적인 군사 우위를
바탕으로 세계 평화를 유지한다. 마치 고대 로마제국이 그러했던

것처럼 말이다.

세계의 모든 바다도 미국의 통제를 받는다. 지정학적으로 중요한 곳 어디에나 미군이 주둔한다. 그물망 같은 동맹 조직으로 미국은 전 세계를 한눈에 내려다보는 위치에 있다. 미국은 어떤 조약도 무효로 돌릴 수 있고, 어느 지역에든 군대를 보내 전쟁을 시작할 수 있다. 이처럼 종횡무진 세계를 휩쓴 결과 미국의 재정 적자는 천문학적 수준에 도달했다. 1970년대부터 수출입액의 균형도 무너졌으나, 미국은 여전히 부동의 최강자다.

미국은 항상 시대의 흐름에 한 걸음 앞서 국가의 전략적 목표를 설정해왔다. 1992년에는 냉전 이후 미국이 어떠한 전략을 선택할지를 논의한 보고서가 언론에 폭로되기도 하였다. 이 문건에서 폴 울포위츠(전 국무차관보)는 유라시아 지역에서 미국의 적대 세력이 지배권을 쥐지 못하게 막는 것이 미국의 목표라고 정의하였다. 그 당시 조 바이든 상원의원(현 미국 대통령)은 이 전략이 실효성이 없을 것이라고 냉소적으로 반응하였다. 그로부터 30년이 지난 오늘의 시각에서 되돌아보면 어떠한가. 울포위츠가 소망한 대로 유라시아 어디에도 미국의 국익에 노골적으로 도전할 만한 세력은 아직도 모습을 드러내지 못하고 있다.

많은 사람이 미국을 21세기의 로마라고 부른다. 21세기 초, 부시 대통령이 독일을 방문했을 때 현지 언론은 부시를 로마 황제에 비유하였다. 로마제국도 미국과 마찬가지로 국방상의 이유로 영토를 점차 확장하여, 마침내 지중해 전부를 호령하게 되었다. 미국 역시 자위권을 확보하려고 노력한 결과 세계 도처에 군대를 주둔하게 되었다. 로마가 그러하였듯 현재의 미국도 초월적인 위상을 얻은 것 같다. 미국의 막강한 군사력은 세계 곳곳에서 평화와 안정을 보장하는 힘으로 기능한다. 보기에 따라서 이것은 미국의 제국주의를 상징하지만 결코 제국주의에 국한되지는 않는다. 미군은 전쟁을 억지하는 가장 효율적인 수단이기도 하다.

두 개의 경제적 도구

자본주의 진영의 대표로서 미국은 세계경제의 새로운 틀도 짰다. 제2차 세계대전이 끝나기도 전에 미국은 새로운 경제 질서를 기획하였다. 1944년에 미국은 연합국을 모아서 전후에 긴급히 처리할 경제문제를 논의하였다. 뉴햄프셔주의 브레튼우즈에서였다. 이미 1920년대와 1930년대에 경제공황을 겪었던 터라 모든 참가국이 깊은 관심을 가지고 회의에 참석하였다.

그 협약을 바탕으로 나중에 국제연합은 통화 및 금융에 관한 회의를 열었다. 회의를 주도한 것은 케인스의 경제사상이었다. 미국을 비롯한 44개 국가는 새로운 규칙을 제정하였고, 국제통화기금IMF과 세계은행의 운영에 큰 관심을 가졌다. 세계은행이라면 1944년에 설립된 국제부흥개발은행IBRD을 모체로 한 것이다. 1956년에는 이 기관이 국제금융공사IFC로 바뀌었다. 그리고 1960년에는 국제개발협회IDA로 진화하였다. 이러한 금융기관은 미국이 주도하는 경제 질서를 강화할 목적으로 설립되었다.

국제통화기금과 세계은행 또한 미국이 자국에 유리한 세계 질서를 만들기 위해 창설하였다. 만약 세계은행이 없었더라면 미국이 마셜플랜을 제대로 시행할 수 있었을지 의문이다. 그 밖에도 개발과 재건이 시급한 여러 나라에 미국은 거액의 장기 대출을 제공하였다. 그것은 세계은행을 통해서 이뤄졌다. 세계은행이 전후의 경제 재건에 이바지한 점은 누구도 부정할 수 없다. 또 국제통화기금은 달러를 기준으로 세계의 모든 화폐 사이에 교환 비율을 정하였다. 전후 세계의 경제 질서를 위하여 필요한 일이었다.

그런데 세월이 흐르자 국제 금융기관의 역할이 달라졌다. 1970년대 초, 미국은 자국에 유리한 경제 환경을 조성하기 위하여 달러의 환율에 유동성을 부여했다. 그들은 관세 및 무역에 관한 일반협정GATT도 만들었고, 자유무역을 강화하는 일련의 정책을 펼쳤다. 그때부터 국제통화기금은 경기 변동을 날카롭게 주시하면서 지구 곳곳에서 발생하는 경제 위기를 관리하였다. 1980년대에는 라틴아메리카의 재정 위기에 대응하였고, 영국과 동남아시아에 이어 그리스와 스페인 등 남부 유럽에서 외환 위기가 일어났을 때도 적극 개입하였다. 그들은 신자유주의의 원칙에 따라서 관련 국가에 중단기적 조치를 사실상 명령하였다.

세계은행의 역할도 그 기능이 바뀌었다. 1960년대에는 주로 신흥공업국을 재정적으로 지원하였는데, 나중에는 개발도상국에 자금을 제공하는 동시에 개발 방향과 정책을 진두지휘하였다. 이 양 기관은 세계시장에서 미국의 패권을 지키는 데 여전히 유용한 도구다.

신흥공업국이 등장해 새로운 시장이 형성되고, 개발도상국이 성장함에 따라서 미국과 독일 등 서방의 주요 국가는 경제성장을 계속할 수 있었다. 그러나 21세기가 되자 상황이 바뀌고 있다. 미국을 비롯한 이른바 선진국은 성장이 둔화되어, 연간 경제성장률이 2퍼센트에 못 미친다. 그러나 중국을 포함한 개발도상국은 성장률이 연평균 5퍼센트를 넘었다. 결과적으로, 중국 경제가 여러 면에서 미국을 앞서기 시작했다. 이러한 경제 현실 때문에 국제통화기금과 세계은행은 본래의 설립 목적을 달성하기 어려워졌다. 정확히 말해, 그들 기관이 구미의 선진국에 큰 이익을 안겨주기 어렵게 되었다.

목소리가 커진 중국을 비롯한 비주류 국가들은 국제통화기금과 세계은행의 편향적인 운영 방침을 비판하기 시작했다. 국제통화기금의 경우에, 미국이 이 기관의 의결권을 15퍼센트 이상 가지고 있는 데 비해 중국은 겨우 5퍼센트를 조금 넘는다. 연간 세계 총생산량의 30퍼센트를 점유하고 있는 이른바 'G7 그룹'은 총투표권의 40퍼센트를 점유하고 있다.

세계은행 또한 이와 비슷한 구조적 문제를 안고 있다. 미국을 비롯한 일부 선진국은 총 투표권의 절반 이상을 보유하고 있다. 미국이 세계은행의 총재를 마음대로 임명할 수 있는 권리를 가진 셈이다. 그에 대한 보상 차원일 테지만, 국제통화기금은 항상 유럽인에게 총재 자리를 맡겨왔다. 요컨대 미국과 독일, 프랑스, 영국의 패권을 보장하는 장치가 꽤 견고하다.

하지만 역사는 변하기 마련이다. 신흥공업국이 세계경제에서 차지하는 몫이 커지고 있어 변화의 속도는 점점 빨라진다. 그들은 양 기관의 전통적인 운영 방식에 문제점이 있다는 사실을 직시하고 본격적으로 저항하기 시작하였다. 그들이 별도로 신개발은행CMI: Chiang Mai Initiative을 출범한 지도 20년이 더 지났다(2000년 출범). 1997년에 아시아에 금융 및 외환 위기가 일어났을 때 국제통화기금이 사태를 공정하게 처리하지 못하였다는 인식이 커진 결과, 한국을 포함한 아시아 여러 나라가 공동으로 대처할 방법을 찾아나섰던 것이다. 또 2014년에는 신흥공업국으로 두각을 나타낸 브라질, 러시아, 인도, 중국BRICS이 공동으로 은행을 만들었다. 브릭스 은행BRICS Bank이었다. 그리고 2016년에는 중국을 중심으로 아시아 간접시설 개발은행AIIB: Asian Infrastructure Investment Bank도 생겼다.

미국의 경제적 패권주의에 대한 다수 국가의 저항이 과연 얼마나 성공적일지는 미지수다. 그러나 분명한 사실은 세계무역을 좌우할 '통화 전쟁'이 이미 시작되었다는 점이다. 달러가 지나치게 약세를 보이는 현실에 대한 불만이 높아지고 있다. 미국에 대한 신흥국가의 도전은 앞으로 더욱 거세질 것으로 보인다.

앞으로 미국은 신흥공업국의 경제력에 상응하는 대접을 하여야 할 것이다. 국제통화기금과 세계은행의 낡은 구조를 바꾸고, 일부 국가에 편중된 결정권도 공정하게 재조정하여야 할 것이다. 미국의 전성기가 이미 끝났다고 단정하기 어려운 시점이지만, 끝을 알 수 없는 어려운 시험대 위에 미국이 선 것은 틀림없다.

자유무역 대 보호주의

미국의 세계 지배를 정치, 군사, 외교, 문화만 가지고 설명할 수는 없다. 가장 핵심적인 것은 경제 부문이다. 그런 점에서 우리는 경제 이야기를 조금 더 해야 한다. 사실 대중소비주의를 세계에 퍼뜨린 것도 미국이요, 자유무역을 누구보다 신성시한 국가도 미국이었다. 그런데 거기에도 변화가 일어나고 있다. 수년 전부터 미국은 무역 자유화의 부정적 영향을 강조하고 있다. 트럼프 전

대통령을 비롯한 미국 지도자들은 중국의 불공정 거래를 강조하며, 그로 말미암아 미국의 중산층이 소멸하고 있다고 말했다. 이에 미국은 보호주의의 깃발 아래서 새로운 경제 질서를 모색하고 있다.

이는 우리에게 익숙한 미국의 얼굴이 아니다. 미국의 경제가 어떻게 발전해왔는지를 돌이켜 보자. 19세기 후반부터 미국은 매우 빠르게 성장했다. 1870년부터 제1차 세계대전이 일어나기 직전까지 미국의 실질 GDP는 연간 4퍼센트씩 증가했는데, 그것은 당시 세계 최강인 영국의 두 배였다. 20세기 후반 중국과 미국의 관계가 이와 비슷하였다.

오늘날 미국의 보호주의자들은 미국의 경제성장은 관세에서 비롯되었다고 주장한다. 트럼프 전 대통령도 그 점을 기회 있을 때마다 강조하였다. 그러나 이것은 사실이 아니었다. 19세기 말 경제성장률이 가장 높았던 분야는 서비스산업과 농업이었고, 이들 분야는 관세의 영향을 받지 않았다. 또한 남북 전쟁 이후 미국은 20세기 초까지도 사실상 무한정으로 이민자를 수용하였다. 연간 100만 명을 받아들인 적도 있었고, 해마다 20만 명 이상이 쏟아져 들어왔다. 노동시장의 개방이 미국의 성장을 견인하였다고 보아도 무방할 정도였다.

보호주의의 성과를 강조하는 이들은 1960년대 이후 동아시아에서 일어난 경제 기적을 예로 든다. 일본과 한국, 대만과 싱가포르에 이어서 중국 및 여러 아시아 국가가 보호주의를 바탕으로 성장하였다고 주장하였다. 부분적으로는 일리가 있지만 정확한 분석은 아니다.

1990년대 초반에 작성된 세계은행의 보고서에 따르면, 이들 국가에서 경제성장이 지속된 이유는 크게 보아 두 가지였다. 하나는 투자의 증가이고, 또 하나는 풍부한 인적 자본이었다. 투자 증가는 국내외에서 대규모 자금을 동원한 결과지만, 인적 자본은 우수한 교육 덕분이었다. 인적 자본이 제대로 형성되어야 노동력도 질적으로 개선되고, 국가의 행정 시스템도 효율성을 높일 수 있다. 그런 점에서 미국의 공교육도 앞으로 달라져야 할 것이다.

동아시아의 경제성장을 검토해보면 개방형 경제가 얼마나 효율적인지를 한눈에 알 수 있다. 홍콩과 싱가포르는 보호주의 정책을 추구한 적이 없으며, 자유무역정책을 추구하면서 경제가 고속으로 성장했다. 1950년 당시 홍콩의 1인당 국민소득은 미국의 8분의 1을 넘지 않았다. 그러나 오늘날에는 홍콩이 미국보다 오히려 소득이 더 높다.

미국에서는 자유무역을 반대하는 사람이 많은데, 그 이유는 정말이지 단순하다. 그들은 수출을 초과하는 수입 증가로 해마다 적자가 누적되어 미국 경제가 혼란에 빠졌고 그중에서도 특히 중국산 상품이 무더기로 미국 시장에 유입되어 큰 타격을 입었다고 주장한다. 가령 중국 때문에 21세기 초반 미국에서 10년 만에 240만 개의 일자리가 사라졌다는 연구 결과도 있다. 그러나 반론도 만만치 않다. 중국에서 많은 상품을 수입하는 것이 미국 경제에 불리하다고 단정하기는 어렵다. 수출입에 종사하는 무역업자들의 이익도 고려해야 하고, 일반 소비자의 이익도 적지 않다. 아울러 중국 상품과 경쟁 관계에 있지 않은 다른 산업 분야에 미치는 긍정적 영향도 무시할 수 없다.

역사적으로 보면, 미국이야말로 자유무역협정을 가장 정력적으로 추진한 주체가 아니었던가. 20세기 후반 미국의 주도로, 주요 산업국가의 관세율은 종래의 22퍼센트에서 3퍼센트로 대폭 줄었다. 이후 관세율이 조금 상향되기는 하였으나, 세계무역기구WTO가 창설(1994)되기 전의 평균 관세율은 10퍼센트 미만이었다. 미국은 북아메리카에 있는 이웃 나라는 물론이고 한국처럼 멀리 떨어진 나라에도 시장 개방을 압박하였고, 마침내 자유무역협정을 체결하였다. 미국은 자유무역주의의 전도사였다.

그런데 자국에 큰 이익이 발생하지 않자 이제는 방향을 완전히 바꾸어 보호무역을 강변하고 있다. 그들이 국제무역의 '공정성'을 내세우며 보호주의를 부르짖는 것이 아직도 생소하고, 근본적으로 불공평하다는 생각이 든다. 보호주의를 통해서 일부 기업가에게 이익을 줄 수 있을지 몰라도, 이것은 퇴행적인 정책이다. 만약에 그로 말미암아 국가적 이해관계가 첨예하게 대립하면 국제사회는 다시 세계 전쟁의 소용돌이에 빠질 가능성이 있다. 나는 경제학에 문외한이지마는 지난 수백 년간의 역사적 흐름을 놓고 볼 때, 자국 중심의 이기적인 보호무역이 세계 평화에 보탬이 될 가능성은 별로 없다고 본다.

중국은 과연 세계 최강대국이 될까?

1972년 당시 닉슨 미국 대통령의 베이징 방문을 세상에서는 '핑퐁 외교'의 일환으로 보았다. 그때부터 중국은 미국 중심의 세계 질서를 수용하기 시작하였다. 수년 후 마오쩌둥이 사망하고 덩샤오핑이 새로운 주석이 되자 중국의 개방은 속도를 내기 시작하였다. 덩샤오핑은 자신의 정책을 '도광양회韜光養晦'라고 요약하였다. 자국의 능력을 외부에 드러내지 않고 조용히 실력을 기르겠다는 뜻이었다. 적어도 50년은 이런 정책이 필요하다고 하였다니, 덩샤오핑의 계획대로라면 중국은 적어도 2030년대까지 다른 강대국 앞에서 어깨를 펼 수 있도록 아직 때를 기다리고 있어야 했다. 만약 덩샤오핑이 현재의 불편한 상황, 즉 중국이 미국과 사사건건 노골적으로 충돌하는 모습을 본다면 이맛살을 찌푸릴 것 같다.

덩샤오핑의 선택

현재의 중국이 경제적으로나 외교적으로 초강대국이 된 것은 덩샤오핑鄧小平(1904~1997)의 공로가 크다. 그가 정열적으로 추진한 개혁이 아니었더라면, 중국이 오늘날 과연 세계 2위의 경제 대국이 되었을까 싶다. 덩샤오핑이란 한 사람의 지도자가 중국 사회와 세계 역사에 미친 영향은 실로 막대하였다.

덩샤오핑은 젊은 시절부터 공산주의 운동에 참여해 당내 실력자로 성장하였다. 그는 마오쩌둥이 전개한 대약진운동이 실패로 돌아가자 류사오치와 함께 경제를 부흥시키는 데 앞장섰다. 그러나 1966년에 문화대혁명이 일어나자 자본주의 성향이 있다는 의심을 받아 정치적 박해를 받았다. 덩샤오핑은 사실 마오쩌둥이 집권하는 동안 수차례 숙청 대상이었으나 늘 기적적으로 복귀하였다.

덩샤오핑(앞)과 지미 카터 미국 대통령(1979)

1976년에 마오쩌둥이 사망하자 그는 중앙 정계에 복귀하여 군부 지지자들과 함께 정적을 제압하고 최고 실력자가 되었다. 덩샤오핑은 1970년대 말부터 세상을 떠날 때까지 낙후된 중국 경제를 되살리려고 온 힘을 다하였다. 그의 경제정책은 '흑묘백묘론'에 잘 나타난다. 고양이의 색깔이 중요한 것이 아니라 본래의 임무에 충실한지만 따지면 된다는 실용주의였다. 경제적으로는 누구보다도 자본주의적이었으나, 정치적으로는 기존 공산주의 지배 체제를 고수하였다. 경제 자유화라는 이름으로 자본주의와 공산주의를 교묘하게 결합한 것, 이른바 중국식 사회주의를 창안한 것이 덩샤오핑의 업적이었다.

덩샤오핑의 외교정책 역시 실용적이었다. 그는 미국과 긴밀하게 협력하면서 소련의 영향력을 축소하는 데 힘썼다. 그 덕분에 홍콩을 다시 중국 영토로 회복할 수 있었다. 1997년에 마거릿 대처 영국 총리와 덩샤오핑이 협상에 성공하여, '일국가 양체제一國兩制'라는 역사적 실험이 시작되었다.

오늘날 시진핑 주석의 집권 아래 베이징의 공산주의와 홍콩의 서구식 민주주의가 공존하는 '양체제'는 심각한 위기를 맞았다. 말년에 덩샤오핑은 자신의 후계자로 후야오방胡耀邦과 자오쯔양趙紫陽을 염두에 두었으나, 그들이 개인의 자유를 과도하게 허용한다고 판단해 생각을 바꾸었다(장쩌민이 덩샤오핑의 후계자가 되었다). 덩샤오핑은 천안문에 운집해 정치적 자유를 요구하는 학생과 시민의 시위를 무력으로 진압했다.

1997년에 덩샤오핑은 세상을 떠났으나 그의 정책은 그대로 유지되었다. 그의 경제정책인 '선부론'은 경제특별지역부터 우선 부유하게 만드는 것이었는데, 결과적으로 큰 성공을 거두었다. 덩샤오핑이 통치하는 동안 중국인의 삶은 질적으로 크게 향상하였다.

한마디로, 그의 업적은 긍정적으로 평가해야겠다. 덩샤오핑은 개혁개방정책을 옹호해 폐쇄된 중국을 외부 세계에 개방하였다. 중국적 특성을 띤 사회주의 건설론의 창시자였다는 점에서 호평을 받는다.

경제가 빠르게 성장하자 중국 사회에도 부작용이 나타났다. 빈부 격차가 심해지면서, 중국 공산당의 비조인 마오쩌둥이 지향한 '평등'의 가치에서 급속히 멀어지고 있다. 덩샤오핑은 시대의 요구에 따라 효율적인 해결 방안을 탐색한 인물로, 마오쩌둥처럼 새로운 이념을 창안하는 데만 몰두한 정치가가 아니었다. 현대의 중국은 덩샤오핑의 노선에 충실하지만, 사회문제가 더욱 심해지면 마오쩌둥의 정치적 유산을 새롭게 해석하려는 사람들도 나타날 것이다. 중국인은 어떤 문제가 발생하면 그 해답을 자신들의 역사적 전통에서 구하려는 경향이 뿌리 깊으므로 그러한 반전이 얼마든지 일어날 수 있다.

현대적인 무역 국가로 나아가다

1978년 12월 18일, 덩샤오핑 주석은 중국이 나아갈 새로운 방향을 제시하였다. 그것은 실용 노선이었다. 미국과 외교 관계를 강화하고 국제무역에 적극적으로 참여하는 것이 그 핵심으로, 외국인 투자를 최대한 유치하여 중국을 하루빨리 산업화하는 것이 목표였다. 덩샤오핑은 당시 미국이 이끄는 대로 자유주의 무역 체제에 중국이 통합되기를 소망하였다. 그가 사망한 뒤에도 그 정책은 그대로 유지되었다.

결과적으로 중국은 지난 한 세대 동안 1인당 국민소득이 25배쯤 증가하였다. 1970년대의 중국은 세계 최빈국 중 하나였지만 지금은 미국에 이어 세계 2위의 초강대국이 되었다. 중국은 아시아와 아프리카 등지에서 막강한 외교·정치적 영향력을 행사한다. 군사력 역시 미국과는 격차가 크지만 세계 2위를 자랑한다.

현재의 중국은 덩샤오핑 시기와 겉으로는 비슷하나 실상은 매우 다르다. 시진핑 주석은 공산당이 중국의 경제와 사회를 철저히 통제하기를 꿈꾼다. 그는 자신에 대한 개인숭배도 강화하고 있다. 현재의 사회·경제적 불안정에서 벗어나기 위해서는 공산당과 자신을 중심으로 사회가 통합되어야 한다는 확신을 가진 것이 틀림없다. 그에 비해 덩샤오핑은 개인숭배를 배격하고, 공산당이 모든 일을 주관해야 한다고 믿었다.

덩샤오핑이 패권 경쟁을 극구 회피한 것과 달리 시진핑은 대단히 공격적이다. 그는 남중국해에 대한 중국의 지배권을 주장한다. 또 미국과의 관계도 덩샤오핑 때와는 사뭇 달라졌다. 시진핑은 트럼프 미국 대통령의 수정주의 노선에 맞서 자유무역을 수호하는 중심인물로 국제사회에 자신의 이미지를 선전하였다.

1980년대부터 중국은 끊임없이 대폭 성장하였기 때문에 강대국들의 중국 견제도 심각한 수준이다. 오늘날 미국과 일본은 인도를 부추기면서 중국과의 대립을 유도하는 측면이 있다. 시진핑은 이러한 정세를 정면으로 돌파할 의지를 드러낸다. 그는 미국에 대해서 날카롭게 각을 세우며 대립하는데, 만약에 그가 황해와 남중국해에서 이웃 나라들을 압박한다면 어떻게 될까. 그리고 위구르에 강제수용소를 설치해 소수민족을 심하게 탄압한다면 서구와의 갈등은 얼마나 심해질까. 최근에 나타난 몇몇 현상은 중국이 장차 미국과 격돌할 조짐으로 읽을 수도 있다. 우리로서는 덩샤오핑 주석이 말한 도광양회의 전략을 시진핑의 중국이 너무 일찍 폐기했다는 생각이 든다.

1980년대 중국은 선전경제특구에서 산업화의 불을 지폈다. 그로부터 40년이 지난 오늘, 중국은 명실상부한 '세계의 공장'이 되었다. 시장을 과감히 개방한 결과, 중국은 눈부신 성장을 이룩했다. 경제학자 니콜라스 라디는 중국이 시장경제를 지향한 결과 엄청난 성공을 거두었다고 평가했다.

돌이켜 보면 18세기 말에 영국은 매카트니 사절단을 보내, 장차 중국과 대등하고 자유롭게 무역하기를 바랐다. 이 제안을 일거에 물리친 오만한 중국은 그로부터 수십 년 뒤에 아편전쟁의 상처를 안고 패배의 늪에 빠졌다. 와신상담臥薪嘗膽라는 고전적인 표현에 걸맞게, 20세기 내내 중국은 역사의 상처를 부여안고 재기를 위해 부심하였다. 그 결과가 오늘날의 부강한 중국이다. 21세기는 과연 중국에 어떤 세기가 될지 귀추가 주목된다.

세계제국은 무엇으로
몰락하고 있을까?

소련은 이미 무너졌고, 미국과 중국의 미래는 한마디로 예단하기 어렵다. 미래를 누가 알겠는가. 그런데 생각을 거듭하면 할수록 그들의 미래가 위태로워 보이기도 한다.

현대 러시아의 불안

1991년 소련이 공중 분해되었다. 예견된 일은 아니었으나, 납득은 가능한 일이었다. 아프가니스탄 침공(1979)이 장기간 이어지며 소련은 국력을 소진하였다. 궁지에 빠진 소련은 야심만만한 정치가 미하일 고르바초프를 선택하여, 경제를 회생하고 민생에 활력을 불어넣으려고 개혁개방정책을 추진하였다. 그러자 그 물결이 동구권으로 파급되었는데, 뜻밖에도 그들 나라에서 공산당 정권이 한꺼번에 몰락하였다. 공산당 독재가 사라진 소련에서는 여러 민족이 독립을 원하였는데, 그들은 소련이 강제 통합을 강요하기 이전의 상태로 되돌아가기를 소망하였다. 이로써 중앙집권적 소비에트연방(소련)이 자취도 없이 사라졌다.

독재자 푸틴의 시대

이후 러시아는 부정부패에 시달렸다. 천연가스와 석유를 생산하는 자원 대국이지만, 귀중한 천연자원도 소수의 마피아와 관료의 배만 불릴 뿐이다. 수도 모스크바의 외관은 휘황찬란하지만 일반시민의 삶은 비참하다. 이에 구소련 체제에 대한 향수가 더욱 짙어졌고, 블라디미르 푸틴은 2020년 초 그들의 복고적 정서를 이용하여 영구 집권에 성공하였다.

그는 2036년까지 권좌를 지킬 수 있다. 그보다 2년 앞서 중국의 시진핑 주석도 자신을 종신 주석으로 만들어놓았다. 그들은 현대의 차르와 황제인 것이다. 하지만 그들이 과연 평생 집권할 수 있을지는 누구도 알 수 없는 일이다. 독재자의 운명이란 갑자기 종말을 맞을 수가 있다.

시진핑 주석과 마찬가지로 푸틴 대통령도 시민에 대한 통제를 더욱 강화하고 있다. 서구 세계는 여러 가지 이유로 러시아에 대한 정치·경제적 압박을 강화하고 있다. 러시아의 경제 상황이 쉽게 호전되지 못하는 이유다. 석유와 천연가스는 러시아에 막대한 이익을 제공하고 있으나, 그런 일이 영원히 계속될 리도 없다. 언제라도 푸틴에게는 뜻밖의 문제가 일어날 수 있다.

푸틴은 지난날 소련에 속하였던 이웃 나라들과 전쟁을 일삼는다. 크림반도에서 침략 전쟁을 일으켰고, 시리아의 내전에도 깊숙이 개입하였다. 아울러 서구에 대한 사이버 공격도 멈추지 않는다. 만일 이런 상태가 계속되면 미국이 이끄는 북대서양조약기구와의 군사적 충돌이 일어날 수도 있다. 당장에는 서구와의 갈등이 러시아 내부를 결속하고 푸틴의 정치적 지위를 강화하는 데 도움이 될 수 있다. 그러나 이런 세월이 오래 이어진다면 러시아의 장래는 더더욱 어두워질 것이다.

미국의 전성기는 끝난 것일까?

제2차 세계대전이 끝나자 세계인은 미국을 민주주의의 모범 국가라고 믿었다. 1990년대 초까지도 그렇게 믿는 사람들이 많았다. 그러나 미국에 대한 신뢰와 기대는 서서히 무너지고 있다. 19세기의 최강대국 영국이 걸어간 길을 미국도 답습하는 것이 아닐까.

역사를 보면 모든 강대국의 운명이 그러하였다. 정점을 지나면 얼마 후에는 역사의 무대에서 사라졌다. 미국도 기나긴 발전의 과정을 거쳐 세계 최강대국이 되었으나, 언제부터인가 쇠퇴기에 접어들었다.

일각에서는 오늘날의 미국을 '약탈 국가'라고 부른다. 알다시피 미국은 해마다 엄청난 대외무역 적자에 시달린다. 그러면서도 세계에서 가장 많은 자원과 생산품을 흡수한다. 시선을 미국의 내부로 돌려보면, 극소수의 최상층이 소수민족과 하층계급의 빈곤을 외면하고 있다. 민주주의와는 거리가 먼 미국의 상류계급이 모든 자원을 나눠 먹기 식으로 분점하고 있다. 프랑스 역사학자 에마뉘엘 토드는 만약 미국이 지금과 같은 방식으로 수십 년의 세월을 보낸다면 북미 대륙의 일개 강대국으로 지위가 낮아질 것이라고 경고하였다.

오늘날 미국은 고대 로마공화정이 붕괴하던 때와 많이 닮았다. 그 시절 로마는 정복한 속주에서 많은 재화가 로마에 유입되어 귀족은 더욱 부유해지고 평민은 더욱 빈곤해졌다. 양극화가 극심했던 것인데, 미국의 양극화도 돌이킬 수 없는 수준이다. 도로, 수도, 전신망 등 사회간접자본도 매우 낙후되어 있으나 손을 대지 못하고 있다. 2021년 현재 조 바이든 대통령이 야심 찬 계획을 세워 이 문제를 해결하고자 애쓰나, 공화당의 반대가 거세어 장래를 낙관하기 어렵다.

세계를 지배하려면 보편적 이상을 가져야 할 것이다. 성공한 제국은 개인과 민족을 평등하게 대접하였다. 고대 로마제국이든 몽골제국이든 그런 점에서 자국의 지배를 설득할 수 있었다. 이미 지나간 냉전 시대의 일이지만, 그때 미국은 자국 내의 소수민족을 통합하고 전 세계에 민주주의의 가치를 구현하려는 강력한 의지를 드러냈다.

그러나 소련이 무너진 다음에 미국은 변했다. 미국의 지배자들은 사회 통합에 대한 의지가 미약하다. 흑인과 히스패닉을 포함한 소수민족은 미국에서 점점 더 소외되고 있으며, 국가는 경찰력을 이용해 그들을 가혹하게 다루고 있다. 대외적으로도 미국은 관대한 나라가 아니며, 자유와 평화, 정의 구현을 위해서 애쓰는 모습도 사라진 지 오래인 것 같다. 오늘의 미국은 세계인을 감화할 힘이 부족하다.

미국의 품을 벗어난 유럽

1960년대까지도 유럽인은 미국이 국제사회에 평화를 가져온다고 믿었다. 하지만 지금은 상황이 좀 다르다. 미국은 국제적인 문제를 풀기는커녕 도리어 많은 문제를 유발하고 있다는 시각이 점점 설득력을 얻고 있다. 이에 유럽에는 미국의 지도적 역할에 거부감을 표하는 시민이 점점 많아지고 있다. 그들은 유럽이 독자 노선을 추구하는 것이 옳다고 생각한다. 유럽의 중추적인 국가라고 불러도 좋을 독일과 프랑스에서 특히 미국의 국제정치에 대한 반발심이 높다. 한마디로, 지난 10여 년 동안 유럽은 미국과 점점 더 소원해지고 있다.

좀 더 깊이 역사를 읽어보면 양 대륙의 차이가 더욱 뚜렷해진다. 미국 사회에서는 여전히 종교가 사람들의 일상을 지배하지만, 유럽의 사정은 다르다. 인권을 중시하는 유럽에서는 이미 사형 제도가 폐지되었으나, 미국인은 사형을 필요한 제도라고 확신한다. 경제 관념도 완전히 다르다. 유럽인은 근검이 가정경제의 기본이라 믿으므로, 수입과 지출의 수지 균형을 맞추려고 애쓴다. 그러나 미국은 소비 위주의 생활 풍토가 지배적이어서 가정경제의 균형을 무시한 무한 소비의 신화가 널리 퍼져 있다. 또한 유럽 시민들은 국가가 사회보장 제도를 통해서 개인의 생활을 일정 수준까지 책임져야 한다고 생각한다. 그러나 미국에서는 복지 제도가 자본주의를 위협하는 불순한 사상에서 비롯되었다고 여긴다.

유럽은 날이 갈수록 더 미국식 경제 관념에서 이탈하고 있다. 게다가 국제사회에서 유럽의 입지는 미국보다 우월하다고 할 수 있다. 그들은 외부 세계와 심각한 갈등 요인을 갖고 있지 않다. 유럽은 여러 대륙과 균형 잡힌 무역 관계를 유지하고 있으며, 군사적으로도 다른 대륙을 강제로 점령하거나 지배할 의지를 노골적으로 드러내지 않는다. 그런 점에서 유럽은 미국보다 아시아와 아프리카 여러 나라의 지지를 얻을 수 있다.

유럽 통합의 상징인 유럽연합은 유로화라는 단일 화폐를 사용함으로써 시장을 확대하는 데 성공하였다. 만약 유럽연합이 내부 갈등을 적절히 해결하고 상생을 실천한다면, 미국의 지도력에 대한 기대를 포기하고 유럽연합이 세계 경영의 역할을 맡지 말라는 법이 없다. 이렇게 된다면 미국의 세계 지배력은 급속히 쇠퇴할 것이다.

미국의 두통거리

미국의 장래를 위협하는 암초는 한둘이 아니다. '러스트 벨트 rust belt'도 그중 하나다. 지난 수십 년 동안 자국의 시장을 세계에 널리 개방한 결과, 미국의 산업 기반 시설은 녹슬었다. 디트로이트의 황폐한 풍경을 목격한 사람이라면 내 말에 수긍할 것이다.

미국의 신용경제도 버블 현상을 일으키며 심각한 문제점을 드러냈다. 세기 말부터 세계경제는 깊은 위기에 빠졌다. 거기에는 이런저런 원인이 있었겠지마는 한 가지 명백한 사실은, 미국이 자국에 의존적인 여러 나라를 강제하여 세계시장에 편입하려고 무리한 시도를 벌였다는 점이다. 1997년에 한국과 태국 등이 동시에 금융 외환 위기에 빠져 세계경제가 큰 충격을 받았던 기억이 아직도 선명하게 남아 있다.

수년 만에 아시아의 당사국들은 위기를 벗어났으나, 그때부터 미국은 국제사회에서 신뢰를 잃었다. 아시아의 여러 나라는 자국에 위기를 가져온 미국의 부정적 역할을 기억한다. 미국이 헤지펀드와 국제통화기금을 이용하여 세계경제에 큰 피해를 준 그때의 사건 같은 일이 되풀이된다면 미국과의 동맹 관계는 헐거워질 수도 있다.

2008년에는 미국발 금융 위기가 일어나 리먼 브라더스가 파산하고 서브프라임 모기지 사태를 겪었다. 이 사태로 말미암아 미국의 중산층도 대거 몰락하였는데, 이후에는 양극화가 더욱 심해졌다. 이를 반영하듯이 공립학교가 붕괴하고, 공중보건 제도가 사실상 마비되었다. 도심은 침체되었고, 사회간접자본의 노후와 황폐화는 누구나 지적하는 사안이 되었다. 미국은 세계 최강국이지만 구조적 결함으로 인하여 계급 또는 계층 간의 갈등이 확대되고 있다.

따라서 정치가 제대로 기능할 수 없게 되었다. 전통적으로 미국은 공화당과 민주당을 중심으로 양당제를 유지하였는데, 여기에도 많은 허점이 있다는 사실이 드러났다. 미국 의회는 대기업과 유력한 이해 집단의 로비에 흔들렸고, 대중매체가 '가짜뉴스'를 양산해 언론의 신뢰도 땅에 떨어졌다.

신보수주의자(네오콘)의 부상이 미국의 쇠락을 부채질하는 것은 아닐까. 그들이 노골적으로 등장한 것은 1990년대부터였으며, 도널드 트럼프 대통령 시대는 그 정점이었다. 국제사회에서 미국의 입지가 조금씩 흔들리자, 그들은 자국의 이익을 위해서 누군가 대담한 결단을 내려야 한다는 영웅주의에 매몰되었다. 민주적인 의견 수렴이 아니라, 대통령의 영웅적 결단이 우선이라는 위험한 생각이 그들을 사로잡았다. 조지 부시 대통령과 도널드 트럼프 대통령이 신보수주의자들을 원군으로 삼아 권력을 휘둘렀다고 보는 견해가 있다.

그러나 그런 방식으로 당면한 문제를 해결할 수는 없어, 미국 정치는 갈수록 깊은 위기에 빠져들었다. 신임 미국 대통령 조 바이든이 선거 때부터 "미국의 정상화"라는 정치적 구호를 내건 사실만 보아도, 네오콘이 미국의 발전에 거의 기여하지 못하였다는 사실을 알 수 있다. 오늘날 미국에는 국가가 몰락하고 있다는 심각한 위기감이 형성되고 있는데, 바이든 대통령은 과연 이 위기를 극복할 수 있을까.

몰락의 징후

1950년대 후반부터 미국의 쇠망을 주장하는 전문가들이 나타났으나 반론도 거세다. 가령 마이클 허드슨은 오늘날 세계가 주목하는 금융 위기(1930년대, 2008년) 같은 것은 일종의 자연현상이라고 말한다. 그러나 그것이 과연 간단한 문제일까. 금융 위기는 개인뿐만 아니라 국가도 한꺼번에 붕괴시킬 수 있다.

재정의 중요성은 아무리 강조해도 지나치지 않다. 18세기에 영국은 건전한 재정을 바탕으로 프랑스를 누르고 세계를 지배하는 데 성공하였다. 미국의 세계 지배도 달러화가 기축통화가 되었기 때문에 가능한 일이었다. 만약 미국의 재정 부실이 장기화되면 결국에는 달러를 대체하는 화폐가 등장할 것이다. 유로화와 중국의 위안화가 그 역할을 못 하란 법은 없다.

미국의 위기를 암시하는 징표는 너무나 많아서 일일이 말하기조차 어렵다. 지정학적으로 보든, 군사, 재정(경제), 사회, 환경, 의료의 여러 측면에서 보든, 미국의 지위와 영향력은 수십 년 전보다 취약해졌다.

우리가 가장 눈여겨볼 문제는 세 가지다. 첫째, 군사 지출이 과도해 미국의 재정에 엄청난 손해를 입힌다는 점이다. 막대한 재정 지출에도 불구하고, 미국의 군사적 우위는 상대적으로 감소하고 있다. 미국의 재정 적자는 1970년대부터 시작되었는데, 국채의 대부분은 중국과 일본 등 외국 정부의 수중에 있다.

둘째, 미국의 재정 위기는 지나치게 많은 군사비를 계속해서 지출한 데 원인이 있다. 일례로 2003년 조지 W. 부시 대통령이 시작한 이라크전쟁은 2011년에 종전을 선언하였지만, 그 뒷수습을 위해서 미국은 아직도 해마다 수십억 달러를 쏟아붓고 있다. 그뿐 아니라, 미국은 세계 각지에 있는 군사 기지를 운영하느라 재정적 손실을 피할 수 없다.

셋째, 미국이 전성기의 활력을 회복할 가능성도 있으나, 지난 수십 년 동안의 역사를 보면 이야기가 달라진다. 재정 위기에서 벗어나려면 미국은 자국의 비용 부담을 줄이고 동맹국의 지출을 확대하는 식으로 군사 기구를 혁신해야 할 것이다. 이런 문제는 쉽게 해결되기 어렵다. 중국과의 갈등이 더욱 잦아지고 다각화하는 현재의 추세를 고려할 때, 미국의 국가 채무는 앞으로도 상당 기간 오히려 더 늘어날 전망이다. 그러면 미국의 사회적 갈등은 심해질 것이다.

《로마제국의 몰락》이란 책에서, 영국 역사가 피터 J. 헤더는 주목할 만한 견해를 제시하였다. 첫째, 로마제국은 끝까지 공격적이었기 때문에 결국에는 자멸하였다는 것이다. 현재의 미국도 지나치게 공격적인 성향을 띤다. 그 대가가 만만치 않을 것 같아서 염려된다. 평화가 얼마나 소중한가. 정치가들은 입만 열면 평화를 노래하지만 그들의 손은 언제나 방아쇠를 만지고 있다.

둘째, 인종차별과 계층 간의 갈등이 커져 사회 통합이 깨졌다는 점이다. 이처럼 우울한 광경은 소련이 무너지기 직전에도 목격한 바다.

셋째, 국제사회에서 미국이 도덕적인 우위를 잃었다는 사실도 심각한 지점이다. 수많은 사람이 미국적 가치가 과연 존재하는지 회의한다. 미국은 과연 미래를 앞장서 이끌기에 충분한 나라인가.

미국의 위기를 증명하는 현상은 많이 있다. 그중 하나는 사사건건 미국이 중국과 시비를 벌인다는 점이다. 각종 지표를 보면 그것도 이해할 만한 일이기는 하다. 2020년에 중국은 유럽연합과의 교역에서 미국을 추월했는데, 이것은 사상 최초의 일이다. 또 중국은 해외직접투자FDI 분야에서 세계 1위 국가로 떠올랐다.

중국은 미국과는 완전히 다른 정치제도를 가지고 있다. 그들은 다음 선거를 의식하거나 여론의 방해를 걱정하지 않고 장기적으로 국가의 전략을 계획할 수 있다. 물론 이 점에 관해서 반론은 얼마든지 나올 수 있다. 전 호주 총리 케빈 러드는 이렇게 말했다. 중국은 언론이 알리지 못하는 약점이 있으나, 미국의 문제점은 늘 언론에 공개된다. 미국은 언제든지 다시 일어설 수 있는 강력한 복원력을 가지고 있다는 뜻이다.

마틴 루서 킹 목사의 항변

미국에서는 남북전쟁을 계기로 흑인 노예가 해방되었으나, 인종차별의 족쇄는 청산하지 못한 채 폐습이 1세기 동안이나 이어졌다. 이에 사회적 약자의 대명사인 흑인 시민이 억압과 사회적 불의에 저항하는 비폭력 투쟁을 벌이게 되었다. 이 운동의 가장 탁월한 지도자가 마틴 루서 킹 목사(1929~1968)였다. 침례교 목사로서 인권 운동에 앞장선 그는 국제사회로부터 공적을 인정받아 1964년에 노벨평화상을 받았다.

킹 목사는 앨라배마주 몽고메리에 있는 교회에서 봉사하였는데, 1955년 12월에 이 도시의 버스 안에서 흑인 시민을 노골적으로 차별한 사건이 발생하였다. 킹 목사는 분노한 시민들과 함께 '버스 보이콧 운동'을 벌였다. 그들은 비폭력 평화 시위를 전개했다. 무력해 보이기만 하던 이 시위가 1년 만에 승리를 거두자 미국 전역에서 수많은 시민이 지지와 관심을 보였다.

이 운동이 끝난 다음에 킹 목사는 미국 전역에서 일어난 흑인 인권 운동의 중심에 섰다. 그는 반대파의 갖은 방해에도 불구하고 문제가 발생한 곳이면 어디든지 달려갔다. 미국 각지를 여행하며 그는 연설을 통해 수많은 시민의 지지와 연대를 끌어냈다. 시민 불복종, 이것이 킹 목사의 가장 뛰어난 무기였다.

1968년 4월 4일, 킹 목사는 흉탄을 맞고 쓰러졌다. 테네시주에서 흑인 미화원들이 파업을 벌이고 있었는데, 그들과 연대하기 위해 그곳에 갔다가 멤피스에서 암살되었다. 인종주의자 제임스

얼 레이의 소행이었다.

두말할 나위도 없이 킹 목사의 활동이 유의미한 것은 시민의 강력한 지지가 있었기 때문이다. 1963년, 워싱턴에서 열린 대중 집회에서는 무려 25만 명의 시민이 킹 목사와 함께 행진하였다. 그들은 한목소리로 미국의 인종차별적인 법률과 제도를 수정하라고 요구하였다. 이 밖에도 킹 목사는 미국이 베트남 전쟁에 뛰어든 사실을 비판하고, 세계 평화를 호소하였다. 역시 많은 시민이 그의 평화주의를 지지해 미국 정부는 적지 않게 당황하였다.

킹 목사가 인도의 위대한 지도자인 간디의 정신을 계승해 비폭력 저항운동을 벌인 것은 아무리 강조해도 지나칠 수 없다. 당시 흑인 인권 운동자 가운데는 맬컴 엑스처럼 폭력주의 노선을 고집하는 사람도 적지 않아, 킹 목사는 내외의 반대파에게 시달렸다.

시민들이 킹 목사와 함께 노력한 결과 무엇이 어떻게 달라졌을까. 미국 내에서 인종차별이 법적으로 폐지되었고, 그 덕분에 미국 남부에 사는 흑인들도 실질적으로 참정권을 행사하게 되었다.

비판적으로 보면, 킹 목사의 활동은 풀뿌리 운동과는 거리가 멀었다. 그는 넬슨 록펠러와 같은 저명인사들과 가까웠고, 카리스마 넘치는 연설을 통하여 대중매체를 장악했다. 그러나 당시 미국 사회의 현실을 참작하면 그것이 과연 큰 문제일까 하는 생각이 든다. 또 급진주의자들의 시각에서 보면 킹 목사의 노선은 너무나도 점진적이고 온건하였다. 킹 목사와 그를 지지하는 시민들은 당장에 흑인이 미국의 주류 사회에서 분리 독립하기를 주장한 적은 없었다. 그들은 백인 사회와 흑인 사회의 평화로운 통합을 추구하였다. 이러한 노선을 강하게 비판하는 이들도 있으나, 매우 실용적이고 현실적인 대안이었다고 평가하고 싶다.

현재 미국의 부통령인 카멀라 해리스의 모친도 인도 출신으로, 젊은 시절부터 미국의 인권 운동에 적극적으로 참여한 인물이었다. 1960년대에 본격화한 흑인 인권 운동은 그 뿌리가 더욱 자라나 미국 사회를 바꾸는 강력한 힘으로 성장하고 있는 것 같다. 세계 어디에나 차별의 문제는 아직 해결되지 못한 채 남아 있으나, 언젠가는 반드시 해결될 것이다.

인종차별 문제는 오늘날에도 잊을 만하면 엄청난 파장을 불러일으킨다. 미국 사회를 어지럽히는 중대 요인이라고 보아도 무리는 아니다. 그런 점에서 조지 플로이드 사건과 '흑인의 목숨도 소중하다Black Lives Matter' 운동을 간략하게라도 언급해야겠다.

조지 플로이드 사건

2020년 5월 25일, 미국 미네소타주 미니애폴리스 파우더호른에서 조지 페리 플로이드가 체포될 당시 경찰은 무릎으로 그의 목을 눌렀다. 플로이드는 질식한 끝에 사망하고 말았다. 그는 위조지폐를 사용하였다는 혐의를 받았고, 경찰의 요구대로 순순히 자동차에서 내렸다. 그런데 백인 경찰관 데릭 쇼빈은 물리적으로 아무런 저항도 하지 않은 플로이드를 비인간적으로 다루었다. 8분 46초 동안 플로이드의 목을 무릎으로 짓눌러 죽음으로 몰고 갔다(데릭 쇼빈에게는 22년 6개월의 징역이 선고되었다).

그 이튿날 경찰의 부당한 처사에 항의하는 시위가 발생했다. 경찰과 시위대는 무력 충돌을 벌였고, 그러자 주방위군이 미니애폴리스에 투입되었다. 그 당시 도널드 트럼프 대통령은 시위대를 건달패라고 비판하며, "(시위대의) 약탈이 시작되면 총격을 시작할 것"이라고 트위터에 글을 올렸다. 이러한 표현은 1967년에 흑인들의 시위를 폭력으로 진압하겠다면서 월터 헤들리(당시 마이애미 경찰국장)가 경고한 말과 같았다. 경찰의 과잉 대처를 나무라기는커녕 주방위군까지 파견하고, 인종차별적 발언으로 시위대를 자극한 트럼프 대통령의 처사는 미국 사회를 양분하였다.

흑인 인권을 무시해온 미국의 백인 보수층은 트럼프의 발언에 내심 환호하였으나, 인종차별을 반대하는 양식 있는 시민들은 경악하였다. 이로 말미암아 미국 각처에서 항의 시위가 잇따랐다. 정치가 중에도 "플로이드의 사망은 살인이라고 믿는다"며 정의로운 사건 처리를 다짐하는 목소리가 나왔고, 지방의회도 그에 호응해 체포 과정에서 경찰의 목조르기를 금지하는 법을 제정하였다. 전직 대통령들도 이구동성으로 인종차별의 낡은 관습을 비판하였다. 버락 오바마와 빌 클린턴 그리고 조지 W. 부시와 지미 카터 전 대통령이 한목소리로 흑인 인권을 옹호하였다.

이 사건을 계기로 아프리카연합AU과 유럽연합도 백인우월주의를 비판하였다. 국제연합 역시 현대의 '인종 테러'를 즉각적으로 중단하라고 경고하였다. 생각해보면 당연한 일로, 이로써 유색인을 차별하는 미국 사회의 악습이 사라질 것이라는 기대가 한층 높아졌다.

흑인의 목숨도 중요하다

플로이드의 억울한 죽음을 계기로, 2020년에는 '흑인의 목숨도 중요하다Black Lives Matter'는 조직적인 인권 운동이 크게 일어나 세

흑인의 목숨도 중요하다 운동(2015)

계인의 관심을 끌었다. 이 조직은 전 세계에 30개 이상의 많은 지
부를 움직이고 있다.

운동의 시작은 2012년 2월에 미국 10대 흑인 소년 트레이본
마틴이 경찰의 총격으로 사망한 사건에서 비롯되었다. 문제의 경
찰관 조지 짐머만이 법원에서 무죄 판결을 받자 2013년에 소셜
미디어를 무대로 해시태그 운동이 일어났다(#BlackLivesMatter). 그
이듬해 2014년에도 미국 흑인 두 명이 뉴욕과 퍼거슨시에서 비
슷한 사건으로 사망하였는데, 그러자 운동이 미국 전역으로 퍼져
나갔다. 이 운동에 참여한 시민들이 2016년의 미국 대통령 선거
때에는 흑인의 인권 문제를 이슈로 부각하였다.

플로이드 사건이 일어나자 세계적으로 유명한 한국의 팝 그룹
인 방탄소년단BTS도 인종차별에 반대한다는 견해를 밝히고 '흑인
의 목숨도 중요하다'는 운동에 힘을 보탰다. 이 운동에 동조하는
각국 시민의 시위가 2020년 5월과 6월에 런던, 도쿄, 오사카, 베
를린, 뮌헨, 코펜하겐 등 세계의 이름난 도시를 휩쓸었다.

틈만 나면 미국은 세계 여러 나라의 열악한 인권 상황을 비판
한다. 그러나 그들도 국내의 흑백 문제를 시원스럽게 해결하지

못한 채 치욕스러운 사건 사고를 되풀이한다. 과연 언제쯤이나 만민 평등이란 자연법적 명제를 온전히 실천에 옮길 수 있을지 모르겠다.

코로나19 팬데믹이 보여준 미국의 실상

감염병의 확산 앞에서 트럼프 대통령과 그 행정부가 보여준 대처 능력은 기대 이하였다. 미국 전역 어디서나 병상이 부족했고, 인공호흡기를 비롯해 시민의 생명과 안전을 보장할 수 있는 의료 장비와 시설도 모자랐다. 미국의 공공 의료는 실망스러웠다.

중국은 전적으로 미국과 다른 모습을 보여주었다. 코로나19가 처음 출현한 나라가 중국이라는 이유로 세계가 중국을 원망하였다. 그런데 중국은 무자비한 전체주의 방식으로 통제 체제를 작동하여 감염병의 확산을 조기에 방어하고, 경제를 회생시켰다. 그와는 달리 미국은 코로나19 팬데믹으로 엄청난 사회적 혼란에 빠졌고, 마침내는 트럼프가 이끌던 공화당 정권이 몰락하였다. 미국처럼 코로나19 팬데믹에 심하게 휘둘린 나라는 거의 없었다. 세계에서 가장 앞선 나라로만 알았던 미국, 알고 보니 그들의 공공 의료 체계는 허술하였고, 정치 지도자들의 문제 해결 능력도 우리가 기대한 수준에 미달하였다.

트럼프 시대의 미국은 국가의 현안을 합리적인 방식, 또는 민주적으로 해결하기보다는 권위주의적인 방법으로 풀어가려고 하였다. 극소수 엘리트에게 미국의 권력이 집중되어 있다는 지적이 빗발쳤다. 코로나19 팬데믹이 종식된 이후에는 이러한 사회구조가 급격하게 달라질 수 있을까.

문득 헨리 키신저의 경고가 떠오른다. 2020년 11월 9일, 그는 언론과의 인터뷰에서 장차 미국을 능가할 국가는 중국이라고 언명하였다. 과연 지난 30년 동안 중국은 고도성장을 이룩해 미국을 쇠퇴하는 강대국으로 만들어놓았다. 2020년 겨울 미국에서 대통령 선거가 끝난 직후, 시진핑 주석은 2035년이면 중국의 국내 총생산이 현재의 두 배가 된다며 자신감을 드러냈다. 당년 97세의 키신저 전 국무장관은 1970년대 초에 중국과 국교를 회복하는 데 크게 공헌하였다. 그는 독일 신문 〈일요일의 세계Die Welt am Sonntag〉와의 인터뷰에서 미국의 미래가 어둡다고 걱정하였다. 트럼프 대통령이 미국의 미래를 더욱 불확실하게 만드는 우를 범했다고 신랄하게 비판했다.

중국의 미래는 과연 밝은가

21세기는 중국의 시대가 될 것인가. 중국의 급성장이야말로 미국의 자연적 쇠퇴와 관련이 있다는 생각이 들기도 한다. 20세기 내내 미국은 지구 곳곳에서 세계 경찰의 임무를 떠맡느라 재정적 출혈을 감수하였고 결국에는 재정이 고갈되었다.

세상을 뒤흔든 역사상의 제국들이 대개는 그런 운명의 굴레를 벗어나지 못하였다. 정복 사업이란 항상 최초 단계에서만 막대한 이익을 가져다주었다. 제국이 방대한 영토를 차지하고 나면, 그것을 유지하는 데 큰 비용을 쏟아부어야 하였다. 오늘날 미국은 세계 각처의 기지를 비워두고 떠나기를 소망하는 것 같은데, 역시 간단한 일이 아니다.

시진핑의 '일대일로' 프로젝트

약 10년 전부터 중국 정부는 한 가지 거대한 프로젝트를 정력적으로 추진해왔다. 중국의 중심부에서 유럽과 아프리카의 구석구석에 이르기까지 초현대식 육상 및 해상 교통로를 건설하는 사업이다. 이 사업에 가담한 국가가 60개국을 헤아린다. 모건 스탠리의 추정에 따르면, 2027년까지 중국은 이 사업에 1조 2,000억~1조 3,000억 달러를 쏟아부을 예정이다.

이 사업이 성공하면 중국은 지구적인 차원으로 세력범위가 확대된다. 그래서 미국을 비롯하여 유럽 여러 나라는 이 사업을 비판적인 시각에서 바라본다. 특히 미국은 이로써 중국의 패권주의가 심화한다며 우려한다.

이 사업은 '새 비단길New Silk Road'이라고도 하는데, 시진핑 주석이 2013년에 시작하였다. 알다시피 고대 중국의 한나라(기원전 206~기원후 220) 때 동서양을 잇는 교역로가 발달하였다. 현재의 아프가니스탄, 카자흐스탄, 키르기스스탄, 타지키스탄, 투르크메니스탄, 우즈베키스탄과 같은 중앙아시아 국가를 관통해, 그 길이 로마까지 이어졌다. '비단길' 무역은 몽골제국(원) 때까지도 활발하였다. 특히 몽골은 이슬람 제국 사람들을 조정에 초빙해 다양한 업무에 종사하게 하였다. 그 모습은 20세기의 미국과도 유사한 모습이었다.

비단길은 유럽과 아시아를 하나의 시장으로 이어주었고, 문화와 종교를 전파하는 쌍방향 통로였다. 이를테면 세계화 이전의 세계화를 선사한 축복의 길이었다. 중국산 비단과 동남아시아산 향신료 등이 유럽으로 건너갔고, 금과 귀금속, 유리 제품 등이 중국으로 이동하였다.

그런데 21세기의 중앙아시아는 더 이상 교역의 주요한 통로가 아니며, 키르기스스탄과 타지키스탄 등은 러시아에 의존하는 가난한 나라들이다. 그런 점을 누구보다 잘 알면서도, 시진핑 주석은 과거의 비단길을 떠올리는 동서양 교통로 사업을 추진한다. 서쪽으로 유럽에 이르고, 남쪽으로는 파키스탄과 인도 및 동남아시아를 관통하는 철도, 파이프라인, 고속도로를 건설하려는 것이다.

이 사업이 마무리되면 이 광활한 지역에서 중국의 위안화가 통용될 것이다. 중국은 대공사에 필요한 자금을 제공하는데, 약 50개 도시에서는 장차 특별경제구역이 설치될 예정이다. 시진핑이 이 사업을 벌이는 동기는 다양하다. 한편으로는, 중국의 미래를 개척하려는 강한 의지의 표현이다. 다른 한편으로는, 이미 중국의 성장이 둔화하고 있어 선제적인 조치가 필요하다는 위기감도 감지된다. 또 미국과의 교역 문제가 지속적으로 발생하고 있어서 새로운 시장을 개척할 필요도 있다.

그와 동시에 중국의 서부인 신장 지방의 경제를 발전시키고, 중동의 석유 자원을 직접 공급받을 수 있게 한다는 의미도 있다. 중국이 중앙아시아를 거쳐 중동 지방으로 가는 통로를 확보한다면, 이것은 미국의 간섭과 통제를 벗어나는 묘책이 된다.

이 사업의 미래를 낙관하기는 어렵다. 2018년 말레이시아에서는 신임 마하티르 빈 모하마드 총리가 시진핑의 사업을 반대하고 나섰다. 회계상의 문제가 있었기 때문이다. 그런데 다음 해에는

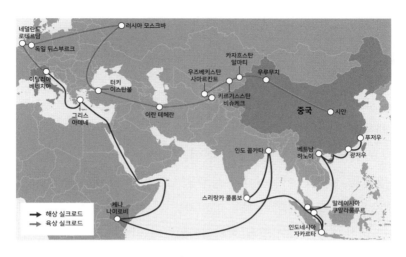

중국의 일대일로 프로젝트

의견을 바꾸어 "(사업을) 전폭적으로 지원한다"고 밝혔다. 카자흐스 탄에서도 비용 문제로 2019년에 대규모 시위가 일어났다. 그 밖 에도 몇몇 나라는 이 사업을 추진하면서 중국 측에 과도한 채무 를 졌다.

미국은 중국이 주도하는 지역 통합을 반대한다. 동남아시아와 중앙아시아의 경제개발은 미국의 오랜 목표이기도 한데, 중국에 선수를 빼앗겨 당황하는 기색이 역력하다. 이제 미국은 인도와의 관계 강화를 통하여 중국을 견제하는 방식을 선택한 것으로 보인 다. 인도는 아시아·태평양 지역에서 중국과 패권 경쟁을 하는 국 가다. 그들도 중국의 세력 확장에 일말의 불안을 느낀다. 과거에 도 중국은 인도와 적대 관계인 파키스탄과의 유대를 강화해서 인 도를 자극하였다. 현재 인도는 아프가니스탄에 경제개발을 지원해 자국의 영향력을 키우려고 노력 중이다.

일본의 태도 역시 인도와 비슷하다. 그들은 중국의 독주를 견제하기 위해 아시아 지역에 1,100억 달러를 지출하기로 약속했다. 그리고 미얀마에서 동아프리카로 가는 항로를 인도와 공동으로 개척하기로 합의했다.

그런데 동유럽과 중부유럽의 여러 국가는 중국과 협력하기로 방침을 정했다. 이탈리아와 룩셈부르크 및 포르투갈 등 서유럽 여러 나라도 중국의 투자를 유치하는 데 관심을 보였다. 러시아는 초창기에는 이 사업에 회의적이었으나 현재는 우호적이다. 서구와의 관계가 악화되자 전략적으로 중국과 손을 잡은 것으로 보인다.

프랑스의 에마뉘엘 마크롱 대통령은 이 사업이 여러 나라를 중국의 '가신 국가'로 만들 염려가 있다고 말하며 비판적 의사를 표명하였다. 중국의 패권주의를 견제하는 뜻이 담긴 주장일 것이다. 이 사업을 통하여 중국이 발칸반도의 여러 나라를 장악하는 등 유럽연합의 공동시장에 파고들 것을 염려하여 프랑스는 경계심을 풀지 못하는 것 같다.

미중 무역 전쟁의 상징, 화웨이 사건

화웨이 사건이 발생한 것은 지난 2018년 12월이었다. 미국 정부의 요청에 따라 캐나다는 밴쿠버에 있던 화웨이의 부회장 멍완저우를 즉각 체포하였다. 미국이 주도하는 이란에 대한 경제 제재 조치를 어긴 혐의가 적용되었다. 미국의 에이치피HP 컴퓨터 설비 및 통신 장비를 이란에 수출하고, 그 사실을 호도하려고 스

카이컴테크Skycom Tech라는 유령회사를 설립하였다는 것이다. 제기된 의혹이 사실이라면 화웨이는 미국의 행정명령인 '포괄적 이란 제재법CISADA'을 위반한 셈이다.

2019년 2월, 미국 법무부는 멍완저우의 혐의를 23가지로 확대하고 캐나다 정부에 범죄인 인도를 요청하였다. 이 사건은 화웨이의 최고위 간부 1인을 대상으로 삼고 있으나, 실은 미국과 중국 간의 무역 갈등을 상징한다(2021년 4월 캐나다 법원은 멍완저우에 대한 재판을 진행했고, 그해 9월 25일에 멍완저우는 자유의 몸이 되어 중국으로 되돌아갔다).

중국은 인구가 10억 명도 넘는 초강대국이지만 그들의 경제정책은 한국과 유사하다. 놀랍게도 중국은 수출 중심의 경제정책을 편다. 즉 미국 시장의 석권을 목표로 하는 성장 정책이다. 미국 시장이 중국의 상품을 얼마든지 수용할 수 있다면 크게 문제 될 것이 없다. 그러나 중국의 대규모 수출이 계속되자, 미국에서는 관련 분야가 위축되었다.

지금은 미국의 산업계 전반이 큰 타격을 입은 것처럼 보인다. 특히 동아시아 여러 나라의 수출 상품과 관련이 깊은 회사가 위기에 빠졌다. 즉 미국의 빈곤층과 소수민족이 타격을 입었다. 또 다른 문제로는, 해마다 미국의 대외무역 적자가 눈덩이처럼 늘어났다는 점이다. '세계의 공장' 중국이 공격적으로 수출 전략을 몰아붙이자 미국 시장에서 공급과 수요가 균형을 잃었고, 이것이 결국에는 동아시아 여러 나라와 미국 사이의 무역 분쟁으로 이어졌다는 것이 사태의 핵심이다. 이처럼 거시적 차원에서 우리는 미국과 중국의 대립을 바라볼 필요가 있다.

중국은 미국과의 갈등으로 위기를 맞은 셈이지만, 이것이 그들에게는 새로운 기회가 될 수도 있다. 한 가지 다행스러운 점은, 중국이 산업화로 파괴된 자국의 환경을 되살리려고 친환경 또는 생태주의에 걸맞은 새로운 산업 정책을 펴기 시작했다는 사실이다. 중국은 그들 특유의 독특한 정치제도와 새로운 경제정책으로 인류 역사의 새 장을 열 수 있을까. 또 장차 중국산 전기차와 재생에너지를 통해서 중국이 경제성장의 기적을 다시 연출할 수 있을까. 이 문제는 당분간 더 지켜보아야 판단할 수 있을 것이다.

중국의 위상 변화

내가 보기에 유럽 시민은 미국보다는 중국에 좀 더 후한 점수를 주고 있다(그러나 2021년에는 중국 정부의 권위적인 성격 때문에 평가가 달라지고 있다). 과거에 미국은 유럽의 동맹국으로 시민들의 호평을 받았다. 그들은 나치 테러리즘으로부터 유럽을 구했고, 전후 재건 사업도 도왔다. 대서양을 사이에 두고, 미국과 유럽의 관계는 오랫동안 우호적이었다. 그러나 도널드 트럼프 대통령의 등장으로 유럽에서 미국의 영향력이 크게 줄었다. 젊은 유럽인들은 중국을 세계의 최강대국으로 인정하는 분위기다. 코로나19 팬데믹 초기에도 미국은 국제적 공조와 연대를 거부했다. 유럽 시민은 미국이 세계적인 현안에 관하여 지도력을 포기하였다고 비판하였다.

제2차 세계대전 이후 세계 시민은 미국이 국제사회의 현안을 앞장서 해결한다는 인상을 받았다. 그 때문에 여러 나라가 경제·정치·군사적으로 미국을 운명 공동체라고 보았다. 그러나 지난 20여 년 동안 미국과 많은 나라가 갈등을 겪었다. 특히 유럽 시민은 미국이 도덕적 권위를 잃었다고 생각한다. 코로나19 팬데믹이 지구 곳곳을 강타한 가운데, 미국의 트럼프 대통령은 세계보건기구WHO를 탈퇴하는 어이없는 행태를 보였다. 유럽 각국의 여론이 그런 사실을 이해하지 못한 것은 당연한 일이다.

미국이 맡았던 국제적 지도자 역할을 장차 어느 나라가 대신할 수 있을까. 유럽연합이 그 역할을 담당하기는 어렵다. 유럽 최강자인 독일은 히틀러의 빗나간 과거 때문에 국제사회에 진 빚이 대단히 무겁다. 프랑스는 이미 국내의 각종 현안으로 지쳐 있다. 그렇다면 미국의 지도력 약화가 중국이 세계를 이끌어갈 기회를 키워주는 것은 아닐까.

현재로서는 국제사회에 중대한 문제가 발생하였을 때 곧바로 개입할 수 있는 나라가 미국뿐이라는 견해가 우세하다. 중국이 미국의 역할을 대신하기에는 여러모로 미성숙하다는 판단이 압도적이다. 그러나 미래에는 과연 어떠할지 섣불리 점치기 어렵다.

2021년 중국의 지도층은 미국이 몰락하고 있다고 강하게 확신하고 있다. 그런데 중국 지도자들의 예측은 빗나갈 때가 많았다. 일찍이 마오쩌둥은 자본주의의 몰락이 박두하였다고 했으나, 그 주장은 완전히 빗나갔다. 오늘날 시진핑이 미국의 몰락을 장담한다지만 누가 그 결과를 장담하겠는가. 뒤돌아보면 빤한 것이 역사적 흐름이지만 미래를 정확히 내다보기란 불가능하다.

2021년 1월 20일에 조 바이든이 미국의 제46대 대통령으로 취임하면서 세계 각국은 미국의 부활에 다시 희망을 품기 시작했다. 바이든은 국제사회에서 땅에 떨어진 미국의 신용을 회복하는 데 힘쓰는 한편, 미국 내의 사회간접자본을 획기적으로 재건하는 등 웅대한 포부를 가진 것으로 보인다. 만약 미국이 유럽과 아시

아의 여러 동맹국과 긴밀하게 협력한다면, 시진핑의 중국이 세계
를 이끌 기회는 멀리 사라질는지도 모른다. 역사란 강물은 탁월
한 지도자가 나타나기만 하면 지금까지와는 정반대 방향으로 흘
러가기도 한다. 앞으로 두고 볼 일이다.

(8장)

역사에 관한 질문

역사적 흐름은 직선으로 나아갈 때가 드물다. 강물이 크고 넓고 깊을수록 물은 직선을 이루며 흐르는 법이 없다. 이 굽이를 돌고 저 굽이를 돌아 첩첩한 산을 넘어서 강물은 유유히 흘러간다. 인간의 역사란 이런 큰 강물과 같은 것이 아닐까. 어떤 때는 흐름이 느리기도 하고, 어느 지점에 이르러서는 강물이 사라진 듯도 보인다. 그저 강바닥에 깔린 모래 밑으로 물이 흘러가는 때도 있다는 말이다. 그렇더라도 결코 강물은 멈추지 않고 끊임없이 흘러내린다. 물이라는 것은 언제 어디서나 흘러가기 마련이다.

과연 무엇이 역사를 움직이는가?

역사를 움직이는 힘은 어디서 나올까? 앞에서 우리는 지난 2,000년 동안 세계 역사를 주도한 여러 제국의 역사를 살펴보았다. 그러한 역사를 추진하는 힘은 과연 어디에서 나왔는지 다음과 같이 여섯 가지로 생각해보았다.

전쟁의 위력

전쟁만큼 인간의 역사를 좌우한 사건은 없었다. 진시황은 수년간의 전쟁을 통해서 분열되어 있던 중국을 하나로 만들었다. 로마제국이나 몽골제국은 물론이고 현재의 미국도 대규모 전쟁에서 승리한 끝에 초강대국이 되었다. 오스만제국의 메흐메드 2세도 콘스탄티노플을 함락해 역사의 전기를 마련하였고, 영국이 아편전쟁에서 중국의 무릎을 꿇린 결과 동아시아 삼국의 운명이 요동쳤다. 곰곰 생각해보면 오늘의 세계 질서 역시 제2차 세계대전의 결과라고 할 수 있다.

그런데 제국이 지나치게 넓은 영토를 차지하면 통치가 순조롭지 못했다. 로마제국, 몽골제국, 대영제국은 모두 광활한 영토를 손에 넣었으나, 제대로 다스리지 못한 채 기력이 다했다. 20세기 중반 절대 강자로 등장한 미국도 세계 통치를 위해서 군사비를 과도하게 지출한 끝에 재정 적자의 늪에 빠져 큰 애로를 겪고 있다.

미래에도 강대국은 전쟁에 집착할 것인가. 그런 비극이 더 이상은 연출되지 않았으면 한다. 전쟁이 없는 세상, 각국이 서로를 존중하면서 진정한 호혜 평등의 관계를 누리며 함께 번영할 수 있는 길을 찾아야 할 것이다. 섣부른 이상론이라고 비판할지도 모르겠으나, 수천만 명이 전쟁으로 목숨을 잃고 수십억 명이 전쟁의 트라우마로 고통을 받는 일은 사라져야 한다. 이것이 이루기 어려운 일임은 틀림없지만 우리는 평화로운 미래를 열기 위해 온 힘을 기울여야 할 것이다.

지정학적 위치

지정학적 위치도 제국의 형성에 영향을 주었다. 가령 로마제국은 이탈리아반도의 유리한 여건을 충분히 살렸다. 그들보다 앞서 지중해를 지배한 고대 그리스도 반도라는 지정학적 조건을 잘 이용하여 한때 강대국으로 군림하였다. 콘스탄티노플을 중심으로 비잔틴제국이나 오스만제국이 융성한 것도 우연이 아니었다.

특히 로마제국은 지중해를 '우리 바다'라고 부르며, 해안을 따라서 동서남북의 각 방면으로 영토를 넓혔다. 그들이 유럽과 북아프리카는 물론이고 중동과 이집트까지 지배한 것은 인상적이었다.

영국과 일본 역시 대륙 가까이에 자리한 섬이라는 지정학적 특성을 제대로 활용하였다. 그들은 대륙 정세에 휘둘리지 않으면서도, 군사력을 키워 호시탐탐 대륙 진출의 기회를 노렸다. 미국 또한 유럽 등 다른 대륙과 멀찍이 거리를 두고 떨어져 있었기 때문에 외부의 적을 방어하기가 쉬웠고, 오랫동안 독자적으로 정치, 사회 및 문화적 역량을 기를 수 있었다.

한국의 역사를 보아도 지정학적 영향이 적지 않았다. 해양과 대륙의 교량적 위치를 차지하고 있어, 한국은 중국과 일본으로부터 잦은 침략을 받기도 하였으나 이점도 컸다. 전통 시기에는 중국으로부터 고급문화를 수용할 기회를 얻었고, 근대 이후에는 일본을 거쳐서 서구의 학문과 기술을 효율적으로 받아들일 수 있었다. 그리하여 오늘날에는 세계 굴지의 산업국가로 우뚝 섰다.

지정학적 위치는 미래에도 중요한 역할을 할 것이다. 그러나 교통과 통신이 크게 진보하고 있어 예전만큼 지정학적 위치가 큰 힘을 발휘하지는 않으리라고 생각한다. 그러면 기회가 더욱 공평해진다는 점에서 인류사회를 위해 다행한 일이다.

혁명적 변화를 가져온 종교 및 정치사상

제국의 역사를 살펴보면 종교와 정치 이념은 새로운 질서를 만드는 원동력이 될 때가 많았다. 서양 중세에는 기독교회(가톨릭 교황청)에서 세상을 움직이는 힘이 나왔고, 7세기 이후 지금까지도 대다수 이슬람 국가는 종교를 중심으로 사회가 돌아간다. 논란의 여지가 있으나, 현대인의 상당수가 이슬람과 테러리즘을 하나로 착각할 정도다. 이슬람이 테러를 낳았다고 단정하는 것은 물론 지나친 편견이다. 그러나 근대 이후 서구 열강의 가혹한 통치에 반감을 느낀 이슬람 사회가 테러리즘을 통해서라도 그들의 문화적 정체성을 사수하고, 정치적 독립을 보장하려는 경향을 보이는 것도 사실이다. 참으로 안타까운 일이다.

종교 못지않게 정치 이념도 제국의 역사에 중요한 역할을 담당하였다. 13세기부터 영국에서는 왕권을 견제하는 가운데 의회가 발달하였다. 폭력적 혁명을 일으키지 않고도 영국인은 점진적으로 민주주의 국가를 만들었다. 인류 역사에서 희귀한 일이었는데, 이러한 역사적 변천에 크게 이바지한 정치사상가가 많았다.

19세기 영국으로 망명한 독일의 급진적 사상가 카를 마르크스는 거기에서 공산주의 이념을 체계화하였다. 그의 사상을 바탕으로 훗날 러시아에서 공산혁명이 일어난 것도 흥미로운 사실이었다. 공산주의는 아시아 여러 나라에 큰 영향을 끼쳐 중국을 공산화하였고, 베트남의 역사를 바꾸는 데도 결정적 역할을 하였다.

정치 이념과 종교는 대체로 세계 역사에 긍정적 변화를 가져올 때가 많았다. 마르틴 루터가 주도한 독일의 종교개혁은 독일 국경을 넘어 중세 유럽 사회에 큰 변화를 불러일으켰다. 종교개혁이라고 하는 일대 사건을 겪은 다음, 유럽에서는 중세 천년의 역사가 끝나고 근대로 가는 길이 활짝 열렸다. 여러 나라에서 가톨릭교회의 권위가 추락하자 전제왕권이 출현하였고, 시민의 자유가 점차 신장하면서 프랑스와 영국을 중심으로 계몽주의 사상이 활짝 꽃피었다. 이것이 18세기 말에는 시민혁명으로 이어져 자유와 평등을 추구하는 새로운 시민사회를 가져왔다. 카를 마르크스는 혁명을 "역사의 기관차"라고 불렀는데, 혁명을 일으킨 힘은 정치 이념과 종교에서 비롯되었다. 이 점은 미래 세계에서도 불변의 진리일 것이다.

지도자의 역할

드물게는 한두 사람의 지도자가 새 역사를 썼다. 오스트리아 작가 슈테판 츠바이크가 말한 것처럼 "별들의 시간"을 오게 한 사람들이었다. 지도자의 역할이 얼마나 중요한지 구구히 설명할 필요는 없을 테지만, 그래도 간단한 설명은 덧붙이겠다.

그때 그 자리에 누가 있었는지보다 더 결정적인 일은 없다. 일촉즉발의 위기가 닥쳤을 때도 그러했으며, 천재일우의 기회를 날카롭게 포착하여 국가의 운명을 바꾼 것도 지도자들이었다. 알다시피 나폴레옹 보나파르트의 강력한 지도력에 힘입어, 프랑스혁명의 열기가 삽시간에 유럽 전역으로 퍼져나갔다. 또 에이브러햄 링컨은 적절한 역사적 시점에 흑인 노예들에게 신분 해방을 약속하며 그들을 남북전쟁에 참여시켰다. 그 결과 북군이 승리하였다는 사실도 우리는 알고 있다. 현대 중국의 산업화를 성공으로 이끈 것도 덩샤오핑이라는 지도자의 힘에서 비롯되었고, 독일 재통일의 위업 역시 헬무트 콜이나 빌리 브란트와 같은 이가 없었더라면 아예 불가능한 일이었다.

그러나 모든 점에서 두루 뛰어난 지도자는 찾아보기 어려웠다. 역사적 상황은 언제나 일회적이고, 거기에 적합한 지도자가 따로 있었다. 미래 세계는 우리가 이 책에서 만나지 못한 새로운 문제를 새로운 방법으로 풀어갈는지도 모른다. 우리가 눈치채지 못하는 가운데 지금 이 순간에도 미래 세계를 열어갈 훌륭한 지도자들이 어디선가 조용히 꿈을 키우고 있을 것이다.

위대한 시민

영국 출신 작가 조지 오웰은 저서 《1984》에서 많은 명언을 남겼다. 그 가운데 이런 말이 있다. "과거를 지배하는 이가 미래를 지배한다. 현재를 지배하는 자, 그는 과거를 지배한다." 이 말의 뜻을 음미해보면, 독재자는 권력을 이용해 자신이 원하는 대로 역사를 왜곡할 수 있다는 것이다. 과거의 기억을 조작하여 시민 대중에게 주입함으로써 독재자는 마침내 자신이 원하는 미래를 만들어갈 수 있다.

오웰은 왜 이렇게 섬뜩한 말을 하였을까? 그는 권력의 남용과 오용을 경고하고 싶었던 것이다. 그러나 그의 뜻을 깊이 헤아리면, 독재자도 대중의 지지가 있어야 한다는 의미가 드러난다. 시민 대중이 거부하면 천하에 극악한 독재자라도 파탄을 피할 수 없다는 것이다. "민심이 천심"이라는 옛말은 도덕적 명제일 뿐만 아니라 실제로도 입증되는 명백한 진리였다.

대중의 지지와 참여가 없었더라면 고대 로마공화국은 과연 이탈리아반도를 통일할 수 있었을까. 더 나아가서 지중해 연안을 차례로 석권할 수 있었을까. 훗날 로마제국 황제들은 '포퓰리즘'(대중주의)으로 시민의 마음을 사로잡기에 바빠, 로마는 '빵과 서커스'의 제국이 되었다. 음식과 구경거리를 이용하여 대중의 눈을 멀게 하지 않으면, 황제가 로마를 마음대로 다스릴 수 없는 상황이었다.

이는 로마제국만의 일이 아니었다. 제국의 모든 권력자는 시민 대중의 반격을 두려워하였다. 그래서 그들은 시민 대중의 마음을 사로잡으려고 여러 가지 수단을 마련했는데, 그 계획이 실패하여 반란과 저항이 일어나기만 하면 그들의 정권은 처참한 종말을 맞았다.

근대 이후에는 국가의 주권이 시민에게서 나온다는 인식이 하나의 상식으로 자리 잡았다. 그리하여 시민은 세상의 주인으로 등극하였고, 오늘날에는 국가의 모든 주요 직책을 시민이 투표로 뽑는다. 심지어 독재국가조차 투표의 힘을 부정하지 못한다. 교활한 정치가가 여전히 시민을 속일 수 있을지 몰라도, 시민의 의지에 역행하는 정치를 마치 당연한 일인 것처럼 대놓고 말할 수 없는 세상이다.

그런 점에서 시민에게 국가의 주권이 있다고 주장한 장 자크 루소의 《사회계약설》은 의미심장한 저술이었다. 그의 주장대로 역사를 이끄는 진정한 힘은 민중 또는 시민에게서 나왔다. 비록 그들이 모든 역사적 사건마다 존재감을 드러내지는 못하였으나, 빙산의 대부분이 수면 아래 있는 것처럼 시민의 의지는 역사의 수면 아래에서 세상을 떠받치는 힘이었다. 그러다가 어느 날 화산이 폭발하여 용암이 분출하는 것처럼 시민 대중의 의지가 솟구쳐 오르기도 하였다. 독일 역사가 레오폴트 폰 랑케는 그것을 '자연재해'에 비유하였다. 어느 순간 불현듯 일어나서 삶의 환경을 송두리째 바꿔놓고 다시 조용해진다는 의미였다. 일리가 있는 주장이지만 랑케식의 주장은 시민의 역사적 역할을 제대로 평가하지 못하는 아쉬움이 있다. 2016~2017년 한국에서 일어난 '촛불 시민혁명'은 법질서를 준수하면서도 정권 교체를 가져왔다. 세계 여러 나라에서는 아직도 독재자들이 발호하고 있으나, 언젠가는 그런 곳에서도 시민 대중이 그들이 꿈꾼 평화와 상생의 역사를 쓰게 될 것으로 믿는다.

전염병과 기후변화라는 변수

2020년 봄부터 한동안 지구의 시계가 멈춰 선 것 같았다. 코로나19 팬데믹으로 인류는 모든 활동을 멈추고 질병과의 싸움을 벌였다. 제국의 역사를 대강 훑어보아도 알 수 있듯, 전염병은 역사를 뒤흔든 위험한 요인이었다. 기원전 430년경에 일어난 펠로폰네소스전쟁 때부터 전염병은 각국의 역사에 깊은 상흔을 남겼다.

16세기에 아메리카 대륙을 지배하던 아스텍과 잉카문명이 조락한 것도, 유럽의 침략자들이 부지불식간에 가져온 전염병 때문이었다.

역사상 가장 치명적인 전염병은 14세기에 유럽과 아시아를 혼란과 공포에 빠뜨린 흑사병이었다. 몽골의 영토에서 시작된 흑사병이 동서양의 교통로인 비단길을 따라 세계 각지로 전파되었다. 그로 말미암아 페르시아와 이탈리아, 영국과 러시아 등지에서 수천만 명이 목숨을 잃었다. 몽골제국 또한 흑사병을 겪은 다음에 힘없이 무너졌다. 전염병 하나가 몽골의 지배 권력을 무력화한 셈이었다.

수년 뒤 흑사병은 진정되었으나, 그 여파로 유럽에서는 교황권이 추락하였고 사회·경제적 변화가 일어났다. 이것이 결국은 중세의 종말과 르네상스의 도래로 이어졌다는 점을 모를 사람은 별로 없다. 이처럼 전염병이 미친 영향은 다면적이고도 심층적이었다.

2020년부터 지구를 강타한 코로나19도 세계경제에 깊은 시름을 더하였다. 그것은 1929년에 일어난 세계 대공황을 떠올리게 할 정도였는데, 이번 일로 미국을 비롯한 많은 나라가 큰 타격을 입은 것 같다. 아울러 이번 일로 서구에서 아시아인에 대한 혐오 감정이 일어나는 등 사회적인 부작용도 심각하다.

코로나19 팬데믹도 쉽게 극복하기 어려운 문제이지만 근년에는 기후 위기도 모두가 우려할 정도로 심각해졌다. 날씨는 제국의 역사에도 중요한 변수로 작용하였다. 러시아는 날씨 덕분에 국가적 위기를 벗어나기도 하였다. 나폴레옹도 히틀러도 동장군이라는 날씨의 함정에 빠져 허우적거리다가 러시아 침략에 실패하였다. 그들의 패전이 날씨 하나로 결정된 것은 아니었으나, 매우 불리한 요인이었다는 사실은 누구나 알 것이다. 또 영국이 스페인의 무적함대를 무찌를 때도 바람의 도움이 컸다. 영국 해군은 바람을 등지고 싸워 쉽게 승기를 잡았다.

인류가 기후변화를 역사적 변수로 주목하기 시작한 것은 19세기 중반이었다. 그때 처음으로 '지구 온난화' 현상을 알게 되었는데, 학자들은 그것이 인류에게 해로운 현상이라고 여기지 않았다. 그러나 1890년대에 이르러 과학자들은 새로운 깨침을 얻었다. 즉 석탄을 많이 사용하면 이산화탄소가 대량으로 발생해, 대기 중에 누적되어 장차 큰 문제를 일으킬 수 있다는 것이었다. 스웨덴 화학자 스반테 아레니우스는 지구가 온난화 문제로 시달리게 될 것이라며 경고하였으니, 선각자임이 틀림없었다.

20세기 후반에 기후 위기는 인류의 미래를 위협하는 걸림돌로 떠올랐다. 기후 문제를 애써 무시하는 정치가도 없지 않으나, 대다수 시민은 이 문제를 예의 주시하고 있다. 우리는 역사의 큰 고비마다 기후변화가 겹쳤다는 사실을 알고 있다. 심각한 환경 재앙과 기후변화가 로마제국의 몰락을 재촉하였고, 몽골의 침략 전쟁 역시 기후변화로 인한 초원의 사막화에서 촉발되었다는 점을 충분히 살펴보았다.

오늘날의 기후 위기는 장차 어떠한 변화를 가져올까. 이 문제를 해결하고자 재생에너지와 친환경 정책을 다양하게 펴고 있는 것은 환영할 만한 일이다. 그러나 기후 위기가 더욱 심각해지면 전 세계적으로 식량 위기가 발생할 것이다. 천연자원을 둘러싼 국가 간의 갈등도 증폭되어, 인류 평화가 심각한 시험대에 오를 수도 있다. 그러니 우리는 국경을 초월하여 전 지구적인 기후 위기를 극복하기 위해 협력해야 한다.

지금까지 위에서 언급한 여섯 가지 요소가 상호작용을 하는 가운데 제국의 역사는 흥망성쇠를 되풀이하였다. 특히 서양 중세가 끝날 무렵에는 기후변화와 전염병이 겹쳤고, 종교적 갈등이 커져 전쟁까지 일어났다. 조선 왕조가 망할 때도 각종 정치, 사회 및 문화적 요인과 함께 자연재해와 전염병이 잇따랐다.

지금 내가 책상 앞에서 이 글을 쓰고 있는 순간에도, 장차 세계사의 방향을 바꿀 위력적인 갖가지 요인이 서로 융합하며 파괴적인 에너지를 키우고 있는지도 모르겠다. 기후 위기와 팬데믹, 그리고 지구 곳곳에서 일어나는 분쟁을 해결하지 못한다면 세계 질서를 위협하는 지각 변동은 언제든 일어나고야 말 것이 아닌가. 우리가 원하는 것은 전쟁이 아니라 평화요, 갈등과 차별의 악순환이 아니라 상생일 것이다.

어떤 미래를 소망하는가?

　윤리의 문제를 조금이라도 깊이 다룬 책이라면 어디서나 다음과 같은 논제가 등장한다. 만약 우리가 의식적으로 행한 일에 대해서만 책임을 진다면 세상은 어떻게 되느냐는 것이다. 무지한 상태에서 저지른 죄를 처벌할 수 없다면, 어리석은 사람은 처음부터 면죄부를 받은 것이나 다름없다는 말이 된다. 그러나 윤리학자들 앞에서 이런 변명이 통할 이치는 조금도 없다. 인간은 누구라도 무지를 이유로 죄의 책임에서 벗어날 수 없다는 것이 정론이다. 무지의 결과는 죄가 될 수 있다는 말이다. 그런 이유로 교양시민이라면 누구나 무지의 상태에서 자신을 벗어나게 할 의무가 있다.

　모르고 한 일이다, 기억이 없다는 식의 변명은 역사 앞에서 통하지 않는다. 무지의 죄를 추궁하려고 이런 말을 꺼낸 것은 아니다. 단지 미래 세계가 나아갈 방향을 모색하는 데 우리가 성의를 가졌으면 좋겠다는 뜻이다. 지금 우리가 어떤 선택을 하느냐에 따라 미래 세계의 모습이 크게 달라질 것이다. 오늘의 청년도 20년 뒤에는 기성세대가 된다. 세월은 항상 흘러가기 마련이고 그렇게 사물의 주인이 바뀌는 것, 이것이야말로 역사의 필연이다.

생각해보면, 20세기 후반의 역사는 20세기 전반에 일어난 역사적 사건의 영향 속에서 줄기가 형성되었다. 그렇다면 장차 21세기의 운명을 결정하는 요인이 무엇인지를 우리는 어렴풋이나마 짐작할 수 있을 것이다. 소련이 붕괴한 이후로 지구상의 초강대국은 단 하나밖에 없었는데, 그것이 바로 미국이었다. 20세기 말부터 미국이 세상의 중대사를 일일이 통제하였다. 그러나 그들의 시간은 길지 않았다. 중국과 인도 등 19세기에 몰락한 구시대의 강대국들이 빠른 속도로 존재감을 드러내며 역사의 무대 위에 재등장하였기 때문이다. 미국의 독주는 끝나버린 느낌이다. 풍부한 지하자원을 보유한 러시아 역시 또다시 세계 지배의 야심을 드러내며 거침없는 행보를 이어간다.

오늘날 세계는 다극화의 단계에 진입한 것처럼 보인다. 19세기 후반 유럽의 열강이 서로 치고받던 혼전의 양상이 재연되는 듯하다. 과거에 이들 나라가 안정과 세력 균형을 얻기까지 세계는 얼마나 많은 혼란을 겪어야 하였던가. 다극화라는 현상은 국제사회의 안정을 보장하기보다는 혼란과 대규모 전쟁으로 이어지기 마련이었던 과거의 기억 때문에, 우리는 다가올 인류의 미래에 관하여 일말의 불안감을 느낀다.

지난 수십 년 동안 미국을 중심으로 한 세계화가 진행되는 가운데 각국은 경제적 이익을 놓고 격렬하게 부딪쳤다. 그러는 사이 테러리즘이 세계 각지로 번졌고, 기후 위기는 날로 심각해졌다. 다른 한편으로 세계는 국가라는 고전적 경계를 넘어 상호 의존하게 되어 근대국민국가 시대에 익숙한 방식으로는 어떤 문제도 풀 수 없게 되었다. 국익이 서로 첨예하게 충돌하는 가운데서도 다국적 협력이 필수적인 시대다. 그런 점에서 미래 사회의 운명은 역사적 경험만으로는 예측하기 어렵게 되었다. 그렇더라도 우리는 역사 지식을 토대로 미래 문제를 한 번 더 생각해보려고 한다. 거기서 혹시 어떤 영감을 얻을 수도 있지 않을까 하는 기대를 버리지 못해서다.

변화의 조짐

거대한 제국이 쇠락할 때는 적지 않은 시간이 걸린다. 비유하건대 큰 배가 바닷물 속으로 완전히 가라앉을 때와 마찬가지인 것 같다. 지난 20~30년 전부터 미국은 몰락의 길에 들어선 것 같은 느낌이 든다. 소수의 최상층이 온갖 자원을 독점하고 있고, 군사비 지출이 과도해 국가 운영에 차질을 빚을 정도였다. 미국의 공교육은 제대로 작동하지 않으며, 극우 성향으로 짐작되는 기독교 신자들이 정치적 편견을 숨김없이 드러내며 민주주의를 위협하고 있다. 퓰리처 수상 작가 크리스 헤지스도 이와 비슷한 맥락의 발언을 하였다.

미국 중심의 현대 세계가 심각한 변화를 맞이하고 있다는 징후는 크게 세 가지로 요약할 수 있다. 첫째는 민주주의의 위기이고, 둘째는 기후 위기다. 셋째는 점점 심해지는 빈부의 격차, 즉 양극화 문제도 역사적 변화를 가속하는 역할을 하고 있다. 여기서 길게 설명하지 않아도 대체로 공감할 수 있으리라 짐작한다.

미국의 영광은 어디까지인가

지금부터 30년 전, 즉 1991년은 세계사적으로 기념비적인 해였다. 미국은 '냉전의 승자'로서 초강대국의 지위를 얻었다. 그러나 미국의 영광은 오래가지 못하였다. 10년도 채 지나지 않아서 '브릭스', 곧 브라질, 러시아, 인도, 중국이 경제적으로 고속 성장을 거듭하며 국제사회의 역학 구도를 바꾸었다.

현대 세계의 모습은 모순적이다. 세계화와 분열이라는 모순된 현상이 도처에서 목격된다. 한편에서는 국경이 사라졌으나, 다른 한편으로 국경을 따라 새로운 장벽과 철옹성 같은 울타리가 등장하였다. 평화 속에서 여러 나라가 협력을 강화하는 것 같은데도 군사 분쟁은 계속해서 일어난다. 분쟁이 발생하여도 이를 방지할 국제기구는 제대로 기능하지 못한다. 누구나 지구적 차원에서 문제를 해결하자고 주장하지만, 공허한 성명서에 그치고 만다. 국제연합UN, 유럽안보협력기구OSCE, 세계기후회의SWCC, 세계무역기구WTO, 유럽연합EU, 서방 7개국 정상회담G7 등 내로라하는 국제기구가 모두 똑같은 문제를 안고 있다. 단일 국가가 해결할 수 없는 문제는 자꾸 일어나는데 뚜렷한 지도력을 가진 나라가 없기 때문이 아닐까.

가장 우세한 나라는 물론 예나 지금이나 미국이다. 그런데 미국의 역할에 관한 전망은 극단적으로 엇갈린다. 미국은 지금도 여전히 경제적으로 세계 최강국이고 문화적으로나 군사적으로나 가장 우세한 나라다. 그들은 현실 세계를 지배하고 있으며, 국제사회를 운영하는 규칙을 스스로 결정하는 특권을 누리고 있다. 비록 경제적으로는 절대 우위를 잃었으나, 강력한 군사력을 보유한 동시에 '소프트 파워'로 세계를 움직인다. 달리 말해, 단순한 군사력의 강제가 아니라 정보력이나 과학기술, 문화예술 등의 분야에서 막강한 영향력을 행사한다.

가령 미국의 실리콘밸리는 세계 최고의 기술을 통해 세계를 호령한다. 인류의 미래를 좌우할 '빅데이터' 기술도 미국이 가장 앞서 있다. 그런가 하면 월스트리트의 금융가는 세계 경제를 움직이는 사령탑이다. 유사한 예를 들면 끝이 없을 정도로 다양한 분야에서 미국의 영향력은 세계 최상급이다.

하지만 미국이 이미 내리막길에 접어들었다는 사실도 부정하기 어렵다. 많은 전문가가 미국의 종말을 주장한다. '러스트 벨트'는 미국의 현주소다. 북동부에 있는 오대호 부근은 완전히 몰락해, 제조업 국가 미국의 영광을 상징하던 동서부와 북동부의 산업 지역이 높은 실업률에 시달린다. 전성기의 미국은 전 세계로부터 이민을 받아들였으나 지금은 사정이 완전히 달라졌다. 자유무역을 추구하던 미국이 보호무역 중심으로 바뀐 지도 제법 여러 해가 되었다. 사회간접자본 역시 매우 열악한 상태여서, 미국의 현재 모습은 병든 환자와도 같다. 그런데 역사에는 급반전도 있는 법이라서, 신임 조 바이든 대통령의 역할에 따라 미국의 위상에 의미심장한 변화가 일어날는지도 모른다.

'신중화주의'로 무장한 중국

현대 중국의 사회 분위기는 100년 전과는 완전히 다르다. 2010년에는 중국의 국내총생산이 일본을 뛰어넘어 세계 2위를 기록하였다. 중국인의 1인당 국민소득은 아직 미약해, 앞으로 수십 년은 지나야 서유럽의 소득 수준에 접근할 전망이다. 그러나 국가적으로는 경제력이 크게 향상되었다. 19세기에 시작된 깊은 어둠의 그늘에서 완전히 벗어났다고 볼 수 있는데, 1980년대부터 한동안 연평균 경제성장률이 10퍼센트를 넘었다. 국내총생산은 지난 20년 동안 무려 열 배나 증가했다. 또 중국은 미국의 국채를 다량으로 매입하기도 하였는데, 사상 초유의 막대한 외환 보유 능력이 있어서 가능했다. 군사비 지출 면에서도 중국은 2016년 현재 2,150억 달러로, 미국에 이어 2위를 달렸다. 중국의 성장으로 세계의 정치, 경제 및 군사, 외교의 기본 골격이 바뀔 만하다.

그들은 남중국과 동중국의 해상에서 이웃 6개국과 영토 분쟁을 벌이고 있다. 연전부터 미국에 대해서 더욱 노골적으로 적대적 태도를 보인다. 중국이 보기에, 미국은 베트남, 일본, 말레이시아, 인도, 호주, 필리핀, 대만 그리고 한국과 함께 자국을 봉쇄하는 동맹을 체결하고 있다. 미국과 중국의 관계는 언제든지 위험해질 수 있다. 안보 전문가 중에는 장차 제3차 세계대전이 발생한다면 그것은 미국과 중국을 축으로 한 전쟁이 될 것으로 내다보는 이들이 많다. 과연 어떻게 전개될지 귀추가 주목된다.

러시아의 새로운 역할

지난 10년 동안 유럽은 차츰 침체에 빠져드는 분위기다. 최근의 브렉시트 사태에서 보듯 유럽연합의 회원국들은 관계가 그리 조화롭지 못하다. 회원국 사이에도 깊은 골이 파여 있어 언제 어떤 일로 분열이 가속될지 점치기 어려운 상황이다.

유럽연합이 분열의 위기를 맞자 러시아는 군사적 야욕을 노골적으로 드러냈다. 몇 해 전에는 크림반도를 불법적으로 합병하였다. 그들은 동부 우크라이나로 세력을 확장하였고, 시리아 내전에도 끼어들어 군사 개입을 계속하고 있다. 러시아는 지정학적으로 중요한 유럽과 아시아 여러 지역에 진출해, 자국의 지배력을 강화하려고 안간힘을 쓰고 있다. 러시아가 지출하는 군사비는 2016년 현재 약 700억 달러로 미국과 중국에 이어 세계 제3위다.

최근 러시아가 우크라이나를 군사적으로 압박하고 있어서, 크렘린과 유럽연합의 관계는 상당히 불편하다. 러시아는 중국의 급성장이 달갑지 않아 한편으로 유럽연합과의 협력을 요하는 상황이다. 게다가 뒤떨어진 러시아의 공업 생산력을 끌어올리려면 유럽의 재정적 지원이 필수적이다. 그런데도 최근 몇 년 동안 유럽연합과의 관계가 교착상태에 빠진 상태라서 푸틴 대통령의 고민이 깊을 것이다.

현재로서는 러시아가 구소련처럼 경제적으로나 정치적으로 서방세계를 위협할 능력은 없다고 단언해도 좋을 정도이다. 더구나 러시아는 지금도 세계의 분쟁 지역에서 군사 활동을 전개하느라 큰 재정 부담을 안고 있다. 또 수십억 루블의 공작금을 풀어서 이웃 나라의 부패한 지배층을 지원하고 있다. 더 이상 러시아의 세력권을 이탈하는 나라가 없도록 막고자 출혈을 마다하지 않고 있는 셈이다.

냉정하게 말해, 현재의 러시아 사회는 밝은 미래를 열 비전도 없고, 인류사회를 첫길로 이끌 가치 체계도 선보이지 못한다. 천연가스 등 몇몇 원자재 산업을 제외하면 이렇다 할 산업 시설도 없다. 가깝게 지내는 나라의 면면을 뜯어보아도 몇몇 불량 국가가 동맹국으로서 러시아를 추종하고 있을 뿐이다. 겉으로 보면 제법 잘 돌아가는 것처럼 보일지 몰라도, 실은 자급자족조차 어려운 것이 러시아의 현실이다. 그런 점에서 러시아는 미래 사회를 이끌 만한 지도적인 국가가 아니다.

그 밖에 지구의 한쪽에서는 이슬람의 영향력이 강하지만 그들은 오랜 내부 분열을 겪고 있어, 단기간에 강력한 통일 세력으로 결집하지 못할 것이다. 오히려 숱한 전쟁으로 이슬람의 본거지에서는 수백만을 헤아리는 난민이 발생할 뿐이다. 더구나 이슬람 세계 곳곳에는 테러 집단이 군웅할거하고 있어 그 장래가 어둡다. 어떤 계기로 그들의 활동이 더욱 활발해지면 인류사회는 지금보다 심한 어려움을 겪을 것으로 전망된다. 딱한 상황이 아닐 수 없다.

팬데믹이란 시금석

코로나19 팬데믹으로 말미암아 세계 경제에 빨간불이 켜졌다. 미국의 예를 들면, 2020년 6월 당시 국제통화기금은 국내총생산이 장차 8퍼센트쯤 감소할 것으로 예측했다. 그 피해를 줄이려면 트럼프 행정부와 의회는 사상 초유의 대규모 지출을 승인했다. 뒤이어 등장한 바이든 정부 역시 재원을 대거 투입해 미국 경제에 활기를 불어넣으려 애쓴다. 결과적으로, 제2차 세계대전 이후 미국의 재정 적자는 최고 수준에 도달했다.

미국의 재정 적자는 어제오늘의 일이 아니다. 2009년 당시 미국 연방정부의 공공 부채는 국내총생산의 52퍼센트였다. 이것이 2019년에는 79퍼센트까지 올랐다. 미국의 예산 당국에 따르면 부채율이 2021년 초반에 이미 100퍼센트를 넘어섰다. 지금까지는 세계의 기축통화가 미국 달러라서 미국은 다른 나라에 비해 고액의 부채를 감당할 여력이 있었다. 그렇지만 미국의 연간 총생산량보다 더 많은 국가 부채가 존재한다는 엄연한 사실은 이나라의 장래가 얼마나 불안한지를 알려주는 지표다.

코로나19 팬데믹으로 인한 미국 노동시장의 침체는 더욱 심각하다. 유엔 보고서에 따르면, 미국 전체 가구의 40퍼센트는 400달러(한화 약 45만 원)를 초과하는 갑작스러운 지출을 감당할 수 없을 정도로 허약하다. 코로나19 팬데믹이 장기간 계속된다면 어떻게 될까? 미국은 수년 이내에 세계 경찰 역할을 포기하지 않을 수 없을지도 모른다.

그런데 팬데믹 상황에서도 중국은 경제 성장을 이어간다. 그들은 미국과의 무력 충돌을 염두에 두기라도 한 듯, 남중국해에 대한 통제를 강화하고 있다. 2020년에도 중국은 국방비를 6.6퍼센트나 증액했다.

미국 내에서는 중국에 대한 비판이 갈수록 첨예해지고 있다. 양국 간의 긴장이 고조되자, 유럽의 여론은 한 가지 예측을 제시하였다. 장차 미국이 재정 부담 때문에 유럽과 중동 지역에서 손을 떼고 대중국 전선에 집중할 것으로 보는 것이다. 2021년 여름에 미국과 동맹국들이 20년 동안 주둔하던 아프가니스탄을 하루아

침에 떠난 것만 보아도 이러한 전망이 크게 틀린 것 같지는 않다. 이런 맥락에서 보면 앞으로 유럽은 미국의 보호에서 벗어나 스스로를 방어해야 할 것이다. 실제로 유럽 정치가들은 그러한 주장을 펴고 있다. 코로나19로 세계가 몸살을 앓는 가운데 세계정세가 급속히 바뀌고 있다.

아시아 국가의 약진

지난 2003년, 중국에서 사스SARS가 퍼지기 시작해 아시아 여러 나라가 큰 피해를 보았다. 그래서인지 이번 코로나19 팬데믹에 아시아 국가들은 상당히 효과적으로 대응했다. 한국과 대만은 특히 방역에 성공적이었다. 일본은 고령 인구가 많은 데다 방역 시스템 미비 등으로 인해 바이러스 대처에 여러모로 미흡한 모습을 보여주었다. 그러나 그것도 유럽 여러 국가 및 미국과 비교할 바는 아니다.

한국과 대만 등 동아시아의 일부 국가는 개방적이며 질서 정연하기로 정평이 나 있다. 그들은 국제적인 기준으로 평가해도, 세계 어느 나라보다 앞선 민주주의 국가들이다. 뉴욕의 인권 단체인 프리덤하우스는 한국, 일본 및 대만의 민주주의 지수가 미국을 앞지른다고 평가했다.

동남아시아의 싱가포르와 베트남 등도 코로나 방역에 대단히 성공적이었다. 알다시피 싱가포르는 민주화에는 별로 관심이 없으나, 다른 점에서는 세계에서 가장 혁신적인 국가다. 이번에 코로나19 팬데믹을 맞아 아시아에서 개발한 방역 관련 애플리케이션은 미국과 독일에서도 모범 사례로 인정받았다.

이번 팬데믹 동안에 적어도 한 가지 사실은 분명히 드러났다. 아시아 여러 국가는 세계에서 가장 효율적으로 빅데이터를 사용할 줄 안다는 점이다. 아시아인은 이른바 '비대면 강의'도 훌륭히 소화하였다. 미래는 지식정보 위주의 세상이 될 터인데, 그렇다면 그들이야말로 선두를 차지할 것으로 전망된다.

그런 영향이겠으나, 최근에는 아시아의 가치에 주목하는 사람이 많아졌다. 싱가포르와 한국 및 대만은 국가 주도의 장기 전략을 추진해 산업화에 성공하였고, 국가와 사회를 누구보다 효율적으로 운영한 역사를 썼다. 특히 한국과 대만은 대단히 민주적인 사회지만 감염병을 매우 효과적으로 차단하는 데 성공했다. 양국은 탁월한 사회간접자본을 구축하였고, 최신 수준의 디지털 연결망을 이용해 시민의 생활을 편리하게 개선하였다. 세계에서 가장 스마트한 국가 시스템을 갖추고 있다고 보아도 무방할 것이다.

이들 아시아 국가에서는 자본주의도 서구사회와는 다른 모습을 보인다. 정부가 국가 경제의 핵심 부문을 전략적으로 설계하고 지원하는 방식이다. 2020년부터 코로나19 팬데믹을 겪으면서 서구 여러 나라도 한국이나 대만과 유사한 시스템을 도입하려고 애쓰고 있으나 그 성공 여부는 다소 회의적이다.

미래 세계의 전망

과학이 발전해 인공지능에 거는 우리의 기대가 연일 높아지고 있다. 대부분의 직업을 인공지능과 로봇이 대체할 것이라고 하는 기대와 우려가 서로 교차한다. 과연 미래 사회에서 인간이 어떠한 역할을 하게 될지는 시간이 갈수록 예측하기 어려운 일이 되었다. 그러나 인공지능이 고도의 기능을 발휘해도 인간의 역할은 여전히 가장 중요할 것이다.

2020년에 영국에서는 인공지능을 통해서 대학 신입생을 뽑았다가 취소하는 소동이 벌어졌다. 공정하기는커녕 평소보다도 훨씬 더 계급 편향적인 판단을 하였기 때문이다. 아마 법정에 인공지능을 판사로 고용하면 더욱 고약한 일이 생길 것 같다. 실제로 유전 무죄, 무전 유죄의 판결이 더욱 많아질 것이라는 염려도 나오고 있다. 알다시피 인공지능은 단순 암기에 익숙한 기계가 아니라, 수백만 건의 사례를 토대로 인간이 사고하듯이 생각하여 결정을 내린다. 그 때문에 인간사회의 단점과 결함이 인공지능을 통해서 더욱 극단적으로 표출될 우려가 있다.

인간 스스로가 쓸 만한 세상을 만들지 못하면 인공지능이나 로봇이 우리를 돕는 데도 한계가 있다. 오늘날 한국을 포함한 이른바 선진사회에서는 민주주의의 위기가 심각하다. 가짜뉴스가 매체를 도배하고 있는 데다가, 주요 정당은 돈 많은 이익단체에 포위되어 시민의 이익을 외면한 채 이익단체의 지시에 끌려다니는 형국이다. 이래서는 인류사회의 밝은 미래를 기대할 수 없다. 그 때문에 양심적인 시민은 직접민주주의를 강화하자는 목소리를 내고 있다. 이런 주장이 어느 한 나라에서만 나오는 것이 아니어서 미래에는 대의제와 직접민주주의제도가 조화롭게 혼합된 새로운 정치제도가 출현하리라는 전망이 가능할 정도다.

다가올 미래 세계의 모습을 떠올리면서 다음의 세 가지 이야기를 하고 싶다. 하나는 생태주의라고 하는 대안의 가능성이요, 또 하나는 에너지 전환이 가능한지를 헤아리는 것이다. 나아가서 미래사회를 이끄는 것은 종래의 초대형 국가가 아니라, 한국이나 싱가포르 또는 스위스와 네덜란드 같은 강소국이 되리라는 전망을 해볼까 한다. 이것은 역사가로서 내가 미래 사회를 향해 던지는 하나의 제언이다.

생태주의 세계관

영국에서 제1차 산업혁명이 일어난 것은 1760년부터 1820년까지였다. 그때부터 인류사회는 총력을 기울여 많은 물건을 효율적으로 생산하는 데 매진하였다. 그리하여 오늘날에는 자연의 영향을 가장 많이 받는 농업과 축산업까지도 공장식으로 바뀌었다. 생산성도 획기적으로 높아져, 18세기에는 10억 명가량이던 세계인구가 현재는 78억 명 정도로 늘어났다. 인구는 약 여덟 배로 늘어났으나 소비 수준은 전에 비할 수 없이 높아졌다.

세계사적 차원에서 볼 때 산업화의 열매는 매우 달콤하면서도 쓸쓸하다. 인류가 산업화의 열매를 골고루 나눈 것도 아니며, 지역과 계층에 따라 부의 상대적 편차는 시간이 갈수록 커졌다. 그보다 더욱 중요한 사실은 많은 사람이 성장의 한계를 절감하게 되었다는 점이다.

생태 환경과 인간의 관계는 복합적이다. 문화권마다 양자가 만나는 방식이 다르기도 하였고, 역사적으로 보면 그 관계가 수차례 달라지기도 했다. 간단히 말해, 종교나 철학적 이념, 과학기술의 수준 그리고 시민의 요구에 따라서 양자의 관계가 변모하였다는 뜻이다.

어떻게 하면 자연과 조화로운 삶을 이룰 수 있을까. 역사 속에서 우리는 다양한 입장을 재발견할 수 있다. 가령 북아메리카 원주민은 인간과 동물, 식물이 모두 온전히 잘 살아야만 평화로운 세상이라고 믿었다. 그에 비하여 유럽인은 고대부터 완전히 다른 생각에 사로잡혔다. 그들은 인간이 만물의 영장이라고 믿고, 인간은 자연을 길들여 자신들의 삶을 개선하는 것이 옳다고 확신하였다. 따라서 물을 끌어다가 넓은 들판을 적시며 거기서 농사를 지었다. 또는 반듯하게 뻗은 도로와 수로를 건설하고는 기뻐하였다. 유대교와 기독교는 자연 위에 인간이 있고, 다시 그 위에 창조주가 있다는 위계적 사고에 익숙하였다. 인간은 자연의 주인으로서 당연히 자연을 마음대로 관리할 권리가 있다고 보았다.

시간이 흘러 중세가 되었다. 그러자 인구도 증가하고 도시가 많아져 환경문제가 대두하였다. 봉건 영주와 시의회는 도시의 쾌적한 생활을 추구하였다. 그들은 시내에서 가죽을 생산하지 못하게 막았다. 또 목축이나 염색 작업으로 도시 환경을 더럽히지 못하게 금지하였다. 그들은 하수도를 설치하였고, 시내의 쓰레기를 도시 바깥으로 옮겨 자신들의 생활환경을 쾌적하게 만들었다. 그 시절에는 환경오염의 피해가 도시에서 교외로 이전되는 것으로 충분하였다.

16세기부터 근대적 과학이 발달하기 시작하였다. 이에 발맞춰 환경에 관한 유럽인의 인식에도 변화가 일어났다. 그들은 세계를 하나의 정밀한 기계처럼 인식하였으므로, 각 부분이 가장 적절한 상태로 견고하게 결합하는 것이 이상적이라고 확신하였다.

그러나 18세기가 되자 일부 계몽주의자는 다른 생각을 가졌다. 그들은 자연은 스스로 알아서 조절한다고 믿었다. 그러다가 19세기 초가 되자 낭만주의자들이 나타났는데, 그들은 자연이란 그 자체가 신비하고 존엄한 존재라고 보았다. 낭만주의자들은 이성보다는 감정을 더 소중히 여겼으므로 자연을 대할 때도 이성주의자들과는 차이가 있었다. 내가 보기에, 동아시아에서는 낭만주의적 관점이 늘 지배적인 흐름이었던 것 같다.

이후 산업혁명이 본격적으로 시작되자 사상 초유의 심각한 환경 오염이 발생하였다. 그러나 자본가들은 기술과 법을 통하여 자연을 보호할 의지를 보이지 않았다. 다만 악취가 심한 물질을 기피하는 정도에 그쳤다. 그들은 막연하게나마 자연이 스스로 정화할 능력이 충분하다고 믿었다.

현대인이 환경을 보호하는 방식은 차원이 전혀 다르다. 인류는 대규모 환경 파괴를 수차례 겪었다. 그리하여 20세기 후반에는 자연에 대한 시민의 생각이 혁명적으로 달라졌다. 우리는 자연과 인간이 엄격하게 나뉠 수 없다고 생각하며, 생태계가 우리 삶의 기반이라고 여긴다. 환경 보호를 둘러싸고 그동안 사회·정치적 논쟁이 치열하였는데, 그 과정에서 국제적인 환경 감시 기구도 생겼고 녹색당과 같은 새로운 정당도 등장하였다. 생태 환경의 변화에 관한 과학적인 연구가 활발해졌고, 산업 현장에서도 환경을 보호하는 문제가 중요한 현안이 되었다. 전 세계에서 핵발전소 사고가 몇 차례 일어나자 시민들은 핵물질의 위험성을 깨달아 핵발전소의 전면적인 해체를 요구하기에 이르렀다.

오늘날 지구에는 사람과 가축이 수적으로 지나치게 많으며, 환경이 오염되어 많은 유해 물질이 대기 중에 누적되었다. 오존층에 구멍이 생기는가 하면, 과도한 이산화탄소 배출로 말미암아 지구가 온난화의 현상으로 몸살을 앓는다. 이제는 환경 정책도 국경을 벗어나 점차 국제적인 성격을 띤다.

이제 생태주의적 관점은 개인의 선택 사항이 아니다. 그것은 초국가적 대응책의 기본 이념이다. 인류가 사느냐 죽느냐 하는 중차대한 의제가 생태주의에서 나온 것이다. 근년에는 청소년들이 금요일 시위를 벌이며 기후 위기에 적극적으로 대처하기를 기성세대에 요구하였다. 스웨덴의 청소년 그레타 툰베리가 그 중심에 있는데, 아마 코로나19로 인한 팬데믹 위기가 잠잠해지면 이 문제가 다시 국제적 현안으로 부상할 것이다. 지난 수십 년 동안 독일 녹색당은 크게 약진해, 독일의 성장 엔진인 바덴뷔르템베르크의 주정부를 운영하고 있으며 중앙정부의 연정 파트너가 되었다. 앞으로는 녹색당이 주도하는 연방정부가 들어설 가능성도 적지 않다.

생태주의를 기초로 인류의 일상생활은 재편되기 시작했다. 이처럼 세상이 달라지는 가운데 기본소득을 지급하는 실험이 세계 각국에서 진행된다. 핀란드에서는 이미 대규모로 실험이 완료되었고, 스위스에서는 이 문제로 주민투표까지 시행하였다. 투표 결과에 따라 그 시행이 보류되었으나, 그것으로 실험이 완전히 끝났다고 단언하기는 어려울 것이다. 양극화를 종식하려면 어느 나라에서든지 기본소득 논의가 재연될 가능성이 있다.

에너지 전환의 시대

20세기 후반부터 과학기술자들은 새로운 에너지 자원을 탐색하고 있다. 미국과 중국 등 여러 나라에서 이른바 '녹색 기술'에 대한 관심이 고조되고 있다. 초기에는 이 방면의 선두 주자가 독일이었으나, 점차 다른 나라도 적극적으로 뛰어들고 있다. 미국이나 일본 또는 한국이 얼마든지 독일을 추월할 수 있다. 특히 미국 기업가들은 위험을 감수하고 모험적인 선택을 해온 전통이 있다. 게다가 그들은 신규 사업에 필요한 대자본을 조달하는 데도 익숙하다. 그런 점에서 녹색 기술이 앞으로는 지구적인 과제로 떠오를 것으로 본다.

초창기 독일에서 녹색 기술은 중소기업이 연구 개발에 앞장섰다. 그런데 기업의 규모가 너무 영세하여 시장의 요구에 제대로 부응하기 어려웠다. 또 녹색 기술의 판매망을 구축하려면 상당한 금액의 자본이 필요한데, 그것을 쉽게 조달하지 못해 애로를 겪었다. 이후에 지멘스와 티센-크루프와 같은 대기업이 녹색 기술에 관심을 보이며 이 분야에 발을 들였다. 알다시피 태양광 분야에서는 세계 각국의 건실한 회사들이 투자 개발에 박차를 가하고 있다.

녹색 기술은 자동차 분야로도 확장되었다. 한국의 현대자동차는 수소차를 개발하는 데 앞장서고 있으며, 중국과 미국의 자동차 회사들은 전기차 개발에 열을 올리고 있다. 독일 굴지의 자동차 회사들도 전기차의 상용화에 지대한 관심을 보인다.

이것은 나의 개인적인 생각에 불과하지만, 독일은 여러모로 흥미로운 나라다. 그들은 발명에는 천재적이지만 그것으로 수익을 올리지 못하는 경우가 적지 않았다. 텔레비전과 컴퓨터, 팩스와 MP3 플레이어를 발명한 것은 독일 기술자들이었다. 그러나 그런 기술로 큰 이익을 얻은 회사는 독일 회사가 아니었다. 녹색 기술 또는 환경 기술에서도 그런 일이 일어나지 말라는 법이 없다.

요컨대 오늘날 녹색 기술에 관심을 보이는 나라는 한둘이 아니며, 그 수는 앞으로 계속 증가 추세를 보일 것이다. 이런 추세가 계속되면 얼마 후에는 세계 역사의 흐름이 바뀔 것으로 믿는다. 역사가 증명하듯이 처음은 항상 어려워도 인류는 끝내 탁월한 해결책을 찾으며 존속해왔다.

강소국의 활약

20세기 후반에는 미국 중심의 세계화가 무서운 속도로 진행되었다. 지금은 주춤한 편이지만 각국의 사정을 자세히 살피면 '글로컬라이제이션'이 일어나는 중이다. 세계를 상대하면서도 자기 지역의 특성을 중시하는 새로운 경향이다.

미래 세계에서는 몸집이 큰 과거의 초강대국이 아니라, 영토는 작아도 소프트 파워가 강한 나라가 세계를 이끌 것으로 보인다. 새로운 강대국의 필수 조건은 인구수나 영토의 규모가 아닐 것이다. 마치 고대 그리스나 근세의 네덜란드 그리고 19세기의 최강대국인 영국이 그러하였듯이, 강소국의 세상이 도래할 것이다. 미국이나 소련 또는 중국처럼 큰 나라는 자국의 사회 통합과 안정을 지키기도 어려운 것 같다. 가령 미국은 흑백 차별의 고리를 아직도 끊지 못하였고, 중국은 소수민족에 대한 차별을 해결하지 못하고 있다. 러시아도 구소련 당시의 영토를 재흡수하기 위해

시간적으로나 재정적으로도 과도한 지출을 하고 있다.

세계 평화를 유지하려면 여러 나라와 협력 체계를 구축하는 것이 가장 중요한 능력일 터인데, 그것이 자국 영토의 크기와 무슨 관계가 있겠는가. 국제연합이나 유럽연합과 같은 대단위 지역 동맹의 틀 안에서 국제적 책임을 감당할 의지와 능력만 충분하다면 소규모 국가라도 얼마든지 국제사회를 대표할 수 있다.

단기적으로 보면 중국과 미국, 유럽연합 등이 당장에는 세계를 주도하는 가장 중요한 집단이다. 그들이 서로 어떻게 협력하느냐에 따라 국제사회의 운명이 달라질 수 있다. 그런 점에서 이미 쇠퇴의 길에 접어든 미국과 상승 기류를 탄 중국의 패권 다툼이 심해지면 세상은 깊은 어둠에 잠길 것이다.

그런데 중장기적으로 보면 초강대국의 역할은 줄어들 것으로 전망된다. 덩치가 큰 근대적 민족국가는 국제 무대에서 별 역할을 하지 못하고 있으며 그들의 한계는 점차 명확해지고 있다. 미국, 중국 그리고 러시아 등은 내부의 혼란과 격차를 쉽게 해소하지도 못한 채, 제삼국과의 관계에서도 호혜 평등의 가치를 구현하기보다 비민주적인 위계질서를 고집하고 있다. 그들이 국제연합에서 행사한 거부권으로 말미암아 좌절되고만 훌륭한 시책이 얼마나 많았는지를 떠올리면 알 것이다. 그들은 구시대의 유물이다.

나아가서 민주주의의 가치를 옹호하는 시민이 국가의 경계를 넘어서 불행한 사태를 선제적으로 방어할 수도 있다. 다양한 국제기구를 통해 다국 간의 무역 환경을 보호하고, 기후 위기와 생태 재앙을 극복하면서 행여 핵무기가 초래할지 모를 인류의 비극을 미연에 방지하는 것이 중요하다.

진정한 의미의 강대국은 무엇일까. 흔히는 경제력, 인구수, 군사력, 매력적인 가치 체계, 효율적이고 유능한 정치 시스템이 있어야 강대국이라고 하지만 여기에도 가중치가 고려되어야 할 것이다. 다른 나라와 협력 관계가 얼마나 평등하고 호혜적인지에 따라서 평가 결과가 달라지는 것이 옳을 것이다.

경제력이 우수하고, 민주주의의 가치를 온전히 실천하며, 효율적인 정치를 구현하는 강소국이 진정한 강대국으로 인정받는 시대가 오지 않을까. 그들은 이웃 나라와의 협력을 바탕으로 인구와 군사력의 결합을 효과적으로 보충할 수 있다. 장차 스위스, 네덜란드, 스웨덴과 노르웨이, 한국 등의 역할에 주목하는 시대가 반드시 올 것이다. 이들 강소국은 국제무대에서 노골적으로 자국의 지배적 위치를 추구하지 않으면서도 기술과 혁신을 토대로 역사의 첫길을 열어가는 그야말로 '스마트'한 나라가 아닌가.

스위스의 다보스 포럼은 창의와 혁신을 기준으로 국가 순위를 매긴다. 그런 기록을 참고할 때 앞서 언급한 것처럼 강소국의 시대가 곧 오리라고 전망하고 싶다. 강소국이 세상의 중심에 설 때 지배와 복종이 아니라 정의로운 상호 이해를 통한 역사가 펼쳐질 것이다. 이처럼 밝은 미래를 내다보면서 한국 사회가 한층 더 진취적인 기상을 키우길 소망한다.

참고문헌

Alan Mikhail, Under Osmans Tree: The Ottoman Empire, Egypt, and Environmental History, Chicago, Chicago University Press, 2017

Anatole Konstantin, *A Brief History of Communism: The Rise and Fall of the of the Soviet Empire*, Konstantin Memoirs, 2017

Angie Timmons, *The Nanjing Massacre*, The Rosen Publishing Group, 2017

Caroline Finkel, *Osman's Dream: The History of the Ottoman Empire*, Basic Books, 2007

Daniel McMahon, *Rethinking the Decline of China's Qing Dynasty*, Routledge, 2014

David Armitage, Armitage David, Quentin Skinner, *The Ideological Origins of the British Empire*, Cambridge, Cambridge University Press, 2000

Don Taylor, *Roman Empire at War: A Compendium of Battles from 31 B.C. to A.D. 565*, South Yorkshir, Pen & Sword Books, 2016

Douglas A. Howard, *A History of the Ottoman Empire*, Cambridge, Cambridge University Press, 2017

Edward Ingram, *The British Empire as a World Power*, Victoria University of Wellington, 2001

Ezra F. Vogel, *Deng Xiaoping and the Transformation of China,* Harvard University Press, 2013

George Lane, *Daily Life in the Mongol Empire*, London, Greenwood Press, 2006

Hart, Michael, *The 100: A Ranking of the Most Influential Persons in History*, Citadel, 2000

Henry Hardy, Isaiah Berlin, *The Soviet Mind: Russian Culture under Communism*, Brookings Institution Press, 2016

Hugh Elton, *The Roman Empire in Late Antiquity: A Political and Military History*, Cambridge, Cambridge University Press, 2018

Joshua B. Freeman, Eric Foner, *American Empire: The Rise of a Global Power, the Democratic Revolution at Home, 1945-2000*, Penguin Books, 2013

Kyle Harper, *The Fate of Rome: Climate, Disease, and the End of an Empire*, Princeton, Princeton University Press, 2017

Lawrence James, *The Rise and Fall of the British Empire*, St. Martin's Publishing Group(E-Book), 1997

Leo Panitch, Sam Gindin, *The Making of Global Capitalism: The Political Economy of American Empire*, Verso, 2013

Matthew Jefferies, *Contesting the German Empire 1871-1918*, Wiley, 2008

Nikolas K. Gvosdev, *The Strange Death of Soviet Communism: A Postscript*, Routledge, 2017

Patricia Southern, *The Roman Empire from Severus to Constantine*, London & New York, Routledge, 2001

Prajakti Kalra, *The Silk Road and the Political Economy of the Mongol Empire*, London & New York, Routledge, 2018

Ramon H. Myers, Mark R. Peattie, *The Japanese Colonial Empire, 1895-1945*, Princeton University Press, 1984

Reuven Amitai, David Orrin Morgan, *The Mongol Empire and Its Legacy*, Leiden, Boston, Koln, Brill, 2000

S. C. M. Paine, *The Japanese Empire: Grand Strategy from the Meiji Restoration to the Pacific War*, Cambridge University Press, 2017

S. K. Mishra, *Chinese History 11: Qing Dynasty, China's Last Imperial, Empire, Major Events, Rise and Fall, a Basic Chinese Reading Book*, Amazon Digital Services LLC-KDP Print US, 2019

Shelley Baranowski, *Nazi Empire: German Colonialism and Imperialism from Bismarck to Hitler*, Cambridge, Cambridge University Press, 2011

Stephen Burman, *The State of the American Empire: How the USA Shapes the World*, Earthscan, 2013

Takashi Fujitani, *Race for Empire: Koreans as Japanese and Japanese as Americans During World World War II*, University of California

Press, 2013

Woodruff D. Smith, *The German Colonial Empire*, UNC Press, 2012

Yuanchong Wang, *Remaking the Chinese Empire: Manchu-Korean Relations, 1616-1911*, Cornell University Press, 2018

Zaromb, F. M., Liu, J. H., Páez, D., Hanke, K., Putnam, A. L., & Roediger, H. L. III., "We made history: Citizens of 35 countries overestimate their nation's role in world history", *Journal of Applied Research in Memory and Cognition*, 7(4), 2018, 521-528

가와시마 신, 《중국근현대사 2: 근대국가의 모색 1894-1925》, 천성림 역, 삼천리, 2013

그렉 그랜딘, 《신화의 종말: 팽창과 장벽의 신화, 미국은 지금 어디로 가고 있는가?》, 유혜인 역, 커넥팅, 2021

김호동, 《몽골제국과 세계사의 탄생》, 돌베개, 2010

나카니시 테루마사, 《대영제국 쇠망사》, 서재봉 역, 까치, 2000

니콜라스 V. 랴자놉스키 · 마크 D. 스타인버그, 《러시아의 역사 (하)》, 조호연 역, 까치, 2011

도널드 쿼터트, 《오스만 제국사: 적응과 변화의 긴 여정, 1700~1922》, 이은정 역, 사계절, 2008

디트릭 올로, 《독일 현대사: 1871년 독일제국 수립부터 현재까지》, 문수현 역, 미지북스, 2019

마이크 헤인스, 《다시 보는 러시아 현대사: 혁명부터 스탈린 체제를 거쳐 푸틴까지》, 이수현 역, 책갈피, 2021

모리스 로사비, 《몽골제국》, 권용철 역, 교유서가, 2020

미하엘 슈튀르머, 《독일제국: 1871~1919》, 안병직 역, 을유문화사, 2003

미할 비란 · 요나탄 브락 · 프란체스카 피아셰티, 《몽골 제국, 실크로드의 개척자들: 장군, 상인, 지식인》, 이재황 역, 책과함께, 2021

배리 스트라우스, 《로마 황제 열전: 제국을 이끈 10인의 카이사르》, 최파일 역, 까치, 2021

서중석, 《사진과 그림으로 보는 한국현대사》, 웅진지식하우스, 2020

앙드레 클로, 《술레이만 시대의 오스만 제국: 터키 황금시대의 정복전쟁과 사회

문화》, 배영란·이주영 역, W미디어, 2016

앨런 브링클리,《있는 그대로의 미국사 1: 미국의 탄생 – 식민지 시기부터 남북 전쟁 전까지》, 황혜성·조지형·이영효·손세호·김연진·김덕호 역, 휴머니스트, 2011

앨런 브링클리,《있는 그대로의 미국사 3: 미국의 세기 – 제1차 세계대전에서 오바마 행정부까지》, 황혜성·조지형·이영효·손세호·김연진·김덕호 역, 휴머니스트, 2011

에드워드 기번,《로마제국 쇠망사》, 전 6권, 송은주 역, 민음사, 2010

오가사와라 히로유키,《오스만 제국: 찬란한 600년의 기록》, 노경아 역, 까치, 2020

오드 아르네 베스타,《냉전의 지구사: 미국과 소련 그리고 제3세계》, 옥창준 역, 에코리브르, 2020

왕단,《왕단의 중국 현대사》, 송인재 역, 동아시아, 2013

요시자와 세이이치로,《중국근현대사 1: 청조와 근대 세계 19세기》, 정지호 역, 삼천리, 2013

유이 마사오미,《대일본제국의 시대》, 서정완·김성희·문희수·이기은·이시현 역, 소화, 2016

정병준 외,《한국현대사 1: 해방과 분단, 그리고 전쟁》, 푸른역사, 2018

존 톨런드,《일본 제국 패망사: 태평양전쟁 1936~1945》, 박병화·이두영 역, 글항아리, 2019

캐럴리 에릭슨,《내가 여왕이다: 대영제국의 황금기를 만든 빅토리아의 일생》, 박미경 역, 역사의아침, 2011

크리스토퍼 켈리,《로마 제국》, 이지은 역, 교유서가, 2015

하마우즈 데쓰오,《대영제국은 인도를 어떻게 통치하였는가: 영국 동인도회사 1600~1858》, 김성동 역, 심산, 2004

한도 가즈토시,《쇼와사 1: 일본이 말하는 일본 제국사, 1926~1945 전전편》, 박현미 역, 루비박스, 2010

한스 울리히벨러,《독일 제이제국》, 이대헌 역, 신서원, 2005

호승,《아편전쟁에서 5·4운동까지: 중국근대사》, 박종일 역, 인간사랑, 2013

홍석률·박태균·정창현,《한국현대사 2: 경제성장과 민주주의, 그리고 통일의 과제》, 푸른역사, 2018